Ullstein

ÜBER DAS BUCH:

Die Fackeln über dem Atlantik sind eine Metapher für Krieg und Frieden, dargestellt in dem Wappen der U-Boote, die unter dem Kommando des Autors gefahren sind. Die brennenden Schiffe auf dem Atlantik stehen für Zerstörung und Tod während des Krieges. Das im Frieden von Tausenden von Schiffen und ihren Laternen wie von einem Lichterteppich beleuchtete Fahrwasser bezeichnet die Fackel des Lebens. Der ständige Einsatz der U-Boot-Männer auf der Grenzlinie zwischen Leben und Tod machte die Fackel des Lebens zu einer *band of brothers,* getragen vom Bewußtsein gegenseitiger Abhängigkeit und der Verantwortung für den Nebenmann. Erich Topp zeichnet ein packendes Bild seiner Generation, die Diktatur, einen grausamen Krieg und bitteres Leid während der Nachkriegszeit durchstehen mußte.

DER AUTOR:

Erich Topp, Jahrgang 1914, trat nach einem kurzen Studium 1934 in die Kriegsmarine ein. Während des Krieges nimmt er als Wachoffizier auf U 46 am Norwegenunternehmen teil, als Kommandant von U 57 und U 552 an der Schlacht im Atlantik. Er war Chef der 27. U-Flottille in Gotenhafen. Gegen Ende des Krieges Kommandant von U 2513, Gefangenschaft in Norwegen. Nach dem Kriege zunächst tätig als freischaffender Architekt, bevor er 1958 zur Marine zurückkehrt. Erst im Stabe des Deutschen Mil. Vertreters beim Mil. Comittee (NATO), Washington, dann Chef der Amphibischen Streitkräfte in Wilhelmshaven, Chef des Stabes Flotte in Flensburg, stellv. Inspekteur und Chef des Stabes Marine im Verteidigungsministerium. In den Jahren 1970–84 als Industrieberater tätig.

ERICH TOPP

Fackeln über dem Atlantik

Lebensbericht
eines U-Boot-Kommandanten

ULLSTEIN

maritim
Ullstein Buch Nr. 23985
im Verlag Ullstein GmbH,
Frankfurt/M – Berlin

Ungekürzte Ausgabe

Umschlaggestaltung:
Hansbernd Lindemann
Umschlagillustration:
Viktor Gernhard

Taschenbuchausgabe mit freundlicher
Genehmigung des Verlags
E. S. Mittler & Sohn GmbH, Herford
Printed in Germany 1997
Druck und Verarbeitung:
Ebner Ulm
ISBN 3 548 23985 4

2. Auflage Februar 1997
Gedruckt auf alterungs-
beständigem Papier mit
chlorfrei gebleichtem Zellstoff

Abbildungsnachweis:
Sämtliche Fotos und Dokumente stammen aus dem Archiv bzw. aus der Sammlung des Autors

Die Deutsche Bibliothek –
CIP-Einheitsaufnahme

Topp, Erich:
Fackeln über dem Atlantik : Lebens-
bericht eines U-Boot-Kommandanten /
Erich Topp. – Ungekürzte Ausg.,
2. Aufl. – Berlin : Ullstein, 1997
(Ullstein-Buch ; Nr. 23985 : Maritim)
ISBN 3-548-23985-4
NE: GT

Inhalt

Für meine Enkel

Philip, Dirck, Erik, Matthias,
Christoph, Johannes Clemens,
Charlotte, Benjamin, Gabriel, David

Vorwort zur 2. Auflage

Seit der Herausgabe der 1. Auflage im September 1990 hat sich im Gefüge der Völker und Staaten viel verändert. Ein Imperium ist zusammengebrochen, eine Ideologie an Realität und Wahrheit zerschellt.

An dem Sinngehalt des Buches hat sich in der 2. Auflage nichts geändert. Es bleibt der Versuch, ein Plädoyer für die Wahrheit zu schreiben, wohl wissend um die alte, nie beantwortete und deshalb immer wiederkehrende Frage des Pilatus:

»Quid est veritas?«

Remagen, im April 1992 *Erich Topp*

Vorwort zur 1. Auflage

Ich schrieb kein Buch der Erinnerungen, um ihnen zu entfliehen. Was wäre mein Leben ohne diese Erinnerungen?

Ich lasse unverfälscht Tagebücher sprechen. Zwar begebe ich mich damit in die Verdachtszone des Nichtwirklichen. Die Tagebücher, deren Entstehung Jahrzehnte zurückliegt, scheinen aus einer anderen Welt zu kommen.

Aber sie sind echt. Sie bringen die Träume der Jugend zurück, die Zeit des tödlichen Spiels, des Grauens und der Trauer.

Die Tagebücher versuche ich mit meinem heutigen Verständnis zu deuten, wobei ich Unsicherheit nicht verberge und mir manche Vergeßlichkeit bewußt ist.

Dieses Buch ist ein Beitrag zur Ambivalenz menschlichen Seins. Es soll versuchen, eine Antwort zu geben auf die Frage, warum wir den Sirenenklängen des totalitären Regimes folgten, dessen Taten nun wie ein Schatten über uns liegen.

Meine Aufzeichnungen stehen für den Glauben, die Hoffnungen, die Irrungen und Wandlungen eines Menschenlebens.

Hegel verstand die Weltgeschichte als einen einheitlichen Prozeß im Fortschreiten zu immer größerer Freiheit gemäß dem Plan Gottes, den er den Weltgeist nannte. Marx und Engels übernahmen von Hegel den Glauben der prozeßhaften Einheit der Weltgeschichte, deuteten den Verlauf aber rein diesseitig und materialistisch. Menschliches Handeln in der Vergangenheit hatte so gesehen bei Hegel wie bei Marx nur Vorlaufcharakter. Die Vergangenheit wurde von der vorausgeplanten und angestrebten Zukunft aus gedeutet. Das Licht fiel gewissermaßen von der Zukunft auf die Gegenwart und die Vergangenheit und nicht mehr umgekehrt von der Vergangenheit in die Gegenwart und in die Zukunft hinein.

Tocqueville dagegen in den 30er Jahren des vergangenen Jahrhunderts: »Seit die Vergangenheit aufgehört hat, ihr

Licht auf die Zukunft zu werfen, irrt der menschliche Geist in der Finsternis.«

Wer hat recht?

Wir haben in diesem Jahrhundert in wenigstens zwei historischen Prozessen erlebt, was daraus wird, wenn die Geschichte zielgerichtet instrumentalisiert wird.

Beim Bolschewismus: Lenin hatte die Geschichte als Klassenkampf begriffen, und Stalin hatte daraus die Berechtigung abgeleitet, die Weltrevolution um den Preis auch der massenweisen Vernichtung Andersdenkender zu verbreiten.

Hitler begründete seinen Völkermord mit dem Rassenkampf als dem Sinn der Weltgeschichte. Beide meinten, den Auftrag der Geschichte, wie sie ihn sich zurechtgemacht hatten, erfüllt zu haben.

Geschichte und Vergangenheit waren so von einer Lehrmeisterin zu einer Magd geworden, um weltliche Heilsvorstellungen durchzusetzen. Ich bin der Meinung, daß die Geschichte eine »magistra vitae« ist und daß die Frage nach den Lehren der Vergangenheit sich immer wieder stellt. Andererseits ist Geschichte offen und nicht vorbestimmt.

Aus dieser persönlichen Erkenntnis leite ich die Legitimation für die folgende Niederschrift ab.

Remagen, im September 1990 *Erich Topp*

Die Versenkung der REUBEN JAMES

Am Anfang des sonst chronologischen Geschehens steht ein Erlebnis aus dem Krieg, das mich politisch in eine Grenzsituation brachte, das moralisch die Rückschau auf mein Leben bestimmt:

Aus dem Kriegstagebuch des »B.d.U.«: (Befehlshaber der U-Boote). »Am Morgen des 31. Oktobers 1941 wurde im mittleren Nordatlantik der von fünf Zerstörern gesicherte britische Geleitzug HX 156 von »U 552« gesichtet. Der Kommandant, Kapitänleutnant Topp, versenkte auf der Position 51° 59' Nord/27°05' W den zur Konvoisicherung gehörenden amerikanischen Zerstörer *Reuben James* um 08.34 Uhr. Dieser US-Zerstörer gehörte bereits vor Eintritt der Vereinigten Staaten von Amerika in den Zweiten Weltkrieg am 11. 12. 1941 zur Sicherung des britischen Konvois.«

Die politische Dimension

Hitler hatte seine Expansionsabsichten bereits in seinem Buch »Mein Kampf« angedeutet, laut Hoßbach-Protokoll 1937 konkretisiert. Das besagt nicht, daß Hitler nach einem in Einzelheiten festgelegten Plan vorging. Der vorhandene Wille zur Expansion jedoch machte den Krieg unvermeidlich. Er wurde so vorbereitet und so geführt, daß eine Koalition von Weltmächten sechs Jahre benötigte, um Deutschland militärisch niederzuringen.

Nach den Blitzkriegen in Polen und im Westen wurden die ersten Eroberungen keine völkerrechtlich anerkannte Realität. Hitler sah sich daher gezwungen, das Schwungrad weiterer Eroberungen in Bewegung zu halten, die Expansion zu expandieren, wie es vor ihm schon andere getan hatten – Alexander, Cäsar, Napoleon.

Hinzu kamen Rassenwahn und Vorstellungen von einem »Volk ohne Raum«.

Ich vergleiche Alexander, Cäsar, Napoleon und andere Imperatoren nur in ihrem Willen zur Expansion mit Hitler, keineswegs als Gesamtpersönlichkeiten oder gar hinsichtlich der ganz verschiedenen geschichtlichen Größe.

Die Historiker sind sich nicht einig, ob eine Konsolidierung auf der Basis eines kontinentalen europäischen Staatenbundes nach einem großzügigen Frieden mit Frankreich möglich gewesen wäre (Haffner) oder ob England mit Rükkendeckung der USA dieses europäische Konzept nicht akzeptiert hätte (Fest).

Die Wirklichkeit war, daß Hitler keine politische Lösung fertigbrachte und sich durch die alliierte Forderung nach bedingungloser Kapitulation verurteilt fühlte, die Expansion auszuweiten und zu überdehnen, ein strategischer Fehler, wenn man das fatale Auseinanderklaffen von Mitteln und Zielen bedenkt. Dieses Dilemma wurde verschlimmert durch zahllose politische Fehler, sinnlose Verbrechen, von der pathologischen Entschlossenheit zu schweigen, sie konsequent durchzuführen. Erforderte eine Weltmachtstellung zu Zeiten Napoleons die Herrschaft über den Kontinent einschließlich Rußland sowie die Niederwerfung Englands, so erforderte eine gleiche Zielsetzung im 20. Jahrhundert auch die Zerstörung der amerikanischen Machtstellung.

Hitler war eine Zeitlang vorsichtig genug, die Vereinigten Staaten nicht zu provozieren. Ja, er nahm Provokationen der anderen Seite hin, wie zum Beispiel:

September 1940 Übergabe von 50 Zerstörern an England.

März 1941 Pacht- und Leihgesetz, das Waffenlieferungen an England ohne Bezahlung ermöglichte.

April 1941 Vorschieben der an sich schon ungewöhnlichen 300 Seemeilen breiten »panamerikanischen Sicherheitszone« bis 30 Grad westlicher Länge. (Mitte Atlantik). Innerhalb dieser Zone beschatteten US-Streitkräfte deutsche Schiffe, bis sie von herbeigerufenen Briten aufgebracht wurden.

Das alles war mit Neutralitätspolitik schwer zu vereinbaren.

Ab April 1941 sicherten US-Geleitfahrzeuge die britischen Konvois in der westlichen Hemisphäre.

10. April 1941 Angriff des US Zerstörers *Niblack* auf ein deutsches U-Boot.

7. Juli 1941 Island wird als Stützpunkt von US-Truppen besetzt.

4. September 1941 Britisches Flugzeug sichtet deutsches U-Boot, wirft W.B.s. (Wasserbomben) und meldet Position an US-Zerstörer *Greer*, der Verfolgung aufnimmt. U-Boot greift mit zwei Torpedos den seiner Meinung nach britischen Zerstörer an. *Greer* wirft elf W.B.s. Obwohl dem amerikanischen Präsidenten auf Anfrage gemeldet wurde, daß dem deutschen U-Boot die Nationalität des Zerstörers nicht bekannt war, befahl Marineminister Knox, deutsche Über- und Unterwasser-»Piraten« mit allen Mitteln aufzubringen und zu zerstören.

Verglichen mit Roosevelts »short of war«-Politik hielt sich die deutsche Seekriegsführung gegenüber den USA sehr zurück.

Da kam am 31. Oktober 1941 die Versenkung des Sicherungsfahrzeugs eines britischen Konvois, von mir im Morgengrauen angegriffen. Durch den Bordrundfunk erfuhren wir wenig später, daß es der Zerstörer eines Landes war, mit dem wir nicht im Kriege waren, die *Reuben James* der USA.

Der Eintritt der Vereinigten Staaten in den Ersten Weltkrieg als Folge des verschärften U-Boot-Krieges stand mir vor Augen und damit die politische Brisanz dieser Versenkung. Ich war bis zum Einlaufen mit mir allein. Völkerrechtlich war alles klar. Ein britischer Geleitzug, der von Kriegsschiffen geschützt war, wurde angegriffen. Dennoch war ich betroffen. Die Reibung, die der einzelne zu ertragen hat, indem man glaubt, Geschichte zu machen, in das Rad der großen Ereignisse einzugreifen, zwar ungewollt, ist enorm.

Daß der politische Kurs bereits abgesteckt war und die Geschichte achselzuckend über solch einen Zwischenfall wie die Versenkung der *Reuben James* hinwegging, erfuhr ich erst später. Natürlich mußte ich nach Paris, zum Befehlshaber der U-Boote, um Angriff und Versenkung minutiös zu schildern.

Und mir wurde klar, daß neben dem irrationalen Element bei allen großen Expansionen hier politische Zwänge wirksam waren, die nach dem Kriegseintritt Japans am 7. Dezember 1941 zu der Kriegserklärung Deutschlands an die USA führten. Die falsche Beurteilung der personellen und wirtschaftlichen Kapazität der USA kam hinzu. Mir klingen heute noch in den Ohren die abwertenden Bemerkungen Hitlers in der Tischrunde im Führerhauptquartier über den Paralytiker Roosevelt und über die »Liberty und Victory«-Schiffe, die so schlecht gebaut seien, daß sie den Stürmen des Atlantik nicht widerstehen könnten.

Gelegentlich ist die Auseinandersetzung über die Gründe der Hitlerschen Hybris mit moralischen Argumenten geführt worden, daß nämlich Hitlers Rassenwahn und seine Folgen, Genozid der Juden, Versklavung der Ostvölker, die ganze Welt zu einem totalen Krieg gegen Deutschland geführt hätte.

So schrecklich und unbegreiflich der aus rassischen Gründen begangene Völkermord auch für immer bleiben wird, so war es doch nicht dieser moralische Grund, der die USA auf die Seite der Alliierten brachte.

Wir wissen heute, daß weder die Amerikaner noch die Engländer den Juden halfen, wo dieses möglich gewesen wäre, ja, sie weigerten sich in bestimmten Fällen, es zu tun.

Es waren Deutschlands (und natürlich auch Japans) Expansionsziele und die Weigerung der Alliierten, diesem Drang nachzugeben, der diesen Krieg zu einem totalen und weltweiten machte.

Die politische Dimension der Versenkung des US-Zerstörers *Reuben James* ist nicht ganz eindeutig. Gemessen an den amerikanischen Medien, die diesen Zwischenfall benutzten, um die nationale Herausforderung durch die »Hitler-Piraten« in den Vordergrund zu stellen, nicht etwa die Rechtmäßigkeit (internationales Recht) dieses Angriffs als Folge der politisch-militärischen Provokation der USA, wurde bewußt die Stimmung zum Kriegseintritt gegen Deutschland aufgeheizt. Ein Gedicht über den Untergang der *Reuben James* wurde vertont und überall gesungen, bereits im November 1941, »Did you have a friend on the good *Reuben James*?«

In dem Gedicht heißt es:

»Sie war auf der Wache gegen U-Boote und wartete auf den Kampf« und weiter »und nun werden unsere mächtigen Schlachtschiffe mit voller Kraft fahren«.

Ich will die dichterische Freiheit nicht mit dem politischen Willen gleichsetzen. Aber nachweislich arbeiteten Medien und Politik auf allen Seiten schon in dieser kritischen Phase des Krieges eng zusammen.

Auf Antrag Roosevelts beschloß der Kongreß der Vereinigten Staaten bereits am 14. November, d. h. 14 Tage nach der Versenkung der *Reuben James,* mit 212 gegen 194 Stimmen, unter Ausnutzung der Stimmung im Lande nach der Versenkung des ersten US-Kriegsschiffes, die Bewaffnung der amerikanischen Handelsschiffe.

Damit war das Neutralitätsgesetz vom Tisch und der Eintritt in den Krieg de facto vollzogen.

Hitler erklärte den Krieg an die USA am 11. Dezember 1941, vier Tage nach dem Überfall Japans auf Pearl Harbour, sicherlich nicht als Folge der Stimmungsmache drüben, sondern aus politischen Zwängen. Dabei gebe ich dem Zwang zum Expandieren der Expansion einen hohen Stellenwert.

Reuben James

SUNKEN DESTROYER
AN OLD 4-STACKER

(Written by Woody Guthrie and the Almanac Singers in November, 1941.)

(See page 4 for acknowledgement of printed source.)

It was there in the dark of that
uncertain night,
That we watched for the U-boats,
and waited for the fight.
Then the fire, and the rock, and
the great explosion roared,
They laid the Reuben James
on the cold ocean floor. (Cho.)

Now tonight there are lights in our
country so bright,
In the farms and in the cities, they're
telling of the fight,
And now our mighty battleships will
steam the bounding main,
And remember the name of that
good Reuben James. (Cho.)

REUBEN JAMES HIT

First American Warship
Lost in War Torpedoed
West of Iceland

WAS WITH A CONVOY

Details of Sinking and
Fate of Rest of Crew

List of the Missing on Reuben James

Bedeutsam für mich war die Betroffenheit, die subjektive Einordnung der *Reuben-James*-Versenkung in das politische Geschehen; das Gefühl der Verstrickung in schwerwiegende politische Entscheidungen, von denen ich doch aus der Parallele zum Ersten Weltkrieg wußte, daß sie unheilvoll waren.

Die menschliche Dimension

Die Sekunde des Treffers sah von der Brücke des noch im Schutze der weichenden Nacht angreifenden Bootes so aus:

Auf ca. 1000 Meter Entfernung eine Explosion. Das Achterschiff sank und mit ihm die bereits entschärften Wasserbomben, die in einer gewaltigen zweiten Explosion riesige Wasserfontänen hochwarfen.

Ein anderer Zerstörer nahm die Schiffbrüchigen auf.

Wir liefen ab.

Jahre später las ich in dem amerikanischen Buch »Mr. Roosevelt's Navy« Einzelheiten über das Ende der *Reuben James* und ihrer Männer:

»Die Explosion brach das Rückgrat der *Reuben James* und das Schiff in zwei Teile. Die Brückenbesatzung wurde entweder über Bord katapultiert durch die Druckwelle oder kam im Feuer oder der überrollenden See um. Der vordere Teil des Schiffes versank in einer zischenden Wolke von Rauch und Dampf. Im Achterschiff, wo sich der größte Teil der Besatzung aufhielt, wurden durch die Gewalt der Explosion Menschen, Schränke, Tische, Bänke hochgeschleudert. Trümmer versperrten den Ausweg nach oben.

Es gab keine Orientierung, nachdem das Licht ausgefallen war.

Diejenigen, die nach oben kamen, befanden sich in einer Hölle von Flammen und spritzendem Öl und sammelten sich auf dem langsam absinkenden Heck. Sie brauchten nicht zu springen. Die See hatte das Deck erreicht. Die Verwundeten und Verbrannten zögerten, bis die Hitze der näher kommenden Flammen zu groß wurde und sie von den wenigen Nichtverletzten von dem schwarzen schmierigen Deck in die von einer dicken Ölschicht bedeckte See gestoßen wurden, die eisig kalt war. Nur wenige erreichten eines der Flöße. Die meisten erstickten in dem ausgeflossenen Öl oder starben an ihren Wunden oder Verbrennungen. Die Körper der Toten bewegten sich auf und ab in der dümpelnden See. Es war ruhig auf dem Wasser. Auch die Todesschreie der Eingeklemmten und Verwundeten unter Deck waren verstummt, nachdem das Achterschiff gesunken war.

Plötzlich detonierten die Wasserbomben, und dort, wo das Achterschiff gesunken war, erhob sich die See mit Trümmern, Rauch, Feuer, Gischt wie in einem ungeheuren Vulkanausbruch. Ein Überlebender später: ›Ein Blitz blendete meine Augen. Es war, als ob ich schwamm und fühlte doch kein Wasser. Mein Körper drehte sich, und ich sah das Wasser 25 Fuß unter mir. Ich blutete aus Mund, Nase und Ohren, als ich wieder auf dem Wasser aufschlug.‹

Der Zerstörer *Niblack* kam zu Hilfe.

Er fand die Überlebenden an den Seiten der Flöße hängend. Eine dicke Ölschicht auf der sich kaum bewegenden See verschluckte die Flüche, Gebete und Hilferufe. Von der *Niblack* wurden 35 Mann gerettet, aber mehr als 100 Mann starben auf und im Wasser an dem bitterkalten ›Halloween‹-Morgen.«

Dieses bestimmende Erlebnis steht am Anfang meiner Kriegserfahrungen und hat mein Leben verändert. Oft habe ich seitdem über das bekannte Wort von Jacob Burckhardt aus seinen »Weltgeschichtlichen Betrachtungen« nachgedacht!

»Aus der Geschichte kann man nichts lernen für das nächste Mal, aber man kann weise werden für alle Zeit!«

Ich habe diese hohe Stufe der Erkenntnis nicht erreicht. Eher habe ich festgestellt, daß die Jahrzehnte nichts abfangen. Sie zehren vielleicht die Worte auf, aber nicht die Übermacht der Bilder. Sie bedrängen mich immer wieder, schlafraubend.

Lange nach dem Krieg, 1962, wurde ich eines Tages in San Diego vom Kommandanten eines Landing Ship Dock zum Lunch eingeladen. Er schickte mir ein Boot und empfing mich mit dem üblichen Zeremoniell am Fallreep. Er war Wachoffizier an Bord des Zerstörers *Niblack* gewesen, der die Überlebenden der *Reuben James* aufgenommen hatte.

Sein »best friend« – im amerikanischen Sprachgebrauch ist das der engste Vertraute – war Wachoffizier an Bord der *Reuben James*. Er hatte ihn vergeblich unter den Überlebenden gesucht.

Das Gespräch mit ihm, seine Schilderung der Suche nach den Überlebenden und dem Freund in dem Zwielicht des anbrechenden Tages, der von einer dicken Ölschicht bedeckten, leicht dümpelnden See, in der wie im Danteschen Inferno Trümmer und Menschen auf und ab tauchten, werde ich nicht vergessen.

Im Verlauf des Gesprächs ergriff mich das Gefühl, daß wir alle mit ihm einen Menschen verloren hatten, der mit besonderen Gaben ausgestattet war, einen schöpferischen Menschen, der nie im Schatten saß, der sich wie eine Blume immer zur Sonne drehte. Er war ein Geschenk für seine Freunde, seine Kameraden. Er strahlte Heiterkeit aus. Was er auch tat, wie er mit seinen Männern umging, ob er sprach, schrieb, malte, schauspielerte, es erschien abgeschlossen, perfekt.

So erzählte mir der Kommandant des Landing Ship Dock.

Was wäre aus seinem »best friend« geworden, wenn er überlebt hätte? Vielleicht ein erfolgreicher Zerstörerkommandant, ein mitreißender Führer seiner Männer, vielleicht später ein Flottenchef. Oder aber er hätte die Chöre der Eumeniden wiedererweckt, alte Bilder mit neuem Gehalt und neuen Farben erfüllt, mit seinen Worten eine neue Welt erstehen lassen auf tausendjährigen Fundamenten.

Vielleicht hätte er das Rad der Ausdruckswelt um ein paar Speichen weitergedreht, der schöpferische Geist hätte seine Schwingen entfalten können, und die menschliche Seele hätte diesem Flug eine Weile folgen können.

Das ging mir durch den Sinn.

Ich dachte an den Bruder meiner Frau, der Intendant werden wollte, Schauspielkunst studiert hatte, hervorragend malte, dazu ein genialer Pianist war. Im Gegenstrom zu den Nationalsozialisten stehend, studierte er Theologie, wurde Bekenntnischrist, um nach seiner Antrittspredigt an die Front geschickt zu werden, wo er bis zum Kriegsende blieb, bis ihn am 9. Januar 1945 die tödliche Kugel eines Partisanen an der Kurlandfront traf. Er war wie jener Wachoffizier auf der *Reuben James* voller Temperament und Heiterkeit, die auf alle überströmte. Man wartete auf ihn, erst dann begann das Fest.

Er formte eine Handvoll Töne auf dem Klavier zu herrlichsten Improvisationen. Alles wurde für ihn zu Musik. Er kam vom Theater zurück, hatte zum ersten Mal die »Dreigroschenoper« mit ihrer Verbrecherromantik gesehen und gehört, damals eine ganz neue revolutionäre Musik. Er setzte sich ans Klavier, spielte ganze Passagen aus dieser Oper, als ob er das Notenblatt vor sich hatte. Tagsüber studierte er Philosophie, Theologie, Kunstgeschichte, und abends brach es aus ihm heraus, Beethoven, Schubert und Kaskaden von eigenen Kompositionen.

Es gibt nur wenige Menschen, deren schöpferische Kraft groß genug ist, die Menschheit auf ihrem mühseligen Weg ein paar Glücksmomente voranzubringen. Solch ein Mensch war wohl auch der Wachoffizier auf der *Reuben James.* – Und mein Schwager hätte vielleicht mehr Heilkraft für seine Gemeinde besessen als viele der heutigen politisierenden Pfarrer in unserer Kirche.

Der Name des Wachoffiziers steht neben den Namen der anderen Toten der *Reuben James* unter dem Lied, das mithelfen sollte, die amerikanische Nation zu erschüttern und reifzumachen zum Eintritt in den Krieg. Der Name meines Schwagers ist verweht.

Etwa 26000 Namen stehen auf bronzenen Tafeln im U-Boot-Ehrenmal in Möltenort. Sie glaubten zu wissen, wofür sie starben – für ihr Vaterland.

Später sollten 58000 Menschen vor dem Vergessen bewahrt werden.

Ihre Namen stehen auf dem Mahnmal für Vietnam in Washington an der »Klagemauer« Amerikas. Auch sie glaubten zu wissen, wofür sie starben – für die Freiheit der anderen.

Die Griechen, auf die wir unseren Humanismus zurückführen, schrieben ihrem größten Dichter, Äschylos, auf das Grab: »Marathons Hain noch spricht von der Kraft des ruhmreichen Streiters« – Kein Hinweis auf die Größe des Dichters, sondern auf die Glorie des Helden.

Im Zusammenhang mit der Mythe der Macht ist der »Held« eines der größten Themen der Kunst geworden, ein Thema, das die Geschichte der weißen Rasse an vielen Stellen aufleuchten läßt – von den Helden der Ilias, über Marathon und Salamis, die Alexanderschlacht, die Nibelungen und die Rolandsage, den Spanier El Cid, Campeador, die Königsdramen von Shakespeare, den Jeanne-d'Arc-Mythos, Wallenstein, den Prinzen von Homburg, Heinrich Heines drei Grenadiere bis zu dem Cornet von Rilke.

Auch das Marineehrenmal von Laboe, auch die keilförmige 74 Meter lange Stützmauer aus poliertem schwarzem Granit, in die die Namen der gefallenen Vietnamkämpfer eingraviert sind, sind Kunstwerke.

Hinter all diesen Monumenten, Mythen, Dramen, Tragödien, Gedichten stehen Männer, die sich für eine Idee einsetzten – nicht immer gesetzes- und moralkonform, nicht immer ohne Eitelkeit und ohne Selbstsucht – aber immer im Dienste der Macht.

Und die Macht kannte oft keine Grenzen, war nur selten durch Religiosität oder Demut gezügelt.

Erst mit der unvorstellbaren Zerstörungskraft nuklearer Waffen kam es zu einem Wandel in der Anwendung der Macht, weil die Logik des Überlebens Maß und Begrenzung forderte.

Wir mußten Abschied nehmen von dem so glanzvollen Mythos der Macht und damit auch von der »Glorie des Helden«.

»Der Ruhm hat keine weißen Flügel«, schrieb Balzac. Nicht erst die moderne Psychologie hat die Vielschichtigkeit menschlichen Wesens entlarvt, die Götter schwach, die Helden klein werden lassen. Das begann schon bei Euripides bis hin zu George Bernard Shaw. Heute ist es üblich, den »underdog« und, weit schlimmer, eine mediokre Welt zu heroisieren.

Wir mögen das bedauern.

Das tragische Geflecht zwischen Handelnden und Leidenden, zwischen Ruhm und Schuld ist komplizierter geworden. Es wird jedoch fortbestehen.

Jenseits von Sieg und Niederlage erst beginnt der Ruhm. Der Raum, in dem Menschen sich bewähren, Vorbilder entstehen, ist heute gekennzeichnet durch Maß, Begrenzung und Selbstdisziplin. Das ist keine neue Erkenntnis. Von Aristoteles stammt der Satz: »Ob wir nach der rechten Vernunft handeln, erkennen wir daran, daß wir die Extreme vermeiden.« Wieviel mehr sind Maß und Begrenzung heute die Kriterien, die die Anwendung der Macht veränderten und die Mächtigen dazu gezwungen haben, Übereinkünfte und Kompromisse zu suchen anstelle von Konfrontation und Kriegen.

Meine Generation ist in den Wahnsinn und das Drama des Krieges hineingetaumelt, in die Verbrechen des Regimes ohne eigene Schuld verstrickt. Wir hatten nicht einmal die Möglichkeit einer Entscheidung. Wir waren nur Statisten in diesem Drama, das sich abspielte – viele nicht einmal das, weil sie den Ablauf des Dramas nicht erkannten. Sie erfüllten irgendwo ihre Pflicht – ein schillerndes Wort, das das ganze Spektrum zwischen ehrenhaften und gewissenlosen, zwischen getanen und unterlassenen Handlungen umfaßt.

Wir erfuhren, daß man sich von der Flutwelle der Massen nicht mitreißen lassen darf, weder um unterzugehen noch um die Insel der Herrschenden zu erreichen. Man muß seinen eigenen Kurs steuern, sein eigener Lotse bleiben in dem Fahrwasser, das ausgebojt ist mit 3000 Jahren geschichtlichen Erfahrungen, das mit Leuchtfeuern besetzt ist, die den Glanz abendländischer Kultur ausstrahlen. Das Emblem unserer Boote »U 57«, »U 552« und »U 2513« zeigte zwei tanzende rote Teufel mit den Fackeln der Vernichtung und des Lebens. Eine Fackel, die der Vernichtung und des Untergangs, ist nun gesenkt. Mit ihr Erinnern und Vergessen, Schicksal und Aktivität, Exaktheit und Undurchsichtigkeit. Die Fackel des Lebens aber leuchtet, damals ein Hoffnungsschimmer, heute ein Wegweiser – Anfang und Ende.

Vorkrieg

Jugendzeit
Infanteristische Ausbildung
Seemännische Ausbildung auf dem Segelschulschiff *Gorch Fock*
Ausbildung und Weltreise auf dem Kreuzer *Karlsruhe*
Teilnahme am Spanischen Bürgerkrieg
Anfang der U-Boot-Zeit

Jugendzeit

Die frühesten Erinnerungen nehme ich wie durch einen Schleier wahr. Die Bilder sind blaß geworden, der Zeit entrückt.

Einige Geschehnisse in meiner Jugend finden sich in dem Kaleidoskop des Lebens wieder, untrennbar zu einem Ornament verflochten. Ohne diesen Rückspiegel wären manche Ereignisse in meinem späteren Leben schwer verständlich.

Die Vorfahren meiner Eltern waren Zimmerleute und Bauern in Niedersachsen. Von den fahrenden Zimmerleuten habe ich wahrscheinlich das Interesse für alles geerbt, was mit dem Bauen zusammenhängt und mich zur Wahl des Architektenberufs bestimmte, gewiß auch den Drang hinaus in die weite Welt. Die bäuerlichen Vorfahren standen fest auf der Erde.

Die Topps haben immer hart gearbeitet, zäh und zielstrebig versucht, ihre Lage zu verbessern. Die Generation meines Vaters war schon vorangekommen, seine Brüder wurden Architekten, Kaufleute, er selbst wurde Ingenieur.

Mein Dasein auf dem Lande hatte mit acht Jahren ein Ende, als mein Vater als Leiter eines Betriebswerks der Reichsbahn nach Hannover versetzt wurde. Das bedeutete für die Familie fortan enges Zusammenleben in einem Mietshaus.

In der bündischen Jugend empfand ich zum ersten Male in meinem Leben, daß aus dem verschlungenen Labyrinth sozialer Gegebenheiten, familiärer Zwänge und Begrenzungen ein Weg herausführte.

In der Jugendbewegung versuchten wir, die Welt der echten Werte und Wahrheiten neu zu finden und zu formulieren, abseits von den überkommenen Institutionen und Organisationen. Die Natur erschien unverfälscht; man wanderte mit Gleichgesinnten aller Gesellschaftsschichten durch die engere und weitere Heimat.

Man suchte in der Vergangenheit nach Orientierungsmarken, fand sie in der Literatur und in der Musik. Madrigale, Passionen von Schütz und Bach erlebten eine Renaissance. Diese Jugendbewegung hatte ebenso romantische wie elitäre Züge. Die bürgerliche Welt ließ sie weit hinter sich zurück. Die Impulse, die ich hier empfing, hatten einen starken Einfluß auf mein Leben insofern, als ich immer versucht habe, mich an den Grundwerten der abendländischen Kultur zu orientieren und auf die Surrogate der Zivilisation zu verzichten.

In Celle, mit 15 Jahren, fand ich die Ideale der bündischen Jugend verkörpert in der Musikantengilde. Wir sangen die h-Moll-Messe, die Johannes- und die Matthäuspassion von Bach, wir musizierten im Landheim der Gilde. Ich lebte mehr in diesem Kreis als in meinem elterlichen Haus. Hier fand ich nicht nur ein Musikforum, hier war ein allgemeinkünstlerisches Zentrum, das mich faszinierte. Ich glaubte, daß Kunst, im weiteren Sinne Kultur, die beste Vorbereitung sei, den Unwägbarkeiten der Zukunft zu begegnen. Daß Gedanken und Leben getrennte Spuren ziehen und hinterlassen, wurde mir erst später klar.

Zunächst merkte ich, daß im Rahmen dieser emotionalen Fluchtlinien keine Antwort auf die drängenden Probleme der Zeit zu finden war. Welches waren die Probleme des Tages, wie sie sich uns darstellten?

Die Zahl der Arbeitslosen bewegte sich auf die sieben Millionen zu. Die Parteien bekämpften sich bis aufs Messer. Fast täglich fanden öffentliche Kundgebungen statt, Aufmärsche, oft mit Schlägereien, Schußwechsel und Toten. Es herrschte Chaos, politisch und wirtschaftlich – als Folge des Versailler Schanddiktats, wie wir den Vertrag nannten. Die Worte des Römers Marcus Porcius Cato: »Ceterum censeo Carthaginem esse delendam« standen über den Bestimmungen dieses Vertrages. Sie wurden begründet mit der alleinigen Kriegsschuld Deutschlands, die wiederum Rechtfertigung für alle anderen Maßnahmen war:

- Entmilitarisierung des Rheinlandes,
- Reduzierung der deutschen Streitkräfte,
- eine gegen jede wirtschaftliche Vernunft verstoßende Reparationslast,
- Gebietsabtretungen

In Büchern und in der Presse, die wir lasen, im Geschichtsunterricht, den wir hörten, kamen antirepublikanische Tendenzen zum Vorschein. Die Verantwortung für den Niedergang Deutschlands wurde den »Erfüllungspolitikern« der republikanischen Regierung angelastet. Die Folge war, daß das gesamte demokratische System in das Kreuzfeuer der Meinungen geriet.

Die »Nationalsozialistische Deutsche Arbeiterpartei« schien eine Hoffnung auf Lösung der dringendsten Probleme zu sein.

Unter »Arbeiter« verstanden wir im Sinne Lassalles denjenigen, der den Willen hatte, sich in irgendeiner Weise der menschlichen Gesellschaft, dem »bonum commune«, nützlich zu machen.

Und »Sozialismus« wollten wir im Sinne einer Entfaltung der Persönlichkeit bei Chancengleichheit unter weitgehender Milderung der ökonomischen Zwänge verwirklichen.

Natürlich hatten wir auch kritische Vorbehalte vor allem gegenüber dem Erscheinungsbild dieser Partei, den braunen Kolonnen, der Mobilisierung der Straße, dem Personenkult, Vorbehalte, gegenüber denen jedoch die nationalen Ziele und sozialen Programme überwogen. Man wurde Teil eines mitreißenden Mechanismus, dessen Glied man durch eigenen Entschluß geworden war und dessen Berechtigung man dann auch zu begründen versuchte.

Ich ging ein halbes Jahr freiwillig in den Arbeitsdienst. Als Student der Medizin wurde ich SS-Anwärter, und weil ich dann erfuhr, daß das Bad in der Masse mich eher beschmutzte als reinigte, Corporationsstudent. Vor der völligen Übernahme in die SS, die nicht nur mir als Elite des neuen Deutschland erschien, bewahrte mich der Eintritt in die Marine am 8. April 1934.

Das erste Jahr in der Reichsmarine ist begleitet vom »Dienstlichen Tagebuch«, dessen »Inhalt tageweise niederzuschreiben« war in »Tinte und gut leserlicher Schrift«. Kritik in »dienstlichen Angelegenheiten« hatte »zu unterbleiben«. Das Tagebuch ist daher wie ein Essen ohne Gewürz, wie ein Flautesegeln. Dennoch ist es ein Spiegel dieses Jahres, das mich in eine harte Zucht genommen hat, weit über das Maß hinaus, als ich es von Veranlagung und Einsicht her bereit war auf mich zu nehmen. Es ging bis in den Bereich der Schikane hinein, die wir nur ertrugen, weil wir alle mehr oder weniger darunter zu leiden hatten.

Aus heutiger Sicht erscheint mir die Erziehung in der damaligen Marine einseitig. Sie war darauf angelegt, das Selbstbewußtsein zu reduzieren. Bedingungsloser Gehorsam, eiserne Härte traten an die Stelle von an der Aufgabe orientierter Disziplin. Erst derjenige, der durch dieses Feuer gegangen war, ohne sich selbst aufzugeben, war angeblich zu dem Material umgeschmolzen, aus dem Führungsqualitäten entstanden.

Die Kadettenerziehung, jedenfalls in unserer Crew, blieb im vordergründigen militärischen Drill stecken. Sie war nicht angelegt, uns an den geistigen Strömen zu orientieren, wie sie zu den Beständen und Grundwerten der abendländischen Kultur gehören.

Ich schreibe dies nicht nur aus der Perspektive des Offiziers der Bundesmarine und anhand der heutigen Ausbildungsrichtlinien.

Wir haben seinerzeit erregte Debatten im Kameradenkreis darüber geführt, die unsere kritische Distanz zu den damaligen Zuständen bestätigte.

Herauslesen kann man ebenfalls aus diesen Tagebuchnotizen, daß wir Kadetten von 1934 ohne differenzierende Geschichtskenntnis, voller Glauben an die positiven Kräfte des deutschen Volkes waren, ohne Kenntnis massenpsychologischer Wirkungen (wer von uns hatte den Franzosen Gustave Le Bon oder den Spanier Ortega y Gasset gelesen?).

Wir hörten von den Rasse-Utopien eines Rosenberg und Günther: die nordische Rasse galt als Kulturträgerin durch Jahrtausende in der ganzen Welt. Wir hatten Nietzsche mit seinem Herrenmenschen, den er doch philosophisch und nicht politisch meinte, falsch verstanden und wußten nicht, was die Wissenschaft über Genetik und Anthropologie aussagte. Wir waren voller Glauben an uns selbst und unsere Rolle in der Erneuerung unseres Volkes, wie sie vom Nationalsozialismus propagiert wurde.

Es war der Staat, den wir wollten: Wer seine Pflicht tat für den Staat, sündigte nicht, mochte er tun, was er wollte. Zwar gab es viele Dinge, die uns nicht gefielen. Aber nur keinen Zweifel aufkommen lassen. Die kleinen Bedenken mußten durch Disziplin und Askese beseitigt werden. Gegenüber den Mitmenschen sollte man sich anständig verhalten. Die Pflichterfüllung für den Staat kam zuerst. Mit dieser Philosophie ließ sich gut leben, denn dieser Staat war ja auch sozial, er tat etwas für seine Bürger. Gemeinsinn ging vor Eigennutz, die Idee der Volksgemeinschaft schien plausibel. Dieser Staat brach auf zu neuen Ufern. Politisch wie moralisch glaubten wir uns an der Schwelle zu einem Tausendjährigen Reich stehend. Die kleinen Schönheitsfehler zu Anfang mußte man da übersehen.

Die Grenzen und Gefahren dieser Staats- und Ersatzreligion, die uns alle in die Pflicht nahm, haben sich erst zu einem viel späteren Zeitpunkt gezeigt. Dann allerdings wurde sie so gründlich pervertiert, daß völlige Leere und Resignation an die Stelle trat. Diese wieder durch Hoffnung und Glauben an das »bonum commune« zu ersetzen wird Generationen dauern.

Wie setzte sich unsere Crew zusammen?

Wie sahen wir uns selbst?

Wir alle wurden im Zweiten deutschen Kaiserreich geboren. Wir hatten bewußt den Zusammenbruch der Weimarer Republik erlebt.

Die Reichsmarine stellte jährlich eine begrenzte Zahl von Kadetten ein, etwa einhundert.

Wir waren die erste Crew, die, ein Spiegelbild wiedergewonnener Wehrhoheit, eine Einstellungsquote von 318 Kadetten hatte, eine Zahl, die kurz vor dem Krieg und während des Krieges weiter expandierte. Es hatten sich 1934 jedoch noch wesentlich mehr beworben, als eingestellt werden konnten. Daß wir schon aus diesem Grunde uns als Elite fühlten, möge man uns nachsehen.

Das Durchschnittsalter betrug etwa 19 Jahre. Einige hatten bereits einige Semester studiert und waren wie die zu uns stoßenden Handelsschiffsoffiziere entsprechend älter.

Die Mehrzahl meiner Crewkameraden kam, geographisch gesehen, aus Norddeutschland, sozial betrachtet, aus dem oberen Mittelstand, aus gebildeten, gesellschaftlich angesehenen Kreisen. Nur wenige kamen aus Adelskreisen, einige waren Admiralssöhne, ohne daß ihnen daraus besondere Privilegien erwuchsen. Die Marine gab uns Ansehen und frühe Verantwortung, eine Kombination von großem Reiz. Im Rahmen der nationalen Erneuerung war die Stellung des Offiziers als »Waffenträger der Nation« eine geachtete, ja privilegierte.

Wir waren im Elternhaus und in der Schule erzogen mit dem Bewußtsein, daß der Vertrag von Versailles dem Vaterland Schaden zugefügt hatte. Es war unser Anliegen, daß dieser Vertrag, mit diplomatisch-politischen Mitteln, gestützt auf eine starke Wehrmacht, revidiert werden mußte.

Unser Patriotismus verband sich mit preußischen Werten, wie Ordnung, Disziplin, Sparsamkeit, eben dem Dienst am »bonum commune«. Der Soldat stand abseits von der Politik.

Der Soldat unterwarf sich dem Primat der Politik, der nationalsozialistischen Politik – zu lange, bis einige im Widerstand sich davon lossagten. Werfel hat es einmal so formuliert:

»Der Primat der Politik vernichtet den Geist, indem er den Herrn zum Sklaven macht.«

Infanteristische Ausbildung

Tagebuch:
Das wesentliche Ereignis der Woche war die Waffenübergabe am 12. April 1934. Der Kompanieführer stellte als Leitsatz für diesen feierlichen Akt einen Ausspruch des Führers an die Spitze: »Der Soldat ist der Waffenträger der Nation« und sagte wörtlich: »Das schließt in sich die Heiligung der Waffe zum Einsatz für das Höchste.« Der Zugoffizier als Vertreter des Staates händigte uns die Waffe aus, und durch Handschlag gelobten wir, die Waffen in Ehren zu halten, gute Waffenträger zu werden. Unwillkürlich erinnerte ich mich eines Sinnspruches der Deutschen Freischar:

»Erdwärts ist der Pflug gewandt,
pflügt das harte, schwere Land,
Himmelwärts, gottwärts, ragt der Speer,
beide verbunden zu Schaffen und Wehr.«

Der 31. Mai 1934 war ein großer Tag für Stralsund, der Ehrentag der deutschen Flotte. Der Tag von Skagerrak ist zugleich der Todestag des jungen Dichters Gorch Fock und der 125. Todestag des preußischen Freiheitshelden Schill, der in dieser Stadt fiel.
Die Feierlichkeiten wurden am Mittwoch abend eingeleitet durch den Großen Zapfenstreich, ausgeführt von zwei Zügen der 6. Kompanie.
Der Alte Markt mit seinen historischen Bauten, dem prachtvollen gotischen Rathaus, den alten Patrizierhäusern, überragt von dem mächtigen Turm der Nicolaikirche, ist das Ziel der Stralsunder Bürger heute. Abordnungen der Wehrformationen rücken an und nehmen Aufstellung. Die Umrisse des Platzes verschwinden allmählich in der Dunkelheit und leuchten kurze Zeit später wieder auf,

sichtbar gemacht durch den Schein unzähliger Kerzen, in jedem Fenster rings um den Platz aufgestellt. Scharf ragt der Nicolaiturm in den kalten Nachthimmel hinein, dunkel hebt sich die Silhouette des Rathauses hervor. Scheinwerfer spielen an den Fassaden, um dann auf dem Platz vor dem Offiziersheim, auf den der Kommandeur, die Offiziere und geladenen Gäste hinaustreten, zu ruhen. Der Paukenschlag der anrückenden Musik übertönt das Gesumm der Menge, wird lauter und macht schließlich den Marsch hörbar. Die Unruhe legt sich, unsere Kompanie rückt an in Feldgrau, Stahlhelm, voran zu Pferde der Adjutant. Meldung. Der Zapfenstreich beginnt. Auf zwei Vorsprüngen am Rathaus wird weihrauchartig grünes, danach rotes Licht abgebrannt, die Trommeln wirbeln, die Fanfaren schmettern. Kirchgang.
Die Posten präsentieren, die Offiziere verlassen die Kirche, die Kompanien nehmen Aufstellung.
Der Kommandeur, der Major, einige alte Offiziere schreiten unter den Klängen des Präsentiermarsches die Fronten ab. Der Kommandeur betritt das grüngeschmückte Rednerpult und gedenkt der Bedeutung des Tages, betont die Verpflichtung, die wir im Andenken an die Toten, ihre Einsatzbereitschaft, ihr Opfer für Volk und Vaterland übernehmen. Ein dreifaches Hurra auf unseren Führer und seinen Schirmherrn, den greisen Feldmarschall, das Deutschlandlied und Horst-Wessel-Lied beenden die Feier.

Seemännische Ausbildung auf dem Segelschulschiff GORCH FOCK

vom 14. Juni bis 26. September 1934
Ich bin wieder in Kiel. Unser Marsch führt uns am Inneren Hafen entlang. Von links grüßt das Schloß, am Anfang des Düsternbrooker Wegs sehen wir für einen kurzen Augenblick die oberen Maststücke der *Gorch Fock*: Ein Raunen, eine Bewegung geht durch unsere Reihen. Jeder möchte diesen ersten Ausblick auf das schönste Schiff unserer Marine erhaschen. Vorbei geht es an der ehrwürdigen Alma mater, deren Jünger ich für kurze Zeit war, den herrlichen Düsternbrooker Weg entlang, dessen Gesicht mir im Schmucke des frühsommerlichen Grüns so fremd vorkommt, dem Kommandogebäude, so massig und geheimnisvoll wie immer, dem Haus meiner Burschenschaft, früher das Heim frohen Studentenlebens, heute ausgeräumt und kahl. An der Pier der Blücherbrücke liegt die *Gorch Fock*, schneeweiß hebt sich der Rumpf aus dem graublauen Wasser, steil ragen die Masten in den blauen Nachmittagshimmel.
An Bord werden wir ohne Rücksicht auf gewachsene Zusammengehörigkeiten den verschiedenen Korporälen zugewiesen; und es beginnt der Dienst. Hängemattzeug wird empfangen, die Hängematten gebaut und gezurrt, Herrgott, was weiß man vom Schlippsteg (Seemannsknoten), wie kann man ahnen, daß solch eine Hängematte zwei Köpfe hat, unwissend steht man da, wenn man irgendwoher etwas holen soll, Rumpelkammer, Versaufloch (Wasserabfluß vom Oberdeck nach Außenbord) und die verschiedenen Hellegats (Stauraum unter Deck). Bei einem anderen holt man sich Auskunft, wo denn eigentlich die Barring ist, was man unter Kuttenlecker (Quast zum Säubern), Schlagpütz (Eimer aus Segeltuch) und Außenbordsquast versteht. Mehrere Male rennt man sich die

Köpfe ein und stolpert über alles mögliche. Ehrfürchtig schaut man nach oben und sieht sich im Geiste schon auf und ab entern. Lange wird's nicht mehr dauern.
Kojen gibt es nun nicht mehr. In Hängematten zu schlafen erfordert einige Gewöhnung. Dann ist die eine Seite zu locker, dann hängt die Hängematte zu weit durch, so daß man sich wie ein Wurm krümmen muß, um auf der Seite schlafen zu können. Trotz der Ungewohntheit aber haben wir ausgezeichnet diese erste Hängemattsnacht durchschlafen.
Es mag mancher erstaunt gewesen sein, als der Oberbootsmann am nächsten Morgen verkündete, daß das Schiff vollkommen versaut sei und ein gründliches Reinschiff am Platze sei, um die letzten infanteristischen Spuren über Bord zu spülen.
Reinschiff an Bord ist verschieden von dem an Land. Zunächst werden Schuhe und Strümpfe ausgezogen, denn das Schiff wird derartig überspült, daß man bis an die Knöchel im Wasser watet.
Der Besen wird auf ganz besondere Art angefaßt und wird auf das Kommando »Achtung Null« um 180° geschwenkt, mit Seife wird gespart, das Deck wird mit Sand gescheuert. Die Farbe der Aufbauten wird mit Frischwasser gewaschen, wehe aber, wenn man beim Messingputzen die Farbe überschmiert.

Dazu folgende Geschichte:
Einer meiner Crewkameraden glossierte das verhaßte Reinschiff in seinem Tagebuch folgendermaßen:
1. Ostertag, Reinschiff, zwei Eier.
2. Ostertag, Reinschiff, ein Ei.
3. Ostertag, Reinschiff, nicht einmal ein Ei.
Dafür mußte er mehrere Male über die Toppen entern.

Während der Mittagsmusterung sprach der Kommandant, Kapitän zur See Raul Mewis, zu uns. Er führte aus:

Mit dem Kommandowechsel auf die *Gorch Fock* beginne die seemännische Ausbildung und damit unser eigentlicher Beruf. Der Übergang sei nicht leicht, aber man müsse sich daran gewöhnen. Es würde uns oft schwerfallen, dann gälte es durchzuhalten. Vorbilder hätten wir genug, die uns die Richtung wiesen. Die deutsche Geschichte sei voll der herrlichsten Taten, an ihnen sollten wir uns begeistern und aus unserer Geschichte die nötige Kraft schöpfen für unsere Arbeit. Dabei sollten wir vor allem an den Mann denken, dessen Namen unser Schiff trägt, der nicht eher ruhte, bis sein glühendster Wunsch, zur Marine zu kommen, erfüllt war, der seine heiße Liebe zu Volk und Vaterland mit dem Tode besiegelte. Als Wahlspruch für unseren Weg gelte: Augen auf, Mund zu und zupacken. Augen auf, um zu lernen, Mund zu, um gehorchen zu lernen und zuzupakken.
Der wirkliche Wahlspruch für uns hieß »Eine Hand für das Schiff, eine Hand für dich selbst«, um zu überleben.

17. Juni
Am Nachmittag erhielt das Schiff den Besuch von General Ritter von Epp. Sein Bild hatte immer mein Jungenzimmer geschmückt.
Nach einem kurzen Rundgang durch das Schiff wandte sich der Statthalter mit treffenden Worten an die Mannschaft.
Die Sehnsucht von mindestens 50 % aller deutschen Jungen sei, zur See zu fahren. Wir führen auf einem Segelschiff, das die Grundlage für den seemännischen Beruf überhaupt sei, das höchste Anforderungen an den einzelnen stelle.
Aus der Erfahrung einer eigenen militärischen Entwicklung heraus lege er es uns warm an das Herz, von Anfang an mitzuarbeiten, alles mitzunehmen, zu lernen, denn Können sei der Schlüssel allen Weiterkommens. Der Mensch komme so weit, soweit sein Wille reicht. Dasselbe auf die Nation übertragen:

Die Nation ist groß, wenn sie groß sein will. 15 Jahre lang hätte die Deutsche Nation das vergessen, wollten wir klein sein. Das sei nun endgültig vorüber. Um die Nation aber wieder zu ihrer alten Höhe zu führen, sei es unbedingt nötig, daß sich jeder diesem Grundsatz unterstelle. Unsere Generation habe diese Aufgabe übernommen. Eine andere, unumstößliche Wahrheit sei, daß das Schicksal des einzelnen von seiner Gemeinschaft bestimmt werde. Unser Schiff gibt uns eine besonders gute Erziehung auf der Grundlage dieser beiden Wahrheiten.

18. Juni
Geschützdonner und eine aufsteigende Rauchwolke auf der *Schleswig-Holstein* lassen uns von unserer Arbeit aufgucken. Zum Denken bleibt gar keine Zeit, es folgen weitere Schüsse, wir stehen still, Front nach Steuerbord. Wieder und wieder knallt es, dann erfahren wir, daß der Chef der Marineleitung die *Leipzig* besucht. Kurze Zeit später wird auf der *Karlsruhe* die Flagge des Reichswehrministers gehißt und ebenfalls Salut gefeuert.
Salutschießen, das ist alter Seefahrtsbrauch und stammt aus der Zeit der Vorderlader. Ein Kriegsschiff durfte einen fremden Hafen nur dann befahren, wenn es zum Zeichen, daß es keine Feindseligkeiten beabsichtige, sämtliche Kanonen leergeschossen hatte.
Auch das Seitepfeifen hat seine Tradition und damit das Stellen der Fallreepsgäste. In früheren Zeiten wurden die Gäste in großen Körben hochgeholt. Da mit dem Alter auch gewöhnlich des Leibes Fülle zunimmt, erforderte z. B. ein Admiral mehr Mannschaften zum Hochholen als ein junger Leutnant. Manche Sitte, für viele nur äußere Form und deshalb belächelt, hat ihren geschichtlichen Sinn. Weiß man ihn, so erhält die Form wieder Leben. Die Tradition wirkt ein festes Band um uns und unsere Vorfahren.

26. Juni
Der Kommandant spricht:
Am heutigen Tage ist allerorts in Deutschland halbmast und halbstock geflaggt. Heute vor 15 Jahren unterzeichneten die Abgeordneten Dr. Müller und Dr. Bell den Friedensvertrag von Versailles, der nicht als Vertrag, sondern als Diktat, und zwar nicht als Diktat des Friedens, sondern aus Haß und Unversöhnlichkeit geboren ist. Der wesentlichste Teil ist der Artikel 231, in dem die Kriegsschuld Deutschlands festgestellt wird. Die Kriegsschuldlüge ist die eigentliche Basis sämtlicher anderen Artikel und wirkt sich in ungeheuerlichen Lasten aus. In der Auferlegung von Kriegstributen, in der Unfähigkeitserklärung, unsere Mandate zu verwalten, in der Wehrbegrenzung und last but not least in der Demütigung.

Vermerk: Die Zahlung von Kriegstributen war bis 1988 festgelegt, dem Jahr, in dem ich dieses Buch schreibe.

Der große Feldzug gegen das Diktat von Versailles setzte ein mit der nationalsozialistischen Bewegung, der erste Erfolg war die Streichung der Tribute, der zweite wird sein in allernächster Zeit die Vergrößerung der Wehrmacht. Daß das deutsche Volk fest gewillt ist, in erster Linie auch seine nationale Ehre wiederherzustellen, zeigt der 12. November 1933, an dem Deutschland sich von dem Völkerbund, dem Wächter über Versailles, lossagt.

Noch hat die große moralische Rechtfertigung ihr Ende nicht gefunden, keiner darf ruhen und rasten, ehe wir nicht völlig reingewaschen dastehen. Wir wollen geloben, dies zu unserer Lebensaufgabe werden zu lassen. Diesem Willen geben wir Ausdruck durch ein dreifaches Hurra auf unser Vaterland.

30. Juni
Um 14.00 Uhr, außerhalb der Routine, plötzlich Antreten beider Wachen auf dem Mitteldeck. Der Kommandant verkündet einen Befehl des Reichswehrministers: Erhöhte Alarmbereitschaft infolge innerpolitischer Schwierigkeiten.
Nach dem Wegtreten wird als erstes die Tatsache genügend gewürdigt, daß der Urlaub fortfällt. Es bilden sich Gruppen und Grüppchen, die unsinnigsten Vermutungen werden laut. Einer meint, innenpolitische Spannung käme überhaupt nicht in Frage, die außenpolitische Lage erfordere diesen Schritt. Ein anderer spricht von Rebellion der SA gegen die Reichswehr, ein Dritter spricht von Zahlungsschwierigkeiten der Behörden. Das Rechte fand keiner. Um so mehr erstaunte alles, als sich der wahre Sachverhalt herausstellte: Stabschef Röhm und mehrere SA-Obergruppen- und Gruppenführer wegen Rebellion, wegen staatsverräterischer Umtriebe verhaftet und erschossen. Die Nachrichten jagen sich, gehen in Einzelheiten über. Der Führer selbst hat die Verhaftung geleitet, SA-Führer Schneidhuber hat die Parole verbreitet, der Führer und die Reichswehr gegen uns. Polizeipräsident Lutze wird vom Führer zum Stabschef der SA ernannt. An diese Ernennung bindet er eine weitgehende, verpflichtende Aufgabenstellung, die wohl jedem von uns aus dem Herzen gesprochen ist, was die SA großgemacht, was aber unter der unglücklichen Veranlagung ihrer Führer zum Teil vernachlässigt, zum Teil bewußt unterbunden ist – spartanische Einfachheit, blinder Gehorsam, schärfste Disziplin, sittliche Sauberkeit.

Kommentar:
So und ähnlich war die Beurteilung der Lage an Bord der *Gorch Fock*. Die gleichgeschaltete Presse, der Rundfunk und nicht zuletzt das Offizierscorps erstickten jede etwaige Kritik im Keime.

Die Führung der Reichswehr, die ja Hilfestellung bei der Bewaffnung der SS in ihrem Einsatz gegen die SA geleistet hatte, sah in deren Entmachtung eine Stärkung ihrer eigenen Macht. Daß dabei auch zwei völlig unbeteiligte hohe Offiziere, die verabschiedeten Generale v. Schleicher und v. Bredow mit liquidiert wurden, wurde von der Wehrmachtführung hingenommen. Ihre Mörder aus den Reihen der SS wurden nicht einmal zur Rechenschaft gezogen. Eine flaue »Ehrenerklärung« bei der Schlieffengesellschaft ließ die Kritiker unter den Soldaten verstummen. Aus Mangel an Information über die sogenannte Röhmaffäre war auch unser Rechtsempfinden nicht getroffen, das ohnehin vom Rechtspositivismus beeinflußt war, der letztlich besagte, daß alles Recht vom Staat gesetzt wird.

Daß die Führer der Reichswehr in Kenntnis der Details dieser Mordnacht, wissend, daß Dutzende von Menschen ohne Gerichtsverfahren umgebracht wurden, nichts unternahmen, was eigentlich den moralischen Grundsätzen des in rechtsstaatlichen Kategorien erzogenen Offizierscorps entsprochen hätte, ist für uns heute unbegreiflich. Nur einige wenige erkannten, daß sich das NS-Regime hiermit enttarnt hatte. Aber auch sie brauchten noch bis Mitte 1941, bis zum Erlaß des Befehls über die Beschränkung der Kriegsgerichtsbarkeit und des Kommissarbefehls, um das Verbrecherische des Regimes endgültig zu erkennen und die Konsequenzen seherisch zu formulieren:

»Damit wird dem deutschen Volk eine Schuld aufgeladen, die die Welt uns in hundert Jahren nicht vergessen wird.« (Henning v. Tresckow)

Tagebuch:
13. Juli
Steuerbord, 2. Wachhälfte an das Ankerspill, und dann, nach altbewährter Melodie »Lampenputzer ist mein Vater«, einmal rund macht 40 cm Hievlänge. 100 Meter Ankerkette sind danach leicht zu errechnen, aber schwer zu

hieven, sie ergeben nämlich 250 turns und viel Schweiß. Was macht nicht alles der Rhythmus der Musik; welche unerwartete Hilfe in den antreibenden Blicken der Yachtschülerinnern, die mit ihren Booten neugierig unser Schiff umfahren.

15. Juli

Wir halten wohlverdiente Mittagsruhe, eine Stunde für uns. Was kümmern uns die See und das Wetter. Wir wissen, über uns wacht der Bootsmannsmaat. Heute mittag ist es dunkler im Zwischendeck als sonst. Wir achten kaum darauf. Der Allemannspfiff reißt uns hoch.
Unter dem Druck einer Gewitterböe ächzen die Gestänge. Es fängt an zu regnen. Alle Segel bergen. Fehmarnbelt ist nicht allzu fern. Wir jagen die Wanten hoch, der Sturm pfeift uns den Regen ins Gesicht. »Leg aus!« Es regnet nicht mehr, es gießt. Kaum sehen wir das Deck. Es ist, als ob uns der Sturm mit Gewalt aus den Fußpferden drücken wollte. Nur schwer holen wir die Segel ein, das Wasser stürzt in Bächen an ihnen nieder, sie werden steif, schwer und unhandlich.
Mit viel Mühe liegen sie endlich fest, die Ankerkette ist ausgerauscht, vollkommen durchnäßt stehen wir an Deck, vorbei ist die Gewitterböe, wir hieven den Anker, setzen Segel, die Sonne lacht uns aus.

18. Juli

Nicht jeden Tag scheint uns die Sonne. Auch sie geht einmal unter, nämlich dann, wenn man unberechtigterweise dauernd auffällt. Wenn man überall Pech hat, dann kommt wohl einmal eine Stunde der Verzweiflung, in der man Vergleiche zieht zwischen unserem ruhelosen Leben und der leichten Art anderer, zu leben. Dann kommt einem wohl auch die versuchende Frage, warum das alles?
Das sind gefährliche Stunden, können aber auch die se-

gensreichsten sein, wenn man wieder das Gleichgewicht findet, wenn man den inneren Kampf mannhaft austrägt.

Kommentar:
Die Worte des Tagebuchs umschreiben üble Übergriffe der Unteroffiziere, wie sie aus heutiger Sicht nicht mehr verständlich sind.

Bedingt durch meine Größe war ich langsamer als die anderen. Ich verhedderte mich in den Wanten und kam später auf meine Station als die Kameraden, nicht immer, aber doch gelegentlich.

Die Folge war, daß ich fast ständig zum sogenannten Enterverein gehörte. Der Enterverein trat nach dem Dienst an Deck an, meistens bei Dunkelheit, und dann wurden wir die Wanten hochgejagt, bis oben in die Royal-Rah. Das wäre alles noch zu ertragen gewesen, aber nun begann die Schikane. Eine gezurrte Hängematte, die immerhin fast die Größe eines Mannes hat, somit verhältnismäßig schwer ist, hielten wir im linken Arm.

Dann wurden wir bei Nacht über die Toppen gehetzt.

Damit man uns sehen konnte, band man uns hinten eine Läuferlaterne an. Wir enterten also mühselig mit dieser Hängematte im Arm hoch, was besonders schwierig wurde bei den sogenannten Püttings, die wir nicht – wie bei den Wanten – mit einer Schräglage nach vorn, sondern, um auf die Saling (Plattform, von der aus die Rahen besetzt werden) zu kommen, mit einer Schräglage nach hinten überwinden mußten.

Daß das lebensgefährlich war, brauche ich wohl nicht zu erwähnen. Daß diese Aktion von den Offizieren geduldet wurde, ist mir heute noch unverständlich.

Tagebuch:
20. Juli
Ausflug zur Marienburg.
Durch einen hohen Torweg treten wir in den Vorhof der

alten Ordensritterburg. Der Lärm verstummt. Wir werden still vor der geschichtlichen Bedeutung des deutschen Ordensstaates und seiner uns in Stein überlieferten Idee. Welch eine Haltung, die diesen Staat und diese Gotik schuf.
Unsere Fahrt geht weiter zum Westpreußenkreuz, zur Dreiländerecke. Man muß die Aufschrift »Traité de Versailles« gesehen haben, um den Einfluß der damaligen französischen Regierung auf die Grenzziehung zu spüren. Man muß den widernatürlichen Grenzverlauf selbst gesehen haben – wie er ganz und gar nach militärischen Gesichtspunkten orientiert ist – wie er das Selbstbestimmungsrecht mißachtet – wie er rücksichtslos die Höfe deutscher Bauern mit schweren Rückwirkungen auf die Wirtschaftlichkeit teilt – wie er Ortschaften von ihrem Lebensnerv, z. B. dem Bahnhof, trennt, wie er die Grenzbevölkerung mutlos machen soll und wie hier letzten Endes die Saat für eine neue Auseinandersetzung gelegt ist.
Wir sehen die Folgen, die dadurch entstanden sind, daß die Frage des Weichselzuganges durch einen nur 4 Meter breiten Streifen »gelöst« wurde. Die Deiche verfallen, die Weichsel versandet.
Tannenberg – massig ragen die Steinwälle und Türme der Tannenberg-Gedenkstätte in den gewitterschwarzen Julihimmel.

2. August
Generalfeldmarschall v. Hindenburg ist gestorben. Wer »Flagge auf halbmast«, das Symbol der Trauer, noch nicht gesehen hat, erfährt von dem Tode des Reichspräsidenten durch den Kommandanten, nachdem wir auf dem Mitteldeck zu einem kurzen Gedenken zusammengetreten sind. Seine Worte: Ein Leben der Pflichterfüllung, der Opferbereitschaft, ein Leben des Glaubens an Deutschland hat ein Ende gefunden. Das aber, was den Namen Hindenburg unter die Großen des Volkes reiht, was ihn unsterb-

lich macht, ist das Verdienst, das er sich um das neue Reich erworben hat. Der Reichspräsident war sich der weittragenden Bedeutung seines Entschlusses bewußt, sich zum Schirmherrn der NS-Bewegung zu machen.
Er war sich der Verantwortung um den weiteren Bestand des Reiches bewußt, als er die besten Kräfte der Vergangenheit mit der jungen politischen Kraft, die in die Zukunft wies, vereinigte. So legte er den Grundstein zum Neubau des Reiches.

Das war die Sprache jener Tage. Wie unser Kommandant sprach, so sprachen Hunderte von Blockwarten, Ortsgruppen-, Kreis- und Gauleitern.

9. August
Einlaufen in Helsingfors, Finnland.
Hier komme ich am Nachmittag mit einem Württemberger ins Gespräch. Er erzählt mir von seinen Gründen, Deutschland verlassen zu haben, wie gewöhnlich wirtschaftlicher Art. Wie er sich jedoch innerlich nie habe loslösen können von Deutschland, wie er dann Anfang des Weltkrieges heimgekehrt sei, um fünf Jahre lang zum ersten Mal Deutschland zu erleben, dann habe er aber doch nicht bleiben können, weil ihn die kleinen Verhältnisse beengt hätten, er aber ohne Weite nicht habe leben können.
Auch erzählte er mir von der Not der deutschen Kolonie hier, weniger wirtschaftlicher als seelischer Art. Wie überall im Ausland, sei auch hier die Presse zum großen Teil jüdisch beeinflußt und habe nach dem 31. Januar 1933 mit einer unerhörten Greuelpropaganda eingesetzt, die die Stimmung des Volkes gegen die wenigen Deutschen wendet. Aus seinen Reden entnahm ich weiterhin, daß die Klugheit gebiete, nicht rückhaltlos für die Ideen des neuen Deutschland einzutreten, daß die deutsche Kolonie aber hinter dem Führer und seinen Gedankengängen stehe.

Er erzählte mir viel von finnischer Landschaft, die er nun liebte, als ob es ein Stück deutscher Erde sei, und doch sprach aus seinem Gebaren, aus seinen Augen, das Heimweh nach Württembergs Gauen. Ich vergalt es ihm mit Berichten aus dem neuen Deutschland.

10. August
Wegen Landestrauer wurde anstelle großer Festlichkeiten ein Ausflug zur alten Schwedenfestung »Sveaborg« von der deutschen Kolonie arrangiert. Der Marsch zum Südhafen führt uns an dem Ehrenmal der in Finnland im Freiheitskampf gefallenen Deutschen, etwa 400 an der Zahl, vorbei. Zu kurzer Erinnerung an jene Zeiten und in dankbarem Gedenken der Gefallenen schließen wir uns vor dem Gedenkstein zusammen. Namen, wie Admiral Meurer, General von der Goltz, werden lebendig und mahnen uns, jene vierhundert nicht zu vergessen, die durch ihren Kampf und Tod der Freiheit der Finnen zum Siege verhalfen.

12. August
Feier in Hammskär. Nachdem es die russischen Minensperren überwunden hatte, gelangte am 17. November 1917 in das Schärengebiet von Hammskär das deutsche U-Boot »U C 57«, das wichtiges Kriegsgerät für Finnland mit sich führte, notwendig für die Weiterführung des Freiheitskampfes. Mit der Besatzung fuhr ein acht Mann starkes finnisches Jägerkommando, dessen Aufgabe war, die Brücken auf der Karelischen Landzunge zu sprengen, somit die Verbindung mit Rußland zu zerstören. Am folgenden Morgen trat »U C 57« die Rückkehr an und wurde nie mehr gesehen.

Mit dem Untergang des U-Bootes verloren 27 Deutsche ihr Leben. Dem Gedächtnis dieser Deutschen errichtete der finnische Staat in Dankbarkeit in den Schären von Lovisa auf Hammskär ein Denkmal aus Granit. Während der Kommandant auf dem Küstenpanzerschiff *Vainämöinen* die Sechsstundenfahrt zurücklegt, der 1. Offizier und unser Divisionsoffizier auf einem U-Boot fahren, gelangen wir an Bord des Kanonenbootes *Turunmaa* auf die Insel. Es ist ein altes russisches Boot, das zur Schulung der Seekadetten dient. Wir werden herzlich willkommen geheißen, bald setzt eine lebhafte Unterhaltung ein, in deren Verlauf wir unsere Berufskameraden immer mehr schätzen- und achtenlernen. Diese sechs Stunden Zusammensein haben mir einen guten Einblick in finnische Verhältnisse gegeben, das rechte Verständnis für finnische neue Geschichte. Nicht die Mongolengesichter im Hafenviertel haben den finnischen Staat geschaffen, sondern ein Menschenschlag, wie diese Besatzung von *Turunmaa*, diszipliniert, asketisch, Männer mit scharfgeschnittenen Gesichtszügen, bescheiden, zurückhaltend, schweigsam, dabei ständig bemüht, den Gästen den Aufenthalt so angenehm wie möglich zu machen.

Ihre Lebensgestaltung steht unter dem gleichen Grundprinzip wie unsere, wie die aller jungen Völker:

»Wenn Ihr die Bequemlichkeit verachtet und das weiche Bett, von den Weichlingen nicht weit genug Euch betten könnt, da ist der Ursprung Eurer Tugend« (Nietzsche).

Offen erzählen sie uns von allem, was sie bewegt. Die Unterhaltung geht hauptsächlich um militärische Dinge.

Der Kurs führt durch herrliches Schärengebiet, enges Fahrwasser, in dem nur wenige Schiffe laufen können.

Die Stärke der finnischen Flotte liegt in ihren kleinen Booten, alle mit Minenwurfeinrichtungen, denn die Mine ist die Hauptwaffe. Im Kriegsfalle ist es ein kleines, die Fahrstraße mit Minen zu versperren. Auch die breite Form der U-Boote, die in unserem Kielwasser fahren, ist unter diesem Gesichtswinkel zu betrachten. Der dicke Bauch beherbergt ebenfalls Minen.

Auf einer Tafel stehen folgende Worte:

»Längst ruhen die Helden nach eherner Tat
Gott schütze uns allen, die goldene Saat:
die Freiheit des Landes,
der Knechtschaft entronnen kann Finnland gedeihen,
erblühend sich sonnen!
Es reichten sich Brüder im Kampfe die Hand
die mutig und furchtlos das Recht erkannt!
War die Sprache verschieden – eins war der Sinn:
sie gaben ihr Leben, das Beste!
Für uns sanken viele als Opfer dahin
und schenkten uns Freiheitsfeste
und setzten sie nicht ihr Leben ein –
nie würde das unsre gewonnen sein!
10 Jahre verflossen – um uns ward es Licht!
Vergeßt im Glücke auch derer nicht,
die opfernd für uns sich im Tode vereint
die Deutschland und Finnland in Trauer beweint.
Längst ruhen die Helden nach eherner Tat
Gott schützte uns allen die goldene Saat:
die Freiheit des Landes!
Was auch die Zeit verdeckt und begräbt,
das Gedächtnis unserer Befreier lebt!
›memoria liberatorum‹«

So war die Sprache damals.

13. August
Früh um 9.00 Uhr verlassen wir Helsingfors.
Der böse Geist scheint das Schiff heimgesucht zu haben.
Freiübungen werden wieder eingeführt, und zwar ganz neue. Anscheinend, um sie erst auszuproben, finden sie unter Deck statt. Nachmittags wird dasselbe in größerem Maßstab fortgesetzt.
Die Steuerbordwache macht eingehend Zeugmusterung mit anschließend Flagge Luci in sämtlichen Variationen.
Die Enge ist weit unbehaglicher als in Stralsund, aber im-

merhin erträglich. Schlimm wird es erst, wenn man herunterstürmend sein Zeug im Wohnraum verstreut findet, wenn es von aufgeregten Kameraden schmutzig getreten wird und man eine Stunde braucht, seine Habseligkeiten zusammenzufinden.

Kommentar:
»Flagge Luci«, blau-weiß-blau, war eine neue Form der Schikane.

Antreten an Oberdeck. In drei Minuten in Weiß antreten.

Man raste herunter in den Wohnraum, schloß sein Spind auf, zog Blau aus, zog Weiß an, raste hoch.

In drei Minuten antreten in Blau. Man raste wieder herunter, Weiß aus und zog Blau an, war in drei Minuten wieder oben. Das ging so mehrere Male hin und her.

Einmal hatte man vergessen, sein Spind abzuschließen.

Dieses eine Mal nahm der Unteroffizier wahr und riß alles, was in dem Spind war an Unterwäsche, Wäsche und weißen Sachen heraus, warf es auf den Boden, wo es von den zu einem neuen Anzugwechsel herunterstürmenden Kameraden zertreten wurde.

Nach dieser Übung dauerte es Stunden, bis man alles wieder gesäubert und geplättet hatte.

Tagebuch
26. August
Der Tag steht – wie im ganzen Reich – unter dem Zeichen der Saarkundgebung.
Hitler spricht am Deutschen Eck:
»Die Grundsätze des neuen Reiches sind außenpolitisch: Frieden! – aber auch Gleichberechtigung. Wir kämpfen um unsere Ehre und Freiheit. Innenpolitisch: Besserstellung des deutschen Arbeiters, Erhaltung des deutschen Bauern! Wir kämpfen gegen Arbeitslosigkeit! Gegen Partei- und Klassengegensätze! Nur wer voreingenommen, kann den unermeßlichen Wandel ignorieren und ableh-

nen. Wenn fremde Elemente kritisierend auf Hindernisse hinweisen, die für die Regierung unüberwindbar seien, so antworten wir, wir haben nur Schwierigkeiten, weil man unserem Volk Schwierigkeiten macht. Nichts wird uns zurückschrecken, sie zu überwinden, nichts wird uns niederzwingen. Das deutsche Volk hat Tausende von Jahren hinter sich, es hat sie auch vor sich. Die Schwarzseherei auf wirtschaftlichem Gebiet ist ebenso unbegründet wie die Verdächtigungen auf religiösem Gebiet. Wir bekennen uns zum positiven Christentum und stehen auf dem Boden der religiösen und Gewissensfreiheit. Nur eines ist bei uns verpönt, Religion als Deckmantel für politische Zwecke zu benutzen.
Das Saarland war uns von jeher ein Vorbild. Während in Deutschland Parteienhader herrschte, bestimmte das Handeln der Saardeutschen nur ein einziger Wille: ›zurück ins Reich‹. Sie sollten am 14. Januar die deutsche Heimat wiederfinden. Jeder wird offen aufgenommen, ungeachtet Parteizugehörigkeit, wenn er nur mitarbeiten will am Aufbau Deutschlands. Zum andern aber hoffen wir, daß nach Lösung dieser Frage die Bereitschaft drüben wächst, Frieden mit uns zu suchen, die ungeheuren Aufgaben gemeinsam durchzuführen. Das wäre unsere größte Freude, wenn die läutenden Glocken nicht nur die Heimkehr vieler Deutschen, sondern die Einkehr des Friedens einleiten würden.« So entwirft Hitler den Saardeutschen, entgegen allen unbestimmten Presseberichten, ein klares Bild von dem Deutschland, für das sie demnächst ihre Stimme einsetzen sollen.

29. August
Eng zusammengedrängt stehen wir auf dem schwedischen Fischkutter, langsam bullert er in die diesige Landschaft hinaus. Ein feiner Sprühregen wird uns durch den Sturm entgegengetrieben, er verschleiert das Land, die Felsen scheinen heute weniger hart und zackig, die Grünfläche

saftiger als am Tage vorher, die Gegend trostloser als gestern im Sonnenschein. Eine unbekannte Insel, wie all diese Schären, Stensholm, nur lebendig den wenigen Deutschen, denen der Künder der Seefahrt, Gorch Fock, etwas war und ist. Sie nimmt uns auf. Ein stilles Gedenken, eine Würdigung der Verdienste des Toten, vereint uns auf dem kleinen Friedhof, den einige liebevolle Hände aus Fjellbacka in Ordnung halten. Hier wurde der Dichter und Seemann Gorch Fock, ein Opfer der Skagerrakschlacht, in fremder Erde bestattet, unfern des Meeres, das er so sehr geliebt hat. Neben ihm ruhen einige deutsche Kameraden und unbekannte englische Seeleute, vereint durch ihren Tod. Sonst ist es einsam hier, der Sturm pfeift eine seltsame Begleitmusik zwischen den Felsblöcken hindurch zu dem ewigen Rauschen des Meeres.

31. August
Es weht ein beachtlicher Wind, dem nicht einmal das Ölzeug standhält, die Nacht ist kalt, aber gerade dann, wenn es ein wenig unbequem wird, dann ertrotzt man sich die gute Stimmung.
Durch die Dunkelheit jagen die Wolken, in der Ferne einige schwankende Lichter – Fischerkähne –, sonst alles dunkel, nur unmittelbar vor dem Schiff, von der Ankerlaterne beschienen, rollen die Wellenberge heran, überstürzen sich in weißen Schaumkämmen und branden an den Schiffsrumpf. Der Beiholer spannt sich und gibt nach, je nach der Wasserbewegung, querab hellt der Himmel für einige Zeit auf, der Mond scheint. In wilder Hast jagen Wolkenschleier vor ihm vorüber, im nächsten Augenblick schon wieder ist er bedeckt, und schwarz ist die Nacht, dann und wann bricht er wieder durch und spiegelt sich im bewegten Wasser. Ein heller Fleck, dessen Schein bis an das Schiff rollt wie flüssiges Silber. Die Zeit von 12.00 h bis 04.00 h nannte Gorch Fock die Königswache, wir nennen sie die Hundewache.

Kommentar:
Aufklarer im U-Raum (Unteroffiziersraum) zu sein war ein besonderes Vergnügen. Jeder kam einmal dran, für jeden war es wie der Vorhof zur Hölle. Dort waren sie unter sich und mit ihren Launen allein. Ein Teil schlief auf den Bänken, ein Teil in der Hängematte. Aus mir nicht bekannten Gründen schliefen die meisten in der Unterhose. Es war eine unbeschreiblich stickige Luft, wenn man morgens in den Unteroffiziersraum eintrat. Die Hälfte schlief noch, ein Teil war dabei, aufzustehen, ein Teil saß bereits beim Frühstück, zwischen Zigarettenkippen und halb ausgetrunkenen Biergläsern vom Vorabend. Die Luft war zum Schneiden. Die Aufforderung, ein Tuch von dem Papageienkäfig zu nehmen, damit das Tier frische Luft bekam, war wie ein Hohn. Eines Tages, als ich dort unten Dienst tat, hielt mir Malchus, der »Tiger der Ostsee« – wie er genannt wurde –, eine Ansprache etwa folgenden Inhalts:

Die Zeit der Vorrechte für die Offiziersanwärter sei vorbei. Daß wir die Wäsche »vorn« trügen, hätten wir nur unseren Eltern zu verdanken, weil sie in der Lage gewesen wären, die höhere Schule zu bezahlen. Jetzt käme aber eine andere Zeit, und das werden wir euch zeigen. (»Wäsche vorn« bezieht sich auf das Tragen von Schlips und Kragen, während Unteroffiziere und Mannschaften den Matrosenkragen trugen, d. h. die Wäsche hinten.) An diesem Tage hatte Waldekker aus meiner Korporalschaft Wache und Dienst im Unteroffizierraum. Jovial begann Tom Schark eine Unterhaltung mit ihm. Schark war bekannt als jähzorniger, leicht zum Messer greifender Mann.

»Na, Waldecker, wie heißt denn Ihr nächstes Kommando? Kreuzer *Emden* oder Kreuzer *Karlsruhe*?« »*Emden*, Herr Obermaat.« »Na, dann sehen Sie sich man vor, daß Sie nicht von den Kannibalen aufgefressen werden.« »Herr Obermaat, wenn ich hier im U-Raum klargekommen bin, dann komme ich auch bei den Kannibalen klar.« Wir hörten ein fürchterliches Gebrüll aus Richtung Unteroffiziersraum, und dann kam Waldecker den Niedergang hochgeschossen, bleich, aber gefaßt. In den nächsten Wochen bis zum Ende der *Gorch-Fock*-Zeit hatte er fürchterlich zu leiden.

Tagebuch:
9. September Karlskrona
Schwedische Besucher kamen an Bord, etwa 2500 an der Zahl. Abends Bordfest. Der vordere Wohnraum wurde im achteren Teil mit Signalflaggen ausgeschmückt, die Backen und Bänke hergerichtet für den Besuch.
Wir empfingen unsere Gäste auf dem Mitteldeck, auf einen Schweden kam ein Deutscher. Bei einfachem Mahl, unseren Verhältnissen und unserer Auffassung entsprechend, tauschten wir gegenseitig Kenntnisse und Erlebnisse aus. Beide Teile produzierten sich mit Gesängen des Landes. Aus der Art, wie gesungen wurde, erkannte man deutlich, daß die Deutschen liederfroher sind. Wir schieden voneinander mit dem Bewußtsein, daß hier eine Verbindung aufgenommen war, die weit mehr als Augenblickswert hatte.

Mit einem von ihnen blieb ich später in brieflichem Verkehr. Hier wurde die Aufgabe der Marine wieder einmal deutlich, Flagge zu zeigen im Ausland und zur Verständigung unter den Völkern beizutragen.

Ausklang.
Die Reise auf der *Gorch Fock* war unsere erste Seefahrt.
Eine erste Fühlungnahme mit dem Element, das uns zur Heimat werden sollte und wird, dessen Eigenarten und Launen uns vertraut werden sollen, als ob es ein Stück unseres Selbst wäre.
Die Fahrt auf dem Segelschiff ist die Grundlage jeglicher Seefahrt, denn hier ist man gezwungen, mit den Elementen zu kämpfen, und bekanntlich lernt man im Kampf seinen Gegner am besten schätzen und kennen. Es fehlt der sichere Rückhalt der Maschine.

Auch die Romantik der Seefahrt, wie sie uns Jungen heiße Wangen und leuchtende Augen machte, ist noch nicht ganz entschwunden. Wer in klaren Julinächten Postenausguck gestanden hat, weiß, was ich meine. Es war das erste Mal, daß wir uns als Crew gefühlt hatten.
Die Haltung einer Gemeinschaft hatte hier ihre prägende Note erfahren.
In Stralsund lebten wir als Korporalschaft. Die Kreuzerreise wird die Crew in zwei Hälften zerreißen.
Ein Teil geht auf den Auslandskreuzer *Karsruhe*, der uns nach Nord- und Südamerika bringt, auf die Salon- und Parkettreise – so genannt von den *Emden*-Fahrern, die, mit dem Hauptziel Afrika, Neger im Busch besuchen – so unser verächtlicher Kommentar.

Ausbildung und Weltreise auf dem *KREUZER KARLSRUHE*

vom 27. 8. 1934 bis 16. 6. 1935
Angetreten stehen wir auf der Pier vor dem Kreuzer *Karlsruhe*. Der wachhabende Offizier nimmt die Meldung entgegen. Ein bedeutungsvoller Tag beginnt für uns.
Das erste Mal treten wir in Kadettenuniform auf der Schanz an, mit sogenannten »Affenjäckchen« und der »Wäsche vorn« sowie dem Portépée.
Beide legen uns eine Summe von Pflichten auf, die wir freudig erfüllen, weil wir sie uns wünschen. »Wer auf die preußische Fahne schwört, hat nichts mehr, was ihm selber gehört.« Unter so Gleichgesinnten fällt es nicht schwer, Toleranz zu üben. Was ich unter Preußentum verstehe, hat der Dichter Stefan George in folgendem Gedicht ausgedrückt:

»Neuen Adel, den Ihr suchet
Führt nicht her von Schild und Krone
Aller Stufen Halter tragen
Gleich den feilen Blick der Sinne
Gleich den rohen Blick der Spähe.
Stammlos wachsen im Gewühle
Seltne Sprossen eignen Rangs
Und Ihr kennt die Mitgeburten
An der Augen wahrer Glut.«

Kommentar:
Ich habe immer eine besondere Nähe zur Lyrik gehabt.
Damals war es Stefan George. Ich fand bei ihm ein neues Gefühl für Sprache in der Dichtung, das aristokratisch Strenge, das nicht nur mich ansprach. Viele junge Menschen kamen zu seinen Lesungen. Literaten, Philoso-

phen, die Brüder Graf Stauffenberg gehörten zum George-Kreis.

Daß er auch das Totalitäre geißelte, habe ich erst später erkannt.

Unsere tägliche Routine aber war weit von diesem Höhenflug entfernt.

Spindmusterung. Ein Maat läßt sich von dem Seekadetten Graf Pückler den Spind öffnen. Er sieht einige Bücher, greift eines heraus. Gedichte von Rainer Maria Rilke.

Frage: »Lesen Sie etwa Gedichte, und dann noch von einem Weibsbild?« Kommentar überflüssig.

Tagebuch:

21. Oktober

Telegramm aus Berlin: »Ich erwarte, daß der Kreuzer *Karlsruhe* auf seiner Auslandsreise in treuer Pflichterfüllung für die Ehre Deutschlands einsteht. Dem Schiff, seinem Kommandanten und seiner Besatzung wünsche ich glückliche Fahrt und Heimkehr. Adolf Hitler«

17. November — Mittelatlantik

Der Schlaf in der warmen, frischen Luft auf der Back ist ungleich erquickender als in der bald verbrauchten Luft unter Deck, man braucht weniger Schlaf. Wenn man in der Nacht erwacht, hat man den funkelnden Sternenhimmel über sich, des Morgens sieht man die Pelikane fischen.

26. November

Heute ist der Tag, an dem der Dreck und Staub der nördlichen Halbkugel abgewaschen wird und wir somit die Weihe für die südliche Halbkugel erfahren.

Wir stehen auf der Schanz. Die Standarte Neptuns flattert lustig im Topp. Seine Majestät, der Beherrscher der Meere, kündet sich an in einer schönen, aber lauten Musik seiner Trabantenkapelle. In feierlichem Zug bewegt sich das kö-

nigliche Paar mit dem gesamten Hofstaat auf die Schanz und nimmt die Front ab.
Wallendes, flachsblondes Haar umwogt das würdevolle Gesicht des mächtigen Königs, auch Thetis kann nicht klagen über spärlichen Haarwuchs. Ein Trabant fächelt ihr ständig frische Luft zu. Mit kundigem Blick erspäht der Hofarzt die Leidenden, um sie mit fachkundiger Hand zu heilen. Auch der Barbier versäumt nicht, den Unrasierten den nötigen Schliff für das Fest zu geben.
Das königliche Paar hat Platz unter dem Baldachin genommen, umschart von den Höflingen, während die Häscher die Stätte ihres allernächsten Wirkens einnehmen. Seine Majestät heißt uns willkommen in seinem Bereich, er spricht von der Bedeutung der Seefahrt, ihren Opfern, erinnert uns an Coronel und Falkland und heißt uns, weiter stolze Seefahrer zu sein. Dann stellt sich der gesamte Hofstaat vor. Nachdem der Astronom bis auf die Sekunde genau den Äquator »geschossen« hat, geht die Taufe los. Zunächst die Verteilung der Orden mit entsprechenden Widmungen. Dann der eigentliche Taufakt. Gewöhnliche Taufen sollen ja im allgemeinen humaner sein, aber dafür auch nicht so feierlich.

Als erstes wetzt der Hofbarbier sein langes Messer. Der Arzt krempelt die Ärmel hoch. Unzählige Baljen und Kisten mit den »Taufbissen« werden bereitgestellt. Wie Meeresungeheuer lauern die Trabanten in dem Riesenwasserbecken in gieriger Bereitschaft des ersten Opfers.

Der I AO (1. Artillerie Offizier) schreitet gefaßt die Stufen empor. Doch es geht den Trabanten wie dem Raubtier, dessen ungezähmte Wildheit erst dann hervorbricht, wenn es die ersten Tropfen geflossenen Blutes geschmeckt hat. Schon die Miene des Stabsarztes zeugt von festem Zupacken. Senf, Torpedoöl, Seife, Gewürze und Schmiere, in lustigem Durcheinander, geben ein immer neues Stilleben um die Stelle, wo man im allgemeinen ihrer Funktion wegen am feinnervigsten zu sein pflegt in bezug auf Geschmack.

Wer nicht gutwillig schluckt, dem wird mit langem Finger nachgeholfen, bis an den toten Punkt, wenn man nicht mehr weiß, ob es rauf oder runter besser schmeckt. Wehe dem, der sich den Teufelsgesellen dann zur Wehr setzt. Halb ersäuft, halb betäubt von dem Gestank und Geschmack des Inhalts dieser Jauchegrube, aller Hoffnung beraubt, je wieder das Tageslicht zu erblicken, taucht man in eine neue Ungewißheit, in den langen Windsack. Doch entpuppt er sich als harmlose Angelegenheit, die erste Etappe der Erholung, wenn die Tampen der Trabanten nicht gar zu hart auf unsere Glieder sausen. Am Ende des Windsacks empfängt man schnaufend das Glas Cognac, das uns wieder mit der Umwelt aussöhnen soll. Die Taufe ist vorbei, wir sind in die Kette der alten Seeleute eingereiht.

9. Dezember — Rio de Janeiro

Besucher kommen an Bord. Deutsch-Brasilianer aus allen Teilen Brasiliens, vor allem des Staates Santa Catarina. Nachdem alle herumgeführt sind, spricht der Kommandant zu ihnen nüchtern und klar, den Deutschen ein Gruß aus der Heimat, die sich inzwischen umgewandelt hat, ein Bekenntnis des Zusammengehörigkeitswillens. Es antwortete der Parteileiter. Die Art, in der er sprach, gehört einer anderen Zeit an. Wer aber die Ehrlichkeit seiner Worte anzweifelt, sie als phrasenhaft hinstellt, ist bestimmt im Unrecht. Am Abend, bei der deutschen Schule unter Palmen, ist ein riesiges Zelt aufgeschlagen mit roh zusammengezimmerten Bänken und Tischen und einer kleinen Tanzfläche. Der größere Teil der Deutsch-Brasilianer ist schon bei unserer Ankunft da. Der Zufall ließ mich Platz nehmen neben einer gebürtigen Cellerin, seit Ende des Weltkriegs nach Brasilien verschlagen. Doch

selbst eine Cellerin vermag mich nicht zu einer fließenden Unterhaltung zu bringen.
Immer wieder ziehen mich Augen und Gedanken zu den Menschen, die vereinzelt hier und da in dem Riesentrubel sitzen, schweigsam. – Nur das gleiche Schicksal, das aus ihren Mienen spricht, zeugt davon, daß sie zusammengehören. Kolonisten, nicht nur ihr hartes, knochiges Gesicht erzählt von der Schwere ihres Daseins, ihr Gebaren, ihre Haltung sind anders als die ihrer Umgebung.
Ein breitkrempiger Hut bedeckt fast die Hälfte ihres Gesichtes, Hemd und Anzug sind sauber, aber zerschlissen. Der Schlips gleicht eher einem Strick. Die Leute haben keinen Sinn mehr für Äußerlichkeiten, selbst wenn sie die Mittel dazu hätten. Von einem wandere ich zum anderen. Überall das gleiche Schicksal. Wo 130 Mann auf einem Quadratkilometer leben, ist das Auskommen schlecht. Den Vater noch hat der Hof ernährt, der Großvater hatte noch Weinberge draußen am Plattensee in Ungarn, wenn auch der Vater schon mit seinem Nachbarn auf gegenseitige Hilfe angewiesen war. Zwei Kühe genügten gerade noch, die drei Jungens aber trägt der Hof nicht mehr. Der Älteste will auswandern, er ist schon verheiratet, da nehmen es ihm die beiden Jüngeren ab. Sie werden vom Ausreisefieber gepackt. Mancher hat sich schon das Geld für die Eisenbahnfahrt bis Bremerhaven geliehen, so erzählte mir der Alte. Die Überfahrt selbst kostete nichts.
Dann wäre drüben das Elend losgegangen. Ein Stück Urwald, das war alles, und das Bewußtsein, nebenan Leidensgenossen zu wissen. Nachdem alles abgeholzt und abgebrannt war, wurde die erste Hütte gebaut, ein notdürftiger Schutz gegen den Regen. Dann sei der erste Mais gepflanzt, und so sei es weitergegangen. In den ersten Wochen hätten sie täglich einen Toten gehabt, keiner wäre geblieben, wenn er das Geld zur Rückfahrt gehabt hätte. Doch wen der Urwald hat, den hält er eisern fest.
Heute, nach 40 und mehr Jahren, sei es geschafft, zwei

Ochsen und zwei Pferde, Schweine und Federvieh zählt heute der Bestand. Zwei Söhne seien noch am Leben, von acht Kindern. Der eine übernehme den Hof, der andere müsse wieder siedeln. Aber es sei nicht mehr der Mut in den Jungen, wie er früher in ihnen gewesen sei. Was wüßten die auch schon von dem befreienden Unterschied zwischen Sklave sein auf einem Riesengrund und als Herr auf seiner Parzelle leben. Es wäre kein rechtes Wagen in ihnen, obwohl sie den Rückhalt von zu Hause hätten, obwohl nun Straßen und Wege da seien.
So erzählen sie. Das Leben hat ihnen gleich tiefe Runen ins Gesicht gegraben. Ein hartes Schicksal spricht aus ihren verbitterten Mienen. Knochig und gebeugt sitzen sie da, wie es scheint, unberührt von dem Trubel. Die Augen haben den Glanz der alten Tage verloren. Nur wenn man ihnen erzählt von ihrer Heimat, von dem neuen Deutschland, in dem nur der Raum findet, der arbeitet, in dem nur mehr die Leistung entscheidet, dann leuchten diese Augen. Viele von den Kolonisten habe ich gesprochen, jeder war mir dankbar dafür, ich merkte es ihnen an. Heute noch sehe ich sie vor mir, aus Hunderten von Menschen als ein besonderer Typus herauszufinden.

21. Dezember
Einlaufen in die La-Plata-Mündung, Montevideo.
Hier gibt es etwa 6000 Deutsche, viele Emigranten sind hinzugezogen, die die Deutschen langsam in zwei Lager spalten, für und gegen das neue Deutschland.
Noch eine andere Teilung zieht sich durch den deutschfreundlichen Teil, die, die bedingungslos die Verhältnisse des Reiches auf hiesige übertragen wollen und dabei radikal vorgehen, die anderen, die vom Dritten Reich ebenso begeistert sind, aber nur mit Vorsicht Parallelen ziehen und in ihrer alten Auslandsdeutschenhaltung nichts ändern wollen. Diese Spaltung setzt ein bei der Jugend: Hie Hitlerjugend, hie Pfadfinder – Jugendorganisationen, die

sich bis aufs Messer bekriegen. Die Spaltung setzt sich fort bei den Eltern und deren Anhang. So gewinnt man eigentlich kein klares Bild. Man wird uns mit allen möglichen Festen und Privateinladungen die Zeit so angenehm wie möglich machen, wird die Streitaxt für die Zeit unseres Besuches begraben, aber der Groll sitzt tief. Möge das geschlossene, einheitliche Auftreten unserer Besatzung ihnen ein Vorbild für die kommenden Jahre sein.

24. Dezember
Heute kommt keiner von Bord. Ganz unter uns wollen wir das Weihnachtsfest feiern. Anstelle von Tannengrün schmücken Efeu und Pinienzweige unseren Raum. Flaggen und das matte Rot unserer Tischtücher verdecken den Alltag. Transparente erinnern uns an die Weihnachtslandschaft zu Hause. Die Heimat hat an uns gedacht und uns ihren schönsten Gruß geschickt: ein paar Weihnachtsbäume, die heute abend im Lichterglanze erstrahlen werden. Die geheimnisvollen Vorbereitungen, vorweihnachtliche Stimmung, Kälte, Schnee und Ofen, Pudelmütze, Pelz, rotgefrorene Gesichter, Bratäpfelgeruch, die lange Adventszeit, in der ein Licht nach dem anderen die Sehnsucht und Freude heller und größer werden läßt – alles hat gefehlt – ja, heute ist Heiligabend. In altgewohnter Geschäftigkeit haben wir dann gleich den Weihnachtsbaum geschmückt, und als wir das Gold und Silberhaar zwischen dem frischen Grün blitzen und blinken sahen, da kam auch noch etwas wie weihnachtliche Stimmung über uns.
So standen wir denn nachher auf der Schanz, der Altar zwischen zwei Weihnachtsbäumen, und sangen unsere alten Weihnachtslieder, der Pfarrer verlas das Weihnachtsevangelium, da war's wie zu Hause. Vielen deutschen Gästen standen die Tränen in den Augen.
Dann wurden die Pakete verteilt, die Freude war groß.
Mit welcher Liebe und Sorgfalt war doch alles zusammen-

gestellt, mit grünen Bändern umwickelt, mit Tannenzweigen besteckt, nun, nach der langen Fahrt schon gelb geworden. Unter dem Lichterbaume, auf langen, weißgedeckten Tafeln, wurde aufgebaut, was die Pakete hergaben. Die Backschafter sorgten für Teepunsch, so war unser Weihnachtsfest. Der Kommandant kam für kurze Zeit, die Weihnachtszeitung wurde vorgelesen.

»Zum Leben geboren – zum Lachen bestellt
Zu ärgern die Toren – zu schauen die Welt
Zu leben für die Heimat – zu sterben fürs Volk
Das sei unser Wahlspruch – den wir so gewollt.«

31. Dezember
15.00 Uhr Ausscheiden mit Dienst. Schnell werden die Wohnräume ausgeschmückt, mit Signalflaggen. Als bei uns um 18.00 Uhr die Bierflaschen knallen, steigen zu Hause unzählige Raketen, zischen die Schwärmer und läuten die Glocken das neue Jahr ein. Wir stoßen an auf die Heimat.

Dann beginnt unsere Fahrt ins neue Jahr. Die See feiert mit uns. Windstärke 8–9. Schwere Brecher schlagen über Back und Schanz, sprühen bis zum Leitstand hinauf.

1. Januar 1935
Gegen Mittag laufen wir in die Magellanstraße ein. In Punta Arenas kommt der Lotse an Bord. Herr Pagels, der Lotse der *Dresden* nach der Falklandschlacht, fährt nicht mit, wie beabsichtigt, er grüßt vom Lotsenboot herüber.
Gutes Wetter, allen Berechnungen zum Trotz, machte die Fahrt durch die Magellanstraße zu dem landschaftlich schönsten Teil der Reise. Ähnliches findet man vielleicht in Norwegens Fjorden, doch kaum in dieser ewig wechselnden Mannigfaltigkeit. Zu beiden Seiten hohe Felsen, kahl oder mit verkrüppeltem Buschwerk, bis zur halben

Höhe bewachsen. Kleine Schneefelder lassen auf einen langen, harten Winter schließen. Etwas weiter im Innern, auf den höheren Berggruppen, liegt der ewige Schnee. Gletscher reichen bis tief in die Täler hinein, münden vereinzelt im Wasser, ganze Buchten mit Eisblöcken bedekkend. Das Wasser ist smaragdgrün und spiegelglatt. Geräuschlos schneidet das Schiff hindurch. In weichen Kurven gleiten die Wellen dem Ufer entgegen. Enten paddeln aufgeschreckt, Seehunde tauchen ab und zu auf, um sofort wieder zu verschwinden, sonst ist es still. Wracks zu beiden Seiten sind ständige Mahner der Gefahr.
Am Abend gehen wir vor Anker, 50 Meter Wassertiefe.

3. Januar
Weiterfahrt durch die chilenischen Kanäle, Smith-Kanal.
Die Bergmassive sind noch gewaltiger, die Fahrstraße noch enger. Eine halbe Stunde bevor wir durch die Englische Enge fahren, wird der verschäfte Verschlußzustand, der während der ganzen Fahrt durch den Kanal anhält, erhöht auf »alle Schotten dicht«. Auf der Back »klar zum Ankern«, falls es schiefgeht. Wie ein Keil läuft die Enge zu, auf beiden Seiten von mittelhohen Bergen eingeschnürt. Unser Schiff wird als längstes diese Enge passieren. Das zweitlängste war die *Emden.*
Ein englischer Kreuzer, der diese Stelle passieren wollte, lief auf. Der Kommandant übernimmt die Schiffsführung. Gerade dort, wo die Stelle am schmalsten ist, liegt eine beinahe rechtwinkelige Kurve. Auf der Back wird es unwillkürlich still. Der eine sieht aufs Heck, der andere auf den Bug. Werden wir klarfahren? Um die Ruderwirkung zu vergrößern, wird die Fahrt vermehrt.
Das Schiff liegt buchstäblich in der Kurve. Mit 21 sm/h runden wir die letzte Schleife. Wer in diesem Augenblick nicht herausgeschaut hat, hat einen der schönsten Ausblicke versäumt. Dunkel steht die Silhouette des Schiffes gegen riesige Schneefelder eines mächtigen Bergmassivs.

Gegen Abend verlassen wir die Straße, vom offenen Meer aus sehen wir das Küstengebirge in seiner ganzen Länge, Schneegipfel neben Schneegipfel.

16. Januar Valparaiso

Wir beginnen den Tag mit der großen Flaggenparade, die Kapelle spielt das Saarlied. Um 11.30 Uhr ruft der Kommandant, Kapitän zur See Lütjens, die Besatzung im Beisein mehrerer Deutscher zu einer kurzen Gedenkfeier zusammen. Und so, wie nach der Schlacht von Leuthen die Sieger ihren überströmenden Dank im Choral: »Nun danket alle Gott« zum Ausdruck brachten, so schallt es heute über den großen chilenischen Hafen, der Choral von Leuthen. Millionen Deutscher sind heute eins mit uns, in der Freude über das zurückkehrende Saarland.
Abends großer Ball im Deutschen Verein.

31. Januar Peru

Fahrt von Lima nach Rio Blanco.
Man hat die Eisenbahn des Rio-Blanco-Tals mit der Bahn zwischen Garmisch und Innsbruck verglichen. An wilder Romantik steht sie ihr nicht nach. Viadukte, Tunnels, Steilhänge bieten grandiose Ausblicke. Tief hat sich das Gletscherwasser in das Gestein eingewaschen, hat Schluchten von unheimlicher Tiefe geschaffen, durch die das Wasser stürzt. Eine Autostraße windet sich parallel zur Bahn, manchmal überschüttet von herabgekommenen Felsstücken. Hunderte von Metern höher hängt die Bahn an steiler Wand und schraubt sich unaufhaltsam in Serpentinen hoch. Vegetation gibt es hier oben nicht.
Hoch am Berghang sind die letzten Überreste von Inka-Terrassenkulturen zu sehen, dem Lande einst Reichtum verleihend, heute verfallen, vegetationslos. Menschen trifft man hier oben selten.
Auf 3400 Meter Höhe kehren wir um, nur kurze Zeit steht uns zum Umschauen zur Verfügung.

Einige starke, halbverfallene Mauern lassen auf bessere Zeiten schließen. Ein Riesenschild mit der Aufschrift: »Hotel« bezeichnet ein Haus, das außer dem Schild nichts weiter mit der Aufschrift zu tun hat. Halb verdeckt von einer Bodenwelle entdecken wir eine kleine Ansiedlung von Eingeborenen. Die Hütten sind äußerst primitiv, die Wände sind ein einfaches Geflecht, mit Lehm beworfen. Der Wind pfeift durch alle Seiten. Der Raum, drei Meter im Geviert, hat keinen Fußboden. In einer von diesen Hütten steht ein Webstuhl, wie ihn die Indianer seit Jahrhunderten benutzen. Ein Alter sitzt dahinter, eine Mumie. Aus seinen Augen starrt die Angst wie bei einem Tier, als wir eintreten. Wächsern und ledern das Gesicht, scheint er mit seinem Webstuhl für Nacht und Tag verwachsen. Eine der gebotenen Zigaretten ergreift er zögernd und begierig zugleich. Die Alte sitzt daneben, ohne aufzusehen, spinnt das Garn aus einem Berg von Schafwolle.
Andere Hüttenbewohner sitzen vor ihren Hütten und spinnen, ängstlich umkauert von einem Schwarm dreckiger Kinder. Verwahrloste Köter kläffen sich heiser, hören nicht eher auf, als bis wir aufbrechen, denn inzwischen hat die Pfeife der Maschine gerufen.

Kommentar:
Das war Südamerika – aus der Sicht des diesen Kontinent nur flüchtig berührenden deutschen Kadetten auf dem Kreuzer *Karlsruhe*, der Botschafter Deutschlands sein sollte und wollte und der die Länder, Häfen und Menschen so sah, wie sie ihm in den unter uns verteilten »Merkblättern« präsentiert wurden. Doch wie kam es zu dem, was wir in dieser Bergeinöde sahen? Was hätten wir eigentlich wissen müssen, um diesen Kontinent, seine Menschen, seine Kultur besser zu verstehen?

Kolumbus führte ein Buch von Marco Polo mit sich, in dem dieser unter anderem schrieb:

»Die Bewohner Kipangos (Japan) besitzen Gold in Hülle und Fülle, und die Minen, in denen sie es gewinnen, sind unerschöpflich.« Auf den schillernden Seiten des Buches von Marco Polo war diese Insel – die Kolumbus vor sich zu haben glaubte – gesegnet mit allen Gütern der Schöpfung.

Das katholische Königspaar von Spanien hatte sich entschlossen, die abenteuerliche Suche nach den Quellen des Reichtums zu unterstützen, um sich von der kostspieligen Kette der Zwischenhändler zu befreien, die den Handel mit dem Orient völlig beherrschten. Die Gier nach Edelmetallen, dem Zahlungsmittel für den Handel mit dem Orient, war der Antrieb zur risikoreichen Überquerung der Meere.

Ganz Europa brauchte Gold und Silber. Die Silberadern Böhmens, Sachsens und Tirols waren schon fast erschöpft. Gold und Silber waren die Schlüssel für die Menschen der Renaissance, um das Tor des himmlischen Paradieses und die Pforten des Merkantilsystems auf Erden zu öffnen. Ehe Francisco Pizarro dem Inka Atahualpa die Gurgel aufschnitt und ihn köpfte, entriß er ihm ein Lösegeld in »Sänften von Gold und Silber, die mehr als 1 326 000 Taler feinsten Goldes wogen«.

Dann wandte er sich Cusco zu und plünderte als erstes den Sonnentempel. Die Soldaten zerschlugen die kostbaren goldenen Kultgegenstände, hämmerten sie zusammen, um ihnen ein handlicheres Format zu geben. Dann warfen sie den ganzen Schatz des Tempels in einen Schmelzherd, um das Edelmetall in Barren zu verwandeln.

Wer das »Museo de oro« in Lima oder die wenigen übriggebliebenen Goldschätze der Banco Central in Quito und Bogotá gesehen hat, kann ermessen, was hier an kostbaren Kunstobjekten verlorengegangen ist. Die Bedeutung des Inkagoldes wurde bald überstrahlt von der Silberlawine, die nach Europa rollte. Um die Mitte des 17. Jahrhunderts umfaßte das Silber mehr als 99 Prozent der Mineralausfuhren Hispano-Amerikas.

Das in etwas mehr als eineinhalb Jahrhunderten nach Spanien gebrachte Silber übertraf dreimal die gesamten Reserven Europas. Im 16. und 17. Jahrhundert war der »Cerro Rico« von Potosi (Bolivien) der Mittelpunkt des südamerikanischen Kolonialbetriebs.

In drei Jahrhunderten verschlang Potosi acht Millionen Menschenleben. Die Indianer wurden aus ihren Dorfgemeinschaften gerissen und mit Frau und Kindern zum Cerro getrieben. Von je zehn, die in die eiskalte Öde (5000 m) mußten, kehrten sieben nicht zurück. Die Spanier durchkämmten Hunderte von Meilen im Umkreis auf der Suche nach Arbeitskräften. Auf dem Cerro erwarteten sie unmenschliche Arbeitsbedingungen. Eisige Temperaturen draußen, höllische Hitze unten im Berg. 6500 Flackerfeuer brannten nachts an den Abhängen des Silberberges. An ihnen wurde unter Ausnutzung des Aufwindes das Silber bearbeitet.

Im Umkreis von sechs Meilen gediehen kein Baum, kein Strauch wegen der Abgase, die für den menschlichen Körper nicht minder verhängnisvoll waren. Die Anwendung des Quecksilbers zur Silbergewinnung mittels Amalgamation hatte wie die unterirdischen nichtabgeführte Gase eine zusätzliche vergiftende Wirkung. Haar- und Zahnausfall und unwiderstehliches Zittern waren die Folgen. Die »Verquecksilberten« schleppten sich um Almosen bittend durch die Straßen.

Potosi (der Berg, der donnert, explodiert), heute verlassen, wie von Termiten durchwühlt, zerfressen, steht wie ein Mahnmal für andere, ähnliche Ereignisse der südamerikanischen Geschichte.

Die »Conquista« zerbrach die auf einer kollektiven Basis aufgebaute Zivilisation, indem sie die Führungsschicht ausrottete.

Aber noch schlimmere Folgen als Feuer und Blut des Krieges hatte die Einführung der Minenwirtschaft.

Sie brachte große Bevölkerungsverschiebungen und riß

die dörflichen Gemeinschaften auseinander. Das soziale Netz wurde zerstört.

Übrig blieben zusammenhanglose Bevölkerungstrümmer, die als unqualifizierte Arbeiter der Brennstoff des kolonialen Produktionssystems wurden.

Heute ordnet sich mir dies in einen größeren historischen, ökonomischen und sozialen Zusammenhang. Als die Spanier in Südamerika eindrangen, sahen sie sich dem großen theokratischen Imperium der Inkas gegenüber, das von Kolumbien bis nach Chile und Argentinien reichte. Die glanzvolle Kultur und Zivilisation dieses Volkes hat trotz lang anhaltender Zerstörung viele Zeugnisse ihrer Größe hinterlassen. Kulturbauten, die in Dimension und Detail von einer hohen Entwicklungsstufe Zeugnis geben, wirksame technische Schöpfungen, wie Bewässerungssysteme, Terrassenbauten, deren Reste wir sahen, transkontinentale Straßen usw., Kunstgegenstände von hohem Wert.

Im Museum von Lima sind Hunderte von Schädeln zu sehen, an denen die Inkachirurgen Trepanierungen vorgenommen und Gold- bzw. Silberplatten eingesetzt haben. Die Inkas waren wie die Mayas große Astronomen, die mit einer erstaunlichen Präzision sowohl die Zeit als auch den Raum gemessen haben.

Tatsache ist, daß dieser Subkontinent alle Schätze der Welt in sich birgt. Erdöl in Venezuela, Ecuador, Gas in Bolivien, im Golf von Guayaquil, in Südchile, Kupfer in Chile, Zinn in Bolivien, Fische vor den Küsten Perus und Ecuadors.

An Versuchen, den Kontinent politisch zu einigen, um ihm wirtschaftlich größere Bedeutung zu geben, hat es nicht gefehlt.

Der erste Versuch unter den Inkas mißlang. Die Kämpfe zwischen dem Norden und Süden, Huaskar und Atahualpa, machten das Land reif für die spanische Invasion. Bolivars große Vision eines geeinten, zentral regierten Kontinents verwirklichte sich nicht. Großkolumbien zerfiel in fünf Länder. Der Befreier starb als Besiegter. »Niemals werden wir glücklich sein, niemals«, sagte er resignierend zu dem General Urdaneta, ein Ausspruch, den mir dessen Urenkelin übermittelte.

Eine Erklärung dazu gab er in seiner Rede vor dem venezolanischen Kongreß: »Señores. Wir sind keine Nordamerikaner, wir sind auch keine Europäer. Schon die Spanier, von denen unsere Vorfahren abstammen, haben sich viel afrikanisches, arabisches Blut zugeführt.

Unsere Bevölkerung hat die indianischen Elemente aufgesogen. Das ist alles von höchster Wichtigkeit. Wir erkennen die Gleichheit aller vor dem Gesetz an, seien wir aber auch so vernünftig, ebenfalls anzuerkennen, daß die geistige und physische Ungleichheit in der Bevölkerung uns brutal zum Nachdenken zwingt.«

Tagebuch

28. Februar — Nordamerika

Das Schiff hat festgemacht an der Pier von San Pedro.

Auf der Fahrt nach Los Angeles komme ich ins Gespräch mit einem Amerikaner. Zunächst die alltäglichen Fragen über Hitler, die Wirtschaft des Dritten Reiches.

Seine Ansicht sei, die gebildete Schicht könne Hitler nicht anerkennen, den Emporkömmling. Das sei immer so gewesen in der Geschichte, so sei es auch in Amerika.

Roosevelt habe wohl das breite Volk hinter sich, aber nicht die Großen des Landes, z. B. die Wirtschaftsheroen.

Ich wies auf die Wahlerfolge hin, dann darauf, daß Hitler gerade unter den Studenten eine beinahe 100prozentige Anhängerschaft gefunden hatte. Ich versuchte ihm klarzumachen, um was es geht bei uns und daß man unter keinen Umständen Vergleiche ziehen sollte zu den USA. Deutschland sucht sich heute selbst und seine Stellung zwischen den Nationen. Man hat ihm nicht geholfen, folg-

lich hilft es sich selber. Daß dabei seine Neider und Hasser nicht zusehen, ist klar.
Sie sind eifrigst bemüht, Deutschland in Mißkredit zu bringen. Leider gelingt es ihnen, da sie die Mittel besitzen.
Ich erzählte ihm dann von dem Freiwilligen Arbeitsdienst. Daß in Deutschland nicht der Geldsack entscheidend sei für das Fortkommen des jungen Deutschen, sondern allein Charakter und Leistung. Darauf meinte er, daß es in Amerika auch Labour Camps gäbe, da bekäme jeder einen Dollar den Tag. Es wäre ja nicht viel, aber es wäre doch besser als »unemployed« zu sein. Da war mir klar, daß es Unsinn sei, diesem Amerikaner, der nur in zwei Dimensionen denkt, »comfort and business«, von unseren Idealen zu erzählen.

2. März San Francisco
Amerika empfängt uns. Eine Abordnung von praktizierenden Medizinstudentinnen bringt die ersten Grüße der Stadt in Gestalt eines riesigen Blumengeschenks. Mit großer Geste bewegen sie sich in ihren blauen Umhängen, schlagen sie zurück, um das rote Futter hervorleuchten zu lassen. Eine Kapelle wetteifert mit der unsrigen.
Eine Autokolonne wartet an der Pier, um uns zum offiziellen Empfang nach City Hall zu bringen. Abordnung nach Abordnung wird in den Wagen verstaut. Sie tragen ein Schild »Besuch des Kreuzers *Karlsruhe*«, die meisten führen Flaggen vorne am Kühler, die amerikanische, die schwarzweißrote und die Hakenkreuzflagge.
Offene Wagen sind mit Flaggentuch ausgeschlagen.
Übrigens wurden die Schilder bald entfernt, obwohl geplant war, sie als Taxianzeige hängenzulassen. Auf halber Strecke, auf der Market Street, wurden wir vom Wagen des Kommandanten überholt. Unbehindert, in rasendem Tempo, durch zwei heulende Sirenen angekündigt, zwei Polizisten auf Motorrädern voraus, fährt der Kommandant mitten im stärksten Verkehr frei durch die Stadt. Das war uns neu.

Während der Stockungen an den Straßenkreuzungen hören wir manches gehässige Wort, aber noch mehr freundliche Gesichter sehen wir. Auch unsere lange Schlange wird dauernd von Polizisten eskortiert, um jeden unangenehmen Zwischenfall auszuschalten. In Riesenlettern sieht man auf sämtlichen Zeitungsständen »3 beaten in an German Cruiser Row«. Gleich bei unserem Einlaufen hatte sich ein unangenehmer Zwischenfall ereignet. Ein amerikanischer Offizier, fälschlicherweise für einen Deutschen gehalten, wurde von zwei verhetzten Leuten angegrifffen, die sofort von der Polizei abgeführt wurden. Ein geeigneter Zwischenfall, um in der Presse aufgebauscht zu werden.
Einige hundert Meter vor dem Rathaus nehmen wir Aufstellung und marschieren mit Musik die von einer großen Menschenmasse belagerte Anfahrtsstaße hindurch nach dem Rathaus. Eine winzige Gruppe von Ehrenjungfrauen hat zu beiden Seiten Aufstellung genommen, anscheinend selbst überzeugt von der Komik ihrer Position. Heil- und Hochrufe begleiten unseren kurzen Anmarsch bis hinein in die gewaltige Kuppelhalle der City Hall. Auf einer Terrasse haben die Spitzen der Behörden Aufstellung genommen, desgleichen die Abordnungen von Heer und Marine. Repäsentative Persönlichkeiten heißen uns willkommen und hoffen, daß wir aufgrund umfangreicher Vorbereitungen uns wohl fühlen werden in der Stadt. Auf den Galerien und um uns herum hört eine Menge Deutscher mit uns.

12. März
Früh laufen wir aus. Einige Freunde geben uns das Geleit. Grund für den großartigen Empfang in San Francisco war, daß der Bürgermeister die Stimmen der 60 000 Deutschen für seine nächste Wahl brauchte. Der Besuch des Kreuzers gab ihm eine gute Gelegenheit, sie zu kaufen. Die Tatsache, daß in keiner Zeitung etwas von den offiziellen Festen

zu Ehren der *Karlsruhe* erwähnt wurde, während bei ähnlichen Anlässen, z. B. beim Besuch des französischen Kreuzers, seitenlange Kommentare die Spalten füllten, bestätigt diese Ansicht. Immerhin hatten wir eine »jolly good time«, und man hat sich bemüht, uns unseren Aufenthalt so angenehm und abwechslungsreich wie möglich zu machen.

15. März Vancouver

Die Pier steht voller Menschen, doch sie winken nicht. Vancouver gibt uns einen besonderen Empfang. Die Abordnung zur Moose Hall, wo die Deutschen uns einen offiziellen Empfang geben, wird mit Buhgeheul eskortiert, wird ausgeschrien und ausgepfiffen. Kaum vermag die Polizei uns notdürftig Spalier in die Moose Hall zu geben. Wie vor Jahren bei uns in Deutschland:
Haßerfüllte, verbitterte Gesichter, zerlumpt, zermürbt, durch die Not ausgemergelt, verführt, wendet sich die ganze kochende Wut gegen die angeblichen Unterdrükker, in diesem Fall gegen die Vertreter des Nazisystems, das die Arbeiter niederknüppelt, unschuldige Frauen unter das Henkerbeil bringt, kurz, jeglicher Humanität Kampf ansagt, denn so schildert die Presse uns, und die Presse hat noch immer die öffentliche Meinung diktiert.
Vancouver ist in den Wintermonaten überschwemmt von den in die Stadt flutenden arbeitslosen Landarbeitern.

17. März

Wache. Die Menge staut sich auf der Pier, auf der ein Stück in Länge des Kreuzers freigelassen, durch Gitter abgesperrt und durch Polizisten gesichert ist.
Durch irgendein Mißverständnis wird das Gitter freigegeben. Die Masse füllt im Augenblick die freie Fläche.
Ein Sturm auf die Stelling bricht los, wie ihn der Posten Stelling noch nie erlebt, wie er für ihn auch nicht gewappnet ist. Sechs Mann werden zu seiner Unterstützung hin-

ausbefohlen. Selbst diese vermögen nur zeitweise geregelten Eingang zu halten. Arm in Arm stemmen wir uns im Halbkreis gegen das Stellingende mit all unserer Kraft. Die Menschen drängen und drängen. Frauen werden ohnmächtig, Kinder schreien, werden halb zerdrückt, mit todesgeängsteten Gesichtern nach vorn gegeben. Die Segeltuchschuhe und Hosenbeine sind schwarz und durchnäßt. Die Polizei kommt uns zu Hilfe. Aber sie kann nicht helfen. Die Stelling wird eingezogen, ein Stück der Pier wird freigemacht und erneut versucht, die Stelling auszubringen. Die Masse ist zu unvernünftig, stärker wird geschoben und gedrängt, um ja an Bord zu kommen. Die Stützen auf der Stelling drohen abzubrechen. Nun wird keiner mehr an Bord gelassen.

1. April
Wir nähern uns der mexikanischen Küste. Die Bucht von Acapulco nimmt uns auf mit brütender Hitze. Noch ein Knick, und das Fischerdorf liegt vor uns. Klein, unbedeutend, langweilig.

Das Nobelbad von heute – wir erlebten es 1935 als Ansammlung von armseligen Hütten.

2. April
4.00 Uhr Wecken. Anzug: blaue Sonderuniform, Brotbeutel, Sitzplatz ohne Lehne für 12stündige Fahrt.
Angenehme Aussichten.
Der Fahrer fährt wie der Teufel. Die Straßenkurven wild, gehen auf und nieder. In kurzer Zeit werden Höhenunterschiede von mehreren 100 Metern überwunden.
Öde und tot ist das Land, ausgenommen riesige Kaktus- und einige Eukalyptusbäume. Vereinzelt trifft man auf primitive Ansiedlungen. Notdürftig mit Schilf und Stroh bedeckte Hütten geben einigermaßen Schutz vor den nächtlichen Abkühlungen. Schwärme von Kindern um-

spielen jede Hütte. Die Straße ist nicht etwa asphaltiert, sondern mit Schotter belegt. Vor uns rasen acht Autos, so daß eine dichte Staubwolke wie ein Wurm darüber sich windet. Oft können wir nichts von der Landschaft sehen, so wirbelt der Staub um uns. Wie ein Schleier legt er sich auf unsere Sonderuniformen, die sich mittlerweile auf Hose und Hemd mit aufgekrempelten Ärmeln vereinfacht haben. Es ist glühend heiß, durch die geöffneten Wagenfenster streicht die heiße Luft. Über Iguala nach Taxco. Die Berge werden schroffer, die Camiones heulen die Steigung hinauf. In Taxco auf dem Platz vor der Kirche herrscht munteres Markttreiben. Schreiende Farben leuchten von den vielen handgewebten Textilien.
Im Nu sind wir umdrängt und werden in den Trubel hineingezogen. Ein Leichenzug kommt vorbei, der Sarg wird von vier Männern getragen. Ein Gefolge von schwarzverschleierten Gestalten und Gitarrenspielern.
Für einen kleinen Augenblick verstummt das Volk zur letzten Ehrung, dann feilscht und schreit es unbekümmert weiter.
Wie die grauen Mäuse kommen wir nach etwa 450 km Busfahrt in Mexico City an.
Was nun kommt, ist wie ein Märchen.
Am gleichen Abend ein Bad, ein lang vorbereitetes ausgezeichnetes Essen und dann ein eigenes Häuschen im Garten zum Schlafen. Die Deutschen überbieten sich gegenseitig, um uns den Aufenthalt so angenehm wie möglich zu machen.
Ich bin bei der Familie von Kügelgen, ein in Deutschland nicht unbekannter Name. Er ist Arzt, sie eine geborene Gräfin Holk aus Hamburg. Ein Vorfahre von ihm schrieb »Jugenderinnerungen eines alten Mannes«.
Unsere Fahrt am 4. April zu den Pyramiden führt uns über den alten Damm, den die Azteken bauten, durch einen der nun ausgetrockneten Seen. Vor Jahren wurde dem Volk das Projekt der Austrocknung schmackhaft ge-

macht durch den Plan der Ausnutzung dieser Fläche als fruchtbaren Gartenboden. In Wirklichkeit jedoch reizte der Aztekenschatz, der nach alter Überlieferung hier versenkt sein sollte. Der Schatz wurde nicht gefunden, der Boden nicht genutzt, da angeblich die Mittel für den chemischen Zusatz fehlten, der erst den Boden fruchtbar machen sollte. Die Stadt jedoch leidet heute noch furchtbar unter dem Salpeterstaub, den der Wind herüberbringt.
Umrahmt von einem Gebirgskranz auf weiter Hochebene, überragt von dem Schneegipfel des Popocatepetl und des Ixtaccihuatl, liegt die alte Opferstätte der Azteken. Es muß ein ebenso großartiges wie schauriges Bild gewesen sein, wenn die verschiedenen Stämme in ihren Trachten auf den Sockeln an der Außenkante des Opferhofes Aufstellung nahmen, Tausende von Opfern hereingeführt wurden in weißen, totgezeichneten Umhängen und angesichts des geflügelten Drachens durch den bekannten Dreieckschnitt geopfert wurden. Die Herzen wurden herausgerissen, in der großen Opferschale gesammelt, die Entseelten hinabgestoßen. Nur Ausgewählte wurde für ein Jahr zu Göttern erklärt. Sie hatten Zutritt in jedes Haus, und die Frau pries sich glücklich, die ein Kind von diesem Gott bekam. Rassenzüchterische Gesichtspunkte mögen zu jener Zeit eine Rolle gespielt haben – so v. Kügelgen.

22. April
Vier von uns sind zum Mittagessen beim Kommandanten, Kpt. z. See Lütjens, in der Kajüte. Er erzählt uns aus eigenem Erleben im Ersten Weltkrieg, über den Kampf um den Molenkopf in Zeebrügge, dessen Erinnerungstag sich morgen, am 23. April, zum 18. Male jährt.
Zeebrügge war als U-Boot-Basis von unschätzbarem Wert. In Brügge befand sich die U-Boot-Reparaturwerkstatt. Zwei Kanäle führten zum Meer, einer in Zeebrügge, der andere in Ostende. Auf diese beiden Schleusen richtete sich der englische Angriff.

Der Plan war folgender: Ein Kreuzer sollte die Molenbatterie in Schach halten, damit zwei andere Schiffe sich in der Schleuse und im Hafen versenken konnten. Der Angriff wurde schneidig gefahren, aber verhältnismäßig wenig erreicht.

18. Mai
Flagge Anton geht herunter, streiche Amerika – setze Europa. Es ist nicht so, als ob uns der Abschied von diesem Lande schwerfiele, ganz abgesehen von persönlichen Freundschaften. Amerika und Deutschland sind polare Begriffe. Die Amerikaner, ein Volk mit kurzer Geschichte, wenig Tradition.
Das absolute »Ich«, »the rugged individualism«, beherrscht den Charakter der Bevölkerung, bestimmt seine Politik. Rassisch ein großes Durcheinander, hat Amerika Menschen geformt, herrlich anzuschauen, vor Gesundheit strotzend, gutmütig und gastfreudlich.
Wie einäugig war doch diese Beurteilung, und wie sehr mußte ich sie korrigieren, als ich die Amerikaner 1958–1961 kennenlernte.

22. Mai
Die See kommt über Back und Schanz. Beim Unterricht tanzen Bänke und Backen. Kein Lichtstrahl dringt in den Wohnraum, kein Luftzug.
Abends hören wir die Rede des Führers, von der wir, der schlechten Übertragung wegen, nur Bruchstücke mitbekommen.
Die Tage des großen wehrpolitischen Umbruchs in Deutschland geben Anlaß, der fiebernden Welt den unerschütterlichen Friedenswillen des Führers zu zeigen in einer Rede vor dem Reichstag. Den einzelnen Punkten der Rede liegt immer wieder ein Gedanke zugrunde: Wir rüsten ab bis auf den letzten Mann, wenn die anderen es auch tun. Da das jedoch vorläufig nie eintritt, haben wir, um

unserer Ehre und Sicherheit und um des europäischen Friedens willen, für den bei einem mitteleuropäischen Vakuum niemand garantieren kann, aufgerüstet auf den jetzigen Stand. Von dem weichen wir nicht um einen Mann ab. Der Weg der Beschränkung in Angriffswaffen, Tanks schweren Kalibers, Bombern, U-Booten, wird offengelassen und internationaler Vereinbarung anheimgestellt.
Die Flotte wird auf 35 % der englischen konzipiert.
Eine Flottenrivalität kommt nicht in Frage. Deutschland erkennt Englands Vorherrschaft zur See an. Die deutschen Interessen liegen eindeutig auf dem Festlande.

31. Mai
Skagerraktag. Im Topp wehen die alte und neue Kriegsflagge nebeneinander, ein Symbol, das die gleiche Haltung, den gleichen Geist, die alte und neue Marine vereint. Der Kommandant spricht über die Skagerrakschlacht, über diese gewaltigste aller Schlachten, in der der Mythos von der Unbesiegbarkeit der englischen Flotte zusammenbrach. Er spricht dann weiter über die schmachvolle, von der Flotte ausgehende rote Revolution und wie durch die Tat von Scapa Flow, die Versenkung der an die Engländer auszuliefernden Flotte durch Admiral von Reuter, die Ehre der deutschen Flotte wiederhergestellt wurde.

10. Juni
Wir sind in deutschem Hoheitsgebiet, ein unheimliches Wetterleuchten schickt uns die Heimat zum Gruß. Lange sitzen wir zusammen auf der Back, ein warmer Duft von Heu und Erde kommt vom Land herüber. Es ist ein so lange entbehrter Geruch, ich meinte, es wäre die Heide, in der ich großgeworden bin. Neben mir hält es einer für Harzer Tannen, dann plötzlich brist es auf, die Flut kommt, und neben unserem Schiff fängt es an zu quirlen, als Ebbe- und Flutstrom sich begegnen. Ein starker Gewitterschauer scheucht uns unter Deck.

15. Juni
Einlaufen in die Schleuse von Holtenau. Der Chef der Ostseestation heißt uns willkommen. Dann kommt der große Moment, die Schleuse entläßt uns in die Kieler Förde, der Heimatwimpel wird losgeworfen, wobei er leider abreißt. In langsamer, majestätischer Fahrt runden wir ein in das große Hafenbecken. Ein anderer Anblick als letztes Jahr. Der Panzerkreuzer *Scheer* in der Wiek, desgleichen *Gorch Fock*. Deutlich erinnere ich mich des Morgens im vorigen Jahr, als wir aufenterten und drei Hurras auf den heimkehrenden Kreuzer ausbrachten.
Nacheinander passieren wir die an den Bojen liegenden Kreuzer *Leipzig, Königsberg,* Panzerschiff *Deutschland* und das Schlachtschiff *Schleswig-Holstein.* Hurras herüber und hinüber. Kleinen, seltsamen Fahrzeugen begegnen wir, einem Bremenmodell, alten hanseatischen Koggen, überall wehen Flaggen.
Hunderte von Yachten und Seglern beleben die Wasserfläche – ein äußerst reizvolles Bild. Schwarz voller Menschen ist der Hindenburgdamm, die Blücherbrücke, an deren Innenseite die 4. Torpedobootflottille festgemacht hat. Hurras und Sieg-Heil-Rufe wechseln. Unsere Kapelle schmettert ihre Galastücke.
Vom vorderen Stand habe ich einen herrlichen Überblick. Alles beginnt zu suchen. Wo ist der Junge? Dann ein Winken, da ist er ja. Schon ist die Stelling ausgebracht, und die ersten Glücklichen dringen ein.
Bei uns im Raum wird inzwischen eine kleine, private Flagge Luci inszeniert, Anzug blau, Waffe, und dann die Stelling herabgestürmt in Mutters Arme. Nur hinaus aus dem Trubel und ans Erzählen. Tagelang gibt es zu erzählen, und man hat so dankbare Zuhörer. Viele sagten, es sei der schönste Tag der Reise gewesen, einer der schönsten war es gewiß.

Kommentar:

Die Auslandsreise hatte mehrere Zielsetzungen. Sie sollte

- uns mit der Funktion eines Kriegsschiffes unter mehrwöchigen und besonderen klimatischen Einsatzbedingungen fern vom Heimathafen bekannt machen,
- den Offiziersanwärter-Jahrgang 1934 durch den unter strenger Disziplin stehenden Dienst und durch das Leben auf engstem Raum zu einer Crew umformen, die auch unter schwersten Belastungen zusammenhielt,
- uns bekannt machen mit fremden Völkern, Sitten und Kulturen,
- uns als Repräsentanten eines neuen Deutschlands zeigen.

Besonders die letztgenannten Ziele waren hochgesteckt und konnten daher auch nur begrenzt erreicht werden.

Fremde Völker sahen wir kaum, weil wir vorwiegend mit den Vertretern deutscher Vereine in Berührung kamen. In San Francisco gab es zum Beispiel 75 solcher Gruppen. Es waren im Schnitt einfache Leute mit kleinem Gesichtskreis, keine Multiplikatoren für unsere politischen Vorstellungen.

Uns selbst fehlte das Fundament, um über das simple Mitteilungsblatt hinaus, das uns in jedem Hafen mitgegeben wurde, die Wirtschaft, Sitten und Kultur erfassen oder gar beurteilen zu können.

Das Deutschland, das wir zu kennen glaubten und das wir repräsentieren wollten, war insbesondere in Nordamerika durch eine – wie uns schien – üble Propaganda verfälscht. Unser Bemühen, das zu korrigieren, stieß rasch an Grenzen. Die Erfolge nationalsozialistischer Politik, die für uns Soldaten so bedeutsam waren, zum Beispiel die Wiedereinführung der allgemeinen Wehrpflicht, das Flottenabkommen mit England, beide während unserer Reise von unseren Vorgesetzten bekanntgegeben und natürlich auch positiv kommentiert, machten es uns nicht leicht, die nationale Voreingenommenheit abzulegen.

Wir merkten bald, daß wir nicht dazu da waren, um politische Differenzen auszugleichen. Wir beschränkten uns darauf, diszipliniert und freundlich aufzutreten, die Gunst der Stunde zu nutzen, die uns unsere Gastgeber boten, das Leben unter fremden Himmeln zu genießen und noch von exotischen Erlebnissen zu träumen, wenn uns der harte Dienst auf See wieder »an die Kette« gelegt hatte.

Zwischenkommando:
Nach der Marineschulzeit in Flensburg-Mürwik wurde ich als Adjutant und 2. Torpedooffizier wieder auf den Kreuzer *Karlsruhe* kommandiert, Heimathafen Kiel. Kommandant war Kapitän zur See Siemens, Erster Offizier Kpt. von Friedeburg. Dieser war Marineadjutant des Reichswehrministers v. Blomberg in Berlin gewesen und brachte von dieser Zeit eine gute Verbindung zu Wehrmachtführung und Partei mit.

Eines Tages kam der Minister zu Besuch an Bord. Das übliche Zeremoniell. Friedeburg empfing Blomberg mit betonter Herzlichkeit. An dem Essen durfte ich als Adjutant am Ende des Tisches teilnehmen, unter dessen Platte Kommunikationsknöpfe angebracht waren, mit denen ich nach außen der Musikkapelle zu signalisieren hatte, wann und was gespielt wurde, Märsche, leichte Musik, Nationalhymne. Von dem zwischen Blomberg und Friedeburg intensiv geführten Gespräch bekam ich nichts mit. Der Kommandant wurde nur gelegentlich in das Gespräch einbezogen.

Die *Karlsruhe* fuhr zeitweise als Zielschiff für U-Boote. Zur Beobachtung der Anläufe kam der Führer der Unterseeboote, Kapitän zu See Dönitz, an Bord. Ich räumte meine Kammer für ihn. Als Wachoffizier hatte ich auf der Brücke Gelegenheit zu Gesprächen mit Dönitz über Technik und Taktik der U-Boote.

Aus meinem Engagement konnte er schließen, daß ich wie viele meiner Crewkameraden den Wunsch hatte, U-Boot zu fahren.

Ein Jahr später wurde ich zur U-Boot-Waffe kommandiert

Teilnahme am Spanischen Bürgerkrieg

Der Kreuzer *Karlsruhe* machte am dritten Weihnachtstag 1936 Dampf auf und begab sich in die spanischen Gewässer.

Die spanischen Wirren zogen weite Kreise; die Diplomatie Europas bemühte sich seit langem vergeblich und mit höchst unterschiedlichen Absichten, das Feuer auf seinen Brandherd zu beschränken. Alle seefahrenden Nationen hatten Teile ihrer Flotten entsandt. So fuhren auch wir hinaus, um das im erbarmungslosen Bürgerkrieg zwischen Weißen und Roten gefährdete Leben, Hab und Gut der in Spanien lebenden Deutschen zu schützen, zur Sicherung auch unseres Handels. Diese Aufgaben erforderten erhöhte Bereitschaft, viel Wache, wenig Schlaf.

Tagebuch:
Es ist Januar, und die harte Sturmsee der Biscaya läßt uns so recht die Seele aus dem Halse schlingern. Tagelang, wochenlang pendeln wir die nordspanische Küste entlang.
Selten liegen wir zu kurzer Erholung auf Reede von La Coruña oder Zarauz, umschwirrt von Fahrzeugen, die uns alle irgendwie, sei es durch Zeigen der Hakenkreuzflagge oder durch laute Rufe »Viva Alemania« ihre unbegrenzte Sympathie für Deutschland zum Ausdruck bringen wollen.
Spanien führt einen Kampf – so sehen wir es – für ganz Europa.
Die Hauptrolle in diesem Kampf spielt die Armee. Sie übt vorläufig die Staatsgewalt aus, bis die Ordnung im Lande wiederhergestellt ist. Die Armee wird auch im neuen Spanien die Hauptstütze des Staates sein. Nach einem Ausspruch von General Mola ist sie als bisheriger Träger von Ehre, Tradition und Vaterlandsliebe Vorbild für die gesamte Nation. Eng mit ihr zusammen arbeitet die »Falange Española«, die im Jahre 1933 von Antonio Primo de

Rivera in starker Anlehnung an die Gedanken des italienischen Faschismus begründet wurde. Die an der Front kämpfenden Falangisten werden auf 100 000 geschätzt. Ihre Anhänger rekrutieren sich haupsächlich aus den Reihen der Arbeiter. Gegen die Falangisten hat sich seit langem die Wut der Roten gerichtet. Tausende von ihnen wurden als Geiseln in den Gefängnissen gehalten. Nur wenige entkamen. Die meisten, unter ihnen ihre Führer, fielen dem Blutrausch zum Opfer. Seither ist von führenden Männer der Falange erklärt worden, daß sie sich bedingungslos der Militärdiktatur unterwerfen, sich aber nach deren Abschluß für berufen halten, am neuen Staat nach ihren Ideen mitzuarbeiten.
Der zweite große Verband sind die Carlisten, erkenntlich an ihren blauen Jacken und roten Mützen. Sie betrachten sich als Hüter echt spanisch-katholischer Tradition, vertreten die streng legitimistische Linie. Sie bildeten sich im Kampf gegen den Entscheid Ferdinands VII. (1833), der seine Tochter zur Nachfolge bestimmte und damit seinen Bruder vom Thron verstieß. Wenn sie jetzt in der gemeinsamen Front marschieren, so ist dieses hauptsächlich den Kirchen- und Klosterzerstörungen der Roten zuzuschreiben. In Navarra haben sie die Hauptzahl ihrer Anhänger, ein kämpferischer, freiheitsliebender Stamm. Von hier aus wurde der Kampf gegen die Mauren vorgetragen. An Navarra scheiterten einst Karl der Große und Napoleon. Etwa 70 000 von ihnen stellten sich dem General Mola zur Verfügung.
Sie verlangten die absolute Monarchie mit dem Katholizismus als Staatsreligion.
Der Rest der Nationalen kann als die große Masse der Sympathisierenden betrachtet werden, wie die Renovación Española, die Aristokratie, Konservative, liberales Bürgertum und die Geistlichkeit.
Spanien beginnt einen neuen, vielverheißenden Abschnitt seiner so wechselreichen Geschichte.

Aber zwischen Maschinengewehren, zwischen streifenden Patrouillen mit aufgepflanztem Seitengewehr lebt Spanien sein altes, an überlieferten Bräuchen und Sitten reiches Kulturleben unbekümmert weiter.

Gibraltar in Sicht

Längst haben wir Nordspanien den Rücken gekehrt. Ein Tag voller Sonnen- und Gluthitze steigt herauf, ein Tag wie alle hier unten.

Portugals Küste sehen wir von weitem. Beim Passieren von St. Vincent und Kap Trafalgar lassen wir noch einmal die großen Gestalten der englischen Seekriegsgeschichte, John Jervis und Nelson, vor unserem geistigen Auge vorüberziehen, deren Ruhm für ewig mit dem Namen dieser Orte verbunden ist.

Im Morgengrauen grüßt Gibraltar zu uns herüber. An Steuerbordseite stehen die harten Konturen des Affenberges. Gibraltar, der Angelpunkt der alten und neuen Geschichte: Ich sehe die alten Phönizier zum ersten Mal, nach der Überlieferung, hier haltmachen und mit scharfem Blick von diesem geopolitisch wichtigen Punkt Besitz ergreifen, Karthager und Römer erbittert um diesen Platz kämpfen, sehe später die Germanen und Mauren wechselseitig über die Meerenge ziehen, bis die Briten mit starker Hand den Felsen an sich rissen, ihn befestigten und zu dem stärksten Pfeiler ihrer Stützpunktpolitik ausbauten.

Über allen geschichtlichen Betrachtungen vergißt man beinahe die Schönheiten des Bergmassivs zu beachten. Wie es sich unmittelbar aus glasklarer Flut erhebt, von der ersten Helle des Morgenhimmels vertont, unter hellumrandeten Wolken, kann man seine geschützstarrenden Forts vergessen und nur schauen, betrachten. Ich denke aber auch daran, daß hannoversche Truppen zur Zeit der britisch-hannoverschen dynastischen Personalunion 1782 den Briten entscheidend halfen, die Festung Gibraltar zu verteidigen, als im Gefolge einer Meuterei der britischen Flotte

Franzosen und Spanier ihre Stunde gekommen sahen, die Festung zu stürmen.
General Elliot berichtete über den Einsatz der hannoverschen Truppen: »Sie waren sehr tapfer, sie wären es wert gewesen, Briten zu sein.«

Kommentar:
Ich sagte schon, daß neben Deutschland auch andere Nationen, Frankreich, England, Italien, ihre Flotteneinheiten nach Spanien schickten, um ihre Interessen zu schützen. Anfang Mai '37 besuchte das Panzerschiff *Deutschland* Gibraltar.

Zu seinen Ehren paradierte die gesamte britische Mittelmeerflotte auf der Reede von Algeciras mit etwa 30000 Marinesoldaten.

Der Oberbefehlshaber der britischen Flotte, Admiral Dudley Pound, Rear-Admiral Bruce Fraser, der mit seiner Kampfgruppe 1943 die *Scharnhorst* im Eismeer versenkte – um nur einige zu nennen –, machten dem Befehlshaber der Panzerschiffe, Konteradmiral von Fischel, ihren Besuch.

Ein Zug schottischer Garde und Royal Marines, zusammen mit einer Abordnung der *Deutschland* ehrten die 1797 gefallenen Hannoveraner.

Trommelwirbel – ein Hornist blies das britische Signal zur Totenehrung. Eine Band spielte die deutsche und britische Nationalhymne und das Lied vom guten Kameraden.

Das war zwei Jahre vor Ausbruch des Zweiten Weltkrieges.

Tagebuch:
Das spanische Volk opfert für seine Soldaten.
Das gesamte nationale Spanien steht im Zeichen des Krieges. Den Ernst der Lage, die geschichtliche Bedeutung der Stunde vor Augen, stellt sich alles der nationalen Sache zur Verfügung.

Schmuck, Edelmetalle sind längst eingesammelt, goldene Eheringe gegen eisere eingetauscht. Die Frauen und Mädchen arbeiten in Gemeinschaften für die Front. Doch viel wesentlicher noch als die materielle Unterstützung ist die Solidarität mit der kämpfenden Truppe. Der Mann im Schützengraben weiß sich eines Sinnes mit der Heimat. Er weiß, daß zu Haus nicht gefeiert, nicht getanzt wird.
Das Volk zeigt sich seiner Kämpfer würdig. Junge Leute lehnten eine Einladung ab mit der Erklärung, daß sie eine Verpflichtung, ein »sacrificio«, übernommen hätten, so lange nicht ins Theater oder Kino zu gehen, bis Madrid gefallen sei. Die Menschen erlegen sich freiwillig Opfer auf, sie wachen und beten für die Front.

Die jungen Mädchen pflegen in den Hospitälern die verwundeten Spanier und Marokkaner. Der Frontsoldat weiß sich geachtet, umsorgt und geliebt von der Heimat. Das gibt ihm einen starken Rückhalt.

Victoria de Malaga
Der wegen der anhaltenden Regenperiode immer wieder hinausgeschobene Großangriff der vereinigten Land-, See- und Luftstreitkräfte auf Malaga hatte eingesetzt und führte in kurzer Zeit zu einem entscheidenden Sieg der nationalen Truppen.
Wir werden in El Ferrol Zeuge des gewaltigen Freuden- und Siegestaumels, der durch das Land geht. Die Straßen: ein Flaggenmeer. Die nationalen Farben Rot-Gelb-Rot hängen in langen Transparenten an den Häuserfronten. Aus den Seitenstraßen stoßen Trupps der »Falange«, der »Flechas«, das ist die Jugendorganisation der Falange, auf die Hauptstraße zur großen Kundgebung.
Beim Dunkelwerden flammen ungezählte Lichtbogen über der Calle de General Franco auf, eine Lichtpracht, auf die man bislang der ständigen Fliegergefahr wegen verzichten mußte. Heute kennt man keine Vorsicht. Die

engen Straßen sind angefüllt mit jubelnden Menschen. Man wartet auf die große »manifestación«. Schon rücken die ersten Formationen mit klingendem Spiel und fliegenden Fahnen an. Stunden währt der Vorbeimarsch vor dem Kommandierenden Admiral der nationalen spanischen Seestreitkräfte und vor dem Kommandanten von El Ferrol. Die Menschen kennen kein Halten mehr, man umarmt die Soldaten, man lacht, weint und tanzt, die Feuerschlange vibriert, ganz El Ferrol marschiert.

Die Nacht wird zum Tage, der Jubel dauert an, tagelang. Da traf ich die, die die Schlacht geschlagen, die alle Schlachten schlagen in Spanien, die überall dort stehen, wo am heißesten gekämpft wird, und die noch keine Schlacht verloren haben.

Ich traf die »legionarios«, Soldaten der spanischen Legion, verwegene Kerls, hager, von Sonne und Wetter gebräunt, die nicht die Miene verziehen zu den brausenden Heilrufen auf der Straße.

Aus strapazierten, wettergefurchten Gesichtern ein Blick, den man nicht vergißt. Du kannst vieles daraus lesen: Verachtung, Haß, Fanatismus, ein Blick, wie ihn jahrelange Härte und Unerbittlichkeit militärischer Zucht im marokkanischen Wüstensand, in sonnengeglühter Felsenöde mit sich bringt, ein Blick, wie ihn die Skrupellosigkeit und das Grauen des immerwährenden Kampfes schafft.

Offiziere sah ich unter ihnen. Söhne alter maurischer Adelsfamilien, Köpfe mit klassischen Zügen.

Keiner von ihnen ist weniger als dreimal verwundet. Mit einer Sachlichkeit, die geradezu teuflisch wirkt, berichten sie von ihren Blutkämpfen mit Bajonett und Messer. Ihr Leben ist der Kampf, und niemand wagt Widerstand, wenn sie mit ihrem Schlachtgesang, dem »Canción de la Legión«, anstürmen. Nie hörte ich die Legionäre in den lauten Jubel mit einstimmen, ›arriba España‹ oder ähnliche Hochrufe ausstoßen. Um so härter und fanatischer klang ihr dreifaches Kampfgeschrei:

Arriba la Legión!
Arriba la guerra!
Arriba la muerte!

Der Krieg ist ihr Leben, und Spanien wird einst seinen letzten Landsknechten zu großem Dank verpflichtet sein.

Kommentar:

So sahen wir das Spanien, auf dessen Seite wir damals standen.

Heute kennen wir auch die andere Seite Spaniens, seinen Opfergang, uns nahegebracht durch Hemingways Buch »Wem die Stunde schlägt«. Der Riß zwischen beiden Seiten Spaniens ging bis zum Ende der franquistischen Zeit durch Land und Volk.

Was in dem Tagebuch nicht steht, ist, daß wir eine rotspanische Prise, die *Aragon*, aufbrachten und in den Hafen von El Ferrol einschleppten. Das war unsere einzige unblutige Kriegshandlung.

Um eine andere Stimme über den Spanieneinsatz zu Wort kommen zu lassen, nun den Teil eines Briefes meines Crewkameraden Hermann Rasch, den er mir am 13. Juni 1937 schrieb von Bord des Panzerschiffs *Scheer*, das als Vergeltung für den Luftangriff auf das Panzerschiff *Deutschland* die Hafenstadt Almeria in Südspanien beschoß. Es heißt in diesem Brief.

Nun etwas anderes – soll ich Dir kurz einen Eindruck von Almeria geben? Die Zeitungen berichten von 19 Toten – lächerlich – ich habe mehrstöckige Gebäude, darunter eine vollbesetzte Kaserne, in Rauch und Dreck verschwinden sehen, nur schwarze Stümpfe standen noch da, und das bei einer einzigen halben Salve. Die Wirkung der 28 cm mit KZ (Kopfzünder) war erstaunlicher, als man gedacht hatte. Ich habe als Reserveleiter alles von einem Zielgeber aus verfolgen können. Wir haben nahezu 200 Schuß gefeuert,

wovon vier Salven ins Wasser gegangen sind, das übrige hat gesessen. Das Ganze war keine Heldentat, wenn wir auch wiederbeschossen sind; aber man brauchte nur an die Deutschland zu denken, dann freute man sich bei jedem Haus, was hochging. Ich werde nie das Bild dieser Stadt vergessen, wie sie dalag, kurz bevor die Sache losging. Trotz der Entfernung hatte man den Gedanken – alles schläft, aber gleich werden sie elend hochkommen. Die Sonne stand noch ganz tief und warf lange Schlagschatten von Türmen und Mauern. Darüber die ruhigen Schneegipfel der Sierra Nevada und auf der anderen Seite unsere schwarzen Torpedoboote vor hellrotem Himmel. Nachher war nur noch eine dicke graubraune Wolke über der ganzen Bucht.
Das ganze Schießen ist ohne eine einzige Störung verlaufen und sehr ruhig und sicher. Wir hatten mit Bestimmtheit einen Angriff der Flugstreitkräfte von Almeria erwartet, aber es geschah nichts. Zwei kleine Bewacher, die in der Nähe waren, hat Hannes Perl mit der 8,8 zum Teil versenkt, zum Teil auf Dreck gejagt.
Aber seitdem wird Kriegswache und Alarm exerziert bis zum Umfallen, und wir haben nur drei Tage Ruhe in Tanger gehabt bisher. Tanger ist ein erstaunliches Drecknest, aber da ich zum ersten Mal diesen orientalischen Zauber sehe, finde ich es ganz nett. Wenn Du damals auch dort gewesen bist, kennst Du gewiß »chat noir« und andere Scheußlichkeiten. Es ist geradezu erstaunlich, welche Variationen an Ekelkram die Südländer zustande bekommen. Der Zustand an Bord ist furchtbar, seit der Befehlshaber der Panzerschiffe mit seinem Stab hier eingezogen ist. Ich muß jetzt in einer 4-Leutnant-Kammer wohnen, was ich schon gefürchtet hatte. Wir kommen etwa am 25. dieses Monats zurück und haben dann nach 12 Tagen Werftliegezeit – Art.Schiessen u. Verbandfahrübungen (an denen die Karlsruhe auch beteiligt ist, wie ich gehört habe) und laufen am 1. August wieder ins Mittelmeer.

Natürlich lesen wir diesen Augenzeugenbericht über die Beschießung von Almeria heute mit einer anderen Sensibilität; wir wissen, wieviel Zivilisten, darunter Frauen und Kinder, bei diesem Feuerüberfall umgekommen sind.

Der Vergeltungsschlag war ein Terrorakt, denn er traf wenig militärische Ziele, vorwiegend eine schlafende Bevölkerung.

Ebenso aber scheint es mir am Platze, die Legende von Guernica zu korrigieren, die durch das berühmte Gemälde von Picasso zu einem Mythos des Leidens und des Völkermordes wurde. Der Angriff der Legion Condor galt hier vorwiegend militärischen Zielen – der Brücke, den Straßen und der Vorstadt eines Ortes, der zum Kampfgebiet gewor den war. – Wer die Wahrheit erfahren hat, weiß, wieviel Lügen in ihrem Namen verbreitet werden.

Soweit das Logbuch.

Chiffren aus einer versunkenen Welt?

Der Widerschein des pulsierenden Lebens jener Tage hat etwas Farbiges, Traumhaftes, im Bereich des politisch Vordergründigen etwas Fremdes. Aber man kann Vergangenheit nicht mit den Maßstäben der Gegenwart messen, wenn man historische Gesetze nicht außer Kraft setzen will.

Franz Kafka schrieb Dezember 1911:

»Im Tagebuch findet man Beweise dafür, daß man selbst in Zuständen, die heute unerträglich scheinen, gelebt, herumgeschaut und Beobachtungen aufgeschrieben hat.«

Im Jahre 1974 besuchte ich meinen Freund Thomas de Liniers in Madrid, den ich in San Diego beim »Senior Officers Course for Amphibious Warfare« kennengelernt hatte. Thomas stand kurz vor seiner Kommandierung nach Ceuta als Kommandeur der dortigen Streitkräfte.

Er fuhr mit mir zum »El Valle de los Caidos«, der Gedenkstätte für die Gefallenen des Bürgerkrieges. Die Anlage besteht aus einer riesigen, in den Fels gehauenen Basilika. Das Ganze liegt in der grandiosen Berglandschaft des Guadarrama in einem großen Park. Auf einer Felsenhöhe sieht man ein gewaltiges Kreuz von 150 Meter Höhe, an seinem Fuß Skulpturen der vier Evangelisten aus schwärzlichem Kalkstein.

Unter der 43 Meter hohen, mit Mosaiken ausgestatteten Kuppel, die ebenfalls aus dem Fels herausgehauen ist, steht wiederum ein großes Kreuz, aus von Franco persönlich ausgesuchten rohen Baumstämmen zusammengefügt. Wie dicht hier der Kitsch bei der großen Emotion liegt, zeigte mir dieses Kreuz und die lange Unterhaltung mit Thomas. Thomas ist ein Sproß einer alten Familie – ein spanischer Zerstörer heißt *Liniers* – und hat als junger Offizier im Bürgerkrieg mitgemacht. Gefangengenommen, von den Roten grausam mißhandelt, wie durch ein Wunder dem Tod entronnen, jetzt seinem König treu, Demokrat. Aber er sagte mir sehr deutlich: »Rot wird dieses Spanien nur über meine Leiche.«

Er hatte den Krieg nicht gegen die Republik geführt, sondern dagegen, daß die Republikaner aufhören wollten, katholisch zu sein, wie es ihr Präsident Azana formulierte. Sicherlich meinte er damit nicht die kulturellen Werte des christlichen Abendlandes, die in langer Tradition besonders in Spanien gepflegt wurden. Aber Anarchie und Gewalttätigkeit der marxistisch-anarchistischen Linken gegen Priester und Klöster waren für Liniers das Warnsignal dafür, daß diese traditionellen Werte in Gefahr waren.

Er selbst ging, als er Kommandierender General der spanischen Armee war, an das Grab des Apostels Jacob in der Kathedrale von Santiago de Compostela, um dort – wie im Zeremoniell der Armee vorgesehen – die Sorgen der Nation in einem Gebet vorzutragen.

Man spricht immer von dem faschistischen Regime Francos.

Das ist nicht richtig, Kennzeichen des Faschismus sind:
– der als Führer anerkannte Diktator,

– das Einparteiensystem,
– der totalitäre Staat, das heißt, das Regime beherrscht den gesamten Bereich öffentlichen und politischen Lebens,
– die in jeder Demokratie gültige Gewaltenteilung ist außer Kraft gesetzt,
– die allein herrschende Partei versucht, durch Überzeugung und Gewalt den Konsens der Nation herzustellen, und sie hat Erfolg damit.

Keine dieser Charakteristiken trifft meiner Ansicht nach auf das Franco-Regime zu. Franco hatte keine »totalitäre« Partei, die sich hinter seine Ziele stellte. Weder die Falange noch die Carlisten waren seine Parteigänger. Nur die Falange war faschistisch und hatte die oben aufgeführten Merkmale. Doch für die Falange war Franco nur der »Generalissimo«, sie akzeptierten die zeitweilige Diktatur Francos als Kriegsmaßnahme. Keineswegs war er für sie der Repräsentant einer Volksbewegung, die Vereinigung von Carlisten und Falangisten war nur ein Zweckbündnis. Was wir an nationaler Begeisterung gesehen hatten, war aufgesetzt und kennzeichnete nicht die Lage, jedenfalls nicht während des Bürgerkrieges. Die Mobilisierung des Volkes war mißlungen. Die Einberufenen desertierten in Massen, zum Beispiel in der Schlacht von Guadalajara.

Nach dem Bürgerkrieg wurde Francos Regime ein konservatives System hierarchischer Ordnung, das dem Militär neben der Kirche und der syndikalen Organisation die tragende Rolle einräumte. In den faschistischen Staaten dagegen ging alle Macht von der totalitären Partei aus.

Unter Franco entwickelten sich die mittelständischen Betriebe, machte die Technisierung und Modernisierung der Wirtschaft bedeutende Fortschritte, so daß die Voraussetzungen geschaffen wurden für eine Annäherung an und den späteren Beitritt in die Europäische Gemeinschaft.

Man darf aber die andere Seite nicht vergessen. Viele große Geister, unter anderen die Vertreter des zweiten »goldenen

Zeitalters« der Literatur (zum ersten zählt man Lope de Vega und Cervantes) – García Lorca, Machado, Jiménez, Alberti, Diego, Guillén –, mußten emigrieren oder wurden ermordet.

García Lorca, der große Lyriker, schrieb ein Gedicht, »el grito« – der Schrei. Es trägt uraltes Leid und den Widerhall der für immer erloschenen Schreie, für die die spanische Geschichte von den Kelto-Iberern über die Römer, Goten, Mauren, den jüdischen Exodus, den Autodafes, den Konquistadoren bis hin zum Bürgerkrieg viele schreckliche Beispiele hat.

An der Beurteilung des Bürgerkrieges scheiden sich noch bis heute die Geister, wenn auch in einer großen Versöhnungsgeste die Gefallenen beider Seiten des Bürgerkrieges in »El Valle de los Caidos« ihre Gedenkstätte gefunden haben.

Die Streitkräfte folgten Francos Nachfolger, dem König Juan Carlos, ihrem neuen Generalkapitän, der den reibungslosen Übergang vom autoritären Franco-Regime zur Demokratie westlicher Prägung vollzog. Für meinen Freund Liniers war der Beitritt zur NATO die konsequente Fortsetzung des bisherigen Kurses, christliche und abendländische Werte zu verteidigen.

Es gehört zum Geschichtsbewußtsein der spanischen Streitkräfte, daß sie, mit ihrem Sieg im Bürgerkrieg, nach dem Zweiten Weltkrieg eine Machtübernahme durch die von dem siegreichen Stalin und der französischen Linken gestützten spanischen Kommunisten verhindert haben. Selbstbewußtsein und eine lange Tradition kennzeichnen die spanischen Streitkräfte, die von ihrem Volk getragen werden.

Einen Platz an den Offiziersschulen zu bekommen ist nicht leicht. Es sind mehr Anwärter als Stellen vorhanden.

Anfang der U-Boot-Zeit

Am 5. Oktober 1937 wurde ich auf die U-Boot-Schule in Neustadt/Holst. kommandiert. Dönitz hatte mich geholt, damit ging ein lang gehegter Traum in Erfüllung. Aus dem Traum wurde harte Wirklichkeit.

Ich betrat das erste Mal ein U-Boot und damit eine andere Welt.

In einem der Dienstkenntnisthemen auf der Marineschule hieß es, »das enge Zusammenleben an Bord erfordert größte Rücksichtnahme auf Vorgesetzte und Kameraden«. Das heißt, daß es an Bord der Überwasserschiffe auch nicht gerade großräumig gewesen wäre, aber was sich hier bei uns bot, war eine geradezu klaustrophobische Enge. Hinzu kamen der entsetzliche, penetrante Dieselgeruch und die feuchte Luft, gemischt mit Essensgerüchen und Schweißausdünstungen. Das also war mein vielgeliebtes U-Boot in Wirklichkeit. Der Traum zerrann. Was übrig blieb, war, daß wir an Bord eines effektiven Waffensystems des zwar quantitativ noch nicht bedeutsamen Teiles der Flotte kamen, in unseren Augen ein scharf geschliffenes Schwert, verglichen mit den anderen Einheiten der Flotte. Wir gewöhnten uns sehr schnell auch an die unangenehmen Seiten des U-Boot-Daseins.

Später wurde uns die Atmosphäre so vertraut, daß sie praktisch unsere Heimat war und wir es nicht erwarten konnten, nach langen Werftliegezeiten wieder an Bord zu sein.

Einer der Kursusteilnehmer war Engelbert Endraß; mit ihm schloß ich enge Freundschaft, die bis zu seinem Tode, Weihnachten 1941, mein Leben bereichert hat.

Der Kursus dauerte bis zum 1. Juni. Da ein Boot für mich als Wachoffizier nicht zur Verfügung stand, wurde ich vom 2. Juni bis 25. September 1938 als Ausbildungsoffizier an die Marineunteroffizier-Lehrabteilung in Kiel-Friedrichsort kommandiert. Mein Kompaniechef war der Oberleutnant zur See Harro Kloth von Heydenfeldt, ein hervorragender Offizier, in Haltung und Können ein Vorbild. Er ging ebenfalls zur U-Boot-Waffe und war einer der ersten Kommandanten, der nach Kriegsausbruch im Kanal fiel.

Ein anderer Zugoffizier neben mir war mein Crewkamerad Werner Weinlig, gebürtig aus Kapstadt/Südafrika. Er übertrug das großzügige Leben seiner Heimat in unsere kleine Offiziersmesse. Beide Offiziere verkörperten jeder auf seine Art eine innere Unabhängigkeit, die sie zu konstruktiver Kritik befähigte. Sie zeigten Selbstdisziplin auf der einen Seite und Zivilcourage auf der anderen Seite. Es war eine wichtige Phase meines Lebens, mit ihnen zusammenzuarbeiten.

Am 26. September 1938 wurde ich zur U-Boot-Flottille *Wegener*, der 7. U-Flottille in Kiel, kommandiert, auf »U 46«. Kommandant war Kapitänleutnant Sohler. Bekannte Namen sind aus ihr hervorgegangen, die Kommandanten Prien, Schultze, Endraß und Suhren. Der Flottillenchef war Korvettenkapitän Sobe.

Dieses letzte Jahr vor dem Krieg war gekennzeichnet durch eine harte Ausbildung. Wir fuhren Tag und Nacht, wir eilten von Schießabschnitt zu Schießabschnitt, von Manöver zu Manöver.

Zur Zeit der Sudetenkrise waren wir voll ausgerüstet, klar zum Auslaufen.

Auf der anderen Seite kam trotzdem das Feiern nicht zu kurz. Für ein Flottillenfest hatte ich die Gestaltung und die Vorbereitungen übernommen. Launige Ansprachen, Gedichte, in denen unsere Vorgesetzten aufs Korn genommen wurden, Musik und Tänze, alles mußte in den wenigen Stunden unserer Freizeit, die uns nach dem Einlaufen der Boote in den Hafen verblieben, geprobt werden.

Das Fest verlief glänzend. Als das Programm abgelaufen

war, saßen wir völlig übermüdet an der Bar. Der Alkohol tat sein übriges.

Ich weiß nur noch, daß ich morgens um 5.00 Uhr in einem abgelegenen Seitenraum aus tiefem Schlaf emporschreckte, mir sofort ein Taxi bestellte und gerade noch vor Dienstbeginn bei der Flottille eintraf. Mein Freund Ohm Krüger schaffte es nicht mehr. Wir sahen ihn mit wehendem Spanier, dem festlichen Umhang der Marineoffiziere, auf der Pier angesegelt kommen, die Boote hatten schon abgelegt, er blieb an Bord des Mutterschiffes *Hamburg*. Das kostete ihn ein halbes Jahr in der Beförderung. So streng waren die Sitten. Ja, die *Hamburg*. Mutterschiff ist ein Hohn für diese Kasematte oder das Gefängnis, wie man es besser nennen sollte. Unsere Kammern, 2 × 2 im Geviert, lagen aufgereiht an einer freudlosen Gasse. Ein Bullauge gab spärliches Licht. Die Wände waren aus Blech, so dünn, daß man den Nachbarn in all seinen Lebensäußerungen hören konnte. Dazu im Winter eine Heißdampfheizung, die entweder den Raum überhitzte und ihn in eine Hölle verwandelte, oder er war, wenn man nach langer Fahrt an Bord des U-Bootes zurück in seiner Kammer im Hafen Ruhe suchte, völlig vereist. Dann bahnte sich die Heißluft bei geöffneten Ventilen einen schnellen Weg, und es klang wie das Knattern eines Maschinengewehrs. Die Schlafenden wurden gnadenlos geweckt, und da immer jemand kam und ging, war eigentlich auch immer Lärm, so daß man nie zur Ruhe kam.

Krieg

Ein Rückblick als Vorwort
Wachoffizier auf »U 46«
Kommandant »U 57«
Kommandant »U 552«
Chef der 27. U-Flottille
Das Ende des Krieges
Kommandant von »U 2513«

Ein Rückblick als Vorwort

Jahre nach dem Krieg, 1983/1986, korrespondierte außer mit anderen Angehörigen meiner Crew auch mit mir Eric C. Rust, Sohn eines deutschen Marineoffiziers, um Material für seine Doktorarbeit unter dem Titel »Crew 34, deutsche Marineoffiziere in und nach der Hitlerzeit« zu sammeln. Seine Fragen und meine Antworten halfen mir, einen Maßstab für meinen Rückblick zu gewinnen.

Frage 1: Wie würden Sie die politische, intellektuelle und private Atmosphäre beschreiben, in der Sie während der 20er Jahre aufwuchsen?
Antwort: Die politische Atmosphäre – soweit sie an uns Schüler herangetragen wurde – war bestimmt durch deutschnationale Kräfte. Der Geschichtslehrer, der einen großen Einfluß hatte, war »Stahlhelmer«. Unser Geschichtsbuch, der Plötz, handelte fast ausschließlich von Kriegen. Auf einer Seite Sieg, Landkrieg, Waffenstillstand, Koalition. Da wurde marschiert, kriegsgefangen, blockiert etc. Der Staat war etwas Absolutes. Der deutsche Idealismus hatte den Krieg mythologisiert.

Das Gedenken an den Sieg von Sedan und die Schlacht bei Leipzig wurde für die gesamte Schule eingeleitet durch eine Andacht. Wir kannten den Verlauf jeder einzelnen Schlacht, die Friedrich der Große führte. Von seinem philosophischen Äußerungen, von seinem Buch »Der Antimachiavell«, von seinen organisatorischen Leistungen beim Aufbau des preußischen Staates erfuhren wir so gut wie nichts.

Die intellektuelle Lage war bestimmt durch die Philosophie des 20. Jahrhunderts, allen voran durch Nietzsche, der sämtliche Werte: Philosophie, Religion, Theologie usw. zertrümmert hatte.

Übriggeblieben war eine Welt des Nihilismus, die nun

ausgefüllt wurde für die jungen Menschen durch Pseudowerte wie Rasse und Nationalismus.

Die private Atmosphäre wurde bestimmt durch ein politisch desinteressiertes, aber menschlich-tolerantes Elternhaus. Mein Vater war Freimaurer und daher allen Strömungen gegenüber offen, ohne sich in irgendeiner Weise festzulegen und ohne auf mich einen Einfluß auszuüben.

Frage 2: Wie erinnern Sie sich an den 1. September 1939 bzw. was war Ihre Reaktion auf den Kriegseintritt der Westmächte?
Antwort: Der 1. September 1939 war kein Jubeltag wie der Beginn des Ersten Weltkrieges. Wir waren uns unserer Unterlegenheit, insbesondere bei der Marine, von Anfang an bewußt und waren uns ebenso darüber im klaren, daß es ein langer Krieg werden würde.

Frage 3: Haben Sie Anfang 1933 die Machtübernahme Hitlers begrüßt?
Antwort: Ja, wir hofften, daß mit der Machtübernahme Hitlers das Diktat von Versailles annulliert und eine nationale Erneuerung stattfinden würde.

Frage 4: Inwieweit fühlten Sie sich von der Ideologie und Praxis des Nationalsozialismus angezogen bzw. abgestoßen?
Antwort: Diese Frage kann nur im Zusammenhang mit einer zeitlichen Zuordnung beantwortet werden. 1934, zur Zeit meines Eintritts in die Marine, sah ich ausschließlich, daß es wirtschaftlich, innenpolitisch und außenpolitisch vorwärtsging. Erst später kam die Kritik.

Frage 5: Kam es häufig vor, daß Sie sich als Offizier in Widerspruch zwischen Pflicht und Gewissen befanden?
Antwort: Dieser Widerspruch zwischen Pflicht und Gewissen kam für mich 1943, als der U-Boot-Krieg trotz ungeheu-

rer Verluste und geringsten Erfolgsaussichten weitergeführt wurde.

Frage 6: Haben Sie jemals geglaubt, daß sich die Kriegsmarine offen gegen die Auswüchse des Nationalsozialismus hätte stellen sollen?
Antwort: Während dieses Krieges ging es darum, ihn zu gewinnen.

Einschränkungen der persönlichen Freiheit nahmen wir hin, um dieses Ziel zu erreichen, wie es die anderen Nationen auch getan haben. Die Auswüchse und Verbrechen des Nationalsozialismus sind mir erst nach dem Kriege bekannt geworden.

Frage 7: Ab wann waren Sie überzeugt, daß Deutschland in nächster Zukunft in einen Krieg verwickelt werden würde?
Antwort: Wir haben immer geglaubt, daß Hitler entsprechend seinen Friedensbeteuerungen zwar alles tun würde, um die nationale Ehre wiederherzustellen, daß er aber auch alles daransetzen würde, um einen Krieg zu vermeiden.

Frage 8: Wie würden Sie Ihr Privat- und Familienleben in der Vorkriegszeit und während des Krieges beschreiben?
Antwort: Wir lebten nach der Devise »Wer auf die preußische Fahne schwört, hat nichts mehr, was ihm selber gehört.«

Frage 9: Was halten Sie von Offizieren und Zivilisten, die sich an der Widerstandsbewegung gegen Hitler beteiligten?
Antwort: Wir fuhren zur See, Deutschland habe ich während des ersten Teiles des Krieges überhaupt nicht gesehen. Wir operierten von St.-Nazaire in Frankreich aus. Unsere Informationen beschränkten sich auf die Medien, Rundfunk und Zeitung, die natürlich alle zensiert waren. Daher wußten wir auch nichts von einer Widerstandsbewegung und waren über den 20. Juli nicht nur überrascht, sondern empfanden ihn als Dolchstoß in den Rücken der kämpfenden Front.

Frage 10: Wie beurteilen Sie die deutsche Seekriegsplanung in den Vorkriegsjahren und wie die angewandte Strategie und Taktik während des Krieges?

Antwort: Die deutsche Seekriegsplanung war eine Antwort auf den 1935 geschlossenen Vertrag mit Großbritannien und bewegte sich in der von Admiral Raeder vermittelten politischen Direktive, daß ein Krieg mit England außerhalb der Betrachtungen lag. Als der Krieg ausbrach, war das Deutsche Reich zur See so wenig gerüstet, daß es dem Gegner nur Nadelstiche versetzen konnte.

Zur Seemacht gehören zwei Faktoren

1. die Flotte
2. die Landposition.

Beides war unzureichend. Erst durch die Besetzung von Frankreich und Norwegen verbesserte sich die Position, so daß wir für die geringen zur Verfügung stehenden Kräfte bessere Einsatzbedingungen bekamen. Im Rahmen dieser verbesseren Einsatzbedingungen wurde mit den vorhandenen Streitkräften das bestmögliche versucht und auch teilweise erreicht. – Im Kriegsschiffbau ging man zunächst einen falschen Weg mit dem Vorrang des Baus der großen Überwasserkriegsschiffe. Mit dem sogenannten Z-Plan, der nie verwirklicht wurde, nahm diese Planung gigantische Ausmaße an.

Erst mit dem Wechsel in der Marineleitung von Raeder auf Dönitz bekam der U-Boot-Bau viel zu spät Vorrang.

Frage 11: Wie reagierten Sie auf den Angriff gegen die Sowjetunion und den späteren Kriegseintritt der Vereinigten Staaten?

Antwort: Der Angriff auf die Sowjetunion wirkte wie ein Schock.

Alles, was wir aus der Geschichte als verhängnisvoll kannten, Zweifrontenkrieg, Überdehnung von begrenzten Kräften, wie das napoleonische Abenteuer, trat nun ein. Der Krieg gegen Rußland war der Anfang vom Ende. Ganz zu schweigen von dem Kriegseintritt der USA, in dem das materielle Übergewicht der Alliierten katastrophale Dimensionen annahm.

Frage 12: Ab wann hielten Sie einen deutschen Sieg für ausgeschlossen?
Antwort: Als sich die Kurve der Versenkungszahlen der deutschen Marine mit den Neubauzahlen der Alliierten schnitt, das heißt, als mehr Handelsschiffsraum produziert als versenkt wurde.

Frage 13: Auf welche Leistung während des Krieges sind Sie besonders stolz?
Antwort: Daß ich eine Besatzung hinter mir hatte, die, obwohl sie ständig auf einer dünnen Linie zwischen Leben und Tod geführt wurde, ihre Loyalität nie in Frage gestellt hat.

Frage 14: Worauf führen Sie Deutschlands Niederlage im wesentlichen zurück?
Antwort: Auf die Hybris seiner Führung.

Frage 15: Unter welchen Umständen hätte Deutschland den Seekrieg gewinnen können?
Antwort: Unter keinen Umständen. Die Seeherrschaft lag eindeutig bei den Alliierten.

Frage 16: Glauben Sie, daß Deutschland eher vor den Alliierten hätte kapitulieren sollen, anstatt bis zum bitteren Ende weiterzukämpfen?
Antwort: Die Forderung zum »unconditional surrender« seitens der Alliierten hat eine Antwort auf diese Frage sehr erschwert, wenn nicht unmöglich gemacht.

Frage 17: Wie würden Sie ihre politische Haltung seit dem Kriege beschreiben?

Antwort: Ich bin parteipolitisch nicht gebunden. Ich bin den neuen Problemen, die sich aus der gesamten Entwicklung von Wissenschaft und Technik ergeben, aufgeschlossen, ohne die Bindung an die Werte zu verlieren, die wir aus der Vergangenheit herübergerettet haben. In diesem Sinne halte ich mich für konservativ.

Frage 18: Haben Sie sich nach dem Kriege Vorwürfe gemacht, sich in den Dienst des nationalsozialistischen Regimes gestellt zu haben?
Antwort: In dieser Frage sehe ich wenig Sinn. Ich kann mir nachträglich keine Vorwürfe darüber machen, daß ich mich ohne Kenntnis der nationalsozialistischen Verbrechen in den Dienst eines Regimes gestellt habe, das legal an die Macht gekommen war.

Frage 19: Glauben Sie, daß die deutsche und internationale Geschichtsschreibung seit 1945 Ihrem persönlichen Erlebnis und Empfinden während Ihrer Dienstzeit gerecht geworden ist?
Antwort: Dies ist ein weites Feld. Zur Zeit bin ich als militärischer Berater des Bayerischen Rundfunks an der Vorbereitung einer Sendung »Der Zweite Weltkrieg« beteiligt. Ich diskutiere dort mit Historikern wie Weinberg von der University of North Carolina, dem Journalisten Haffner, den deutschen Historikern von Schubert, Hillgruber, Jäckel, Messerschmidt usw. Ich habe sehr sorgfältig die Veröffentlichung über den Seekrieg von Professor Salewski gelesen, über deutsche Geschichte von den Professoren Diwald und Hillgruber und Stürmer und habe bei den Diskussionen und dem Lesen der Stellungnahmen unserer Historiker zu der jüngsten Geschichte immer wieder festgestellt, daß eine große Übereinstimmung zu meiner eigenen Auffassung besteht.

Frage 20: Welche deutsche Marinetradition würden Sie als

überholt und vielleicht sogar schädlich ansehen, und welche Traditionen sollten auf jeden Fall weitergeführt werden?

Antwort: Unter Tradition verstehe ich das Weiterführen von hochgespannten geistigen Strömen. Was im allgemeinen als Tradition angesehen wird, wie z. B. Namensnennung für Zerstörer oder Kasernen, wie der Zapfenstreich mit dem Choral »Ich bete an die Macht der Liebe«, halte ich in dieser Form für überholt.

Wachoffizier auf »U 46«

Tagebuch:
Schneidende Kälte und meterdickes Eis. Gleich hinter dem uns schleppenden Eisbrecher fließen die Schollen zusammen und krachen gegen unseren Eisschutz vorn am Bug, stoßen am Bootskörper längs und vollführen eine Höllenbegleitmusik.
Drei von uns fahren hinaus, Prien mit dem Stier von Scapa Flow am Turm, v. Gossler zu seiner zweiten Fahrt, nachdem die Heimtücken einer englischen U-Boot-Falle ihm beinahe das Ende und eine lange Werftliegezeit beschert hatten, und wir, die uns auf drei Fahrten das Pech verfolgt hatte. Alle drei wie neugeboren, aus den sorgenden Händen der Werft entlassen.
Auf der Pier stehen sie alle in dem eiskalten Märzsturm: Flottillenchef, Stabsarzt, die Wachoffiziere von »Vati« Schultze, dem Tonnagekönig, der erst gestern von seiner vierten Feindfahrt mit 46 000 t zurückgekommen ist, unter anderem einen Fleischdampfer versenkt hat, der England für zwei Tage mit Rindfleisch versorgen sollte. Endraß, mein alter Freund, verläßt heute »U 47«. Prien läßt ihn das letzte An- und Ablegemanöver fahren. Für ihn jetzt, für mich nach dieser Fahrt beginnt die Kommandantenzeit.

Das ist alter Brauch bei den U-Boot-Fahrern. Wenn einer von ihnen hinausgeht, versammeln sich alle bei einem Glas Sekt, vielleicht zum letzten Mal. Wir schließen die ein, die geblieben sind vorm Feind. So ist es auch heute wieder. Und es tut uns wohl, zu wissen: Sie haben kein Frühaufstehen, keine Kälte gescheut, um uns das letzte Feldgeschrei zuzurufen. – Wir gehören zusammen.
Ein Lang, ein Kurz: Alle Leinen los, und schon hallen die metallenen Schläge des Dieselauspuffs an den Schleusenwänden wider.

Ein dreifaches Hurra, ein letztes Winken zurück und dann den Blick voraus, nur noch voraus, das Gesicht dem schneidenden Fahrtwind entgegen! Wir verlassen, was uns lieb ist, aber was uns weich macht.
Ein Rieseneisbrecher wartet auf uns zum Durchbruch durch den K.-W.-Kanal. Zwei dicke Stahltrossen werden herübergegeben.
Langsam schiebt sich der Koloß voran. Seine Schraube liegt halb aus dem Wasser und schleudert das Wasser gegen unseren Bug. Wir pendeln hin und her. Da bricht die erste Leine. Es hat keinen Zweck. Der Eisbrecher liegt zu hoch. Wir rufen das Flottillenboot einer Vorpostenflottille, die auch hinaus will. Wieder zwei Leinen. Jetzt geht es besser, wenn auch das leichte Heck unseres freundlichen Schleppers wie ein Entenschwanz giert. Gruß und Gegengruß, herüber und hinüber. Der Flottillenchef gibt sich als alter »U 46«-Fahrer zu erkennen.
Zunächst geht es flott vorwärts, doch je näher wir Brunsbüttel kommen, desto dicker wird das Eis. Gewaltig kracht es jetzt gegen unsere Bordwand. Auf der langen Fahrt hat man uns überall zugewinkt. Wir U-Boot-Fahrer sind eben doch im Herzen der Leute.
Feldgraue Kanalposten eskortieren uns. Sie bewachen die wichtige Verbindungsstraße zwischen Ost und West. Ab und zu ein Flakstand, sonst aber alles kalt und kahl. Wenn wir zurückkommen, wird Frühling sein.
In Brunsbüttel kommen wir spätabends an. Die Flüsterpropaganda gibt bekannt: Treff abends in der »Kanalmündung«. Die Offiziere des Flugabwehrkommandos, einige Ärzte und ein paar Schleusenbeamte wollen uns den Abschied geben. Viel Qualm, viel Bier, viel Lärm, sobald Prien erkannt ist von der Bevölkerung, gibt es kein Halten mehr. Einige zehn Unterschriften und Händeschütteln noch und noch. Als wir gerade angekommen sind, trifft *Oesten* soeben von draußen ein, 12000 t, viele Wasserbomben und dafür das E.K. 1. Herzlichen Glückwunsch!

Am nächsten Morgen geht es weiter. Kurs Helgoland. Nach Durchbruch der Eisbarriere eine kleine Kursänderung, und schon sind wir allein, wieder auf freier See. Tief atme ich den herben Nordseewind ein. Endlich ist es wieder soweit nach beinahe zwei Monaten Werftzeit.

Schon hebt sich aus dem Nachmittagsdunst die rote Felseninsel. Je näher wir kommen, desto klarer werden die Umrisse, desto größer die Überraschung über das hier Geschaffene. Vor vier Jahren bin ich das letzte Mal hier gewesen. Helgoland wurde wieder zum Flottenstützpunkt erster Ordnung, zum Wächter der Deutschen Bucht. Lange Molen gehen wie Spinnen vom Unterland aus. Durch schmale Fahrtrinnen laufen wir in den U-Boot-Hafen ein, dessen ruhiger Liegeplatz uns für die nächsten Tage Schutz geben soll.

Mutter *Saar* hat schon eine Menge Kinder neben sich liegen.

Und nun begann ein Leben in Helgoland, als ob wir uns für die kommende Fahrt schadlos halten wollten.

Die Festungsanlage mit ihren Gewölben, Gängen, Aufzügen und Abfahrten, eine unterirdische Stadt und Werkstatt, hatten wir bald durchstürmt, hatten auch bald herausgefunden, daß es keinen Whisky mehr gab und Grog nur noch, wenn man den Rum mitbrachte.

Und abends traf man sich bei »Tante Lotte«, einem Original – so kann man wohl sagen –, das in seinen jungen Jahren wegen einer gewissen Ansehnlichkeit und auch Leichtigkeit, aber auch mit Hilfe einer nicht unangenehm auffallenden Geschäftstüchtigkeit das Monopol des Unterhaltungsbetriebs an sich gebracht hatte.

Tante Lotte hatte auch ein Buch für U-Boot-Fahrer, in dem man stehen mußte.

Der Helgoländerinnen waren nicht viele, aber sie waren ansehnlich und zutraulich. Bereits am ersten Abend saßen wir in einer fröhlichen Runde mit ihnen. Als Töchter der See kannten sie uns und wußten sie, daß wir Betrieb und

Fröhlichkeit nicht verachteten. Am zweiten Abend traf man sich wieder, feierte bis zum Morgen durch und traf sich in Katjas großem Lebensmittelgeschäft, das wir auf seine Bestände hin untersuchten. Ungeahnte Delikatessen wie Hummer und Whisky wurden entdeckt. Ein Protest von Katjas Mutter wurde mit den Worten beendet: »Mama, darf ich dir Herrn Prien vorstellen?« Was sollte die arme Mama anders machen als gute Miene zum bösen Spiel, oder sollte sie kleinlich sein bei so großen Namen?

Tagsüber trainierten wir: Tiefe steuern, Alarmtauchen, immer noch einmal, machten Funkbeschickung usw. Am nächsten Abend kam Sturm auf. Kein Landgang. Die See stand bereits erheblich in den kleinen Hafen hinein. Die Boote stampften ungeduldig auf und nieder, und wo die Fender beiseite geschoben waren, da stießen ihre Leiber dröhnend aneinander. »Auslaufen. Bis morgen auf Grund legen. Wenn keine Besserung der Wetterlage, Einlaufen Wilhelmshaven.« Leinen los bis auf Spring. Die tanzenden Boote mußten sich der Wucht der Maschinen beugen. Eines nach dem anderen drehte aus der engen Einfahrt hinaus und verschwand in der Dunkelheit.

Draußen aber war der Teufel los. Der Nordwest warf schwere Seen über Brücke und Wache. Von den Tonnen war in der Finsternis nichts zu sehen, und das Richtfeuer brannte wegen Fliegergefahr auch nicht. Also auf gut Glück. Ein kleines Boot war am Nachmittag ausgelaufen und kämpfte jetzt gegen den Sturm an. Heute die, morgen wir.

Selbst auf 50 Meter Tiefe mit 3 Tonnen Untertrieb lagen wir unruhig.

Als ich auf Tiefenwache ging, schwoite und krängte das Boot erheblich. Am nächsten Morgen das gleiche Bild, also auf nach Wilhelmshaven. Und unsere mit viel List und Intrigen aufgebrachten »auf Ehre« letzten Hummern von Helgoland warten noch heute auf uns.

Wilhelmshaven war wie immer langweilig und öde. Von der 24stündigen Alarmbereitschaft wird übergegangen zur zweistündigen. Dann eines Mittags: Sofort auslaufen. Geheimnisvolle Mappen mit Seekarten werden an Bord geschleppt. Andeutungen des Kommandanten, wie: »Es wird eine kalte Angelegenheit werden«, lassen uns ahnen, wohin es geht. Die im letzten Moment unklar zeigende Funkentelegraphie wird unter furchtbaren Beschimpfungen auch noch klar. Hamberger, der Funkmaat, ist nur noch ein fliegender Strich zwischen Boot und Landtelefon.

Als wir gerade in die dritte Einfahrt laufen, kommt »Päckchen« Wohlfahrth mit seinem Boot herein. Vier Totenkopfwimpel flattern über der Brücke – vier Dampfer versenkt. Die Schleusentore gehen auf, wir gleiten hinaus.

Kurs Nord.

Kommentar:

Die Unternehmung »Weserübung« ist in den Geschichtsbüchern nachzulesen. Ich beschränke mich auf das, was ich unter dem Eindruck des Selbsterlebten niederschrieb.

Zu der Besetzung Norwegens, die der Besetzung durch die Alliierten nachgewiesenermaßen zuvorkam, wurden alle verfügbaren Kampfeinheiten der Marine eingesetzt, auch U-Boote, die für diesen Zweck wenig geeignet waren. Das U-Boot ist als Handelsstörer gedacht und braucht, um wirksam zu werden, weite Seeräume. Überraschend, als Einzelkämpfer, kann es auch im Küstenvorfeld eingesetzt werden. Es widerspricht aber seiner Natur, in einem engen Fjord zu operieren, der, jahreszeitlich bedingt, wenig Nacht- und viel Tagzeit bringt und dem U-Boot nicht die zum Aufladen seiner Batterie notwendige Zeit läßt, der günstigste Horchbedingungen für die gegnerische Abwehr hatte, der, wie wir später noch sehen werden, navigatorisch äußerst schwierig war und für den in der Tiefendimension nur unzureichende

Vermessungswerte vorlagen. Hinzu kam, daß zu dieser Zeit die deutsche Torpedowaffe in einer Krise ernstesten Ausmaßes stand. Die Magnetpistole zündete nicht, und der Tiefenlauf versagte. So wurde das Norwegenunternehmen für die deutschen U-Boote buchstäblich ein Schlag ins Wasser.

Tagebuch:
Nun liegen wir schon seit Tagen oben in irgendeinem der vielen norwegischen Fjorde, um den feindlichen Schiffsverkehr zu beobachten und zu melden. Schußerlaubnis haben wir nur für englische Kriegsschiffe. Bisher haben wir noch keines gesehen.
Dafür sehen wir die Schönheit einer majestätischen Landschaft.
Wenn es des Morgens anfängt zu dämmern, der Vollmond im Südwesten nur noch einen schwachen Schimmer hinterläßt, dann stehen bereits die dunklen Silhouetten der Bergketten gegen den geröteten Morgenhimmel im Osten. Die Sonne steigt höher, der Himmel wird schwach violett, die Bergketten lösen sich in blau abgeschattete Bergmassive auf, schon treten einzelne Berge hervor mit schwarz absetzenden Kanten und blaugrauen Flächen, unter denen man das ewige Eis weiß.
Immer um die gleiche Zeit kommt dann Alarm, denn tagsüber müssen wir unter Wasser, weil wir unbemerkt bleiben sollen.
Manchmal, so am Ostermorgen, hat uns die frühe Stunde Hagel und Schneetreiben geschickt. Dann durften wir oben bleiben auf vereisten Planken, mit klammen Händen und Füßen, aber wir durften die klare kalte Salzwasserluft atmen. Oder die Landseiten des Fjords waren verhangen von Frühnebel oder schneeschweren Wolken.
Aber das war selten. Im allgemeinen herrschten der kalte blaue Nordlandhimmel, das heißt lichthellte Tage vor.

Die großartige Schönheit dieses Fjords bei Tage, seine blaue glasklare Flut, umrahmt von hohen Schneebergen, die ihr Eis bis dicht an die Küste schickten, durften wir nur durchs Sehrohr schauen. Die scharfen wechselreichen Bergformen, die helleuchtenden Schneeflächen, die riesigen Gletscher, die in der Sonne gleißend widerspiegelten und uns am Sehrohr blendeten, eine unberührte Natur nahm uns in ihren Bann.

Bei dem Frieden dieses Anblicks mußten wir uns täglich daran erinnern, daß wir ja Krieg führten. Wenn die Sonne ihre letzten Strahlen sandte, tauchten wir auf, atmeten tief die lang entbehrte würzige Luft ein und wurden wieder gefesselt durch die Schönheit dieser einzigartigen Landschaft.

Die Luft glasklar und kalt, ein leuchtender Sternenhimmel. Nur die Bergketten sind mit einem weichen Wolkenkranz überhöht. Das letzte Tageslicht ist noch nicht ganz abgeebbt, da bekommen im Süden die Wolken einen goldschimmernden Rand und künden den Mond an. Mehr und mehr verschwimmen die scharfkantigen Berge im verdämmernden Dunst des letzten Widerscheins der Sonne. Leise schlagen kleine Seen gegen unseren Bug. In Abständen huscht der Schein eines tiefstehenden Feuers über die Kimm. Hinter dem Brückenschanzkleid glimmen verstohlen die Zigaretten der Freiwache. Die Brücke quillt über von den Männern, die die köstliche Luft in ihre Lungen saugen und eine Zigarette genießen.

Da beginnt über uns ein Schauspiel, wie es Bilder nur kümmerlich wiedergeben und Worte nur ungenügend beschreiben können. Ein zitternder Lichtstrahl bricht hinter den Bergen auf, wandert anschwellend und verebbend. Da noch einer, zunächst zaghaft, da auch, bricht es heraus. Der ganze Horizont flammt auf, strahlt empor zum Lichtring im Zenit, eine Licht gewordene Bachsche Fuge.

Wie ein Lichtschleier webt es auf und nieder und klingt langsam ab, aber nur, um in neuer Farbenpracht im Südosten wieder aufzuerstehen. Dunkelrot bis violett beugt sich das Licht in riesigen Spitzbögen, schießt auf in mächtigen Pfeilern, Nordlicht.
Von der Kimm, von der sich der feindliche Schatten zuerst abhebt und der unsere ständige Aufmerksamkeit gilt, gleiten unsere Blicke immer wieder hinauf. Beinahe jeden Abend bot sich uns dieses Schauspiel, nie sich wiederholend, immer neu, schöner, phantastischer.

Drei Wochen sind wir heute draußen, ermüdende drei Wochen. Was die Zeit auf dieser Fahrt bedeutet, kann nur der ermessen, der dabei war. Jagte auf anderen Fahrten eine Überraschung die andere, so verzehrt uns hier das Gleichmaß einer sich immer wiederholenden täglichen Routine. Sollten wir sechs Wochen draußen bleiben, so haben wir mehr oder weniger sechs Wochen lang das Tageslicht nicht gesehen. Wie die Schleiereulen werden wir zurückkommen, bleich, aufgedunsen, denn an Bewegung mangelt es ebenso. Fünfzehn Stunden täglich unter Wasser, das heißt in schlechter, sauerstoffarmer Luft, denn wir können nur so viel Sauerstoff täglich aufbrauchen, wie unser Vorrat, auf ungefähr sechs Wochen verteilt, zuläßt. Auch die Anzahl der Kalipatronen, die das schädliche Kohlendioxyd absorbieren, ist beschränkt. So sitzen wir ab Nachmittag mit dickem Kopf und keuchendem Atem. Jede Bewegung läßt die Atemzüge verdoppeln.
Hinzu tritt die lähmende Perspektive, auf aussichtslosem Posten zu stehen. Dennoch müssen wir scharf aufpassen, denn er könnte einmal kommen, der Feind. Bisher wissen wir nur, daß wir drei Wochen vergeblich gelauert haben, bisher ...

Eines Abends gehe ich meine Wache auf der Brücke, der Wind pfeift über das Schanzkleid. Vor mir taucht eine

Kette von Wildgänsen auf, um gleich wieder in der Dunkelheit zu verschwinden. Da spricht jemand halblaut hinter mir die Wort von Walter Flex:

»Wildgänse rauschen durch die Nacht
mit schrillem Schrei nach Norden.«

Ich kam ins Gespräch mit Steinweg, dem Funkgasten. Er hatte viel gelesen und sprach über Storm, Hamsun, Dichter, die uns die Schönheit der Nordlandschaft und die Eigenart ihrer Bewohner nahegebracht haben. Ich sah sein literarisches Interesse, sein Bemühen, sich zu bilden. Und dann brach es aus ihm heraus, wie das ewige Einerlei des Dienstes ihn zermürbe, wie er vergeblich versuche, sich auch jetzt neben Dienst und Routine weiterzubilden, wie das in der Enge des U-Boot-Betriebs mißlang, wo einer praktisch auf dem anderen schläft.

Wir sprachen lange miteinander, und ich versuchte, ihm klarzumachen, daß jeder den Kreis, in dem er steht, abschreiten muß.

Es hat alles einen Sinn, für jeden von uns. Das Meer, das uns täglich umgibt. In der Auseinandersetzung mit ihm gibt es keine Halbheiten, keine Fragwürdigkeiten. Fehler, die wir machen, werden hart bestraft. Die See erzieht diejenigen, die mit ihr leben müssen.

Wir freuen uns an der Schönheit des norwegischen Fjords, an dem Lichtspiel des Nordlichts. Das ist Hamsuns Heimat, nun ganz nahe erlebt.

Ich glaube, wir waren uns einig, daß das Erlebnis der Kameradschaft an Bord ihn für vieles entschädigte, was er entbehrte.

Die drei Wochen lange ebenso lähmende wie beschauliche Posten- und Wartezeit, die mir Muße ließ, Landschafts- und Naturerscheinungen im Tagebuch zu beschreiben, wurde abgelöst durch eine dramatische Folge von Ereignissen, die keine Zeit für Reflexionen ließ. Nur eine Art von Kolportage konnte den schnellen Ablauf des Geschehens noch widerspiegeln.

Stichwort »Hartmut«, am 6. April abends eingegangen. Alle stark erregt, nachdem K. uns Offizieren den Inhalt bekanntgegeben hat.
Die Tage vergehen wie im Fluge. Die vor uns stehende Aufgabe, den Schutz der zehn deutschen Zerstörer zu übernehmen, die Narvik besetzen sollen, nimmt uns in ihren Bann.
Am 8. vormittags vor Zerstörer getaucht – kam aus dem Dunst, Nationalität nicht auszumachen. Die Tage weht ein steifer Südwest. Werden es unsere Zerstörer schaffen?
In der Nacht vom 8. auf den 9. auf eine befohlene Zwischenstation im Narvikfjord gegangen. Der Sturm dreht nach Nordwest. Es ist diesig bis neblig. Und wieder die bange Frage: Werden es die Zerstörer schaffen? Keine Leuchtfeuer für navigatorische Hilfe auszumachen. Das mitgeführte Seekartenmaterial ist lückenhaft.
Wir gehen unter Wasser, um mit Hilfe des Horchgerätes besser zu hören, als wir bei der schlechten Sicht über Wasser sehen können.
Nach dem Auftauchen um 04.00 Uhr morgens am 9. der erlösende Funkspruch von den Zerstörern an SKL: U-Boote veranlassen, Narvik einlaufen. Narvik in deutscher Hand. Beunruhigend, daß die eigenen Zerstörer bei der Wetterlage uns unbemerkt passieren konnten. Der naheliegende Gedanke, daß es fremde Kriegsschiffe auch können. Wenige Stunden später passiert *Giese* als letzter deutscher Zerstörer Baröy, bei Sturm und Nebel eine beachtliche navigatorische und seemännische Leistung.
Wir stoßen mit hoher Fahrt nach auf Befehl des B.d.U. »Endpositionen einnehmen«. Immer noch diesig. Bei Skraaom plötzlich Alarm.
U-Boot-Silhouette vor uns, die bei Näherkommen verschwindet.
Freund oder Feind? Es ist kaum möglich, daß uns eines

von unseren eigenen Booten, die alle weiter draußen gestanden haben, zuvorgekommen ist. Kaum denkbar, also Vorsicht. Im Sehrohr nichts auszumachen, im Gruppenhorchgerät leises Geräusch. Wir müssen durch, ehe uns der Gegner zuvorkommt. Ein dichtes Schneetreiben kommt uns zu Hilfe. Auftauchen! Beide Maschinen AK voraus. Man sieht den eigenen Bug nicht. Navigatorisch neues Gewässer. Aber das Glück war bisher auf unserer Seite und wird es auch weiterhin sein. Vor Tranöy klart es wieder auf. Das U-Boot müssen wir überrundet haben. Voraus einlaufender Dampfer. Wir folgen im Kielwasser. Schwed. Tanker *Strassa*. Als er uns sieht, Panik an Bord. Kutter ist herabgelassen, Leute stehen in Schwimmwesten klar. Wir überholen, da der Dampfer zu geringe Fahrt läuft. Für die Schönheit des engen Fjords haben wir zur Zeit keine Augen. »Alarm.« Aus dem Dunst voraus Zerstörersilhouette.
Spitze Lage auf uns zu. Im Sehrohr nichts zu sehen. Nebel.
Auftauchen. Eben sichtbar im Nebel zieht vor uns die Silhouette eines deutschen Zerstörers. Erkennungssignal-Austausch. Ist gleich wieder verschwunden. Als es kurze Zeit später aufklart, sehen wir, wie dieser Zerstörer den Schweden verhindert, durch den Tjeldsundet nach Norden zu entwischen.
Wir passieren Baröy. Schneetreiben und Sonnenschein wechseln einander ab. Auf Höhe Ramsund wieder zwei Zerstörer. Wir gehen in Rufweite, und es wird uns mitgeteilt, daß diese Zerstörer die nicht vorhandenen Geschützbatterien suchten. Wir fahren weiter und sind bald auf Position Ofotfjord. Zu beiden Seiten Schneeberge, wenige Häuser. Der Fjord ist hier so eng, daß man einzelne Skiläufer sieht.
Hier sollen wir nun den etwa nachdringenden Feind abfangen. Es sollte anders kommen.
Am 10. April 0.00–04.00 Uhr dichtestes Schneetreiben.

Man kann die Hand nicht vor Augen sehen. Ich übernehme die Wache um 04.00 Uhr. Man kann gerade die beiden Ufer erkennen. Zentralemaat Scheunemann meldet mir um sechs Uhr: In Abständen klopfendes Geräusch an der Bordwand. Ursache nicht festzustellen.
Plötzlich um 06.30 Uhr höre ich leichtes Geschützfeuer, Richtung Narvik. Sollten die Norweger etwa Widerstand leisten? Geschützdonner wird stärker.
Da wird unterhalb der Küste ein Kriegsschiff-Beiboot gesehen.
Aha, ein Norweger will ausreißen. Wir geben ihm das Erkennungssignal. Er stoppt, aber kommt nicht näher. Erst auf fünf Schuß mit der 2 cm dreht er heran. Groß ist unser Erstaunen: deutsche Gebirgsjäger. Hatten Auftrag, ein Depot im Ramnes zu besetzen. Wissen auch nicht, was in Narvik vor sich geht. Boot hat eben abgelegt, da sehe ich drei Zerstörersilhouetten im Dunst aus Narvik auf uns zukommen.
»Alarm«, auf Sehrohrtiefe gegangen. Kommandant erkennt englischen Zerstörer auf Gegenkurs mit hoher Fahrt. Angriffsansatz nicht möglich. Auf größere Tiefe gegangen. Das klopfende Geräusch war das Zerstörergefecht in Narvik gewesen zwischen deutschen und englischen Zerstörern. Wir werden vorsichtiger, bleiben auf Sehrohrtiefe. Zerstörer verschwinden. Es dauert nicht lange, da kommt wieder eine Zerstörersilhouette in Sicht, Richtung Ausgang, daneben eine hohe Rauchwolke. Kurze Zeit darauf schwere Erschütterung im Boot, durchs Sehrohr: hohe Feuersäule, Riesenrauchschirm, brennendes Fahrzeug wird auf Land gesetzt. Zerstörer verschwunden. Wie sich später herausstellte, hatte der auslaufende britische Zerstörer den deutschen Nachschubdampfer *Kattegat*, 2000 t, geknackt.
Bei uns war Zustand. Die Funker sprachen jedes Geräusch als U-Boot-Geräusch an. Einige Wasserbombendetonationen taten ihr übriges.

In der Dämmerung aufgetaucht, gegen dunklen Hintergrund gequetscht und Batterie aufgeladen. Gerade habe ich mich etwas zur Ruhe gelegt, wieder »Alarm«. K. stoppt »Auf Tiefe gehen« ab.
Obersteuermann hatte durchgedreht.
Aus Richtung Narvik zwei Zerstörer. Rohre sind klar. Die U-Boot-Zieloptik steht in Schußrichtung. Die Silhouette wird breiter.
Deutsche Zerstörer ziehen mit hoher Fahrt vorbei. Nach kurzer Zeit kommen sie wieder zurück.
23.00 Uhr Befehl von Befehlshaber der U-Boote: Einlaufen Narvik zur Besprechung mit Chef 4. Zerstörerflottille. Narvik schon von weitem zu sehen durch die Beleuchtung eines in Brand geschossenen, auf Strand gesetzten Dampfers. Schauriger Anblick. Der wie mit Rot übergossene Schnee, das flackernde Licht, die das Feuer widerspiegelnden Fenster der spärlichen Häuser.
Die Feuer der Einfahrt sind gelöscht. Wir drehen auf die Einfahrt zu. Je näher wir kommen, desto stummer werden wir. Ein Schiffswrack neben dem anderen. Hier ragt phantastisch ein Bug heraus, dort ein Heck, steht ein Mast neben dem anderen im Wasser. Der Oberstrm. eines Zerstörers wird uns an Bord geschickt, damit wir nicht auf irgendeinem Wrack auflaufen. Er gibt uns die ersten Berichte.
Die bisherige Narvik-Geschichte:
Zerstörer sind programmäßig eingelaufen, jeder mit 200 Mann Gebirgstruppen an Bord. Zwei norwegische Küstenpanzer wollen Widerstand leisten. *Heidkamp* schickt den II. Asto des Führers der Zerstörer, Kapitän Gerlach, in der Pinasse hinüber. Frage, ob Widerstand. Wird bejaht. Auf verabredetes Signal: Roter Stern, Dreierfächer. Nach der Detonation nichts mehr zu sehen.
Bernd von Arnim läuft als erster ein und erhält auf wenige 100 Meter 21 cm Geschützfeuer vom zweiten Panzerkreuzer. Erste Salve kurz, zweite in die Felsen, dritte wurde

nicht mehr gesehen, denn inzwischen war auch dieses Schiff ein Opfer unserer Torpedos geworden. Von sieben geschossenen Torpedos trafen zwei.
Truppen werden planmäßig ausgeschifft, 2000 Mann. Zerstörer legen sich längsseits *Jan Wellem* zur Ölübernahme. Vier Zerstörer unter Kpt. Bey werden detachiert in zwei nahe liegende Fjorde.
Fünf englische Zerstörer brechen ungesehen ein, drehen vor der Einfahrt ab, schießen ihre Torpedos ab.
Heidkamp, Schmitt sinken, außerdem acht Dampfer. *Diether von Röder* drei schwere Treffer. Division Bey kommt in Feuergefecht, takelt zwei ab. *Hunter* wird gerammt, sinkt, einer brennt und läuft auf Strand, *Hardy*. Drei entkommen.
Nach Rücksprache mit Chef 4. Zerstörerflottille gehen wir tagsüber nach Narvik, des Nachts Höhe Farnes. Wir laufen gegen Morgen kurz aus und kommen bald wieder herein, machen längsseits *Thiele* fest (11. April). Zehn Tote werden von Bord gegeben, die Männer, die das Geschütz bedienten. Innenseite liegt *Bernd von Arnim*. Beide Zerstörer leichtere Beschädigungen.
Abends wieder auslaufen. Auf Position nichts Besonderes. Beschluß, Proviant und Brennstoff zu nehmen, längsseits *Lüdemann* gegangen. Mit meinem Crewkameraden Zitzewitz zusammen. Hat die Papiere eines gefangenen englischen Offiziers, den britischen Einlaufbefehl etc. *Lüdemann* läuft aus. Längsseit *Giese*, (Kmdt. Smidt) mit Hannes Perl zusammen, der einen Tag später nach dem Untergang von *Giese*, im Wasser schwimmend, erschossen wurde. Die Kommandanten Rechel und Smidt unterhalten sich über ihre Erlebnisse. Auf der Überfahrt haben beide mehrere Mann in der schweren See verloren. Ein Teil der Motorräder, Geschütze der Gebirgsjäger über Bord gegangen. Rechel entging nur um ein Haar dem gleichen Schicksal. Unterwegs Artilleriegefecht mit englischem Zerstörer. Drei Treffer, nachher von *Hipper* erle-

digt. *Giese* Kreisel ausgefallen, schwierige Navigation im Narvikfjord.
»U64« läuft ein, Wachoffizier mein Crewkamerad Hirsacker.
Berichten über starke englische Zerstörerbewachung. Von Tranöy ab unter Wasser eingelaufen. Von »U 49« neun feindliche Flieger Kurs Ost gemeldet. Kurze Zeit später Fliegeralarm. Alles von Bord. Ich bleibe mit der MG-Bedienung.
Trotz Riesenflakfeuerwerk keinen heruntergeholt. 50 Meter neben uns geht eine Bombe in den Bach, Schuppen brennt. 20 Meter neben mir wird ein Mann der Besatzung durch Bombe getötet, ein anderer durch den Luftdruck umgeworfen. Besatzung stark beeindruckt. Auslaufen auf Position. Wir sind die letzte Hoffnung der Zerstörerbesatzungen.
Gestern und heute zwei große deutsche Maschinen über Narvik gekreist. Die Gebirgsjäger fühlen sich nicht mehr verlassen. Ein Oberleutnant bei uns an Bord. Er sieht die Lage an Land als nicht hoffnungslos an. In der Nacht Positionsänderung auf Nero 2–3 (vor Baröy). Treffen mit »U 51«, das nach Narvik einläuft.
Morgens Schlachtschiff *Warspite* mit sechs Zerstörern gesichtet, Kurs Narvik. Angriff angesetzt. Auf nicht in Karte vermerkte Untiefe gelaufen. Brücke mit Peilrahmen kommt aus dem Wasser, etwa 1500 Meter querab von der *Warspite*. A.K. zurück, Kommandant bricht Angriff ab.

Die Frage habe ich mir seitdem immer wieder gestellt, ob wir nicht bei aller Unsicherheit unserer eigenen Lage in jedem Fall hätten schießen müssen. Hier ging es um Überleben oder Tod von acht deutschen Zerstörern!

Kurze Zeit später schwere Detonationen aus Richtung Narvik zu hören, Geschützfeuer. Wir werden durch Flugzeuge unter Wasser gedrückt. Die Tragödie der Vernich-

tung der deutschen Zerstörer nimmt ihren Lauf. Spätnachmittags kommen sechs Zerstörer und Schlachtschiff wieder heraus. Kommandant am Sehrohr: »Angriff nicht möglich!« 22.00 Uhr Auftauchen. 24.00 Uhr Alarm vor Zerstörer. Wieder Auftauchen, weiterladen der Batterie. Um 03.00 Uhr sehen wir britische Zerstörer vor Narvik patrouillieren. Wieder getaucht.
Grundberührung. Weitere Angriffe aufgegeben.
Führer befiehlt: »Narvik mit allen Mitteln halten!« Sämtliche Geheimsachen verbrannt. »U 48« getroffen. Frage: Wo sind deutsche Zerstörer?
Lakonische Antwort: Vernichtet. – Dahinter steht das Schicksal von 10 Besatzungen. – »U 48« versucht Narvik einzulaufen, gibt es aber wegen starker Abwehr bald auf. Wir stehen getaucht vor Narvik. Kommandant am Seerohr, versucht auslaufende englische Zerstörer anzugreifen. Wegen ständig wechselnder Kurse keine Schußposition.
Nachmittags aufgetaucht zum Laden. Durch Flugzeug unter Wasser gedrückt. Eine Bombe in unmittelbarer Nähe. Abends wieder aufgetaucht zum Laden der Batterie. Ein Zerstörer zieht vorbei, ohne uns zu sehen. Der zweite wendet einmal, steht dann mit Bug auf uns zu, längere Zeit. »Alarm.« Auf Grund gelaufen. Boot liegt auf 10–11 m. Wasserbombendetonationen. Abwechselnd Angehen des Zerstörers, Stoppen. Wagen nicht, uns zu rühren. Müssen aber tiefer, da wir bei Niedrigwasser rauskommen.

16. April, um 04.00 Uhr auf 40 Meter gegangen. 7–10 Grad achterlastig. Liegen den ganzen Tag so. Müssen bis zur nächsten Nacht warten. Tagsüber rauschen verschiedentlich Zerstörer über uns weg. Um 20.00 Uhr auf Sehrohrtiefe. Versuch, auf tieferes Wasser abzulaufen. Erneute Grundberührung auf 20 m. Liegengeblieben bis 20.30Uhr. Aufgetaucht, vorsichtig abgelaufen und mit 2 × halbe Fahrt raus aus dem Narvikfjord.

17. April, um 03.00 Uhr auf Höhe Flatöy. Alarm vor abgeblendetem Fahrzeug. Zum Nachtangriff zu hell, zum Unterwasserangriff Position zu ungünstig. Wieder aufgetaucht. 04.00 Uhr U-Boot voraus. Darauf zugehalten. U-Boot taucht, wir auch. Tagsüber unter Wasser.
16.00 Uhr Befehl zum Rückmarsch eingegangen. Besatzung lebt auf.
17.30 Uhr feindlicher Kreuzer, Lage Null voraus. Unter Wasser angelaufen! Peilung wandert stark aus. Versucht vorzusetzen.
Mißlingt. Kreuzer dreht, verschwindet durch die Lofoten.

18. April, 01.00 Uhr Schatten an Steuerbord, Schlachtschiff mit Zerstörersicherung, drehen zu. Zerstörer sieht uns und dreht auf uns zu. In den »Keller«. 07.00 Uhr. Drei Transporter mit Sicherung gemeldet und kurze Zeit Fühlung gehalten, dann außer Sicht. 11.00 Uhr vor Leuchtturm, der plötzlich aus Wolkenwand herauskommt. Alarm. So durchgedreht sind wir bereits.
15.00 Uhr »Alarm« vor Flugzeug.
Wir haben die freie See erreicht und sind aus dem Hexenkessel heraus.

Als der Flottillenchef bei der Begrüßung in Kiel die Front abschreitet, wird sein Gesicht ernst und bleich. War es der Widerschein unserer blassen, hohlen Gesichter, das Mitgefühl für eine schwere erfolglose Fahrt oder die drängende Frage: »Habt ihr wirklich alles getan, eure Aufgabe zu erfüllen – die Vernichtung der zehn deutschen Zerstörer in Narvik unter vollem eigenen Einsatz zu verhindern?« Es war meine letzte Fahrt als Wachoffizier.

Kommandant »U 57«

Das Boot war ein Einhüllentyp, ein sogenannter »Einbaum«. Es hatte offiziell 250 ts Deplacement, eine maximale Geschwindigkeit über Wasser von 12 kn (Knoten), unter Wasser von 7 kn, 3 Bugtorpedos und 2 Reservetorpedos.

Das Boot wurde mir von Kapitänleutnant Korth mit einer eingefahrenen Besatzung übergeben, 22 Mann stark; Wachoffizier war Leutnant zur See Reichenbach-Klinke, Leitender Ingenieur Leutnant Christ. Das Boot hatte Erfolg gehabt.

Ich hatte mich als der neue Kommandant zu bewähren.

Als Wachoffizier war ich auf einem mehr als doppelt so großem Boot gefahren, das den Offizieren einen zwar winzigen, aber doch halbwegs separaten Raum ließ. Hier lebte, aß, schlief die gesamte Besatzung auf diesem Boot zusammengedrückt in einem Raum hinter den Torpedorohren auf einem roh gezimmerten Bretterboden über den beiden Reservetorpedos. Die Lebensäußerungen jedes einzelnen waren ein aufgeschlagenes Buch für jeden anderen der Besatzung.

Wie verhält sich der neue Kommandant?

Ich hatte zunächst überhaupt keine Gelegenheit, mich der Besatzung zu stellen, mich irgendwie zu empfehlen. Ich ging Wache, wechselnd mit dem Wachoffizier und dem Obersteuermann. Auslaufend stießen wir im Nebel gegen eine schwimmende Mine, die sich vom Ankertau losgerissen hatte. Wir wichen den Laufbahnen eines von einem feindlichen U-Boot geschossenen Fächers aus, die von einem Ausguck rechtzeitig gesehen worden waren. Überraschend aus den Wolken kommend, griff uns ein Jagdbomber an. Eine nichtdetonierende Fliegerbombe, 15 Einschüsse leichten Kalibers – niemand verletzt.

Ich hatte bis dahin Glück gehabt, aber noch keine Gelegenheit, das Vertrauen meiner Besatzung zu gewinnen.

Beim Versuch, die Fair-Isle-Enge zu passieren, wurden wir von Zerstörern erfaßt, vor denen wir tauchten. Man hörte ihre starken Schraubengeräusche ohne das Horchgerät. 90 Meter Wassertiefe, das Boot steht bei wechselnden Kursen in der ständigen Asdic-Strahlung der Zerstörer. Wir haben kein Gefühl für die wirkliche Position der Zerstörer und die Art ihres Vorgehens. Wir beschließen daher, auf Sehrohrtiefe zu gehen, um einen besseren Überblick zu bekommen. Vorsichtig wird das Periskop ausgebracht, Vollmondnacht. Zwei Zerstörer in 300–400 Meter Entfernung, Bug uns zugekehrt, sie geben sich untereinander Blinksignale. Leise gehen wir mit Schleichfahrt wieder in größere Tiefen. Kaum sind wir unten, hageln die Wasserbomben. Ich höre deutlich die Zerstörer vor dem Wurf mit ihrer Fahrt angehen und habe dadurch die Möglichkeit, ebenfalls mit meiner Fahrt hochzugehen, um auf diese Weise den Wurf etwas auszumanövrieren.

Sowie sie nach dem Wurf stoppen, gehe ich auf Schleichfahrt zurück. Alles ist abgestellt, alle Hilfsmaschinen, deren Geräusche nach oben dringen können. Die Tiefenruder werden handgelegt.

Nach zwei Stunden wiederum auf Sehrohrtiefe, nichts zu sehen, »Auftauchen«. Gegen den etwas helleren Osthimmel liegt eine Flottille von Fahrzeugen, 22 zähle ich. Mit Höchstfahrt laufen wir über Wasser ab, und da offensichtlich die Fair-Isle-Passage versperrt ist, laufen wir um Shetland herum.

Nun wußte die Besatzung, daß ich nicht zu denen gehörte, die »Halsschmerzen« hatten, das heißt, daß ich keiner war, der, versessen auf Orden, Boot und Besatzung einem nicht zu verantwortenden Risiko aussetzte. Das war wichtig. Ich spürte, daß wir enger zusammengerückt waren.

Neues Operationsgebiet, Nordkanal
Alarm vor Flugzeug. Das Boot ist erst auf 40 Meter, da fallen die Bomben, und sie detonieren in unmittelbarer Nähe, so daß die Fundamente eines der beiden Diesel reißen. Die Beleuchtung im Boot ist ausgefallen, Finsternis, Wasser spritzt in die Zentrale. Das Boot sackt auf Grund. Die Schäden werden festgestellt, das Boot selbst hält dicht. Das ist die Hauptsache.

Offiziersbesprechung. Kommandant, Wachoffizier und Leitender Ingenieur wägen das Für und Wider für die weitere Operation ab.

Der Leitende Ingenieur, als der für die technische Gefechtsbereitschaft des Bootes Verantwortliche, rät dringend zur Heimreise. Das Boot lahmt und kann mit dem einen Diesel höchstens noch 9 sm/h Geschwindigkeit laufen. Der Wachoffizier dagegen und ich sind für Weiterführung der Operation, denn wir haben noch alle fünf Torpedos im Bauch.

Entschluß: Die Geschwindigkeitsbeschränkung des Bootes können wir nur dadurch ausgleichen, daß wir weiter in den Nordkanal hineingehen, näher heran an die Bündelung des Verkehrs.

Ich hatte der Besatzung meinen Entschluß mitgeteilt, und ich hatte den Eindruck, daß die meisten ihn akzeptierten. Die Männer, die sich ständig mit der reduzierten Leistung ihrer Maschine beschäftigen mußten, waren skeptisch bis besorgt, aber sie zeigten es nicht. Sie wurden mitgetragen von dem Schwung, den die Führung ausstrahlte.

Tagebuch:
Wir stoßen zwischen den Leuchtfeuern, die an Land auszumachen sind, um Mitternacht auf einen sich arrangierenden Geleitzug, der auf der uns zugewandten Seite durch drei Zerstörer gesichert wird.
Angriff über Wasser, erschwert durch die geringe Manövrierfähigkeit des Bootes, drei Torpedos auf drei Ziele,

abdrehen vor den heranbrausenden Zerstörern. Alarm! – Wassertiefe 45 Meter. Wir sinken mit 40 Grad Vorlastigkeit und schlagen hart auf. Ich versuche mich mit allen Mitteln vom Grund zu lösen, um von der Tauchstelle wegzukommen, aber vergeblich. Durch einen Bedienungsfehler ist viel Wasser ins Boot gekommen, und die Lenzpumpe darf auf keinen Fall arbeiten, weil sie zu laut ist. Da kommen auch schon die Wasserbomben, acht bis zehn. Sie sitzen haargenau. Bei jeder Detonation hebt sich das Boot um mehrere Meter und fällt dann wieder zurück. Wehrlos liegt »U 57« auf Grund in dieser so geringen Tiefe.

Kaum eine Chance, den Wasserbomben zu entkommen, da der Gegner die Tauchstelle kennt und wir keine Möglichkeit haben, uns zu bewegen. Alle Hilfsmaschinen sind abgestellt, aber die Zerstörer haben uns im Griff. Heftige Detonationen, eine nach der anderen. Sie verursachen neue Schäden, überall leckt es, Hunderte von Stellen halten nicht mehr dicht, es tropft, es rieselt, ja es sprudelt hier und dort. Das Licht ist völlig ausgefallen.

Den ganzen Tag über geht diese Verfolgung ohne Pause. Alle halbe Stunde schleicht einer der Verfolger leise, horchend und ortend über das Boot und lädt seine Vernichtung drohende Last ab. Es ist, als ob das Boot durch Zufall in einer Mulde liegt, so daß die Druckwellen der Detonationen darüber hinweggehen. Anders ist es nicht zu erklären, daß keine Detonation das Boot zerreißt.

Unerträglich langsam schleichen die Minuten, die Stunden. Die Besatzung muß sich hinlegen, um wenig Sauerstoff zu verbrauchen.

Jeder bekommt eine Kalipatrone um die Brust gebunden. Das Kali bindet das gefährliche Kohlendioxyd. Alle halbe Stunde gehe ich Runde, ob nicht einem der Schlauch aus dem Mund gefallen ist. Der Sauerstoff im Boot ist fast verbraucht.

Einige schlafen. Was haben diese Jungens doch für Ner-

ven. Die Luft im Boot wird von Stunde zu Stunde drükkender. Draußen bellen die Detonationen, immer noch, immer wieder. Langsam mahlen die Schrauben oben. Dann, ein Ruck, leicht hebt sich das Boot, fällt dann wieder zurück, die Männer taumeln im Dunkeln hoch, etwas schleift an der Bordwand von vorn nach achtern, die Atmosphäre ist zum Zerreißen gespannt. »Suchleinen«, zischt mir der Wachoffizier ins Ohr. Die Schiffsschrauben mahlen langsam weiter, werden leiser, offenbar tastet der Gegner den Grund ab. Dazwischen wieder Wasserbomben. Nichts im Boot ist mehr heil, überall knackt und leckt es, keine der Lenzpumpen ist mehr intakt.
Es ist wieder Nacht, draußen und drinnen. Im Boot ist seit 24 Stunden Nacht, feucht, kühl, atemschwer, wie in einem verschütteten Bergwerksstollen. Über 200 Detonationen sind bis jetzt gezählt, keine traf genau genug, um dem Boot den Rest zu geben.
Um 23.00 Uhr soll aufgetaucht werden. Notdürftig wird die Hauptlenzpumpe repariert und halbwegs klargemacht. Alles ist still. 22.50 Uhr Wasserbomben, aber weiter entfernt. Abwarten, mindestens bis Mitternacht. Es bleibt ruhig. 24.00 Uhr »Anblasen mittlere Tauchzelle«. Das Boot rührt sich nicht. Zu viel Wasser ist in das Boot eingedrungen. – Kein Auftrieb. Preßluft auf alle Tanks! – Das Boot rührt sich nicht. – Sind wir zu einem stählernen Sarg geworden? Die Männer in der Zentrale sehen mich mit großen Augen an. Ich lasse die E.-Maschine mit kleiner Fahrt angehen. – Vielleicht hat sich der Kiel festgesaugt. – Wir spüren ein leichtes Zittern im Boot. Blick auf das Tiefenmanometer. – Das Boot beginnt sich langsam vom Grund zu lösen, erst zögernd, dann schneller. Oben angekommen, Druckausgleich. Die Ohren wollen zerreißen.
Das Turmluk fliegt auf, würzig-frische, reine Luft, stockfinstre Nacht, Seegang 6. Achteraus liegt ein Zerstörer, ein düsterer Schatten, aber es ist dunkel, er kann die niedrige

Bootssilhoutte nicht sehen. »U 57« schleicht sich mit der geräuschärmsten Fahrtstufe vom Fleck. Noch ist der Kompaß unklar, und Sterne, nach denen man steuern könnte, sind nicht zu sehen, aber der Sturm – er kommt aus Nordwesten – genau so wie er vorgestern wehte, also gegenan, gegen die See, das ist die Richtung, um aus dieser Falle freizukommen. Fieberhaft wird indessen gearbeitet, die Schäden zu reparieren.
Im Morgengrauen taucht das Boot und lädt die zwei Reservetorpedos in die freigeschossenen Torpedorohre. Dann wieder Auftauchen.
Flugzeug voraus, darunter, kaum über der Kimm, ein Geleitzug, einlaufend. Alarm! Mit hoher Unterwassergeschwindigkeit bringe ich »U 57« gerade noch auf das letzte Schiff zum Angriff. Doppelschuß, als rotglühender Ball geht der Tanker hoch. Eine schwarze, unendlich sich ausdehnende Qualmwolke emportreibend. Der Schock, der den Männern in den Gliedern saß, ist überwunden. Ein Spezialfahrzeug verfolgt das Boot mit Wasserbomben größeren Kalibers, 80 werden gezählt. Das Boot schüttelt sich und bäumt sich jedesmal, wenn sie detonieren, aber wir sind auf 80 Meter Wassertiefe.
Endlich läßt der Verfolger ab, es wird still, ich lege das Boot auf Grund und gönne mir und meinen Männern Ruhe.

Eingang Funkspruch B.D.U., Einlaufhafen Kiel. Dicht vor Bergen geht die zweite Dieselkupplung in die Knie. Man baut die Rückwärtskupplung auf Vorwärts um. Einlaufen Bergen, die Kupplung wird repariert, Brennstoff ergänzt. Weiterfahrt Richtung Elbmündung. Schon steht das Boot mit der Schleuse Brunsbüttel in Signalverbindung. Die Schleusentore öffnen sich, ein norwegischer Dampfer schiebt sich heraus. »U 57« ist klar zum Einlaufen. Der Norweger, mit dem Heck noch im Stillwasser der Schleuse, kommt mit dem Bug in den Flutstrom, wird

noch ohne Ruderwirkung auf das U-Boot gedrückt, »A.K. zurück«. Die E-Maschinen haben nicht genug Kraft, das Boot wird gerammt, ein Schrei von unten »Wassereinbruch«.
Der Wachoffizier steht neben mir auf der Brücke, den Kopf zurückgewandt, als warte er darauf, weitere Schreie zu hören. Ich brülle: »Alle Mann aus dem Boot!«
Dann erfaßt mich ein Gefühl hoffnungsloser Erschöpfung. Es ist, als ob ich mich in einem luftleeren Raum befinde. Empfindungen ohne Widerhall. Mit uns geschieht etwas in Sekunden, in einer alles einhüllenden Finsternis. Unsichtbare Kräfte toben sich aus, eine blinde Gewalt, eine unfaßbare Brutalität zerdrückt uns. Alle Schrecken, Verzweiflung münden ein in eine tiefe Bitterkeit, in einen eigenartigen Schwebezustand, der sich wie eine Nebelwand auf mich legt.

Plötzlich dringt in mein Bewußtsein ein furchtbares metallenes Knirschen. Der Bug des Dampfers drückt und schneidet in unsere Brücke. Ich sehe die Konturen der Schiffsaufbauten vor mir aufragen wie eine Wand.
Das Boot sackt unter mir weg – unser Boot, das uns durch alle Gefahren und tödlichen Tiefen getragen hatte. – Unser Boot, unsere Welt, läßt uns im Stich, überläßt uns einer abgrundtiefen Verlassenheit. Mein Leben wurde gerettet, aber das, was mein Leben ausmachte, mein Boot, starb.
Stärker als alle Träume, alle Illusionen ist die Wirklichkeit. Es ist ein Abschied ohne Kampf, den es in meiner Vorstellung nie gegeben hatte. Der Tod, dessen eindringliche Nähe wir so oft erlebt und erlitten hatten, der uns ständig begleitet hatte, hier kam er so ganz unerwartet und schlug zu.
Die unser Ohr schon erreichenden Klänge der Empfangsmusik verstummen.
Rettungsstation und Küstenwache werden alarmiert. In der Nacht ist das Suchen nicht leicht. Am frühen Morgen

treten die Überlebenden zusammen. Sechs Mann fehlen. Ein Mann berichtet, daß er achtmal versucht hat, aus dem gesunkenen Boot an die Oberfläche zu kommen. Das Boot lag unter Wasser leicht geneigt auf der Seite, der Mann stand, den Kopf in einer Luftblase, im Funkraum, tiefste Finsternis, wo ist der Ausgang, keine Orientierung, der erste Versuch, nach draußen zu gelangen, mißlingt. Wie Theseus holt er sich am Ariadnefaden zurück in die Luftblase des Funkraums. Siebenmal hat er das wiederholt. Beim achten Mal endlich gelingt es ihm, hochzukommen. Ohne Besinnung und total erschöpft wird er an Land gespült und gefunden.

Das war das Ende der Fahrt, die wir am Freitag begannen.

Kommentar:
Nach den Seeamtsverhandlungen, in denen nicht ganz klar ersichtlich wurde, ob der Norweger die Kollision absichtlich herbeigeführt oder ob sie das Ergebnis widriger, unkontrollierbarer Umstände war, wurde beschlossen, das Boot wieder zu heben.

Die Hebefahrzeuge *Wille* und *Kraft* unterfingen das Boot und brachten es mit dem Turm an die Wasseroberfläche. Ich ging als erster in das Boot hinein. Der Anblick, der sich mir bot, verfolgt mich noch heute in Alpträumen. Zwei im Todeskampf verkrampfte, aufgedunsene Körper versperrten den Zugang vom Turm in die Zentrale, vom schwarzen Ölschlamm entstellt, nicht zu erkennen. Nachdem das Leck abgedichtet war und ein großer Teil des Wasser ausgepumpt war, ging ich wieder in das Boot. Alle Geräte, Maschinen waren von der schwarzgrauen Flüssigkeit überzogen, das Wasser stand noch kniehoch über den Flurplatten.

Wasser? Es war eine schmutzige, ölige Flüssigkeit, eine Vision des Flusses der Unterwelt, auf dem wir uns bereits eingeschifft hatten, aber dem wir noch einmal entkommen waren.

Kommandant »U 552«

Am 4. Dezember 1940 wurde »U 552« in Hamburg bei der Werft Blohm & Voss in Dienst gestellt.

Als wir zur ersten Unternehmung ausliefen – wir waren schon in der Nordsee –, bemerkte ich, daß mein Obersteuermann, sonst ein lebendiger, humorvoller Mann, sehr schweigsam war und bleich aussah. Er hatte Wache, ich kam mit ihm ins Gespräch und fragte ihn nach dem Grund seiner Schweigsamkeit. Er wollte nicht mit der Sprache raus, ich drang in ihn, schließlich sagte er mir: »Herr Oberleutnant, es ist nichts von Bedeutung, ich habe etwas vergessen.« Ich sagte: »Was haben Sie denn vergessen?« Nach längerem Zögern sagte er mir, er hätte auf jeder Feindfahrt den Hochzeitskranz seiner Frau, den er unter einer Glasglocke aufbewahrte (wie das in vielen bürgerlichen Familien üblich ist), mitgenommen, und diesmal hätte er ihn vergessen.

Ich spürte, daß mit diesem Talisman auch der Glaube an eine glückliche, erfolgreiche Fahrt zu Hause geblieben war.

Ich gab den Befehl zum Rückmarsch, wir holten den Talisman, und der Obersteuermann war voll einsatzfähig und blieb es während er ganzen Fahrt.

So viel hatte ich von den Fahrten auf »U 57« gelernt:

Die Gefühle der Männer – Glauben, Aberglauben – haben große Bedeutung im Spektrum der Menschenführung.

Von meinen Feindfahrten erscheinen mir zwei heute noch bemerkenswert, einmal die Operation gegen das Gibraltargeleit HG-84, das von unserem profilierten Gegner, dem berühmten Commander F. J. Walker, Führer der 36. Escort Group, geführt wurde, und der Überfall der kanadischen Korvette *Sackville* auf »U 552« am 3. August 1942.

Der Geleitzug lief am 9. Juni 1942 aus Gibralter, »U 552« am gleichen Tag von St.-Nazaire aus.

Der Geleitzug HG-84 wurde von dem deutschen Beobachtungsposten in Spanien von der Gibraltar gegenüberliegenden Seite gemeldet. Auch unser Auslaufen war dem Gegner bekannt. Die französische Resistance, die ihre Mädchen in den Bars von St.-Nazaire und La Baule hatte, in denen auch unsere Seeleute verkehrten, war sehr aktiv. Die Verräter waren aber auch unter uns. Nicht lange nach unserem Auslaufen ereignete sich eine dramatische Geschichte.

Ein Wachman der Vorpostenflottille, die uns immer das Geleit gab, sah eines Nachts Notsignale von einem Schiff auf Reede. Der Posten alarmierte die Flottille, die sofort auslief. Es stellte sich heraus, daß die Signale von einem Boot der Flottille, das draußen auf Wache lag, abgegeben waren.

Das Führerboot ging längsseits, ein Offizier und zwei Mann sprangen über, rannten auf die Brücke. – Keine menschliche Seele zu sehen, aber ein seltsames Durcheinander von Gegenständen, als ob die Brücke fluchtartig verlassen worden war.

Inzwischen waren noch mehr Männer übergesprungen und schwärmten aus. Einer von ihnen fand am Eingang zum Maschinenraum einen Mann, in einer Blutlache liegend.

Was war passiert?

Zwei Schwarze hatten die Brücke gestürmt, mit Maschinenpistolensalven den Kommandanten praktisch durchsiebt, desgleichen den Funkmaat. In das Logis, in dem die Mannschaft schlief, wurden durch das Oberlicht Handgranaten geworfen, bis alle erledigt waren und niemand sich mehr bewegte. Die Räume des Maschinenpersonals waren abgeschlossen und mit schweren Vorhängeschlössern versehen, so daß niemand hinauskonnte. Ein Mann aus dem Mannschaftsraum überlebte dennoch, hörte, wie der Diesel vorgeglüht wurde, schleppte sich an den Eingang zum Maschinenraum, sah, wie zwei Schwarze, bis an die Zähne bewaffnet, die Maschine klarmachten, erledigte beide durch Handgranaten, schoß Notsignale, brach zusammen. Die beiden Schwarzen waren zwei Mann der Besatzung, die sich mit Öl und Ruß beschmiert hatten und mit dem Boot auslaufen wollten, um von bereitstehenden britischen Streitkräften aufgenommen zu werden.

Der britische Geheimdienst hatte zwar gut geplant, wartete aber vergeblich.

»U 552« operierte, mit anderen Booten zur Gruppe »Endraß« vereint, auf den aus Gibraltar kommenden Geleitzug. Dem Konvoi stand der gesamte Ostatlantik zur Verfügung, um sich den passenden Kurs nach England auszusuchen. Die Sicht von der Brücke eines U-Bootes ist gering, und gering ist die Chance, auf den Konvoi zu treffen.

Da kam uns die I.K.G. 40 (erste Gruppe des Kampf-Geschwaders 40) aus Bordeaux zu Hilfe und flog Luftaufklärung. Eine Maschine fand das Geleit am 13. Juni, meldete und sandte Peilzeichen, die von uns aufgefangen wurden.

Wir hatten nun die Richtung zum Geleitzug, aber nicht die Entfernung. Bei der Annahme, daß der Geleitzug nördliche Kurse steuerte und etwa 10 bis 12 Knoten lief, setzten wir den »Kollisionskurs« mit einem entsprechenden Vorhalt fest.

Am späten Nachmittag des nächsten Tages sahen wir ein Flugzeug am Horizont, niedrig fliegend, mit Sicherheit keine Focke-Wulf 200 der I.K.G. 40. Also Vorsicht! Ein Geleitzug mit Flugzeugträger?

Das Flugzeug drehte ab und kam nicht wieder. – Später erfuhren wir, daß ein Schiff des Geleitzugs eine Katapultanlage hatte, von der aus eine »Hurricane« gestartet war, um aufzuklären und die FW 200 zu bekämpfen. – Wenig später Rauchfahnen – der Geleitzug.

Wir hielten Fühlung, setzten eine Fühlunghaltermeldung ab für die anderen U-Boote, wurden abgedrängt durch Sicherungsfahrzeuge, schlossen wieder heran. So ging es bis zum Einbruch der Dunkelheit. Wir hatten uns vertraut gemacht mit unserem Gegner. Wir wußten nun, daß es ein verhältnismäßig kleiner, aber gut geschützter Konvoi war, etwa 20 Handelsschiffe umfassend.

Im Juni sind die Tage lang. Vor Mitternacht kamen wir nicht zum Angriff. Das Wetter war wenig angriffsfreundlich, d. h., auch nach Einbruch der Dunkelheit hatten die Escortfahrzeuge noch gute Sicht. Wo die See von dem Bug der Schiffe und Boote, von ihren Schrauben aufgewühlt wurde, leuchtete das Wasser in silbriggoldenen Kaskaden und Bahnen – Meeresleuchten.

Wir konnten in 3000 Meter Entfernung kaum die Silhouetten der Schiffe erkennen, aber um so besser die Spur des Kielwassers. Unser Boot zog ebenfalls eine leuchtende Spur, die jeden zur See Fahrenden faszinieren würde, die aber unseren Angriff, der doch ungesehen bleiben mußte, wenn er erfolgreich sein sollte, mit ungewolltem zusätzlichem Risiko belastete.

So wurde es ein ungewöhnlicher Balanceakt, in bedrohlicher Nähe von zwei sichernden Korvetten, in heller Nacht, bei verhältnismäßig ruhiger See den Angriff so nahe heranzutragen, daß eine gute Erfolgschance bei gerade noch vertretbarem Risiko vorhanden war.

Vier Torpedos aus vier Bugrohren auf vier Ziele, Drehen des Bootes um 180 Grad für den fünften Torpedo aus dem Heckrohr.

Drei Minuten Laufzeit sind endlos, wenn man auf die möglichen Treffer wartet und wenn man von einer Korvette gejagt wird, die kurz nach dem Angriff aus den Bugrohren, als das Boot beim Drehen zum Schuß aus dem Heckrohr die breite Silhouette zeigen mußte, auf uns mit Höchstfahrt zudrehte.

Es blieb noch Zeit, die hochsprühende leuchtende Bugwelle zu betrachten, die immer näher kam und immer größer wurde. Wir fuhren mit dreimal äußerste Kraft und E.-Maschinenzusatz, das Boot zitterte unter dieser äußersten Kraftanstrengung, die ein U-Boot bei Überwasserfahrt hergeben kann.

Das Fernsehen hat uns inzwischen an solche aufregenden Szenen gewöhnt, wenn Schmuggler oder Gangster von der Polizei gejagt werden, der Abstand zwischen Gejagtem und Verfolgtem immer geringer wird, die Situation zum Zerreißen gespannt ist und wie dann der Verfolger wegen einer völlig unerwarteten Ursache die Jagd aufgeben muß, etwa weil die Kühlwasserpumpe ausfällt.

Ich hatte bereits die Brückenwache nach unten geschickt, das Boot war klar zum Alarmtauchen. Es war mir klar, daß, wenn ich jetzt zum Tauchen gezwungen würde, das Boot eine schwere Wasserbombenverfolgung erleiden würde mit der Möglichkeit der Vernichtung, wenigstens irreparabler Schäden.

Es klingt beinahe unglaublich. Der Verfolger war langsam, aber unaufhaltsam näher gekommen. Ich konnte Einzelheiten des Brückenaufbaus erkennen.

Plötzlich stieg hinter ihm ein Wasserberg von leuchtenden Perlen (Meeresleuchten) hoch, fast gleichzeitig erschütterte eine ungeheure Detonation unser Boot. Was war geschehen?

Unser Verfolger hatte Wasserbomben in die vermeintliche Tauchstelle unseres Bootes geworfen, das immer noch mit rasender Fahrt, mit einem durch seinen Auspuff verursachten Qualm- und Wasserdampfschleier dahinstob, der es, wie mit einer Tarnkappe versehen, für den Gegner unsichtbar machte. Noch etwas kam hinzu. Die Korvette, es war die *Stork*, hatte das U-Boot auf ihrem Radarschirm. Als der Kontakt bei etwa 500 Metern abriß, glaubte der Operator, daß das Ziel getaucht war. Eine Wasserbombenverfolgung hatten wir noch nie in so sicherem Abstand erlebt. Als die Treffer hochgegangen waren, begann ein Feuerzauber über dem Geleitzug, der uns nun die Schiffe wie Figuren auf dem Schachbrett zeigte. Drei von ihnen waren im Sinken. An Fallschirmen standen die brennenden Leuchtsätze, wurden

Leuchtraketen geschossen, blendeten Scheinwerfer auf. Von einem getroffenen Tanker ausfließendes Öl begann zu brennen. Das auf und nieder flackernde Licht wurde von der dünenden See rotbraun zurückgeworfen, erreichte uns in aufschreckenden Stößen. –

Die *Stork* hatte beigedreht, um nach Spuren des vermeintlich vernichteten U-Bootes zu suchen. Commander Walker glaubte, sein 13. U-Boot erledigt zu haben. Wir setzten uns ab, um in fieberhafter Eile die bereits an den Schienen hängenden Reservetorpedos nachzuladen. Um 04.00 Uhr wurden die Rohre klar zum Schuß gemeldet. Um 04.30 Uhr standen wir wieder in Angriffsposition. Der nun in höchster Alarmstufe stehende Geleitzug wartete auf diesen Angriff. Die Sicherungsfahrzeuge bewegten sich wie hochgezüchtete nervöse Pferde, sie änderten ständig ihren Kurs und waren somit schwer zu überlisten.

Angriff – wieder die gleiche Schußfolge – zwei Treffer, in nebeneinanderlaufenden Kolonnen. Ein Schiff flog in die Luft, einen glühenden Feuerball ausstoßend, der die erschreckt abdrehenden Schiffe beleuchtete.

Der gleiche Feuerzauber wie bei dem ersten Angriff ließ eine chaotische Szenerie sichtbar werden, die Terence Robertson in seinem Buch »Jagd auf die Wölfe« beschrieben hat:

»Das Chaos erreichte seinen Höhepunkt, als alle Schiffe des Verbandes wild und ohne Überlegung ›Schneeflocken‹ zu feuern begannen. Nun war jede Kolonne so hell beleuchtet, daß ein Angreifer Zeit genug zur Auswahl des richtigen Zieles hatte.

Walker raste vor Zorn und hätte vor Entsetzen fast einen Tanz aufgeführt, als eines der letzten Schiffe plötzlich Maschinengewehrfeuer mit Leuchtspurmunition auf ihn selbst eröffnete. Um Haaresbreite wäre die Brücke von *Stork* getroffen worden. Dann strichen die Garben über das Deck des in der Nähe befindlichen Schiffes der Nebenkolonne. Dieses glaubte aus der Luft angegriffen zu sein, worauf es mit allen verfügbaren Waffen auf den am hellsten leuchtenden Stern am Himmel schoß. Das alles war zuviel des Guten. Auf Walkers Befehl dampften alle Sicherungsfahrzeuge Höchstfahrt rings um den Geleitzug, hielten sich aber außerhalb der Leuchtweite der ›Schneeflocke‹, in der Hoffnung, ein aufgetauchtes U-Boot zu erwischen, das auf sie lauerte.«

Kurz vor 06.00 Uhr waren die beiden letzten Torpedos nachgeladen.

Alle Versuche für den dritten Angriff wurden durch die äußerst wachsame Sicherung und die anbrechende Dämmerung verhindert. Der innere Kampf zwischen Angriffswillen und Verantwortung für Boot und Besatzung bestimmte diesen dritten und einen vierten Versuch, bis das einbrechende Tageslicht nur noch einen Unterwasserangriff zuließ. Weit abgesetzt versuchte das Boot, mit hoher Geschwindigkeit eine Position vor dem Geleitzug zu gewinnen, um zu tauchen.

Es begann nun ein Tanz mit den vorderen Sicherungskräften, die uns mit ihrem Unterwasser-Ortungsgerät erfaßt hatten. Eine schwere Wasserbombenverfolgung verursachte einen Riß im Öl führenden Tauchbunker IV. Die Ölspur zog die Verfolger an wie Baldrian die Katzen. Immer wieder WaBo-Serien, bis wir einmal kurz auftauchen konnten, um das Öl in eine Torpedozelle umzupumpen, den Tauchbunker durchzuspülen, so daß keine Spur mehr blieb.

Nach neun Tagen liefen wir wieder ein in St.-Nazaire.

Die Mädchen der Bar Royal konnten ihren Auftraggebern melden, daß wir das Flaggschiff des Konvoi Kommodore, die *Pelayo*, die *Etrib*, beide aus Liverpool, den norwegischen Tanker *Slemdal*, die *Thurso* aus Hull und die *City of Oxford* aus Liverpool versenkt hatten.

3. August 1942
Überfall der kanadischen Korvette *Sackville* auf »U 552«.

Wir hatten mit unserem letzten Torpedo einen Geleitzug angegriffen mit todsicheren Schußunterlagen – aber ohne Erfolg.

Torpedoversager. Ein Torpedo befand sich noch in einer druckfesten Tube an Oberdeck. Dieser wurde unter großem Risiko im inzwischen aufgekommenen Nebel ins Boot genommen.

Wir befanden uns noch in Geleitzugnähe und damit auch in der Nähe der mit Radar ausgerüsteten Sicherungsfahrzeuge.

Der Torpedo war gerade im Boot, das Ladegeschirr abmontiert, die Alarmbereitschaft wiederhergestellt.

Ich hatte mich nach einem Blick auf die Seekarte hingelegt, der Leitende Ingenieur sich nach pausenlosem Einsatz auf ein stilles Örtchen abgemeldet – da, ein Schrei auf der Brücke: Alarm! Die Alarmklingel schrillt auf. Schlaftrunken springe ich hoch, in die Zentrale. Die Brückenwache fällt mir aus dem Turmluk entgegen, einer über den anderen.

Was ist los? Die Wache hat bereits die Entlüftungen gezogen. Ein Blick auf den Tiefenmesser, das Boot sinkt langsam. Der Leitende Ingenieur hastet heran, springt an eines der Ventile. Ich sehe in das entsetzte Gesicht des Obersteuermannes, der als letzter den Niedergang von der Brücke herunterfällt.

»Zerstörer!« schreit er.

Es ist keine Zeit, weiter zu fragen. Das Vorschiff steigt, anstatt auf Tiefe zu gehen. »Voraus! Alle Mann voraus!« brüllt der Leitende. Die Männer laufen durch den Mittelgang von achtern nach vorn. Die Automatik des Alarmtauchens rollt in Sekundenschnelle ab, überrollt mich in Unkenntnis der Lage. Der Tiefenmesser zeigt 10 Meter, die Brücke kommt raus.

In diesem Moment ein gewaltiger Schlag. Das Boot bebt, Licht fällt aus. Im Schein der Notlampe sehe ich, wie der

Auftrieb des Bootes zum Stehen kommt und es dann wie ein Stein mit starker Neigung nach vorn auf Tiefe geht. »Alle Mann achteraus!«, um das Absacken des Bootes zu stoppen.

Wasserbomben – Wassereinbruch wird gemeldet im Maschinenraum.

Der Leitende fängt das Boot ab auf 178 Meter. Was war geschehen?

Im Nebel hatte uns die kanadische Korvette *Sackville* im Radar erfaßt, hatte alle Rohre auf uns gerichtet, und als sie etwa auf Gegenkurs in 50 Meter Entfernung vor uns als eine Riesenwand aus dem Nebel herauskam und aus allen Rohren schoß, lagen wir glücklicherweise im toten Winkel. Die Schüsse gingen über uns hinweg, sie passierte uns auf etwa fünfzig Meter Entfernung, verschwand ebenso schnell im Nebel, wie sie gekommen war, aber im Drehen schoß sie noch, traf mit einer 10-cm-Granate den Turm und riß den Dieselzuluftmast auf. Ein Mann der Brückenwache wurde durch den Luftdruck in das Turmluk geschleudert, aber sonst wurde niemand verletzt. Alarmtauchen! Wie ein Stein sackte das Boot weg, denn der Zuluftmast war voll Wasser gelaufen, die üblichen Wasserbomben folgten. Wahrscheinlich hatten wir auch eine Ölspur, und es waren sicherlich auch Teile des Bootes durch den Schuß gelöst und schwammen auf der Oberfläche.

Über die amerikanischen Blätter kam dann die Versenkungsmeldung in die Schweiz und von dort nach Deutschland. Tränen bei Freunden und Verwandten, Eltern; und große Freude, doppelte Freude, als ich dann nach Rückkehr von dieser Feindfahrt wiederauftauchte.

Der Kommandant der *Sackville*, Alan Easton, hat in seinem Buch:

»50 North, An Atlantic Battleground«, diesen Angriff so beschrieben:

»The conversation, as lunch started, was inevitably about

our recent activities. But it did not last long; it was interrupted by Neil's voice coming out of the speaking trumpet.

›Captain there?‹ ›Yes‹, shouted Black who was nearest to the trumpet.

›Hydrophone effect on the asdic, Sir.‹ That was all, and before we could scramble out of the wardroom the alarm gongs were ringing.

I had a little difficulty climbing the only ladder to the bridge because I was caught in the tide of men rushing down to their stations, but avoided being thrown back as Burley had been. I was puffing when I got there but grasped what Neil had to tell me.

›Hydrophone effect about green twooh‹, came the report from the asdic operator, ›loud and fast, but the arc's getting too big now to get an good bearing.‹

›Radar says might be something in the ground wave, if so it's to starboard‹, said the navigator.

We were now placed in the most precarious of all positions, on a collision bearing with an invisible vessel who might be a friend; I did not know. Nor did I know her course precisely, but we stood a very goog chance of ramming or being rammed and the latter would send us to the bottom, even if it were a submarine. We could see no more than a cable's length, two hundred yards, but we had to sight her if we could.

There was a shell already in the gun. My order was passed to load a full charge behind it. Into the chamber went the cordite and through the lock went a firing tube. ›Half cock!‹ I hard the breachworker shout.

Not threee minutes had elapsed since we had risen from the wardroom table; now I was craning my head over the dodger trying to see through the murk. My heart was beating fast.

A dark smudge appeared dead ahead. In three seconds it revealed its shape – long and low, high amidships. A submarine! She was crossing our course with slight closing inclination going from starboard to port. Her bow wave made it evident she was making eight or ten knots.

›Hard aport. Full ahead. Open fire!‹ The submarine was on the port bow now a little more than a hundred yards off. The ship was swinging to port – but not fast enough – the U-boat was inside our turning circle; we could never reach her. Would the gun never fire! Eighty yards ... seventy only ... broader on the port bow now. At last! With the gun on the depression rail and the ship swinging fast, it fired at point blank range, scarcely a ship's length away, two hundred feet, the enemy broadside on to the line of fire.

On that instant a gaping hole appeared at the base of the Uboat's conning tower, squarely in the centre. It was accompanied by a hail of fire from the port pointfives and the Vickers machineguns. The high explosive shell burst, ripping the near side of the conning tower out. I saw the pieces fly and then the yellow smoke of the projectile rising within.

She was visibly diving. Another round went out of the gun but went over; her bow was under water. A depth charge from the port thrower sailed through the air, fell with a splash into the water but was short if its mark. The boat went down fast and was beneath the surface before the fog closed over the place where she submerged.«

Die Standortverwaltung hatte uns, das heißt Endraß und mir, in La Baule les Pins bei St.-Nazaire eine Villa zur Verfügung gestellt, unter Kiefern. Die Villa gehörte einem Pariser Opernsänger und war voll möbliert mit erlesensten Gegenständen, Tafelgemälden von Watteau, Guillaume und anderen französischen Künstlern. Mit Endraß verband mich seit Jahren eine sehr enge Freundschaft.

In Kameradenkreisen wurden wir nur »Kastor und Pollux« genannt.

Wir waren als Wachoffiziere in derselben Flottille gewesen, wir hatten etwa zur gleichen Zeit als Kommandanten ein Boot bekommen, er »U 46«, auf dem ich als Wachoffizier gefahren war, ein Typ VII C Boot, ich »U 57«, ein kleines Boot.

Zwischen den Fahrten lebten wir gemeinsam in diesem wunderschönen Haus in La Baule les Pins. Wir gaben für unsere Freunde dort Feste, wir luden unsere Mädchen ein, die aus Paris hierher kamen.

Monique, die belgische Sängerin, Pati, die russische Tänzerin.

Wir hatten beide in der »Sheherazade« kennengelernt, einem von russischen Emigranten geleiteten Nobellokal. Es waren zwei Freundespaare, die zueinanderfanden. Monique, die Tochter eines Arztes, Pati, die Tochter eines russischen Generals. Beide hochgebildet, in der deutschen Literatur und Musik besser zu Hause als wir.

Endraß fiel an einem von Gibraltar nach England gehenden Geleitzug Weihnachten 1941. Monique trat daraufhin drei Monate lang nicht auf. Als ich erfuhr, von Feindfahrt zurückkommend, daß Endraß gefallen war, setzte ich mich in den Zug nach Paris, um meinen Bericht bei Dönitz im Hauptquartier vorzutragen. Ich kam spätabends in Paris an. Auf dem Bahnhof empfing mich die Belegschaft der »Sheherazade« mit Pati und Monique. Der Adjutant von Dönitz, der auch in diesem Lokal verkehrte, hatte ihnen offensichtlich die Ankunft meines Zuges gesagt. Schweigend gingen wir in die »Sheherazade«, die bereits geschlossen hatte. Ein in Rußland übliches Liebesmahl war vorbereitet, das im Kerzenschimmer und von Dienern aufgetragen wurde, die ihr Nationalkostüm angezogen hatten. Es war ein Gedächtnismahl für meinen Freund Endraß.

Vorbei, unwiederbringlich. »Die Flammen sind versendet, die Fluten und das Spiel.«

Die alten Griechen hatten in ihrer Mythologie für Freundschaft ein eindrucksvolles Symbol, das der Dioskuren. Als

Kastor im Kampfe fällt, werden beide auf Geheiß des Zeus abwechselnd in den Hades und auf den Olymp versetzt. Hier erst, in der Spannung zwischen diesen beiden Welten, werden sie zu dem unsterblichen Freundespaar, das heute noch als Sternenpaar vom nächtlichen Firmament auf uns herabschaut.

Freundespaare und Freundeskreise sind uns aus der Geschichte bekannt. Sie haben in der Geisteswelt ihren Platz und haben oft auch einen nachhaltigen Einfluß auf ihre Umgebung ausgeübt.

Sokrates war ständig von einem Kreis von Freunden umgeben. Die griechische Philosophenschule ist eine Schule von Freunden.

Mäzenas und seine Freunde, Vergil und Horaz, sind in unsere Sprache eingegangen – der Mäzen.

Wie tief die Vorstellung der Freundschaft früher ging, zeigt zum Beispiel ihre Institutionalisierung an den französischen Höfen des ausgehenden Mittelalters. – Der »Mignon en Titre« repräsentierte die Freundschaft an der Seite der Staatsmacht.

Heute, in unserer materialistischen Zeit, der Zeit des Sturms gegen alle Ideale, hat auch die Freundschaft etwas von ihrem früheren Glanz, aber nicht von ihrem Sinn verloren. Wir sind zwar mit dem Wort zurückhaltender geworden, aber seine Bedeutung ist unverrückbar, und wenn wir »Freund« sagen, geschieht es im Vertrauen zueinander, daß wir uns alles sagen können, daß es keine Tabus gibt, daß wir in der Sache hart diskutieren können, ohne daß die gegenseitige Toleranz in Frage gestellt ist. Ich halte dieses freundschaftliche Vertrauen zueinander heute für ein wichtiges Engagement, für eine ruhige Insel in der schnellen, flachen Strömung unserer Tage.

Am 5. September 1984 nahm ich Abschied von einem anderen Freund, Teddy Suhren. Wir waren als Wachoffiziere in der 7. U-Flottille gefahren, waren zur gleichen Zeit Kommandanten gewesen in der Schlacht im Atlantik und hatten später die frontgehenden U-Boot-Besatzungen in der 27., der taktischen U-Flottille ausgebildet.

Diese Zeit hatte zwei von Charakter, Veranlagung, Erscheinung verschiedene, in der Durchführung ihrer Aufgabe jedoch ähnliche Menschen zu zwei sich ergänzenden, engen Freunden gemacht.

Das Schicksal ging hart mit ihm um. Als F.d.U. Nordmeer hatte er nach Beendigung des Krieges unter Willkür und Ressentiment der Sieger zu leiden. Die norwegischen Gefängnisse wurden ihm vertraut. Seine Frau verließ ihn an der Seite eines zu der Zeit besser verdienenden amerikanischen Soldaten. Seine Eltern und seine Schwester wählten den Freitod, um nicht den mordenden und schändenden Soldaten der Roten Armee ausgeliefert zu sein. Er sprach nie darüber, aber er hat es innerlich nie verdrängen können.

Auf seinem letzten Gang wollte ich ihn begleiten.

Friedhof Ohlsdorf bei Hamburg – Krematorium.

Der Zug von Bonn hatte Verspätung. Durch herbstliche Sonne und Friedhofsgrün ging ich zur Terrasse von der Halle B, wo sich die wartenden Trauergäste drängten. Die Hallen A bis C waren besetzt, Trauerfeiern am laufenden Band.

Viele bekannte Gesichter, Godt, Kretschmer, Korth, Bargsten, Meckel, Cremer usw. – nach all den Jahren im Aussehen irgendwie verfremdet. Die schlechtsitzenden Ritterkreuze zu grauen Anzügen – in der Warteschlange des Todes –, makaber. Belanglose Worte über Teddys gerade herausgekommenes Buch »Nasses Eichenlaub«.

Die Bundesmarine war auch da, ihr ranghöchster Vertreter ein Flottillenadmiral.

Die Tür zur Halle B öffnet sich. Kaum vernehmbar sind Orgeltöne zu hören, von einer Platte gespielt. Ich nehme in der dritten Reihe Platz. Zwischen vielen Kränzen und Blumen der Sarg, flankiert von acht Offizieren der Bundesmarine. Die Musik verstummt. Als erster Redner spricht der Vertreter der Crew 35. Nach kurzer und undefinierbarer Zwischenmusik spricht der Ehrenpräsident des Marinebundes, markig, laut. Dann der Kommandant des Bootes, auf dem Teddy Wachoffizier war. Er spricht stockend, nach Worten suchend, bewegt. Schließlich der Vertreter des U-Boot-Verbandes, der in Anlehnung an die bekannten Verse der Flandernflottille des Ersten Weltkrieges Teddy in die Schar der U-Boot-Kommandanten einreiht, die wegen ihres vergammelten Aussehens und ihrer schlimmen Taten von Petrus in einen Sonderhimmel eingewiesen wurden, wo sie lustig, froh und trunken ihr U-Boot-Leben weiterführen konnten.

Für alle, die sprachen, war Teddy der Landsknechtstyp, der Zechkumpan, der Jongleur des Humors, der nicht immer vor der Grenze zum Unmöglichen haltmachte. Niemand anders als Teddy Suhren hätte beim Einlaufen in die Schleuse von Brest dem zu feierlichem Empfang angetretenen Stützpunktpersonal mit der Flüstertüte zugerufen:

»Sind die Nazis noch am Ruder?«

Vor mir aber stand das Bild des Freundes, mit dem ich durch diesen verdammten Krieg gegangen war, der durch das entsetzliche Schicksal seiner Familie gezeichnet war. Ich sah ihn in seiner übertriebenen Ehrlichkeit, die seine Gefühle verbergen sollte. Ich hörte seinen schnoddrigen Humor, der doch nur den Zynismus der Ausweglosigkeit, unpopuläre Positionen, verdecken sollte.

Die Worte, die diesen Raum füllten, erreichten mich nicht...

Ein Trompeter blies das Lied vom guten Kameraden. Damit fiel der alle und alles versöhnende Vorhang nach dem letzten Akt des dramatischen Lebens meines Freundes Reinhard Suhren.

Die Trauergemeinde verließ die Halle B durch ein Spalier von bereits draußen wartenden Trauergästen der nächsten Bestattung. Die Angehörigen von Teddy stiegen in die mit laufendem Motor stehenden Wagen. Ich konnte ihnen nicht einmal kondolieren. Es fand noch ein Treffen der alten Kameraden statt, wie man mir sagte. Ich war zu enttäuscht, zu bedrückt, um daran teilzunehmen.

Ali Cremer fuhr mich zum Bahnhof.

Elf Stunden Fahrt, Bonn–Hamburg und zurück. Ich gab meinem Freund Teddy Suhren das letzte Geleit.

Vergiß, wenn du kannst, was man aus dieser letzten Stunde machte.

Niemand weiß, wie Endraß fiel. Aber er starb im Zenit seines Lebens, der Abstieg blieb ihm erspart.

Die letzte Berichterstattung beim Befehlshaber der U-Boote, Admiral Dönitz, nutzte ich dazu, den Vorschlag zu machen, daß die nächste Fahrt mit dem neuen Kommandanten in den Südatlantik ging, das heißt in eine nicht so gefährdete Region. Der Vorschlag wurde akzeptiert. Vier Fahrten machte die Besatzung noch, sie blieb am Leben. Die letzte Aufgabe war, Wetterboot zu sein im hohen Norden und meteorologische Beobachtungen zu übermitteln. Dann kam das Boot an die Heimatfront und wurde bei Kriegsende in Wilhemshaven verschrottet. Ein Marineoffizier in Zivil ging bei Nacht und Nebel auf die Werft und sägte den Sehrohrkopf ab, um ihn als Erinnerung für sich zu behalten. Eines Tages, fünf Jahre nach Kriegsende, rief er mich an und sagte, es würde sein Gewissen belasten, daß er den Sehrohrkopf meines Bootes bei sich hätte. Diesen Sehrohrkopf, durch den ich immer geschaut hätte, bäte er als Geschenk zu übernehmen. Seit der Zeit ist er bei mir.

Meine Kind- und Kindeskinder schauen gelegentlich hindurch. Sie sehen ihre bunte Welt, die doch so ganz anders ist als meine Gedankenassoziationen, als der »Bilder schweigendes Sein«.

Herbst 1942 nahm ich Abschied von der 7. U-Flottille, von den Stützpunkten in Frankreich, von der »Band of brothers« der Kommandanten, die, obwohl sie auf fast allen Meeren operierten, durch ihre und die Funksprüche des B.d.U. immer gegenwärtig waren. Wir lebten mit ihnen, mit ihren Erfolgen. Wir trauerten um sie, wenn ihr Schweigen zur Gewißheit wurde, daß sie nicht mehr zurückkehrten.

Jeder von ihnen hatte seine Geschichte. Ich müßte von allen sprechen, besonders von denen, die heute vergessen sind, aber an deren Gesichter und Worte ich mich erinnere. Manche von ihnen schrieben Geschichte, wie zum Beispiel Hartenstein. Ich sah ihn zum ersten Mal in einer französischen Bar. Er saß schweigend, in sich gekehrt. Als ich mich neben ihn setzte, sagte er abweisend: »Mein Name ist Hartenstein, wie Sie heißen, ist mir egal.« Er war Neuling in dem Kreise bekannter Namen. Er zögerte nicht, das Eindringen in seine abwartende Zurückhaltung mit Grobheit zurückzuweisen, die mehr Beschämung als Beleidigung war.

Seine Erlebnisse und die Art, wie er ihnen begegnete, gaben ihm ein besonderes Profil.

Das Boot von Hartenstein sollte im Golf von Mexiko eine Raffinerie beschießen. Auftauchen im Morgengrauen. Männer ans Geschütz! Der Wachoffizier vergißt in der Aufregung, den Mündungspfropfen herauszunehmen.

Der erste Schuß wird gelöst – Rohrkrepierer. Geschützbedienung leicht, ein Fähnrich schwer verletzt.

Das Rohr wird, soweit es aufgerissen ist, abgesägt, ballistisch justiert, die Raffinerie erneut beschossen.

Das Boot läuft die zur Vichy-Regierung gehörende Insel Martinique an, der Fähnrich wird ins Lazarett eingeliefert. Nach dem Krieg erzählt mir mein französischer Freund, Admiral Sabbagh, seinerzeit U-Boot-Kommandant, daß er mit dem Fähnrich Verbindung hatte und ihm behilflich war. So schließen sich die Kreise.

Nach Rückkehr berichtete Hartenstein seinem Befehlshaber in Paris.

Die Fahrt war erfolgreich gewesen, und Dönitz entsprechend gut gelaunt: »Hartenstein, was kann ich Gutes für Sie tun?« »Herr Admiral, wenn Sie mir einen Wagen zur Verfügung stellen könnten, dann würde ich mir gern Paris ansehen.« »Selbstverständlich, Hartenstein, mein Wagen steht Ihnen zur Verfügung.« Hartenstein fuhr mit seinem Freunde, Karlchen Thurmann, der zur gleichen Zeit eingelaufen war, nachmittags mit dem Wagen los. Um 20.00 Uhr fragte der Befehlshaber seinen Adjutanten nach dem Wagen. Der Adjutant: »Herr Admiral, Sie haben den Wagen den beiden U-Boots-Kommandanten zur Verfügung gestellt.« »Ja, aber doch nicht so lange. Es ist immer dasselbe, wenn man den Leuten den kleinen Finger reicht, nehmen sie gleich die ganze Hand.« Er mußte sich also einen kleineren Wagen geben lassen, um seinen vorher festgelegten Besuch bei dem Standortkommandanten von Paris zu machen. Als er zurückkam, war sein erstes Wort: »Wo ist der Wagen?« »Die beiden Kommandanten sind noch nicht zurückgekommen.« »Sie sollen sich melden bei mir, sowie sie zurück sind.« Nach Mitternacht, nachdem sie von Bar zu Bar gezogen waren und gründlich Paris kennengelernt hatten, kamen in angeheitertem Zustand Hartenstein und Thurmann zurück. Der Adjutant sagte: »Sie müssen sich beim Befehlshaber melden.« Aber als er erkannte, daß beide nur noch auf schwankendem Boden standen, sagte er. »Na ja, es hat noch Zeit bis morgen fruh.« Hartenstein jedoch, der sich von seinem Befehlshaber gerufen hörte, nahm Haltung an, zog die Uniform an, schnallte um – wie man bei der Marine sagt – und begab sich zu seinem Befehlshaber. Dönitz, der noch bis in die späte Nacht hinein zu arbeiten pflegte, empfing ihn und beklagte sich mit eindringlichen Worten, daß sie sein Angebot so ausgenutzt hätten. Hartenstein, der das alles in strammer Haltung angehört hatte, legte die Hand an die Mütze und antwortete: »Auf manche Flagge legt ich schwörend schon die

Hand in diesem bitterbösen Krieg, schon manchem Admiral hab ich gedient« (frei nach Börries Freiherr von Münchhausen), machte eine Kehrtwendung und verschwand.

Dönitz gab am nächsten Morgen beim Frühstück diese Geschichte zum besten.

Hartenstein war der Kommandant, der die *Laconia* auf der Höhe von Nordafrika versenkte und dann eine Rettungsaktion veranlaßte, nachdem er feststellte, daß die *Laconia* italienische Gefangene an Bord hatte und diese Gefangenen in den Rettungsbooten nicht unterkamen. In der Nähe stehende deutsche U-Boote und, nach einem offen abgesetzten Funkspruch, auch in der Nähe befindliche Handelsschiffe anderer Nationen versuchten nun, sich an dieser Rettungsaktion zu beteiligen. Hartenstein hatte selbst, was sein Boot nur tragen konnte, an Bord genommen. Er und die hinzukommenden anderen Boote hatten eine große Rote-Kreuz-Flagge auf die Back gelegt. Das hinderte amerikanische Flugzeuge vom Typ »Liberator«, die diese Stelle an- und überflogen, nicht daran, Bomben auf die U-Boote und damit auf die Schiffbrüchigen zu werfen, eine Aktion, die nicht nur gegen das Völkerrecht, sondern auch gegen das ungeschriebene Gesetz, Schiffbrüchigen Hilfe zu leisten, verstieß – eine Aktion, die zu der umstrittenen Gegenaktion führte, dem Befehl, aus Sicherheitsgründen Schiffbrüchigen keine Hilfe mehr zu geben.

Dieser Befehl wurde im Nürnberger Prozeß von dem Ankläger als Tötungsbefehl bezeichnet, eine Anklage, die jedoch nicht aufrechterhalten werden konnte.

Dazu einen Ausschnitt aus einer Besprechung über den U-Boot-Krieg bei Hitler in der Reichskanzlei am 28. September 1942, an der die Admirale Raeder und Dönitz teilnahmen.

... Hitler fuhr fort: »Jetzt komme ich aber auf eine Sache zu sprechen, die wir in den letzten Tagen über Fernschreiber und Telefon behandelt haben. Die Laconia-*Affäre.*

Die Rettung von Besatzungen sinkender feindlicher Schiffe ist nicht nur eine Gefährdung des U-Bootes wegen der immer drohenden Luftangriffe, sie paßt auch nicht in unser Ziel im U-Boot-Krieg. Wir müssen vor Augen haben, was es für die Stimmung im Feindesland bedeutet: Wer für England fährt, fährt in den Tod.« Hier wurde Hitler heftiger:
»Es ist Unsinn, den Schiffbrüchigen in ihre Boote noch Lebensmittel hineinzureichen, wie ich gehört habe, oder sie mit Segelanweisungen für die Heimkehr zu versehen. Ich ordne hiermit an: Schiff und Besatzungen sind zu vernichten, auch Besatzungen, die sich in Rettungsbooten befinden.« Dies sprach Hitler in hartem Befehlston. Keitel, neben Hitler stehend, zog ein Notizbuch heraus, legte es auf den Tisch, beugte sich darüber und schrieb diesen Befehl Hitlers auf. Nach einem kurzen allgemeinen Schweigen sagte Hitler, jetzt wieder ganz ruhig: »Was gibt es sonst noch für Vorkommnisse?« Da trat Dönitz von der Tischkante einen Schritt zurück, nahm militärische Haltung vor Hitler an und sagte: »Nein, mein Führer. Es verstößt gegen die Ehre eines Seemanns, auf wehrlose Schiffbrüchige zu schießen. Ich kann einen solchen Befehl nicht geben. Meine U-Boot-Männer führen als Freiwillige einen Kampf mit schwersten Verlusten im Bewußtsein, für eine gute Sache anständig zu kämpfen. Ihre Kampfmoral würde durch diesen Befehl untergraben. Ich bitte, von diesem Befehl abzusehen.« Hitler, in ruhigem Ton in seine Wiener Mundart verfallend, »Machen Sie, was Sie wollen, aber keine Hilfe und Segelanweisungen mehr.« Keitel zog sein Notizbuch wieder heraus und strich die vorher notierten Sätze aus. Bei dieser Episode sprachen nur Hitler und Dönitz, kein anderer aus der Runde.« ...

Der Verlauf dieser Besprechung wurde von einem Teilnehmer, Dr. Ing. Waas, seinerzeit Referent im Konstruktionsamt der Kriegsmarine, niedergeschrieben nach stichwortartigen Aufzeichnungen, die er unmittelbar im Anschluß an die Besprechung gemacht hatte.

Sie entsprechen der von der Marineführung im Kriegstagebuch vom Dezember 1942 niedergelegten Auffassung:

»Überlebende in Rettungsbooten zu vernichten muß weniger aus Humanitätsgründen als wegen des moralischen Eindrucks auf die eigene Besatzung, die ein gleiches Schicksal für sich erwarten muß, unterbleiben.«

Mit wenigen Ausnahmen haben sich die U-Boot-Kommandanten in Übereinstimmung mit ihren Vorgesetzten daran gehalten.

Chef der 27. U-Flottille

In Gotenhafen war ich verantwortlich für den letzten Teil der Ausbildung, bevor die U-Boote an die Front gingen, die taktische Ausbildung.

Zur Aufstellung eines Konvois standen mir zur Verfügung sechs bis acht Schiffe in der Größenordnung von 6000–10000 Tonnen, drei Mutterschiffe: *Wilhelm Bauer, Waldemar Kophamel, Saar*, und als Sicherungsstreitkräfte vier ehemalige norwegische Torpedoboote *Löwe, Tiger, Leopard* und *Panther* sowie drei Minensuchboote. Außerdem flogen als Luftsicherung die Staffeln der Luftwaffe des in der Nähe befindlichen Stützpunktes Rahmel.

Jeweils acht bis zehn U-Boote traten etwa alle 14 Tage neu zur Flottille. Mit ihnen wurden Tag und Nacht Angriffe auf den gesicherten Verband gefahren, der zwischen Bornholm und Libau in der Ostsee kreuzte. Die Übungen sollten so frontnah wie irgend möglich gefahren werden, das heißt, wir fuhren bei jedem Wetter und des Nachts abgeblendet. Wasserbombenverfolgungen wurden simuliert mit Handgranaten.

Wir fuhren und bildeten aus mit den Erfahrungen, die wir von der Schlacht im Atlantik mitbrachten.

Die Frage, ob unsere Ausbildung noch der sich ändernden Lage im U-Boot-Krieg entsprach, bewegte uns sehr. Die Verlustzahlen sickerten durch. Gegenüber den durchschnittlichen Verlusten von etwa zwei bis drei Booten im Monat in der Zeit von Kriegsbeginn bis Juni 1942, hatten sich diese in der Zeit von Juli 1942 bis April 1943 erschreckend erhöht auf zwölf Boote im Monat.

Im Mai 1943 verlor die deutsche U-Boot-Waffe 42 Boote.

Dementsprechend gingen die Versenkungszahlen der alliierten Schiffe zurück. Hatten wir zunächst mehr Schiffe versenkt als nachgebaut werden konnten, schnitten sich bereits

Ende 1942 die Kurven der versenkten Schiffe und der Neubauten.

Die in der berühmten Rooseveltrede vom 17. Mai 1941 (also vor dem Eintritt der Amerikaner in den Krieg) angedrohten Maßnahmen begannen sich auszuwirken.

Er sagte:

»Die Nazis versenken dreimal soviel Schiffe wie britische Werften, zweimal so viel Schiffe, wie britische und US-Werften zusammen nachbauen können. Unsere Antwort wird sein: Forcierung des US-Schiffbauprogramms und Hilfe zur Reduzierung der Verluste auf See.«

Das Programm zum Bau der Liberty-Schiffe, bekannt als Kaiserprogramm, lief an.

Wo lagen die Ursachen zur Wende im U-Boot-Krieg?

Sie lagen vorwiegend auf wissenschaftlich-technischem, aber auch auf organisatorisch-produktivem Gebiet.

Es gibt eingehende Analysen darüber. Ich kann mich hier darauf beschränken, sie kurz aufzuzählen.

Mit Hilfe des Radargerätes, mit dem zu Beginn des Jahres 1941 die alliierten Geleitfahrzeuge und bereits 1940 ihre Flugzeuge ausgerüstet wurden, gelang es ihnen, die Angriffe der U-Boote auf Konvois (Rudeltaktik) zunächst zu erschweren und schließlich zum Erliegen zu bringen.

Der High Frequency Direction Finder, das sogenannte Huff/Duff-Gerät, konnte die ungefähre Position jedes U-Bootes, das am Geleitzug Peilzeichen zum Heranführen von anderen U-Booten gab, innerhalb einer Reichweite von 25 Seemeilen feststellen. Automatisches Einpeilen von Funksignalen, auch Kurzsignalen, durch Großfunkpeilstellen an Land verriet die Position von funkenden U-Booten im Bereich des gesamten Operationsgebietes Atlantik und gab damit den Konvois die Möglichkeit, ihnen auszuweichen.

Das Leigh-Light-System (Radar-Scheinwerfer-Bombe) setzte Flugzeuge in die Lage, in der Nacht, wenn die U-Boote ihre Batterie aufluden, überraschend anzugreifen.

Der schwerstwiegende Schlag gegen die U-Boote war der Einbruch in den Verschlüsselungscode (Schlüssel M).

Der Hedgehog (Igel), ein Granatensalvenwerfer (24 Granaten) mit Kontaktzündung, überschüttete geortete getaucht fahrende U-Boote mit einem Hagel von Explosivkörpern.

Wasserbomben stärkeren Kalibers wurden gegen U-Boote eingesetzt, die sich der Verfolgung in größeren Wassertiefen entziehen wollten.

Das Asdicgerät, zur Ortung getauchter U-Boote, anfangs nur bei fünf bis zehn Knoten Eigenfahrt des Geleitfahrzeugs wirksam, wurde verbessert und gab gute Meßwerte bis 18 Knoten Eigenfahrt.

Flugzeuge und Sicherungsfahrzeuge wurden zahlenmäßig verstärkt.

Flugzeuge wirkten mit besonders zusammengestellten Escortgruppen gemeinsam. Flugzeugträgergruppen (Hunter Killing Groups) wurden gebildet.

Der Einbruch in den Schlüssel M.

Von Mitte 1941 mehrten sich die Verdachtsmomente, daß dem Gegner der Einbruch in unser Ver- und Entschlüsselungssystem gelungen war. Die Front hat von diesem Zeitpunkt an gewarnt. Die Auffassung der Führung war, daß der Schlüssel M wegen der Vielzahl seiner Einstellungsmöglichkeiten absolut sicher sei.

Hätte man die Warnungen der Front ernst genommen, wären mit verhältnismäßig einfachen Mitteln zusätzliche Sicherungen möglich gewesen; jede U-Boot-Position hätte zusätzlich noch einmal verschlüsselt werden können, Positionsangaben nur als Bezugspunkte.

Der U-Boot-Funk hätte von anderen mithörenden Marine-Führungsstellen abgekoppelt werden müssen usw.

Bereits im März 1941 wurden bei einem britischen Raid auf dem Vorpostenboot *Krebs* in Nordnorwegen zwei Walzen des Schlüssels M erbeutet. Was auf dem geenterten Wetterbeobachtungsschiff *Lauenburg* an Schlüsselunterlagen gefunden wurde, ist im einzelnen nicht bekannt. Jedoch sprach man über Geheimnismaterial von unschätzbarem Wert.

»U 110«, Kapitänleutnant Lemp, wurde nach einem Angriff auf einen britischen Geleitzug am 9. Mai 1941 durch Wasserbomben zum Auftauchen gezwungen. Die Besatzung verließ das Boot, nachdem auf Anordnung des Kommandanten die Sprengladungen angesetzt waren – die nicht detonierten. Das Boot blieb an der Oberfläche. Der Kommandant, der daraufhin sein Boot wieder schwimmend zu erreichen versuchte, wurde erschossen.

Ein für solche Fälle trainiertes englisches Einsatzkommando, unter Leitung des Leutnant Balmé, entert unter schwierigen Seegangsbedingungen das U-Boot und bringt innerhalb von vier Stunden das gesamte Schlüsselmaterial, die Seekarten, die Schlüsselmaschine mit den aktuellen Einstellungen, das Kenngruppenbuch, die Schlüsselanweisungen, die Funkkladde und alle Schlüsselwalzen mit einer kleinen Jolle an Bord des britischen Zerstörers *Bulldog*, der sich zwischen das U-Boot und die im Wasser treibende Besatzung gelegt hatte, damit diese nicht Zeuge des Entervorgangs wurde und später darüber berichten konnte.

Der Einsatz des Leutnant zur See Balmé und seiner Gruppe geschah unter dem permanenten Risiko, daß eine der möglicherweise nicht entdeckten Sprengladungen explodieren, Boot und Kommando in Stücke reißen würde. Dieses Kommandounternehmen hatte weitreichende Konsequenzen. Die Tat des Leutnant zur See Balmé war der Anfang des Sieges der Alliierten in der Schlacht auf dem Atlantik. Sein Name wird selten erwähnt. Zu der Zeit war in Bletchley Park von dem Naturwissenschaftler Alan Turing im Team mit britischen und polnischen Experten sowie jüdischen Emigranten das Konzept einer Maschine entwickelt worden, die wir heute als Computer bezeichnen. Mit Hilfe dieser Maschine gelang es, die Geheimnisse des Schlüssels M zu ergründen, so daß fast der gesamte Funkverkehr der Deutschen Wehrmacht – nicht nur der Kriegsmarine – entziffert werden konnte, und zwar mit seltenen Unterbrechungen über längere Perioden hinweg. (Juni 1941 bis Januar 1942 – Dezember 1942 bis Kriegsende). Dabei war eine durchschnittliche Verzögerung von ein bis zwei Tagen in Kauf zu nehmen. Das bedeutete, daß die britische operative Führung während dieser Zeit auf einem präzise erarbeiteten Feindlagebild aufbauen konnte. Unsere U-Boot-Aufstellungen konnten umfahren werden und die Hunter killing Groups auf sie angesetzt werden.

Die »Enigma«-Schlüsselmaschine war aus einer für den zivilen Gebrauch entwickelten Maschine hervorgegangen. Sie war in verschiedenen Ländern patentiert, so auch 1926 in England. Man konnte sie kaufen. Zwar hatte die militärische Maschine wesentliche Besonderheiten. Doch waren die Grundprinzipien bekannt, was den polnischen Mathematikern bei der technischen Analyse eine große Hilfe war. Die deutschen Experten gingen bis zum Ende des Krieges davon aus, daß die ungeheuer große Zahl von Verschlüsselungsmöglichkeiten der Enigma-Maschine die Gewähr dafür bot, daß, selbst wenn eine Maschine erbeutet wurde, die Entzifferung so viel Zeit kosten würde, daß der Zeitverzug die gewonnene Information wertlos machte.

Auch die deutsche Funkaufklärung hatte Erfolge aufzuweisen. Doch besteht kein Zweifel, daß die Ergebnisse der Arbeit der britischen Funkentzifferungsdienste um einen Quantensprung besser waren.

Warum waren uns die Briten in diesem Bereich überlegen?

Sie schufen eine neue Art des Zusammenwirkens zwischen den Militärs und der Wissenschaft. Sie nannten das »operational research«, und die Amerikaner übernahmen es unter dem Namen »operational analysis«. Diese Gruppen waren mit qualifizierten Wissenschaftlern aller Disziplinen besetzt: Physikern, Chemikern, Mathematikern, Astronomen, Ökonomen, Psychologen usw., die zum Beispiel in Bletchley Park mit erfahrenen Marineoffizieren in der »operational and special intelligence« zusammenarbeiteten. Alle Informationen über die deutschen U-Boote, ihre Taktik, Waffen, Stand der Ausbildung, Anzahl und Dauer der Einsätze, Charakteristik der Kommandanten, flossen hier zusammen, um von den »mixed teams« analysiert und an die U-Boot-Abwehrverbände weitergegeben zu werden. Nach dem Krieg traf ich in Spanien einen britischen Intelligence Offizier, der unter anderen auch mein Boot und mich zu beobachten hatte. Er kannte Details über meine Fahrten, die mir längst entfallen waren. Was wußten wir schon von denen, die uns gegenüberstanden und wie sie uns bekämpften? So gut wie nichts.

In diesen »operational-research«-Gruppen wurden die oben beschriebenen Technologien forciert und entwickelt und so geheimgehalten, daß wir ihre technisch-operativen Parameter nicht kannten, ihre Wirkung aber spürten.

Wie hat die U-Boot-Führung auf die sich steigernde Effektivität der gegnerischen Abwehr reagiert, welches war ihre Antwort auf die Wende?

Dönitz rief die Chefs der Biskaya-Frontflottillen nach dem Desaster im Mai 1943 zu sich und beriet sich mit ihnen. Wer ähnliche Besprechungen mitgemacht hat, weiß, daß alle U-Boot-Fahrer unter dem Eindruck seiner charismatischen Autorität standen, die ernsthafte abweichende Auffassungen gar nicht hochkommen ließ. Die Meinung von Dönitz und damit auch seiner Chefs war:

Bei einem Abzug der U-Boote vom Atlantik würden Tausende von Flugzeugen frei, um als Bomber zusätzlich auf die deutschen Städte angesetzt zu werden.

Hunderte von Sicherungsfahrzeugen würden frei, um den

Küstenverkehr in der Nordsee zum Erliegen zu bringen (Nachschub für Norwegen). Churchill würde seinen alten Traum realisieren, die Forcierung der Ostsee-Eingänge. (Ein späterer Zusatz: damit wäre die Rettungsaktion von etwa 2 Millionen Flüchtlingen über See Ende des Krieges nicht möglich gewesen.) Am 31. Mai flog Dönitz in das Führerhauptquartier. Der Inhalt seines Vortrags wurde von Hitler bestätigt. Hitler fügte hinzu:

»Der Atlantik ist unser westliches Vorfeld. Besser dort den Gegner bekämpfen als an den Küsten Europas.«

Eine heutige kritische Betrachtung dieser Thesen ergibt, daß die im Atlantik eingesetzten Flugzeuge vorwiegend Flugprofile und Waffensysteme hatten, die für Bombenab würfe über Deutschland entweder nicht oder nur bei aufwendigen Umbauten geeignet waren.

Wozu der Umbau, wenn die laufende Produktion von Langstreckenbombern ausreichend war?

Für eine Forcierung der Ostsee-Eingänge hätten schwere Seestreitkräfte eingesetzt werden müssen und keine Sicherungskräfte.

Und schließlich konnte die Fortführung des U-Boot-Krieges im Atlantik die Invasion nicht verhindern.

Aber selbst wenn man die Thesen stehenläßt, hätten auch sporadische Einsätze, nur mit Schnorchelbooten, die feindlichen See- und Seeluftstreitkräfte im Atlantik binden können. Der Blutzoll der U-Boot-Männer wäre geringer gewesen.

Welche Maßnahmen wurden getroffen, um die Verluste zu reduzieren und die Erfolgskurve wieder ansteigen zu lassen?

Ab Herbst 1942 wurde das Funkmeßbeobachtungsgerät (FuMB) »Metox« an Bord der U-Boote eingebaut, eine Behelfslösung aus der französischen Radioindustrie, mit der dazugehörenden Antenne, dem sogenannten Biskayakreuz. Dieses war ein primitives Holzkreuz, dessen Zuleitungskabel durch das offene Turmluk mit dem Empfänger verbunden waren. Es war bei schwerer See nicht brauchbar und verzögerte das Alarmtauchen. Außerdem hatte es Eigenstrahlungen, die feindliche Kräfte anlockten.

Ab September '43 wurde ein Funkmeßtäuschungsgerät »Naxos« eingebaut.

Die »Aphrodite«, ein Ballon von 60 cm Durchmesser, mit drei vier Meter langen Dipolbändern bestückt, wurde als Scheinziel eingesetzt.

Der »Bold«, ein mit Calciumhydrat gefüllter Behälter, aus einem Spezialrohr ausgestoßen, hielt sich schwebend im Wasser und bildete für den Verfolger ein Ortungsscheinecho unter Wasser.

»Alberich« war ein 4 mm dicker, auf das Boot montierter Gummiüberzug, um die Schallrückstrahlung bei Asdic/Sonar zu verringern.

Torpedos wurden entwickelt, die ein bestimmtes Laufprogramm hatten, zum Beispiel Schleifen fuhren quer zum Geleitzug (FAT, später LUT – lagenunabhängig). Der »Zaunkönig« war ein mit einem Horchknopf ausgestatteter selbststeuernder Torpedo mit Abstandzündung.

Der »Schnorchel« war ein Luftmast, der das unter Wasser fahrende Boot bei laufendem Diesel mit Luft versorgte, vorrangig zum Aufladen der Batterie. Er war der erste Schritt vom Tauchboot zum U-Boot.

Die »Bachstelze«, ein mit einem Mann besetztes Fluggerät, das durch umständliche Manöver flugbereit gemacht und durch den Fahrtwind bis auf 100 Meter Beobachtungshöhe gebracht werden konnte, war nur in abgelegenen, nicht luftüberwachten Seegebieten zu gebrauchen.

Bis auf den Schnorchel und die neuen Torpedos waren alle anderen Maßnahmen Notlösungen, die in keinem Verhältnis standen zu den gewaltigen wissenschaftlichen und technischen Herausforderungen des Gegners. Sie verringerten die U-Boot-Verluste kaum. Auch die Versenkungszahlen erhöhten sich nicht. Im Gegenteil, die Versenkungen waren weiter rückläufig. Die Verluste betrugen 1944 etwa 20 Boote monatlich.

Spätestens nach der Invasion im Juni 1944 waren alle Argumente für eine Weiterführung des U-Boot-Krieges mit den vorhandenen Bootstypen widerlegt. Zwischen dem 1. Januar 1945, als die Amerikaner am Rhein und die Russen in Ostpreußen standen, bis zum Ende des Krieges am 8. Mai 1945 gingen noch mehr als 100 Boote verloren.

Erst die neuen Unterseeboote, die Typen XXI und XXIII, gaben den Besatzungen eine bessere Chance zum Überleben und unter veränderten Einsatzbedingungen auch die Möglichkeit, begrenzte Erfolge zu erzielen. Abgesehen davon, daß sie zu spät kamen, waren auch sie keine Wunderwaffe, die den Verlauf des Krieges geändert hätte.

Die Verluste blieben nicht verborgen. Das waren für uns doch nicht nur Zahlen. Dahinter standen Menschen, Kameraden, Freunde. Besatzungen, die gerade durch unsere Hände gegangen waren, blieben oft bereits auf ihrer ersten Feindfahrt. In Unkenntnis der neuen technischen Entwicklungen auf der anderen Seite schoben wir diese Verluste auf eine nicht ausreichende Ausbildung, die zu einem großen Teil in unserer Verantwortung lag. Wir beschlossen, Dönitz unsere Forderungen nach besserer Ausrüstung der Sicherungsfahrzeuge mit modernen Sensoren vorzutragen, desgleichen für mehr Flugzeuge, das heißt insgesamt für eine effektivere und härtere Ausbildung. Wer von uns sollte hingehen?

Suhren meinte, das Los sollte entscheiden, ich war der Meinung, daß ich als letztlich verantwortlicher Chef der Flottille diese Forderung auf den Tisch zu legen hätte. So geschah es, ich fuhr nach Berlin.

Enttäuscht und verärgert kam ich zurück, weil man mein Anliegen praktisch vom Tisch gewischt hatte und kaum Zeit fand, mich anzuhören. Teddy sagte, er habe mich immer gewarnt vor der Anmaßung einiger Leute des Stabes, die auch Ali Cremer bestätigte.

Als er von Feindfahrt zurückkehrte, berichtete er über einen wirkungslosen Angriff mit dem »Zaunkönig«, einem gerade in die Front eingeführten, selbst das Ziel suchenden und selbststeuernden Torpedo, auf den die U-Boote alle Hoffnungen gesetzt hatten. Der einwandfreie Torpedoversager wurde mit den Worten abgetan: »Na, Ali, den hast du wohl vorbeigegeigt.« Es konnte nicht sein, was nicht sein durfte.

Eine Erklärung für die Haltung des Stabes war: die sicherlich nicht immer einfache Aufgabe, Optimismus nach unten auszustrahlen. Nicht auszuschließen waren bei der starken Persönlichkeit von Dönitz ein gewisser Byzantinismus in seiner Umgebung und bei beschränkter fachlicher Ausbildung Grenzen der Erkenntnis.

Jedenfalls fehlte es nicht an kritischen Informationen und Beobachtungen.

Von 39000 U-Boot-Fahrern sind etwa 30000 gefallen.

Von drei Booten kamen ab Mitte 1943 im Durchschnitt zwei Boote nicht zurück. Wie kam es dazu, daß die Besatzungen, wenn sie gerade noch einmal davongekommen waren, doch wieder ausliefen?

Funktionierte das Prinzip Befehl und Gehorsam noch? War der Einsatzwille noch vorhanden? Stellte eine geschickte Menschenführung die Einsatzbereitschaft sicher? Wie war der Abgrund zu überbrücken zwischen einer wenig hinreißenden Aufgabe, nur noch die gegnerischen Kräfte im Atlantik zu binden, und der vagen Hoffnung auf bessere Waffensysteme, von denen man doch wußte, daß sie zu spät kamen? Spürbar war für jeden: Kaum noch Erfolge bei zunehmender unmittelbarer Lebensgefahr für jeden einzelnen. Das Spannungsfeld für den Kommandanten konnte unter diesen Umständen kaum extremer sein. Das folgende Beispiel steht für viele. Im Operationsbefehl »Kanal Nr. 1« für U-Boote im Kanal hieß es:

»Jedes feindliche Fahrzeug, das der Landung dient, auch wenn es nur etwa ein halbes hundert Soldaten oder einen Panzer an Land bringt, ist ein Ziel, das den vollen Einsatz des U-Bootes verlangt. Es ist anzugreifen, auch unter der Gefahr des Verlustes des eigenen Bootes ...

Das Boot, das dem Feinde bei der Landung Verluste beibringt, hat seine höchste Aufgabe erfüllt und sein Dasein gerechtfertigt, auch wenn es dabei bleibt ... Kommandanten und LIs, die es an der nötigen Verantwortungsfreude fehlen lassen, werden nach dem Einlaufen zur Rechenschaft gezogen.«

Die Situation war folgende:

Von 36 aus den Biskayahäfen in den Kanal geschickten U-Booten waren neun Boote mit Schnorchel ausgerüstet.

Die Alliierten hatten das Coastal Command mit Flugzeugen aller Art verstärkt, so daß sich überlappende Radarschirme vom Kanal bis weit in die Biscaya hineinreichten. Die Boote ohne Schnorchel wurden von dieser Sicherung erfaßt, unter Wasser gedrückt oder angegriffen, so daß keines von ihnen den Kanal erreichte, mehrere versenkt wurden, der Rest schwer angeschlagen zurückkehrte. Die Schnorchelboote hatten geringe Erfolge, einige wurden versenkt. In der Zeit vom 6. Juni bis Ende August versenkten unsere Boote lediglich fünf Sicherungsfahrzeuge, zwölf Schiffe mit etwa 55 000 t, vier Landungsfahrzeuge, bei einem Einsatz der Alliierten von 5 000 Fahrzeugen. Von den in dieser Zeit im Kanal operierenden 30 U-Booten wurden 20 versenkt.

Der in allen Marinen geltende Grundsatz, daß der Kommandant an Ort und Stelle unter Abwägen aller Faktoren über den Einsatz des Bootes zu entscheiden hat, wurde hier ersetzt durch einen an Kamikaze-Einsatz grenzenden Befehl mit Androhung von Strafe bei Nichtbefolgung. Das hatte es in der deutschen Marine bisher nicht gegeben und zeugt davon, wie sehr sich die Marineleitung bereits im Vokabular der politischen Leitung angepaßt hatte, die ihre Ziele mit einem menschenverachtenden Fanatismus zu erreichen versuchte.

Die Aktion »Winkelried« – genannt nach dem Schweizer, der in der Schlacht von Sempach, 1386, angeblich die feindlichen Waffen auf sich zog und damit eine Bresche für die anderen schlug – hatte den gleichen bedingungslosen Charakter. Die Männer der Kleinkampfmittel übernahmen mit ihrer Unterschrift unter ein Formular praktisch die Verpflichtung, aus militärischer Notwendigkeit in den Tod zu gehen. Verklausuliert wurde gefordert: Erfolg oder Tod.

Anfang des Krieges betrug der Personalstand der U-Boot-Waffe 3000 Mann. Zur Jahreswende 1941/42 gab es einen akuten Mangel an ausgebildeten Offizieren und Unteroffizieren. Ein Personalsonderprogramm wurde aufgelegt, mit dem Ergebnis, daß Anfang 1943 die Personallücke geschlossen war. Ab Mitte 1941 wurde das Prinzip der Freiwilligkeit verlassen. Tauglichkeit galt nunmehr als das einzig gültige Kriterium. Das schloß nicht aus, daß sich bis Ende des Krieges relativ viele Freiwillige meldeten, besonders Offiziere.

Die Männer an Bord des U-Bootes waren wie auf keinem anderen Kriegsschiff geprägt und motiviert durch den Kommandanten, der, völlig in die Bordgemeinschaft integriert, keinerlei Privilegien hatte. Erfolg und Mißerfolg hingen von dem Können, der Leistung jedes einzelnen und dem Einsatzwillen des Kommandanten ab. Der von dem englischen Admiral John Jervis geprägte Begriff »band of brothers« charakterisiert die U-Boot-Besatzung. Natürlich war es für den erfolgreichen Kommandanten leichter, seine Besatzung zu führen. Ebenso wichtig aber war, daß der einzelne sich als Glied einer Kette fühlte, einer Volksgemeinschaft, die zu großen Zielen geführt wurde. Diese Ziele waren: zunächst – ein Europa unter deutscher Führung. Als der Sieg fragwürdig wurde, ging es darum, die bedingungslose Kapitulation zu verhindern. Als die Niederlage unausweichlich wurde, zogen wir uns auf den die Marine verpflichtenden Spruch zurück: »Don't give up the ship!« Denen, die sich aus dieser Kette lösen wollten, drohten drakonische Strafen.

Die Kommandanten waren 1943/45 durchschnittlich 23 Jahre alt, zwei Jahre mehr als das Durchschnittsalter der Besatzung.

Diese Männer waren durch die Erziehungskader der Nationalsozialisten gegangen und von deren Gesellschaftsvorstellungen geprägt.

Sie hatten Idealvorstellungen von Vaterland, Volksgemeinschaft, Disziplin, dem Führerprinzip.

Die Menschenführung setzte oben ein. Nach jeder Feindfahrt hatte der Kommandant sich beim Befehlshaber der U-Boote (B.d.U.) zu melden, um ihm und seinem Stab zu berichten. Dabei entwickelte sich ein persönlicher Kontakt, der nicht hoch genug einzuschätzen ist. Es gab viele organisatorische Maßnahmen, um das Leben der Besatzungen während der Werftzeiten zu erleichtern, zum Beispiel den B.d.U.-Zug für Urlauber in die Heimat, die sogenannten »U-Boot-Weiden«, wo sich die Männer bei bester Betreuung erholen konnten.

Das setzte sich auf Bootsebene fort: Kaffee und Schokolade gab es immer, ebenso das Verpflegungspaket für die Urlauber.

Hinzu kam, daß die Propaganda ein gewisses Image aufbaute. Der U-Boot-Fahrer verstand sich als Angehöriger einer Eliteeinheit, gewissermaßen eines »Freicorps Dönitz«. Das führte zu einer stillen Verpflichtung des einzelnen, sich dieses Ansehens würdig zu erweisen.

In einer Zeit allgemeiner und zunehmender Unsicherheit – Bombenterror zu Haus – drohende Niederlage – wurde dem U-Boot-Fahrer die Geborgenheit der Besatzung geboten. Die zwischenmenschlichen Beziehungen können dabei so stark sein, daß sie das natürliche Eigeninteresse am Überleben überdecken. Die Kameradschaft an Bord hat auch noch eine andere Erklärung:

Was ist ein U-Boot? Es ist ein Fahrzeug, das in drei Dimensionen operiert. Das prägt die Menschen an Bord. Sie leben in der See. Die See ist ein natürlicher Teil ihres Lebens. Sie haben Sinne zu schärfen, Sensoren zu intensivieren, um auf Geräusche, Vibrationen, Salzgehalt des Seewassers, Temperaturschichten in der See zu reagieren.

Sie haben Mittel der Kooperation zu entwickeln, einfach, um zu überleben. Sie müssen ihren Nebenmann genau kennen, seine Schwächen und Stärken, denn die schwächste Stelle in der Kette ist wichtig zu wissen in der Gefahr, wenn ein Fehlgriff das Überleben aller in Frage stellt.

Wenn der U-Boot-Mann den Hafen verläßt, das Turmluk geschlossen wird, nimmt er Abschied von einer farbigen Welt, von Sonne, Mond und Sternen, von der Vielfalt und Schönheit der Welt. Er reduziert sein Leben in der Stahlröhre auf wenige Maximen, von denen die Kameradschaft und der Wille zum Überleben die wichtigsten sind.

Das Vorbild erfolgreicher U-Boot-Kommandanten und Besatzungsmitglieder, die in der Ausbildung tätig waren, spornte die neuen Besatzungen an. Die Führung durch Frontsoldaten konnte sich aber nur deshalb so entscheidend auf die personelle Einsatzbereitschaft auswirken, weil das psychologische Umfeld oder – wie man auch sagen kann – der »Zeitgeist« gewissermaßen als Katalysator die Wirkung verstärkte. Erst die Übereinstimmung zwischen den Werten, Normen und Verhaltensmaximen der Gesellschaft einerseits und ihres Teilbereichs, in diesem Fall der U-Boot-Waffe, machte die Ziele der Menschenführung glaubhaft und ermöglichte in gegenseitigem Zusammenwirken die Sicherstellung eines weitreichenden Einsatzwillens bei den Soldaten.

Die Menschenführung im Kriege trug so zusammen mit der Gesamthaltung der Bevölkerung dazu bei, einen Krieg noch zu führen, als er schon längst verloren war.

Ein Gespräch mit Prof. Esau, dem damaligen Leiter der Reichsanstalt für physikalische Forschung, gab mir die Möglichkeit, die wissenschaftliche Situation kennenzulernen, die auf der einen Seite den Gegner in eine Lage versetzt hatte, die U-Boote so erfolgreich zu bekämpfen, und auf der anderen Seite uns keine Möglichkeiten gab, darauf eine Antwort zu finden. Er sagte mir, daß in Verkennung der Bedeutung des Radars das Heeres-Waffenamt andere Schwerpunkte gesetzt hatte. Er fügte hinzu, daß eine falsche Personalpolitik betrieben werde, daß naturwissenschaftliche Experten, auch Amateurfunker an die Front geschickt wurden anstatt in die Laboratorien, daß jüdische hochqualifizierte Wissenschaftler nicht mehr arbeiten konnten. Er sagte mir auch, daß eine Weiterentwicklung der Hahnschen Versuche (Kettenreaktion) in Richtung auf eine nukleare Waffe (Atombombe) in weiter Ferne sei.

Der Aufwand für eine solche Entwicklung sei riesengroß und bei der angespannten Lage auf dem Gebiet der personellen und materiellen Ressourcen nicht zu verwirklichen. Er drückte sich sehr verklausuliert aus, einmal, weil es sich um sehr geheime Dinge handelte, zum anderen, um seine Resignation nicht allzu deutlich werden zu lassen, denn Resignation bedeutete bereits Zersetzung der Wehrkraft, die mit dem Tode bestraft wurde.

Mit Dr. Aschoff, der auf dem Gebiet der Torpedoentwicklung arbeitete, hatte ich lange Gespräche über den sogenannten Homing-Torpedo, der als »Zaunkönig« dann später in die Front eingeführt wurde und der zu gewissen Erfolgen bei Angriffen auf die Sicherungsstreitkräfte an den Geleitzügen führte.

Dönitz versuchte die technische Entwicklung der U-Boote und der Waffen für U-Boote durch Formierung einer wissenschaftlichen Gruppe unter Leitung des Professors Küpfmüller weiterzubringen. In dieser Gruppe arbeitete auch der Professor Cornelius mit, insbesondere auf dem Gebiet des Torpedos und der sogenannten Kleinkampfmittel. Er war Professor an der Technischen Hochschule Charlottenburg. Ich war oft Gast in seinem Hause.

Seine Meinung war, daß dies zwar ein Schritt in die richtige Richtung sei, daß aber die Zahl der eingesetzten Fachkräfte zu gering und die Zusammenarbeit mit der militärischen Seite nur sporadisch und daher wenig effektiv sei.

Mein erster Besuch im Führerhauptquartier in der »Wolfsschanze« in Rastenburg (Ostpreußen) war im April 1942, als der Führer mir das Eichenlaub zum Ritterkreuz verlieh. Im Beisein seines Marineadjutanten, Kapitän zur See von Puttkamer, wurde mir die Auszeichnung überreicht. Hitler dankte mir für meinen Einsatz und lud mich ein, am Mittagessen teilzunehmen. Das Gespräch bei Tisch, das Hitler fast allein führte, stand unter dem Thema »alles für den Soldaten«. Alles, was ihn hindert, wird gnadenlos bekämpft, Verzögerungen in der Produktion, persönliche Bereicherungen, Sabotage, alles das gehört der Vergangenheit an.

Das Volk sei unter dem Nationalsozialismus zu neuen Ufern aufgebrochen.

Das alles gefiel mir natürlich als Soldat schon, nur die verbalen Ausfälle und wie es vorgetragen wurde stieß auf meine unausgesprochene Kritik. Vor allem die Art und Weise, wie er über den Gegner sprach, mißfiel mir außerordentlich. Er sprach von Churchill nur als dem Säufer und von Roosevelt als dem Paralytiker.

Aus der Umgebung des Führers lernte ich Feldmarschall Keitel und General Jodl kennen sowie einen der Leibärzte Hitlers, Dr. Morell.

Jodl war für mich der Typ des kühl denkenden und warmherzig empfindenden Offiziers. Morell habe ich in Erinnerung als einen ungepflegten, äußerlich sich gehenlassenden Menschen. Seine Manieren beim Essen wirkten nicht nur für mich abstoßend. Was er allerdings sagte, charakterisierte ihn nicht als Quacksalber, als der er später oft hingestellt wurde. Er war ein erfahrener Allgemeinarzt, der, wenn seine Zuständigkeit endete, fachliche Kapazitäten hinzuzog.

Außerdem lernte ich den Reichsleiter Bormann kennen. Er war mit der Schwester meines Crewkameraden Walter

Buch verheiratet. Mich darauf ansprechend, lud er mich ein, sein Gast auf dem Platterhof in Berchtesgaden zu sein.

Drei Monate später nahmen Teddy Suhren und ich diese Einladung wahr. Zunächst fuhren wir nach Pullach, München, dem ständigen Wohnsitz der Familie Bormann. Frau Bormann, die Tochter des obersten Parteirichters Buch, eine sehr sympathische Frau, hieß uns willkommen, umringt von einer Schar von neun Kindern, die sie im Abstand von etwa je einem Jahr bekommen hatte. Von dort wurden wir auf den Obersalzberg gefahren, um im Platterhof, dem Gästehotel der Parteiführung, unterzukommen.

Hier verbrachten wir drei ebenso erholsame wie interessante Wochen. Der gesamte Obersalzberg war freies Gebiet für uns, wir konnten uns ungehindert bewegen. Eines Abends waren wir im Hause Bormann eingeladen, zusammen mit dem Filmschauspieler Willy Fritsch und Herta Feiler, der späteren Frau von Heinz Rühmann. Bormann hatte ein Mustergut auf dem Obersalzberg eingerichtet, das er uns zeigte. Er nahm den gewaltigen Bullen über einen Nasenring und Stock an der Hand und führte ihn vor, was Fritsch dazu veranlaßte, mir ins Ohr zu raunen »der Stier vom Obersalzberg«. Und so sah Bormann nicht nur aus in seiner stämmigen, stiernackigen Figur, sondern so gab er sich auch später, als Gastgeber in seinem Haus. Aus der Landwirtschaft kommend, sprach er nicht ohne Sachverstand über die züchterischen Erfolge, die er mit diesem Bullen gehabt hätte, und ließ sehr deutlich durchblicken, daß die eigene Familie ihm nicht genügend Raum zur Vererbung seiner Qualitäten gäbe und er eben auch außer seinen legitimen Kindern eine Anzahl illegitimer Kinder hätte.

Fritschs Ausspruch hatte den Nagel auf den Kopf getroffen. An diesem Abend war auch Eva Braun anwesend, die ich bei dieser Gelegenheit kennenlernte, eine junge Frau mit einem hübschen, aber wenig ausdrucksvollen Gesicht. Sie lud uns am nächsten Tag in ihr Haus ein. Teddy konnte mit ihr hervorragend und lockte sie aus allen Reserven heraus.

Sie, die Freundin und Geliebte des Führers, litt darunter, daß sie offiziell nie in Erscheinung treten durfte.

Wenn Hitler mit ihr gefrühstückt hatte und Gäste kamen, zog sie sich zurück. Er hatte ihr zu verstehen gegeben, daß sie nicht heiraten könnten, weil sonst sein Image beim Volk leiden würde. Nach außen dürfe er kein Privatleben haben, denn er müsse Tag und Nacht für sein Volk dasein.

Durch sie lernten wir auch Magda Schneider kennen, die Mutter von Romy Schneider, eine aparte und munter parlierende Gesellschafterin. Wir alle fuhren zusammen auf das Teehaus oder, wie es die Amerikaner später nannten »Eagle's Nest«. Die Straße wand sich in mehreren Serpentinen hoch bis in die baumlose Region. Wir landeten auf einem Felsvorsprung, der als Terrasse ausgebaut war, und gingen durch einen Tunnel in einen Fahrstuhl. Der Fahrstuhl überwand die letzten 100 Meter, und wir landeten dann inmitten des sogenannten Teehauses, einem in mächtigen Natursteinblöcken aufgebauten Haus, das einen großen Wohnraum, mehrere Gästeräume und einige Wirtschaftsräume enthielt. Der Wohnraum hatte nach drei Seiten hin große, sprossenlose Fenster, ein jedes gab einen anderen Blick frei in die gewaltige Gebirgswelt.

Der zweite Besuch im Führerhauptquartier war im Herbst 1942, als ich mir die Schwerter zum Eichenlaub abholte. Das Führerhauptquartier befand sich zu der Zeit in der Ukraine, in Winniza. Auf dem Flug dorthin machten wir Station in Prag. Auf diese Weise habe ich die alte Kaiser- und Universitätsstadt kennengelernt. Wir waren Gäste im Hause des deutschen Stadtkommandanten.

In Winniza traf ich dieselben Gesichter wie in der »Wolfsschanze«, aber in einer ganz anderen Landschaft. Ein weites, fruchtbares Land, durch das wir in einem offenen Kübelwagen gefahren wurden. Es war das erste und einzige Mal, daß ich Rußland sah. Es lag etwas Schwermütiges über dem Land und den Menschen. Das war sicherlich nicht ausschließlich darin begründet, daß die Kriegsfurie über das Land gegangen war, sondern es lag in der Natur dieser Landschaft. Dostojewski und Tolstoi sind mir nähergerückt, seitdem ich diese Landschaft und ihre Menschen berührt habe.

Im Hauptquartier lernte ich den späteren Oberst i. G. Heinz Brandt kennen, bekannt als Gewinner der Goldmedaille für Springreiter bei den Berliner Olympischen Spielen. An seiner Seite nahm ich teil an der Mittagstafel. Er wie auch ich hörten den Worten Hitlers zu, die uns wie metallene Schläge trafen. Wahrscheinlich waren es seine Gäste von der Front, die ihn veranlaßten, in den Mittelpunkt seines Monologs den Ausspruch von Heraklit zu stellen, daß der Krieg der Vater aller Dinge sei. Er übersprang mehr als zwei Jahrtausende Geschichte, zitierte Darwin mit dem Satz vom Kampf ums Dasein und der Auslese der Stärkeren. Nur die Völker, die stark waren, hätten überlebt. Seit unser Volk in die Geschichte eintrat, würde es von dem Osten bedrängt, von den Hunnen, Mongolen, Russen.

Es gäbe nur wenige Augenblicke in der deutschen Geschichte, in denen ein Führer auferstanden sei, gegen innere Widerstände das Volk zu einigen und zu Kraftanstrengungen nach außen zu bringen. Gegen einen neuen Dschingis-Khan stünden wir heute, und hinter diesem stünde der internationale Jude.

Und nun sagte er etwas, was er doch als Möglichkeit gedacht haben mußte: der Zusammenbruch der Ostfront würde ein tausendjähriges Chaos bringen.

Die gedankliche Assoziation: 1000jähriges Reich und 1000jähriges Chaos bewegte mich einen Moment, so daß ich einen Teil seiner weiteren Ausführungen überhörte. Nur ein paar Gesprächsfetzen sind mir in Erinnerung geblieben, Spannung zwischen Lebensraum und Bevölkerungsdichte, Auswanderung oder Geburtenbeschränkung, und dann die Schlußfolgerung, daß die Bevölkerungsdichte in Deutschland von durchschnittlich 135 Menschen/km^2 Ernährungsprobleme mit sich brächten, die nur durch Vergrößerung des Lebensraumes gelöst werden könnten. Wir waren für solche Gedankengänge geöffnet durch das Buch »Volk ohne Raum« von Hans Grimm, das wir verschlungen hatten.

Hatten sich nicht auch andere Völker Raum geschaffen? England sein Weltreich, Frankreich, die Niederlande ihre Kolonien? Die Frage nach Völkerrecht und Humanität wurde nicht berührt, stellte sich uns auch nicht. Zu sehr waren wir den Gedankengängen Darwins von der Schule her verhaftet. Und doch spürte ich ein Unbehagen, nachdem ich Landschaft und Bevölkerung der Ukraine in den Tagen vorher etwas kennengelernt hatte.

In den Gesprächen mit mir war Brandt kritisch, eine Haltung, die die Stimmung in der Operationsabteilung des Heeres widerspiegelte.

Aber das bedeutete noch keinen aktiven Widerstand, wie einige von ihnen – nach dem Kriege, wohlgemerkt – den staunenden Zeitzeugen glaubhaft machen wollen. Bei der Explosion am 20. Juli im Führerhauptquartier wurden ihm beide Beine weggerissen. Er starb kurze Zeit später.

Brandts Zugehörigkeit zur Gruppe des Widerstandes ist noch heute ungeklärt. Für Brandt, postum zum Generalmajor befördert, wurde zunächst eine offizielle Trauerfeier angeordnet, dann jedoch plötzlich abgesagt. Es wurde nur ein Begräbnis im engsten Familienkreis gestattet, den Angehörigen ein verschlossener Sarg übergeben, die kurze Trauerfeier von der Gestapo streng überwacht.

Mein dritter Besuch im Führerhauptquartier, dieses Mal wieder in der »Wolfsschanze« in Ostpreußen, war Mitte 1943. Ich erhielt die Urkunde für die Schwerter. Mit mir zusammen waren die Kapitäne Lüth, Gysae und Suhren. Wir vier waren anschließend an die Verleihung der Auszeichnungen und der Aushändigung der Urkunden Gäste Hitlers zum Essen. Es war die Zeit, in der viel von Wunderwaffen die Rede war, und Hitler hielt einen Monolog über technische Entwicklungen. Ich habe noch in Erinnerung, daß er über einen Akkumulator auf Laugenbasis berichtete, der uns frei machen würde von dem Rohstoff Blei, der außerordentlich knapp war. Nun, nachdem die V 1 gestartet und die V 2 in der Entwicklung war und ich selbst den Walterantrieb an Bord eines U-Bootes in Funktion gesehen hatte, erschien das alles durchaus glaubhaft. Dennoch war ich skeptisch nach einem Vortrag, an dem ich in Danzig teilgenommen hatte – der Vortragende war Hans Fritzsche, Ministerialdirektor aus dem Propagandaministerium. Er sprach über Waffenentwicklungen. Neben mir saß ein Luftwaffenoffizier. Als Fritzsche über neue Entwicklungen sprach, flüsterte mir der Luftwaffenoffizier ins Ohr, »übertrieben, alles übertrieben«. Als Fritzsche dann über die neuen Elektro-U-Boote sprach und mit Dönitz-Worten sagte, daß mit diesen U-Booten Geleitzugschlachten alten Stils geschlagen würden, konnte ich ihm auch nur zurückflüstern, »alles übertrieben«.

Am nächsten Tag waren wir Gäste bei der Operationsabteilung des Heeres und ihrem Chef, General Heusinger. Ich traf dort den Bruder meines Crewkameraden von Tiesenhausen, die Hauptleute Schall und Köstlin sowie abermals Oberstleutnant Brandt. Sie beurteilten die Lage an der Ostfront sehr kritisch und beklagten sich darüber, daß Hitler in Details hineindirigierte, die mit ihrer Lagebeurteilung nicht in Übereinstimmung zu bringen waren.

Außerdem lud uns der Operationsstab der Waffen-SS ein.

Diese Einladung war zustande gekommen, weil Himmler die Patenschaft von Gysaes Boot übernommen hatte. Gysae, genannt die Flottendreckschleuder, sagte sehr sarkastisch: »Gestern verloren wir noch den Krieg, heute sind wir dabei, ihn wieder zu gewinnen.« Die SS-Führer, die in ständiger Opposition zu den Heeresoffizieren standen, hatten nichts Eiligeres zu tun, als dies nach oben zu melden. General Heusinger wurde zum Führer zitiert. Heusinger ließ sich von seinen Offizieren über unsere Gespräche melden, und wir wurden, nachdem wir wieder in Gotenhafen waren, zur Stellungnahme aufgefordert. Es war uns außerordentlich unangenehm, daß wir in den Verdacht geraten waren, vertrauliche Gespräche in dieser Weise kolportiert zu haben. Lüth und ich setzten einen Brief auf, in dem wir die Vorkommnisse und die Gespräche aus unserer Sicht schilderten, die unsere Gesprächspartner entlasten sollten.

Viele Jahre später, 1982, wurde ich in Spanien von Generalmajor a. D. Köstlin auf diese Vorkommnisse hin angesprochen. Noch im Gefolge des Attentats vom 20. Juli 1944 wurde der Vorfall aus der Schublade herausgeholt und als Beweis für illoyale und sabotierende Kräfte des Heeres hingestellt.

Girardet, den bekannten rheinischen Zeitungsverleger, lernte ich während des Krieges in Berlin kennen.

Nach dem Kriege traf ich ihn wieder als Präsidenten des Verbandes der Zeitungsverleger, anläßlich einer Veranstaltung in Bonn. Wir saßen anschließend zusammen, und er erzählte, was mir entfallen war.

Zurückkehrend von der Ostfront, saß er mit Freunden in einer Bar.

Er wurde mir vorgestellt. Ich war gerade aus dem Führerhauptquartier zurückgekehrt. Meine Hand, die ich ihm entgegenstreckte, hatte einen Tag vorher die Hand des Führers geschüttelt – so stellte er damals halb ergriffen, halb glossierend fest. Dann wollte er aber jede Einzelheit wissen und vor allem, welchen Eindruck ich von dem Führer gehabt hätte.

Er hatte erwartet, daß ich wie viele andere der Faszination Hitlers erlegen sei. Und er war fast empört, als ich mich sehr kritisch über die monologisch von Hitler bei Tisch geführten Gespräche äußerte. Er hätte mich für anmaßend gehalten und wäre enttäuscht von dieser Begegnung fortgegangen. – Heute müßte er sagen, daß ich einer der wenigen gewesen sei, der nicht dem Führerkult verfallen gewesen sei.

Ich sagte schon, daß ich eigentlich im U-Boot-Hauptquartier »Koralle« war, um mich einerseits zu informieren und andererseits meine Besorgnis zum Ausdruck zu bringen über die Diskrepanz zwischen der Effektivität der Ausbildung und den Anforderungen der Front. Einmal erlebte ich einen Luftangriff der Alliierten auf »Koralle«. Ein Flugzeug wurde abgeschossen. Die Besatzung schwebte an Fallschirmen herunter. Einer der Besatzungsangehörigen verfing sich mit seinem Fallschirm in einer elektrischen Hochleitung. Ein Feldwebel schnitt ihn los und mißhandelte ihn dann. Ich stellte den Feldwebel zur Rede, der mir zur Antwort gab: »Meine Familie ist bei amerikanischen Luftangriffen ums Leben gekommen.« Anschließend wurde über dieses Vorkommnis in der Offiziersmesse debattiert. Die Reaktion war durchaus geteilt.

Nur wenige waren mit mir der Auffassung, daß dieser Gefangene Anspruch auf den Schutz derer hatte, die ihn gefangennahmen, wie ein Schiffbrüchiger. Die Majorität hatte durchaus Verständnis für die emotionelle Reaktion des Oberfeldwebels. Wie stark der Krieg die Gemüter bereits verwirrt hatte!

In Gotenhafen wohnte ich an Bord des U-Boot-Begleitschiffes *Wilhelm Bauer*. Als Suhren mein Stellvertreter wurde und ich nur jede zweite Unternehmung leitete, mußte ich meine Kammer auf der *Wilhelm Bauer* aufgeben, weil diese an jeder Übung teilnahm. Ich erhielt die Führerkammer auf der *Wilhelm Gustloff*. Das war nicht nur eine Kammer, sondern eine Suite, bestehend aus einem großen Empfangsraum, Umkleideraum, einem Schlafraum und natürlich einem großen Bad. Ich entsinne mich noch, daß eingebaute Schränke dort waren, die aus erlesenstem Holz gefertigt waren, und daß diese Schränke innen beleuchtet wurden, wenn man ihre Türen öffnete, etwas Besonderes in der damaligen Zeit.

Die *Gustloff* war vor dem Krieg als »Kraft durch Freude«-

(K.d.F.-)Schiff gefahren und hatte Arbeiter und Angestellte nach Madeira und den kanarischen Inseln gebracht. Die Gemeinschaftsräume und Kabinen waren mit den besten Materialien ausgestattet.

Das Schiff hatte nur einige Fahrten gemacht. Aber sie hinterließen ihre Spuren. Im Parkett sah man die Brandflecken von ausgetretenen Zigaretten, Rotweinflecken auf den Teppichen, die Wandverkleidungen waren beschädigt. Immerhin, der Staat hatte im Sinne der Volksgemeinschaft durchaus etwas für die »Arbeiter der Faust« getan, die sich auch für diesen Staat einsetzten.

Vielleicht waren wir auch auf dem Weg, den der »Tiger der Ostsee«, Maat Malchus, uns seinerzeit im U-Raum auf der *Gorch Fock* seherisch gezeigt hatte.

Im August 1944 wurde ich Leiter der Erprobungsgruppe U-Boote und nahm diese Aufgabe zusammen mit meinem Crewkameraden Emmermann wahr. Wir hatten die neuen Typen XXI und XXIII, Superelektroboote, taktisch zu erproben und als Ergebnis die Kampfanweisungen zu schreiben. Das erste Boot vom Typ XXI wurde uns für die Erprobungen zugeteilt.

Kommandant war mein Crewkamerad Addi Schnee, Leitender Ingenieur Gerd Suhren und 1. Wachoffizier Conny Lüders.

Wir machten sämtliche Einzelerprobungen und ließen das Boot im Rahmen einer Geleitzugübung der 27. U-Flottille mitfahren. Das Ergebnis war, daß dieses Boot hervorragende Eigenschaften als Einzelkämpfer hatte und daß es wegen seiner Fähigkeit der schnellen Bewegungsänderung sowohl nach der Seite wie in die Tiefe bessere Überlebenschancen bei Verfolgungen hatte. Aber es war nicht das, was Dönitz immer behauptet hatte, nicht nur den U-Boot-Offizieren, sondern auch Hitler gegenüber. Daraus war die Konsequenz eines forcierten U-Boot-Baues gezogen worden in der Annahme, daß dieses Boot in der Lage sei, Geleitzugschlachten alten Stils zu schlagen, daß mit diesem Boot die Wende im U-Boot-Krieg kommen würde und wir wieder Versenkungsziffern erreichen würden, die weit über das hinausgingen, was wir auf Höhe der U-Boot-Erfolge 1942 erreicht hatten. Der Typ XXI war, verglichen mit dem Typ VII C, der bisher den U-Boot-Krieg geschlagen hatte, zweifellos ein Fortschritt, aber er hätte nicht die Wende im U-Boot-Krieg bewirkt und schon gar nicht die Wende des Krieges herbeigeführt. Immerhin wies er viele Verbesserungen gegenüber den im Krieg gängigen U-Boot-Typen auf, so daß nach dem Kriege die Russen den Typ XXI mit ihrer Serie der »Whisky«-Klasse fortsetzten. Auch der Typ 209, ein Exportboot der Howaldtswerke/Deutsche Werft in Kiel, war eine Weiterentwicklung dieses Bootstyps.

Mein Leben in der letzten Phase des Krieges war weitgehend von politischen und militärischen Ereignissen bestimmt, die meinen ganzen Einsatz forderten.

Davon berichte ich wieder in Tagebuchauszügen.

Daneben aber entwickelte sich etwas, das innere Engagement für einen anderen Menschen, wie es in dieser Ausschließlichkeit und Stärke neu in meinem Leben war.

Am 19. Februar 1943 war ich eingeladen bei einem U-Boot-Kommandanten. Ich stand mit zwei Kameraden, Teddy Suhren und Claus Korth, vor der Haustür einer Etagenwohnung. Wir suchten den Namen des Gastgebers und den dazugehörigen Klingelknopf. In dem Moment trat eine Dame auf uns zu, in einen Schal gehüllt, und sagte: »Wenn Sie auch zu Heinsohns wollen, dann drücke ich für Sie mit.« Die Tür ging auf, wir traten aus dem dunklen Eingang in einen beleuchteten Aufzug, den der Gastgeber heruntergefahren hatte.

Die Dame schnickte das Kopftuch zurück, ich sah sie an, sie mich an, in diesem Augenblick sprang ein Relais an, das seitdem nicht aufgehört hat, Impulse zu empfangen und zu senden, und das mich bis heute in Spannung, in Atem gehalten hat, mein Leben bereichert und beglückt hat.

Neben mir stand meine spätere Frau. Was wir im Aufzug miteinander geredet haben, weiß ich nicht mehr. Wie ich meine Frau kenne, hat sie viel und Lustiges geredet. Jedenfalls oben angekommen, setzten wir uns zusammen, wir tanzten den Abend miteinander, wir hatten uns unendlich viel zu erzählen, die Welt um uns versank.

Neben mir saß eine Frau, die mich mit ihrer Natürlichkeit, einem sprudelnden Temperament, einer charmanten, nicht aggressiven Schlagfertigkeit verzauberte, ohne daß sie es wußte oder gar wollte. Das, was sie sagte, war voller Warmherzigkeit und Klugheit.

Ich weiß noch, daß ich mir Adresse und Telefonnummer auf meine gestärkten Manschetten schrieb. Ich weiß auch noch, daß wir auf ihre Anregung eine Karte an Frau Korth schrieben, die nicht in Gotenhafen war. Sie unterschrieb diese Karte mit Ilse Topp. Ich sagte, als sie mir die Karte weiterreichte, »aber soweit sind wir doch noch nicht«. Die anderen schauten über meine Schulter und lachten. Obwohl ihr dieser Lapsus peinlich war, sagte sie mit dem natürlichsten Charme: »Ach, Herr Korth, lassen wir das doch so stehen, dann denkt Ihre Frau, daß Herr Topp verheiratet ist.«

Mein Malerfreund Klahn sagte später dazu: »Frau Ilse hat den sechsten Sinn.«

Das Ende des Krieges

Tagebuch, Briefe:
3. Januar 1945
Heute sprach aus der eingeschlossenen Festung Breslau der Gauleiter Hanke. Es waren männliche Worte ohne Ballast, zum letzten entschlossen. Sie gipfelten in den Worten des schlesischen Uhrmachers und Philosophen Jacob Böhme:

»Wer nicht stürbe, ehe er stirbet,
Der verdürbe, wenn er stirbet.«

Wer sich nicht mit seinem Leben eingesetzt hat, der beugt sich vor der Todesfurcht, wird schwach, elendig und verdirbt.
Mich hat dieses Wort des alten Böhme zurückversetzt in die Zeit meiner Feindfahrten. Wie oft wurden wir dem Leben wiedergegeben, das wir schon verloren wähnten. Was haben wir in jener Zeit alles über Bord geworfen; alles, was uns vorher erstrebenswert schien, um das wir uns bemüht und geschlagen hatten, erschien uns unwichtig und leer angesichts des letzten Einsatzes. Aber bereits mit der ersten Chance begann auch der allmähliche Rückfall in die alte Wertung, und wenn wir den Fuß erst wieder auf festen Boden gesetzt hatten, war der Ballast wieder da, mühten wir uns um Alltäglichkeiten.

Hanke war nicht zum letzten entschlossen. Er setzte sich feige ab und überließ die Bevölkerung der Stadt Breslau ihrem grauenvollen Schicksal. Mord, Vergewaltigung, Zerstörung.

Briefe:
28. Januar 1945
Lange habe ich nicht geschrieben.
Gestern kam ich zurück nach Zoppot. Du warst nicht mehr da – vor den Russen geflohen. Eine Last fiel mir vom Herzen. Bei dem Zusammenholen weniger Habseligkeiten habe ich das Flüchtlingselend gesehen und zum Teil selbst erlebt. Acht Stunden auf zugigem Bahnhof bei mindestens –15° und 24 Stunden nichts zu essen waren für mich sehr heilsam. Mütter um mich mit schreienden Kindern. Elend, Jammer, Not.

30. Januar 1945
Soeben Gustloff *auf dem Marsch nach Westen bei Seegang 5 und Temperatur unter Null gesunken. Etwa 5 000 Menschen an Bord, eine Katastrophe nie dagewesenen Ausmaßes. Ein Torpedobootkommandant erhielt eben den Befehl, zur Hilfe auszulaufen. Ich sah, wie der Mann bleich wurde, als er die Nachricht erhielt. Seine Frau und drei Kinder sind an Bord der* Gustloff. *Was muß in der Seele dieses Mannes vorgehen, der als Seemann weiß, daß eine Rettung nicht möglich ist. Ich komme mir klein vor, bei diesem Elend daran zu denken, daß meine Angehörigen in Sicherheit sind. Und doch ist es so.*
Gestern las ich in einem Buch über Magellan den Wahlspruch von João de Barros: »Wer für den Ruhm lebt, scheut die Gefahr nicht.« Gestern noch war mir dieser Satz aus der Seele gesprochen. Aber es sind wirklich nur Worte. Wer hat von diesen 5 000 Menschen an Ruhm gedacht. Sie dachten nur an ihr nacktes Leben und starben voller Angst.
Menschenmassen in der Nähe der Dampfer im Hafen in der Hoffnung, mitgenommen zu werden. Polizeiaufgebote zum Absperren. Lazarettzüge mit schmutzigem, verfaultem Stroh. Verwundete darauf, frierend in der Kälte mit weißgrauen, eingefallenen Gesichtern. Und doch wol-

len alle leben. Der Drang zum Leben ist doch der größte unter allen menschlichen Triebhaftigkeiten.
Fliegerangriff auf Gotenhafen. Sie jagen jetzt schon die Menschen in den Straßen. Das Flakfeuer scheint ihnen nichts auszumachen.
Zufällig in der Nähe Hindenburgstr. 11 (wie lange wird sie noch so heißen?) betrete ich die alte Wohnung, um Schutz vor den Geschoßsplittern zu suchen – auch ein wenig neugierig. In jedem Zimmer eine Flüchtlingsfamilie, namenloses Elend. Auf engstem Raum wurde gekocht, geschlafen, sich an- und ausgezogen. Die Toiletten waren verstopft.
Wie froh bin ich, daß Dir alles dies erspart blieb. Und wie wünschte ich mir andererseits, daß Du alles dies sehen möchtest, damit Du gehärtet würdest für kommende Zeiten.

2. Februar
Heute kamen die Eltern von Oberstleutnant Sauer nach drei Wochen Treck mit drei Wagen und 15 Pferden in Zoppot an. Ich habe ihnen unsere Wohnung zur Verfügung gestellt. Die Haltung dieser Menschen ist bewundernswert. Er 70 Jahre, sie 60 Jahre, beide im Augenblick wohl zerschlagen, aber ungebeugt. Das sind Menschen. Im letzten Kriege schon haben sie alles verloren, sind geflohen.
Jetzt haben sie den Russen wieder zwei blühende Güter überlassen.
Was geblieben ist, sind drei Wagen Hausrat für acht Mann, vor allem aber ihre Standhaftigkeit. Zwei Menschen, die einen langen Lebensweg zusammen gegangen sind, die alles füreinander sind, denen Not und Elend innerlich nichts mehr anhaben kann.

8. Februar
An Bord des kleinen Torpedobootes TF 5, auf dem Wege von Gotenhafen nach Kiel. Ein nicht mehr kompensierter Kompaß brachte uns in die schwedischen Gewässer. Wir

hatten Glück, daß unsere Neutralitätsverletzung nicht bemerkt wurde.
Schlechte Sicht, keine Landmarken als navigatorische Orientierung zu sehen. Plötzlich das Kommando: »Beide Maschinen äußerste Kraft zurück.« Ein Ausguck hatte im letzten Augenblick einen Schatten gesehen, die Küste von Bornholm. Nachdem wir in dickem Nebel einen Zusammenstoß mit einem Fischkutter gerade noch vermieden hatten, gingen wir vor Anker. Gestern waren dicht über uns feindliche Minenflugzeuge hinweggebrummt; heute warten wir darauf, daß die Wege wieder freigesucht werden, wir die Fahrt nach Kiel fortsetzen können und ich das Kommando über das neue Boot übernehmen kann.

Kommandant von »U 2513«

Aus Aufzeichnungen:
Bevor ich »U 2513« am 22. April 1945 übernahm, war ich für wenige Wochen Kommandant von »U 3010«.
Mit einigen erfahrenen Männern nutzte ich jede Stunde, um die neue Besatzung zu trainieren, und zwar nicht nur in der für jeden auf Gefechtsstation vorgesehenen Rolle, sondern auch in den Nachbarbereichen, um bei Ausfällen Reserven zu haben. Das heißt, die Männer im E.-Maschinenraum wurden trainiert auch für Verrichtungen im Dieselmaschinenraum, diese in der Zentrale usw. Während dieser Ausbildung lief der normale Bordbetrieb weiter. Wenn Schalter für die Übung gelegt werden mußten, wurde vorher der Strom ausgeschaltet. Wenn das nicht möglich war, wurden Warntafeln aufgestellt.
In seinem Bereich vergaß der verantwortliche E.-Maat, diese Warntafeln aufzustellen. Ein im Bordbetrieb arbeitender Gefreiter wurde von einer Maschine für Schleichfahrt erfaßt und tödlich verletzt.
Kriegsgerichtsverhandlung. – Der Maat wurde zum »Fronteinsatz« an Land verurteilt, d. h. in eine Strafkompanie versetzt.
Der Maat war durch den von ihm mitverschuldeten Tod seines Kameraden selbst schwer getroffen. Ihn jetzt aus der Bordgemeinschaft herauszureißen wäre das Todesurteil gewesen. – Ich ging gegen das Gerichtsurteil an. Der Maat blieb an Bord – auch hier war er im Fronteinsatz.

25. April
Mit Teilen des Stabes vom B.d.U. (Befehlshaber der U-Boote) haben wir Kommandanten eine erregte Diskussion.
Soll Flensburg, eine Stadt voller Flüchtlinge und Verwundeter, verteidigt oder zur offenen Stadt erklärt werden?

Sollen die Fähnriche der Marineschule nach Berlin eingeflogen werden, um einen letzten Schutzwall um den Führer zu bilden? Wir U-Boot-Männer sind zwar bereit, unsere Pflicht bis zum Letzten zu tun. Aber für diesen Irrsinn haben wir kein Verständnis mehr. Wir verlassen den Raum.

27. April
Abmeldung beim B.d.U., Admiral von Friedeburg.
Der Mann, unter dessen Kommando ich auf der *Karlsruhe* fuhr, dessen dunkle Augen unter buschigen Brauen durch den immer vorhandenen Rauchschleier einer dicken Brasil Vertrauen und Zuversicht ausgestrahlt hatten – heute nur noch ein Schatten seiner selbst. Ein Mann, der den Wahnwitz dessen, was er tun muß – den Befehl für einen Opfergang zu geben –, mit mir unverständlichen Worten kaschiert, sich selbst betrügt, indem er sich in diese Kette von Sinnlosigkeiten einreiht und davon spricht, daß, wenn wir die Heimat nicht mehr verteidigen könnten, wir von der norwegischen Basis weiterkämpfen sollten bis zum Ende unserer Kampfkraft. Er und sein Stab würden auf ihrem Schiff bis zur letzten Patrone kämpfen, und das erwarte er auch von uns.
Er drückte mir die Hand, voll Vertrauen, wie immer, aber auch voller Trauer, wandte sich um, als ihm die Tränen in die Augen traten. Er wußte, daß er mich nicht wiedersehen würde.

(Wenige Tage später, nachdem er die bedingungslose Kapitulation mit unterschrieben hatte, nahm er sich das Leben.)

28. April
Abmeldung beim Ob. d. M., Großadmiral Dönitz.
Alter herzlicher Ton. Kein Anzeichen von Nervosität. Aber immer noch der Auffassung, daß man mit gutem Geist Panzer und Flugzeuge abhalten kann. Spricht von

der Übernahme des Befehls im Nordraum und daß der Führer von Berlin aus noch alle anderen Armeen führt. Zwischen seinen Sätzen steht die Vorstellung einer Wendung des Schicksals. Angebliche Differenzen zwischen den Anglo-Amerikanern und den Russen lassen letzte Hoffnungen aufkeimen.

Auch hier ein Händedruck, fester als beim B.d.U. Aber keine Antwort auf die im Raum stehende Frage, für was oder für wen wir auf »Feindfahrt« gehen. Dönitz stand hinter einem Schleier vorgegebener moralischer Faktoren, irrationaler Argumente, mit denen er seine Handlungen motivierte, an die er doch nicht selbst glauben konnte. Ich dachte an das Bild, das die Wände vieler Marinewohnungen zierte – nicht nur die Wände, auch die Sofakissen – und das »den letzten Mann« zeigte, in bewegter See, auf einem Wrackteil seines untergegangenen Schiffes treibend, im hochgereckten Arm die wehende Flagge haltend. Doch es war nicht die Zeit für Sentiments.

Es ging um das Überleben meiner Besatzung, einer Crew von fünfzig Menschen. Laut Befehl sollten wir mit mehreren Booten zur gleichen Stunde auslaufen. Ich täuschte in Absprache mit dem LI einen Maschinenschaden vor. Das Auslaufen mehrerer Boote zur gleichen Zeit konnte dem Gegner bei seinem hervorragenden Beobachtungsdienst nicht verborgen bleiben. Ich lief mit »U 2513« einen halben Tag später aus.

Das bewahrte uns vor dem Angriff einer Rotte englischer Jagdbomber, die einige von den vorher ausgelaufenen Booten beschädigten bzw. versenkten.

29. April

Rundfunk bringt, daß die Front verkürzt und nach Westen zurückgenommen ist. Gewissermaßen ein letztes Halten, um nun den Amerikanern, Engländern und Franzosen die Verantwortung für das europäische Schicksal zu überlassen.

30. April
Engländer sind bei Lauenburg über die Elbe gesetzt und marschieren auf Lübeck. Ich bin erleichtert; das ist kein Sarkasmus. Weiß ich doch nun, daß meine Familie nicht in die Hände der Russen fällt.
Das deutsche Volk ist im Zustand tödlicher Ermattung.
Abends bei mir an Bord. Wächter, Wahlen, Grau, Lambi, Hilbig, Bielig. Wie sagte doch Deeping?
»Die Arbeit und ein Kamerad sind des Mannes Glück.« An Bord jeden Bootes sind mehr als 50 Kameraden. Diese Männer heil und ohne Pathos durch die letzte inquisitorische Runde zu bringen, ohne ein Autodafé daraus werden zu lassen, ist die Aufgabe von uns Kommandanten.

1. Mai
Ausgelaufen nach Horten. Zwischenstation meiner letzten »Feindfahrt«. 22.00 Uhr Tod des Führers bekanntgegeben. Der Traum vom großdeutschen Reich ist ausgeträumt. Dönitz übernimmt die Führung der Trümmer des Reiches. Sagt in seinem Aufruf etwa das gleiche wie am 28. 4. zu uns Kommandanten.

1.–3. Mai
Südlich Anholt viele Ortungen. Über Wasser geblieben. Einlaufend Oslofjord ein Flugzeug im Angriff. Getaucht. Sonst unbehelligt nach Horten. Noch gilt der Befehl, das Boot an den Feind zu bringen. In dem Stützpunkt wird weiter am Boot gearbeitet, Schnorchelrunddipol eingebaut, Außenbordverschlüsse neu verpackt.
Inzwischen gehen folgende Meldungen ein:
Waffenstillstand Nordwestholland; Hamburg, Kiel, Flensburg offene Städte.
Waffenstillstandsverhandlungen mit Montgomery.
Kapitulation Nordwestdeutschlands und Dänemarks.
Doch der U-Boot-Krieg geht weiter, bis Stichwort »Regenbogen« in Kraft tritt.

Die Kernflotte wird versenkt. Wenig später wird »Regenbogen« wieder aufgehoben.
Kameraden werden gebombt und versenkt.
Wir sind ohnmächtig.

7. Mai
Der »Leitende Minister« Krosigk gibt die bedingungslose Kapitulation der gesamten Deutschen Wehrmacht bekannt. Es soll kein Blut mehr fließen. Erfahre in Oslo nach dem Lazarettbesuch von meinem LI Peter davon; gleichzeitig, daß die Engländer mit 48 Einheiten vor Lervik stehen. Sofort Rückfahrt angetreten. Auf der Rückfahrt mit Dr. Nordmeier alle Möglichkeiten durchgesprochen,
Plan, mit Boot auszulaufen, aufgegeben, weil zu spät. Absicht, Boot zu versenken in Unkenntnis ergangener Befehle.
Wird alles hinfällig durch eindeutigen Befehl des Großadmirals, Boote weder zu versenken noch zu zerstören, weil nur durch strikte Einhaltung der Waffenstillstandsbedingungen Hunderttausenden von deutschen Menschen das Leben gerettet werden kann.
Zusammenkunft mit allen Kommandanten auf Torpedoboot *Panther.*
Als ÄK (ältester Kommandant) einheitliches Handeln sichergestellt. Annahme, daß Großadmiral an seine Befehle gebunden ist und selbständiges Handeln zur Ehre der Flagge notwendig, wird vom F.d.U. West auf das schärfste abgelehnt.

8. Mai
Flagge feierlich eingeholt.
Besatzung von den Ereignissen in Kenntnis gesetzt. Ausgelaufen auf tiefes Wasser. Torpedos und Geheimsachen versenkt.

10. Mai
Liegeplatz der U-Boote wird scharf abgegrenzt. Abends beim Nachbarboot Luftballon mit angehängter deutscher Flagge. Geschmacklosigkeiten. Frage der Bootsführung. Habe mich mit meinem Boot nach Smörstein zurückgezogen. Gute eigene Disziplin ist durch das Zusammenliegen gefährdet. Das Negative multipliziert sich. In Smörstein Landhausleben. Wachweise Arbeitsgemeinschaften. Englischunterricht. Abends am Kaminfeuer, unvergeßlich. Walter Flex, alte und neue Lieder.
Von den Pionieren ein Strom- und Landungsboot erhalten. Große Erwägungen, mit dem Landungsboot Teile der Besatzung nach Hause zu schicken. Abgelehnt aus disziplinären Gründen. Besatzung darf nicht auseinanderlaufen. Anweisungen der Alliierten werden jetzt konsequent durchgeführt, gleich, wohin der Weg führt, obwohl ich letzten Endes der festen Überzeugung bin, daß unser Verhalten keinen Einfluß auf die Behandlung deutscher Menschen hat. Sie wird gleich unwürdig sein.

12. Mai
Die alliierte Waffenstillstandskommission gibt bekannt: Auf U-Booten bleibt nur notwendiges Maschinenpersonal.
Erneut Überlegungen angestellt, Teile der Männer nach Hause zu entlassen.
Gleichzeitig wird angefragt, ob Boote fahrklar für 14 Tage. Offensichtlich sollen Boote nach England überführt werden.
Nachmittags Kommandantenkaffee in Smörstein. Abenteuerliche Pläne. Gemeinsames Auslaufen in Kiellinie mit schwarzer Flagge.
Vor vollendete Tatsachen stellen. Marsch nach Kiel. Dort sehen, was weiter geschieht? Torpedoboot *Panther* mit überzähligem Personal vollstopfen und nach Kiel schikken.

13. Mai
Befehl von Franke und Meier überbracht, daß alles von Bord bis auf Kmdt., I.W.O., L.I., Obstrm., beiden Ob.Masch., insgesamt 35 Mann, davon 20 Mann Masch.Personal.
Zur Besatzung gesprochen, daß Besatzung nun notwendig auseinandergerissen. Wer will aussteigen? Es meldet sich ein Mann. Dann, auf meinen Hinweis, daß ein Teil eben doch aussteigen müsse, noch einige zaghaft. Ich habe mich darüber gefreut.
19.00 Uhr. Abgeteilte gehen von Bord. Hurras herüber und hinüber.
Mehreren stehen die Tränen in den Augen. Ihnen allen ist klar, daß ein bedeutender Abschnitt ihres Lebens abgeschlossen ist.

14. Mai
Das Leben geht weiter. Die letzten schönen freien Tage voller Ungewißheit. Das Wetter tut sein Bestes. Es ist ruhig und erholsam auf Smörstein. Nur die Gedanken an zu Haus zerren unentwegt. Möge das Schicksal ihnen gnädig sein.

16. Mai
Engländer werden für 14.00 Uhr angesagt. Cpt. Wingfield und mehrere Offiziere, begleitet von den unvermeidlichen Heimwehrleuten.
Förmliche Begrüßung. Auf *Panther* geführt. Mehrere Fragen beantwortet. Zum Schluß wurde von Cpt. Wingfield die Hochachtung für die deutsche U-Boot-Waffe ausgesprochen und sein Verständnis für unsere Situation. Erfreuliche Geste. Besichtigung der Typ-XXI-Boote, die sie sehr interessieren. Fine boat. Das Boot in Smörstein außerhalb ihrer direkten Kontrolle beunruhigt sie sehr.

17. Mai
Strahlende Sonne in Smörstein. Nachmittags Anker auf zu den Pionieren auf dem Holm. 1. deutsches Schiff an ihrer neugebauten Pier. Herzliche Aufnahme. Bis ½ 6 Uhr morgens.

18. Mai
Starker Wind. Boote nur schwer zu handhaben. Befehl, sofort nach Holmestrand zu gehen. Brechen unsere Zelte ab mit einem tränenden Auge. Das war noch einmal die Freiheit in reinen Zügen.
Abends Besprechung mit allen Kommandanten.

19. Mai
Funkspruch eingegangen von B.D.U. op., daß Verhalten der Boote, die sich nicht an Befehl Großadmiral halten, unverantwortlich ist. Boote sollen auftauchen und sich stellen. Mittags ablegen. Englische Offiziere steigen auf U Franke ein. Fahrt in Kiellinie nach Oslo. Im Hafen angelegt, auf uns gerichtete Geschütze englischer Zerstörer.
Pfingsten Boote geschmückt mit frischem Grün. Englische Marinesoldaten an Bord U Franke.
Mittags bei Wiegand. – Stabsarzt von Franke kommt zurück. Uhren und Füllfederhalter mit vorgehaltener Pistole entwendet. Wir gehen »gerechten« Zeiten entgegen. Abends wieder versucht, Deutschland telefonisch zu erreichen. Ohne Erfolg.
Zum ersten Mal wird uns klar, was es bedeutet, die Freiheit zu verlieren. Wir sehen die Menschen auf der anderen Seite des Wassers sich bewegen. Sie können gehen und fahren, wohin sie wollen. Noch können wir sie mit Ferngläsern betrachten. Demnächst haben wir nur noch Stacheldraht.

26. Mai
Abschiedsabend mit Wiegand, Brauel, Petersen und Hauter, die nach Schottland fahren sollen. Abend mit viel Gesang und Musik.
Feuerzangenbowle. Bis 04.00 Uhr Diskussion über Rußland und den eigenen Sozialismus, die eigenen Fehler, warum wir den Krieg verloren haben.
Ich denke an einen Abend auf dem U-Boot-Begleitschiff *Wilhelm Bauer* mit dem Gauleiter Forster, an seine anmaßend verächtlichen Worte über die Polen. Ich denke an die Atmosphäre der Hybris im Führerhauptquartier. Die Gespräche sind ein seltsames Gemisch zwischen eigenem Bestätigungszwang und sich bereits andeutendem Flagellantentum.
Die Diskussionen durchbrechen die Oberfläche nicht.

27. Mai
19.00 Uhr Verabschiedung von vier Booten, die nach England fahren. Blumen wie zur Feindfahrt. Alle Besatzungen treten an.
Deutschlandlied, Hurras, und, schon winkend: »Kameraden, wann sehen wir uns wieder.« Nach dem Versprechen des englischen Flottillenchefs, die Männer nach Überführung der Boote, deren Technik die englischen U-Boot-Leute noch nicht beherrschen, in die Heimat zu entlassen, hatten sich einige bereit erklärt, an Bord zu bleiben. Erst nach zweieinhalb Jahren Lagerhaft in England sahen wir uns wieder.

28. Mai
09.00 Uhr Verholen des Bootes nach Tygesholmkai, unweit des englischen Zerstörers *Campbell*, der seine Geschütze auf uns gerichtet hat.
Plötzlich gegen 16.00 Uhr: Kommandant schnell an Oberdeck kommen.
Vor den Booten stehen englische Marinesoldaten, ange-

treten unter Gewehr mit aufgepflanztem Bajonett. Auf jedem Boot zwei Offiziere und mehrere Mann. Diese Methode ist uns bekannt. Schreiben wird überreicht. Inhalt: Gesamte Besatzung sofort auf der Pier antreten. Nachher Gelegenheit, einzeln Privatsachen zu holen.
Inzwischen englische Soldaten an Bord.
Nach vier Minuten fehlen mir: der Halsorden, 500 Kronen, einige Halstücher. Die verbliebenen wenigen Habseligkeiten werden unter Aufsicht eines englischen Offiziers gepackt. Habe den Eindruck, daß die Offiziere ihre Männer nicht in der Hand haben. Konserven werden wahllos erbrochen, über Alkohol wird hergefallen. Erst nach meinen Einsprüchen bei Cpt. Wingfield können unnötige Härten vermieden werden.
Als ich an Oberdeck komme, ist die englische Flagge gesetzt.
Verlasse mit kurzem Gruß gegen mein Boot den letzten deutschen Boden in Norwegen. An Bord müssen bleiben der L.I. und die sechs ältesten Soldaten vom technischen Personal, unter anderem Steimle. Gebe jedem die Hand. Steimle stehen die Tränen in den Augen. Werden mit Lastwagen zum Bahnhof gefahren. Für mich Pkw.
20 Stunden Eisenbahnfahrt. Besatzungen im Güterwagen, Offz. im Personenwagen. Männer in unmöglichen Phantasiekostümen. Es war keine Zeit zum Umziehen. Beabsichtigt? Harte und kalte Nacht. Auf Zwischenstation geben Norweger kein Wasser heraus, obwohl vorhanden. Verleumdet, verfemt, verachtet und gehaßt. Die Feindpropaganda hat ihr Werk getan. Der Weg des Leids beginnt.
Ankunft Lager Krageröy. Nicht angemeldet. Überfüllt. Männer schlafen im Schuppen. Die ersten Tage dienen dem Bemühen, anständige Quartiere für die Männer zu schaffen.

1. Juni
Erster Zusammenstoß mit aufrührerischen Elementen im Lager.
Festnahme eines Mannes wegen Befehlsverweigerung.
Wenige Stunden später macht johlende Menge Demonstrationsumzug.
»Schlagt den Topp tot.«
Wie mag es in Deutschland aussehen?
Lagerführung meines Erachtens zu weich.
18. Vorpostenflottille verweigert Arbeitsdienst. Jeder trägt einen Knüppel.
Rote Halstücher. Die Hefe regt sich.

3. Juni
Bin Abteilungskommandeur geworden. Abteilungsmusterung.
Den Männern sachlich auseinandergesetzt, um was es hier geht.
Ruhe und Ordnung im Interesse jedes einzelnen. Führungsaufgabe erlischt erst, wenn wir sicher in der Heimat sind. Ziel, die Männer als gute Deutsche zurückzuführen, die daheim helfen aufzubauen und die instinktsicher zu Hause ihren Weg gehen, unangefochten von der Propaganda, die von allen Seiten auf sie einströmt.

Ich denke zurück an die letzten Tage in Deutschland. Durch Vermittlung des Landrats, des Admirals a. D. Carls, hatte meine Frau nach der Flucht Unterkunft im Schloß Blumendorf gefunden.

Das währte aber nur kurze Zeit, weil die Engländer anrückten und zu erwarten war, daß sie das Schloß zu ihrem Hauptquartier machen würden. So geschah es. Wenige Stunden vorher fuhren wir in einem von Freunden geliehenen, mit Holzgas betriebenen Auto nach Travemünde. Unterwegs Angriff von britischen Tieffliegern, die alles, was sich bewegte, wahllos mit Maschinengewehrfeuer belegten.

Jagt ihn – ein Mensch! Raus aus dem Wagen, Frau und Kinder in den Straßengraben gepreßt. – Die Kugeln pfeifen über uns hinweg.

In Travemünde widerwillig akzeptierte Zwangseinquartierung bei Konsul Kröger.

Drei Tage später, einen Tag vor Auslaufen meines Bootes aus Kiel.

Eine Pinasse kommt längsseits von »U 2513«. Das Anbordgehen meiner Frau konnte ich gerade noch verhindern, denn eine Frau an Bord bringt nach altem Aberglauben Unglück.

Für mich aber brachte sie das Glück des letzten Wiedersehens vor dem Auslaufen in eine ungewisse Zukunft.

Was war geschehen?

Ein Dampfer voller Torpedos und Minen lief in Travemünde aus. Meine Frau schaffte es, an Bord dieses Dampfers und auf einem minengefährdeten Weg nach Kiel zu kommen. Diese Fahrt war wie die Todesfahrt eines mit Flugbenzin gefüllten Tankzuges über eine mit Landminen verseuchte Straße. Aber Liebe geht gefährliche Straßen.

Meine Frau kam auch wieder zurück nach Travemünde. Es war höchste Zeit, denn einen Tag später rückten die Engländer an.

Wir liefen aus. Auch das wurde höchste Zeit, denn viele Fahrzeuge wurden am nächsten Tag im Hafen versenkt.

Der letzte Akt der Tragödie begann. Was hinter dem grauen Vorhang jenseits der Elbe geschah und geschieht, kann, wenn überhaupt, nur noch mit dem Inferno Dantescher Visionen verglichen werden.

Der Widerhall des schrecklichen Geschehens in uns war schlimm. Und doch ist kein Leid ohne Beispiel.

Ich denke an eine Russin, die ich in Paris kennenlernte.

Zwei Brüder fielen im Ersten Weltkrieg, der dritte in der roten Revolution. Der Vater erschoß sich. Die Mutter?

Tot? Irrsinnig? Scheuerfrau? Sie selbst entfloh über Sibirien, China nach Japan; kauft für letzten Schmuck Land. Kaum atmet sie auf, kommt ein Erdbeben und vernichtet alles. Von dem zusammenstürzenden Haus wird ihre Schwester erschlagen, sie selbst als letzte der Familie aus den Trümmern gezogen. Freunde nehmen sich ihrer an. Sie existiert von der Hand in den Mund, und sie gibt nach dem Leben, das sie steinigte, und dem Leid, das sie ertrug, sie gibt denen, die ihr zuhören, Kraft für das eigene Leben.

Ich traf sie in der »Sheherazade«, rue de Liège, Paris, im Untergeschoß, wo die Herren sich noch einmal den Schlips zurechtrücken und die Damen die Farbe ihrer Lippen überprüfen.

Dort saß auf einem kleinen Stuhl eine weißhaarige Dame – ja, das war sie schon, die ehemals russische Großfürstin, selbst noch in dieser Umgebung –, und ich hörte ihr zu.

Aus Aufzeichnungen:

4. Juni

Inzwischen sind wir acht Tage in der Reservation Krageröy, sprich Kriegsgefangenenlager. Ringsherum Stacheldraht. Mit dem Baurat habe ich eine Kammer in einer Baracke bezogen. Es regnet zwar noch durch, aber ein Bücherregal haben wir bereits selbst gezimmert, und irgendwie sind wir auch an Bücher gekommen.

Wir denken an zu Haus und wie wir das Zerstörte wieder aufbauen können. Wir machen Arbeitsgemeinschaften und versuchen, uns auf das Zivilleben vorzubereiten. Keiner von uns resigniert.

20. Juni

Nach 14 Tagen Umherfahren bin ich wieder im Lager.

Ich kam, so seltsam es klingen mag, gern wieder zurück.

Als ich wieder bei meinen Kameraden war, als die schon vertraut gewordenen Wände mich umschlossen, war ein Gefühl wie Heimat um mich. Inzwischen habe ich etwas von Norwegen gesehen, ein wunderschönes Land, gut gewachsene Menschen. Auf dem Weg nach Bergen blieben wir im Schnee stecken, drei Meter hoch über mehrere Kilometer. Haugestöl hieß der Ort. Mehrere Schneehasen liefen uns über den Weg. Schneefüchse und -hühner sollen auch hier sein.

Von den eigenartigen Gewohnheiten der Lemminge hörten wir. Der O.T.-Führer erzählte uns von den harten Zeiten im Winter, seinen Schneefräsen, dem gefürchteten Schneesturm, der tagelange Arbeit im Nu zunichte machte, seinen Männern, seinen Polarhunden. Man sah, wie der Mann sich freute über die neuen Gesichter in seiner Umgebung. Drei Jahre schon war er oben. Auch diese Menschen haben eine Familie zu Hause.

Dann fuhren wir wieder hinunter und erlebten den Vegetationswechsel aufs neue. Latschen, Moos, dann grünende Birken, die langsam höher werden, und der starke Tannenwald, der mit bunten kleinen Wiesen große Seen umrahmt – das Gesicht Norwegens. Ich sah andere Lager, sah die disziplinären Schwierigkeiten, sah die Enge.

Und es ist doch immer der gleiche Gedanke, der mich bewegt. Was von den Alliierten auch immer an Repressalien am Besiegten ergriffen wird, es wird schwer sein, aber wurde erwartet. Wir haben mit der totalen Niederlage als Ende des totalen Krieges gerechnet. Aber daß wir bereits jetzt in den eigenen Reihen wieder Zwiespalt und Parteiung haben, ist erschütternd. Sollte die »Volksgemeinschaft« doch nur ein Phantom sein, dem wir umsonst nachgejagt sind? Im eigenen Lager könnte man irre werden. Wo gibt es das? Daß sich Soldaten gegen einen der Ihren wenden, der fünf Jahre lang wie sie im Dreck gestanden hat, sich mit ihnen geschlagen hat. Mangel an Instinkt. Hingabe an Extreme, Radikalität. Der Baurat las gestern einen Artikel aus einer Münchener Zeitung zur Zeit des Bombenterrors vor von Eugen Roth.

Wie sagte er? Es gibt eine höchste und tiefste Not. Für die

tiefste Not hilft nur die Liebe, die Liebe zum Menschen und zu den Dingen des geschenkten Lebens.

21. Juni
Sonnenwendfeier: ein mächtiger Holzstoß auf kahlen Felsen.
Blick über ein liebliches Tal nach Westen, wo über dunklen Berghütten noch jetzt um Mitternacht ein heller Himmel steht. Der Holzstoß brennt. »Flamme empor«, sangen wir voller Glaube und Hoffnung vor gar nicht so langer Zeit in der bündischen Jugend und sprangen über das Feuer – symbolischer Akt der Reinigung.
Bewegungslos, zusammengekauert sitzen die Männer an dem Feuer und starren in die Flammen, die Krieg, Vernichtung und das Grauen noch einmal zurückrufen.
Die Fackel gesenkt.
Ich raffe mich auf, spreche ein paar Worte, ein »Trotzdem« zu unserer Lage in einer Umwelt der Erniedrigung und des Hasses, die wir täglich spüren. Ich spreche von der notwendigen Besinnung auf die Werte, die wir als Soldaten über diesen furchtbaren Krieg hinweggerettet haben – Einsatzbereitschaft, Solidarität, die wir bei dem Aufbau unserer zerstörten Heimat brauchen.
Doch weder die Flammen noch die Worte durchbrechen die Dunkelheit, die über und um uns liegt. Schweigend gehen wir zurück in unsere Baracken.

27. Juni
Ein Tag vergeht wie der andere. Und doch finden wir an jedem Tag eine besondere Stunde für uns, die uns erhebt. Heute hören wir aus der Albert-Halle den spanischen Cellisten Casals.
Beethoven: Fidelio-Ouvertüre
Schubert: Cello-Konzert in a-Moll
Anstelle von Feindbildern spüren wir zum ersten Mal wieder das die europäischen Völker Verbindende.

Dauthendey: »Ich sitze hier vor den ewig blauen Morgenhimmeln (D. war 1914–1918 interniert auf Java) und leide den größten Hunger, das ist Heimwehhunger. Der ist jetzt schon zum Heißhunger geworden. Ich spüre es am Herzen und fürchte manchmal, wenn ich sehr leide, am Heimwehheißhunger vor Herzschwäche zu sterben. Ich bin müde von allem. Müde vom Sehen, müde vom Warten, müde vom Heimweh. Ich lache, aber ich lache doch nicht. Ich plaudere, aber ich schweige dabei innerlich tiefernst.«

Ab 10.00 Uhr dürfen wir uns außerhalb des Stacheldrahtes nicht mehr sehen lassen, damit das sittliche Gefühl der Norweger nicht belastet wird. Aussätzige. Verdammt auf alle Zeit? Selbst in diesem dreckigen Fischernest K. spüren wir es. Nun ziehen wir schon um 07.00 hinunter zum Schwimmen im Meer. Gerade wenn der Tag anbricht. Aus der Not ist eine Freude geworden. Den unberührten Tag zu erleben, seine Reinheit und Stille, ist jeden Tag wie ein Morgengebet.

1. August
Im Zelt mitten zwischen Seen und Wäldern. Zwei Tage vor der Abreise nach Haus. Mit 20 Mann meiner Besatzung, Obltn. Peter und dem Baurat bin ich der Enge des Lagers entflohen. Wir schlagen Holz in den unerschöpflichen norwegischen Wäldern, $\frac{2}{3}$ für einen Bauern, $\frac{1}{3}$ für das Lager. Acht Tage sind wir schon hier bei strahlendem Sonnenschein. In einem Tal, an einem Forellenbach, zwischen zwei Seen sind die Zelte aufgeschlagen. Lagerleben wie in alten Zeiten. Morgens $6\frac{1}{4}$ beginnt der Tag. Von 7–12 wird gearbeitet. Wir schaffen durchschnittlich fünf Reis pro Tag. Es ging uns erst hart an, aber wir gewöhnten uns langsam daran. Wenn nur die Verpflegung kräftiger wäre. Im Lager sind die Portionen erneut gekürzt. $2\frac{1}{2}$ Schnitten Brot pro Tag sind wenig. Gestern bekamen wir Klippfisch und Kartoffeln vom Bauern, das wird uns helfen.

Neulich beim Telefonieren saß ich mit dem Bauern und der Bäuerin zusammen. Sie sprachen sehr vernünftig über den Krieg. Aber was uns sehr schadet, sind die Greuel in den KZs. Ich kann einfach nicht daran glauben. Einer von den Heimwehrleuten meinte heute: Norwegen wollte mindestens für 10–20 Jahre keinen Deutschen mehr sehen. Der Haß der Völker rings um uns umschließt uns wie eine feste Mauer. Wenn wir nur immer uns einig sind und gegenseitig helfen.

12. August
Heute gehe ich nun. Ich verlasse meine Männer. Wie schwer mir dieser Abschied fällt, vermag nur der zu ermessen, der weiß, daß ich all das verlasse, was mir jahrelang Lebensinhalt, Hoffnung, Stolz, Glück und Heimat war.
Ich könnte noch bleiben. Aber lieber ein schneller Schnitt als ein langsames Absterben, wenn ein Mann nach dem anderen geht.

Der Rest des Tagebuches wurde nach einer unwürdigen Durchsuchung mit den letzten Habseligkeiten gestohlen. Fast jeder Deutsche, der in Gefangenschaft war, kennt diese systematische und organisierte Entwürdigung.

Nachts ohne Decken und Zeltbahn auf durchweichtem Boden, im Schlamm, Verhöre im Scheinwerferlicht vor im Dunkeln sitzenden Inquisitoren, Untersuchungen der Offiziere, nackt, vor witzelnden englischen oder gedungenen Subjekten aus den eigenen Reihen, die nun ihre subalternen Komplexe abreagierten. Es blieb den deutschen Soldaten nichts erspart.

Am 26. August betraten wir deutschen Boden. So grau wie der Himmel, so trostlos war der Empfang. Den dreitausend Gefangenen, die in langer Schlange ins Entlassungslager marschieren, begegnen nur wenige Menschen.

Gedrückt und eingeschüchtert, wie von einer schweren

Last geduckt, schleichen sie an uns vorbei. Hörbar wird nur eine Gruppe junger deutscher Mädchen, die mit Negersoldaten schwatzend Arm in Arm dahinzieht. Ihr Kreischen erstirbt, als sie unsere graue Karawane sehen. Die Männer aber, die getreu dem Befehl des Großadmirals ihre Boote dem Feind übergeben hatten – wie hieß es noch in dem Funkspruch? um Hunderttausenden von deutschen Menschen das Leben zu retten –, wurden in die belgischen und französischen Kohlengruben geschickt und in Lagern unter unwürdigen Lebensbedingungen für eineinhalb bis zwei Jahre unter Bruch von Versprechungen und Zusagen festgehalten.

So sah das Ende aus.

Das Boot »U 2513« wurde von dem 2. Ingenieur, Leutnant Brunner, nach England überführt, von dort nach den USA.

1973 war ich Gast im Hause des früheren US-Verbindungsoffiziers bei der MAAG (Mil. Assistance and Advisory Group), Jim Bradley.

In seiner »Captains Cabin« hingen Fotos von den Schiffen und Booten, auf denen er früher als Ing. gefahren war. Ich sah unter amderem ein U-Boot mit einem Aufbau wie beim Typ XXI. In der Tat war es ein deutsches Boot, und zwar mein Boot »U 2513«. Er war auf diesem Boot L.I. gewesen, als es für die Unterwasserwaffenschule auf den Keys in Florida fuhr, vorwiegend als Zielboot. Aber eines Tages bekam es eine besondere Aufgabe.

Nach dem Krieg entwickelten die Amerikaner U-Boote mit nuklearem Antrieb. Für diese Boote wurde auf »U 2513« ein neues Steuersystem eingebaut, um dort erprobt zu werden. Das Boot vom Typ XXI hatte unter den konventionell angetriebenen Booten die höchste Unterwassergeschwindigkeit. Diese wurde noch erhöht durch Zusammenhalten von einigen Batteriesätzen, so daß es für kurze Zeit eine Maximalgeschwindigkeit von etwa 24 Knoten laufen konnte.

Das Projekt war so bedeutend, daß eines Tages der Präsident der Vereinigten Staaten, Truman, seinen Besuch ankündigte. Er kam mit den ihn immer begleitenden Leibwächtern an Bord. Das Boot lief aus, bis es tiefes Wasser erreicht hatte, tauchte und begann mit der Vorführung. Der Präsident und seine Begleitung standen in der Zentrale. Um das Steuersystem in voller Wirkung zu zeigen, ging das Boot auf Höchstfahrt. Als Folge der hohen Belastung gab es plötzlich einen »black out« und völlige Dunkelheit. Die hohe Fahrt ging zurück, der L.I. beseitigte den Kurzschluß. Das Licht blendete auf und beleuchtete folgende Situation:

Der Präsident war umringt von seinen Sicherheitsbeamten, sie alle mit gezogener Pistole. Was in ihren Köpfen vorgegangen war, ist mit ziemlicher Sicherheit zu erraten. Zum ersten Mal auf einem U-Boot, das hatte ihre Phantasie angeregt. Dann hatte man so viel von deutschen U-Booten während und von geheimnisvollen Fahrten nach dem Kriege gehört. Alles verdichtete sich, als das Licht ausfiel, zu dem Verdacht, daß hier ein »Coup d'État« inszeniert war.

So machte mein Boot noch einmal Geschichte.

Später wurde es von der US Navy abgewrackt.

Umfangreiche Erprobungen auf »U 2513« führten zu dem Umbau der »Fleet«-U-Boote zu den sogenannten »Guppy«-Booten (Greater Underwater Propulsion Power), das heißt Booten mit einer größeren Batteriekapazität, stärkeren E.-Maschinen und einer für höhere Unterwassergeschwindigkeiten konstruierten äußeren Schiffsform.

Die sechs U-Boote der »Tang« Klasse waren praktische Nachfolgebauten des Typs XXI. Auch die Tropfenform (teardrop) der später entwickelten nuklear angetriebenen Boote hatte eine deutsche Patenschaft, das Typ-XXVI-U-Boot mit dem Walterantrieb.

Die Engländer bauten nach dem Krieg die beiden Boote *Explorer* und *Excalibur* in der Nachfolge des Walter-U-Bootes, die Russen die W-Klasse (Whisky) nach den

Konstruktionsprinzipien des Typs XXI. Die Franzosen orientierten sich beim Bau ihrer »Narval«-Klasse ebenfalls am Typ XXI.

Mit gewissen Einschränkungen kann gesagt werden, daß die großen Marinen ihre konventionellen U-Boote nach dem Krieg mit den Erfahrungen der deutschen Konstrukteure bauten und weiterentwickelten. Auf dem Gebiet des U-Boot-Baues, das heißt des Bootskörpers und des nicht-nuklearen Bootsantriebs, waren die Deutschen im Zweiten Weltkrieg führend und sind es nach dem Krieg geblieben.

Im Lager Krageröy hatten wir viel Zeit, nachzudenken. Das geistige Rüstzeug, mit dem wir aus Elternhaus und Schule entlassen waren, reichte nicht, um uns die Orientierungsmarken in dem unruhigen Fahrwasser der Zeit zu geben. Wir waren abgetrieben und auf Untiefen gelaufen.

Auch auf der *Karlsruhe* und später auf der Marineschule hatten wir zum Beispiel nichts davon gehört, daß seit der »leveé en masse« im revolutionären Frankreich der Krieg keine Angelegenheit der Leute war, die das Kämpfen anderen Beschäftigungen vorzogen.

Was war von dem »Waffenträger der Nation« übriggeblieben?

Der totale Krieg hatte alle wahllos erfaßt, Soldaten, Zivilisten, Frauen und Kinder. Wir wußten auch nicht, daß für ein Land oder eine Sache zu sterben ein grund- und sinnloser Akt des Heroismus wurde, wenn in einer allumfassenden Katastrophe das Land zusammen mit den Patrioten unterging und die Sache mitsamt ihren Anhängern.

Wie sahen wir den Eintritt in den Krieg?

Am 26. Januar 1934 hatte Hitler zwar einen Nichtangriffspakt mit Polen abgeschlossen. Aber der Volkszorn wurde später durch vorgebliche oder auch tatsächliche Übergriffe der Polen gegen die deutsche Minderheit geschürt, bis wir von der Ermordung von Hunderten von Deutschen durch die Polen hörten, von dem Überfall auf den deutschen Sender in Gleiwitz und schließlich von dem Blutsonntag in Bromberg, drastisch von der Propagandamaschine des Regimes geschildert.

Das und uns undeutlich gebliebene diplomatische Verwicklungen hatten schließlich zum Einmarsch in Polen geführt, vom Westen durch deutsche Truppen, vom Osten durch die vertraglich gebundene Rote Armee.

Die durch Verträge mit Polen verflochtenen Engländer und Franzosen erklärten daraufhin den Krieg gegen Deutschland. Warum nicht auch gegen Rußland? Diese Frage blieb für uns unbeantwortet.

Heute wissen wir, daß am 1. September 1939 um 5.45 nicht »zurück«geschossen wurde, wie Hitler dem deutschen Volk suggerierte, daß es beim Einmarsch in Polen nicht um vorenthaltene Rechte, Minderheitenschutz, Danzig und den Korridor ging, sondern um die lange geplante und nun gewaltsam durchgeführte Verwirklichung einer weitgesteckten Expansion.

In Krageröy, hinter Stacheldraht, abgeschnitten von aktuellen Informationen, blieben viele Fragen unbeantwortet.

Unterlag Hitler im Krieg gegen Rußland dem Zwang zum Expandieren der Expansion?

War der Überfall auf Rußland eine Präventivmaßnahme?

Wieweit deckten sich Propaganda und Wirklichkeit?

Wir hatten geglaubt, daß die politische Dynamik Hitlers und seiner Regierung eine neue Ordnung in Europa schaffen würde und daß dieser zweite Versuch nach Napoleon, dieses Mal unter deutscher Führung, erfolgreich sein würde. Wir hatten uns gleichzeitig als Befreier Europas vom Bolschewismus gesehen. Es war ein Gemisch von Machtansprüchen, politischen und rassischen Ideologien bei denen, die diesen

»Kreuzzug« inszeniert hatten, und diesem Zug hatten sich Freiwillige aus allen europäischen Nationen angeschlossen.

Nun, auch Bernhard von Clairvaux rief 1147 mit hinreißender Beredsamkeit zum zweiten Kreuzzug auf gegen die Ungläubigen, ohne dabei zu vergessen, daß er die Elite des französischen Adels in den Tod schickte und damit die Kirche, die mit diesem Adel im Kampf um die Macht stand, entscheidend stärkte.

Und was die Kreuzfahrer von gestern und heute anbetrifft, so sollten wir nicht vergessen, daß auf dem Wege viele ihr glühendes Herz an Allzumenschliches hängten, dem Augenblick mehr als der Zukunft zugetan.

Vielleicht meinten auch einige der modernen Kreuzfahrer, ihre Fahne rechtzeitig in den Wind hängen zu müssen, um später gut plaziert zu sein in einem Europa unter deutscher Herrschaft.

Aus dem »Kreuzzug« wurde ein Vernichtungskrieg auf beiden Seiten mit 17 Millionen gefallener Soldaten und 18 Millionen toter Zivilisten. Auch nach dem Krieg hörte das Morden in Europa nicht auf, an Vertriebenen, an Kollaborateuren, an Quislingen.

Mit den Worten: »O Freiheit, welche Verbrechen begeht man in deinem Namen!« starb eine französische Freiheitskämpferin zur Zeit der Schreckensherrschaft 1792 unter dem Fallbeil der Guillotine.

Ich habe nicht die Absicht, die Getöteten und Gemordeten auf beiden Seiten aufzurechnen, auch nicht die nationalsozialistischen Verbrechen, für die der Name »Auschwitz« steht, zu relativieren.

Alle Vergangenheit ist ein Schatten geworden, die eigene wie die der anderen. Jedes Gute wie Böse trägt das eigene Maß in sich.

Die drei alten Männer, die in Teheran, wie es heißt, auf einem Schulatlas die Linien in Mitteleuropa zogen, die das Schicksal von Millionen von Menschen bestimmten – sie können dem Schatten ebensowenig entfliehen wie wir. Sie leben nicht mehr. Aber wir leben, und darum müssen wir den Schatten festhalten, damit es uns nicht geht wie Adalbert von Chamissos »Peter Schlemihl«. Nein, wir wollen nicht vergessen. Wir wissen, daß Nemesis, die Wahrerin des rechten Maßes, eine historische Dimension hat, die in Jahrhunderten denkt und mißt.

Die Frage wurde und wird immer wieder gestellt: Wie konnten in einem Lande mit so hohen geistigen Leistungen, so beachtlichen Beiträgen zur Weltkultur, wie sie die Namen Kant, Goethe, Schiller, Humboldt, Beethoven versinnbildlichen, solche Verbrechen geschehen, solch ein Vernichtungskrieg geführt werden, der so viele in Schuld verstrickte.

Was heißt überhaupt Schuld? Im religiösen Sinn ist jeder Mensch schuldig. Davon sprechen das Dogma von der Erbsünde und die antike Tragödie. Im Sinne dieses unausweichlichen Konfliktes fühle auch ich mich schuldig. Schon deshalb, weil die Leugnung der Schuld immer ein entscheidendes Hemmnis für ihre Beseitigung und Vergebung ist. Ein Schuldbekenntnis kann jedoch nie kollektiv sein. Jeder muß für sich überprüfen, wieweit er wissend verstrickt war in Unrecht und Verbrechen der nationalsozialistischen Zeit, und dann über das Maß seiner persönlichen Schuld und Verantwortung entscheiden.

Ich lehne eine Kollektivschuld oder Haftung ab, die völlig Unbeteiligte einschließt und die selbst vor den Ungeborenen nicht haltzumachen droht.

Vor allem aber müssen wir uns dagegen wehren, daß wir Objekte des politischen Spiels der Gegenwart und wahrscheinlich auch der Zukunft werden, das einen von Schuldneurosen geplagten Bundesbürger fordert und das eine gewisse Bereitschaft zur Selbstdemütigung und zum Flagellantentum vorfindet.

Natürlich kamen wir aus diesem schrecklichen Krieg zurück als Pazifisten. Aber wir gehörten nicht zu denen, die meinten, die Regierungen brauchten nur ihre Völker anzuhören und ihren Willen zu tun, die Waffen niederzulegen, und dann werde ewiger Frieden sein. Wir wollten eine starke, männliche, wissende Friedensliebe, die ein Kennzeichen europäischer Tradition ist von Erasmus über Leibniz, Kant, Max Weber bis zu Albert Einstein. Wir wußten noch nicht, daß in einem totalen Atomkrieg mit mehreren hundert Millionen Toten zu rechnen sein würde und daß die Frage, wen der Tod trifft, unter Umständen die Windrichtung entscheiden würde. Das würde auch den Tod von Millionen Kindern bedeuten, die nach Freiheit und Unfreiheit nicht gefragt werden können. Und diese entsetzliche Last bedrückt heute diejenigen, die sich verantwortlich fühlen. Aber diejenigen, die mit Geschichte und Mythologie vertraut sind, wissen auch, daß zu allen Zeiten die Apokalypse drohte und daß das siebenköpfige Tier aus dem Meer und das zweihörnige auf der Erde immer da waren.

Die Resignation, Enttäuschung, Bitterkeit und Verzweiflung am Ende des Krieges, der nach einer Kraftanstrengung ohnegleichen nur noch Trümmer und Chaos übrigließ, ist nicht zu beschreiben.

Erfahrungen aus diesem Krieg nach mehr als 35 Jahren fein säuberlich zu ziehen, in ihrer Vielschichtigkeit und Farbigkeit zu beschreiben, ist Sache der Historiker. Für mich fangen die Jahrzehnte nach dem Krieg nichts ab, sie zehren die Worte auf, aber die Übermacht der Bilder nicht.

Hier hilft vielleicht die Metapher, ein paar Sätze aus Buchheims Buch »Das Boot«, in denen die Aussichtslosigkeit deutlich wird, dem Aberwitz der Bilder aufs Wort zu kommen:

»Ein Gefühl der Unwirklichkeit nimmt von mir Besitz:

Das ist nicht die alte Erde. Wir gleiten auf einer Haut aus Blei dahin, auf einem Mond, der tot und kalt durchs All kreist. Sind wir die alten?

Was bedeutet das alles?«

Die Besatzung von »U 552«

Musterung der Besatzung vor dem Auslaufen

Begrüßung nach Rückkehr von Feindfahrt durch Bertl Endraß

Der Kommandant

Der Kommandant am Sehrohr

Männer in der U-Boot-Zentrale, unter der Wirkung von Wasserbomben-detonationen

Einlaufen in St. Nazaire nach der 17. Feindfahrt. Der von der kanadischen Korvette *Sackville* durchschossene U-Boots-Turm.

Empfang im Hafen

Stellvertretender Inspekteur und Chef des Stabes der Bundesmarine

Als Verbindungsoffizier zu SACLANT (Supreme Allied Commander ATLANTIC)

Meine Tante Anna Topp vor und nach Theresienstadt

Verwaltungsgebäude der PREUSSAG in Hannover

Eingang Theater Bochum

Schwieriger Auftrag – elegant gelöst

Hannoversche Architekten bauten neue Mülheimer Stadthalle

Mülheim, im Oktober

Mit einem Festakt und einer Stroux-Inszenierung von Goethes „Egmont" durch das Düsseldorfer Schauspielhaus wurde in Anwesenheit von Bundespräsident Heuss in Mülheim an der Ruhr die wiederaufgebaute und vergrößerte Stadthalle der Öffentlichkeit übergeben. Die in vierjähriger Bauzeit und mit einem Kostenaufwand von 9,3 Millionen geschaffene Anlage soll mehreren Zwecken dienen: Theateraufführungen, Konzerten Ausstellungen, Vortragsveranstaltungen und Festlichkeiten. Sie ist das Werk der hannoverschen Architekten Professor Graubner und Diplomingenieur Topp.

Der Zuschauerraum

Im Schatten Leo von Klenzes

Das Preisgericht tagte

Man kann sagen, daß dieser Wettbewerb die verwickelten technischen Probleme, die mit einem Theaterbau zusammenhängen, die Probleme der Verkehrswege im Haus, der Werkstätten und Magazine, die Zufahrt der Besucher und das Bühnentechnische, hinreichend geklärt und Lösungen angeboten hat, auf denen man weiter fußen kann. Vor allem die mit dem 5000-Mark-Preis ausgezeichnete Arbeit von Professor Gerhard Graubner und Erich Topp (Hannover) hat eine überzeugende Lösung der verkehrsmäßigen Probleme ergeben, während Walter Schmidt (Augsburg) durch seinen Bühnentechniker Hans Baader wertvolle Hinweise auf eine nicht hypertrophisch wuchernde, sondern in maßvollen Grenzen sich bewegende Bühnenmechanik geben konnte.

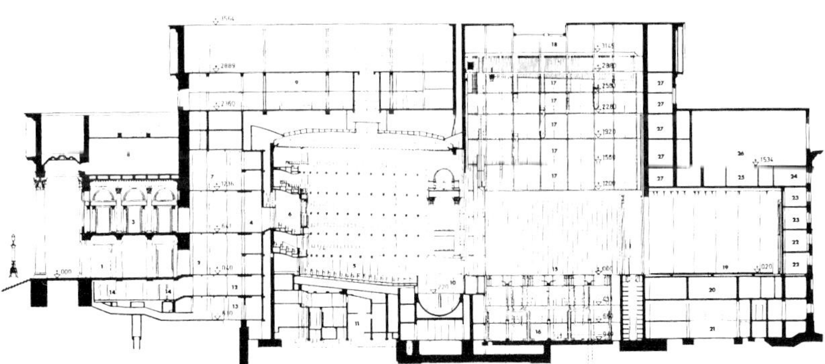

Entwurf des Nationaltheaters von Professor Gerhard Graubner und Erich Topp (Hannover), die den ersten Preis erhielten.

Centro Astronomico / MPIA

Das »Max-Planck-Institut für Astronomie« (MPIA), Heidelberg, ist Bauherr des Deutsch-Spanisch-Astronomischen Zentrums auf dem 2168 m hoch gelegenen Calar Alto bei Almeria in Andalusien. »Integral« / Spanien war unter Mitwirkung der deutschen »Integral« dabei zuständig für: Massenberechnung, Kostenanschlag, Ausführungszeichnungen, Ausschreibung, Ingenieurleistungen für Außenanlagen, Bauleitung, technische und geschäftliche Oberleitung.

Nachkrieg

Familienschicksale
Fischdampfermatrose
Studium der Architektur
Freischaffender Architekt
Bundesmarine
Industrieberater

Familienschicksale

Es war ein großes Schweigen nach dem Krieg. Wir waren verstummt.

Meine Generation hatte doppelt gelebt, anfangs jäh vorwärtsstürmend. Nach dem Sturz des Ikarus, der uns alle traf und betraf, nach innen gewandt, zurückhaltend, betroffen. Wir waren Überlebende, trugen unsere Irrungen weiter und waren bemüht, sie zu klären und aus dem Schatten, der über meiner Generation liegt, langsam herauszutreten.

Der kleine Kreis der näheren Verwandtschaft zeigte, wie hart wir von dem Krieg und dem Regime getroffen wurden.

Meine Eltern, total ausgebombt in Hannover, starben beide kurz nach dem Krieg als Opfer einer Anordnung der britischen Besatzungsmacht, die dem Verbraucher das Gas (zum Kochen) nur sporadisch in Schüben zu unvorhersehbaren Zeiten zur Verfügung stellte. Meine Mutter war beim Warten auf das Gas eingeschlafen.

Sie und mein Vater erwachten nicht wieder, nachdem das Gas gekommen war.

Unsere Familie hat diesen Krieg durchlebt, durchlitten wie andere Familien, die auf beiden Seiten an dem Ringen ihrer Völker aktiv oder passiv beteiligt waren. Eingesperrt, ausgebombt, geflüchtet.

Alle waren sie vom Krieg gezeichnet.

Stellvertretend für die anderen steht das Schicksal der Schwester meiner Frau, Erika v. Köller.

Sie heiratete in eine Familie, deren Milieu durch preußische Traditionen geprägt war. Die Schwester ihres Mannes, Cornelia v. Köller, deren Vorname aus der Familie Goethes kam – eine Urgroßmutter der weiblichen Linie war Cornelia, die Schwester Goethes. Cornelia war verheiratet mit Gerd v. Tresckow, einem Vetter von Henning v. Tresckow, dem Kopf des Widerstandes gegen Hitler.

Als preußische Landräte und Offiziere dienten die Männer dieser Familie ihren Königen, dessen größter, Friedrich II., sein Credo so formulierte:

»Unser Leben ist ein flüchtiger Übergang vom Augenblick unserer Geburt zu dem des Todes. Während dieser Spanne Zeit hat der Mensch die Bestimmung, zu arbeiten für das Wohl der Gesellschaft, der er angehört.«

Erika v. Köller brachte ihr drittes Kind, Gabriele, am 22. Dezember 1944 in der Nähe des Köllerschen Gutes Schwenz, im Krankenhaus von Cammin in Pommern, zur Welt. Zu Silvester wurde sie entlassen und in einem mit Pferden bespannten Schlitten abgeholt.

Schreckensnachrichten über schrankenloses Morden und Vergewaltigungen durch Rotarmisten – aufgehetzt durch brutale Aufrufe wie denen von Ilja Ehrenburg – waren der heranrückenden Kriegsfurie vorausgeeilt.

Der pommersche Adel jedoch bewahrte Haltung nach außen und innen.

Noch servierten die Diener in weißen Handschuhen. Eine Köller verläßt die Scholle nicht. Man war diszipliniert, man tat seine Pflicht, auch jetzt noch gegenüber dem nicht geliebten Staat. Und dieser hatte entschieden, daß niemand ohne Order der Partei auf den Treck nach Westen gehen durfte, bei Androhung von hohen Strafen gegen Zuwiderhandelnde.

Man wußte, was das bedeutete. Hatte doch Erikas Schwägerin Cornelia, genannt Neechen, bereits einen Zusammenstoß mit diesem Staat gehabt. Sie hatte Feindsender gehört, was streng verboten war. Sie wurde denunziert. Zwei Vertreter der Geheimen Staatspolizei erschienen, um sie zu verhören. Sie war unter preußischen Moralvorstellungen groß geworden. Freiheit und Wahrheit bedeuteten ihr viel.

»Gazetten, wenn sie interessant sein sollen, dürfen nicht geniert werden«, hatte Friedrich der Große gesagt.

Das Radio war doch auch eine Gazette. Neechen erwartete nicht nur Freiheit und Wahrheit von anderen. Sie sagte auch frei und offen, was sie dachte und tat. Ja, sie hatte Auslandssender gehört. Als sie dann von den beiden Inquisitoren niedergeschrien wurde und man ihr noch die rhetorische Frage stellte: »Sie wußten doch, daß das verboten ist«, antwortete sie ebenso ehrlich wie adelsstolz: »Ich dachte, das gilt nur für die breite Masse.« Dieses liebenswerte, aber naive Geständnis ihren Henkersknechten gegenüber zahlte sie mit Zuchthaus, das dann wegen ihrer zerbrechlichen Gesundheit offiziell in Gefängnis, praktisch in Konzentrationslager, umgewandelt wurde, aus dem sie nach eineinhalb Jahren als gebrochener Mensch entlassen wurde. Wenig später nahm sie sich das Leben. Sie war vorher schon geschieden von Gerd v. Tresckow, der während des Attentats gegen Hitler in Italien war. Weil man auch mit seiner Verhaftung rechnen mußte, wollte ein Arztfreund ihn in seiner Klinik untertauchen lassen. Doch er war ein Tresckow und stellte sich selbst. Wenig später kam die Nachricht, daß er an Angina pectoris gestorben sei. In Wahrheit wurde er liquidiert.

Meine Schwägerin Erika war nach drei Tagen, in den ersten Januartagen 1945, mit hohem Fieber wieder in die Klinik eingeliefert worden. Entzündungen als Folge der schon unter Medikamentenmangel leidenden schwierigen Geburt zwangen sie zu einem zwei Monate dauernden Krankenhausaufenthalt.

Es war jetzt Anfang März. Der Kanonendonner der etwa 30 km entfernten Front war zu hören. Die Kranken wurden beruhigt, es handele sich um Eissprengungen in der Oder. Bis eine Ärztin sie beiseite nahm und ihr sagte: »Machen Sie, daß Sie fortkommen!« Von zwei Monaten Krankenhaus geschwächt, machte sie sich mit ihren drei Kindern – davon eines zweieinhalb Monate alt – auf den Weg.

Auf den Straßen wälzte sich ein Strom hungernder, von Jagdbombern gejagter Menschen, die um ihr nacktes Leben kämpften auf der Flucht vor unvorstellbarem Terror, vor Mord und Schändung.

Marktplatz Cammin. Alle Kranken versammeln sich zum Abtransport.

Doch die Partei hatte bereits die Wagen beschlagnahmt für ihre Oberen und deren Familien.

Erika mit ihrem Krankenattest – letzter operativer Eingriff vor zwei Tagen – und drei Kindern trifft eine Militärkolonne. Ein mitleidiger Militärarzt nimmt sie mit in seinem Arztwagen über Divenow auf Schleichwegen nach Swinemünde, um sie dort in einen Flüchtlingszug Richtung Schleswig-Holstein zu setzen. Mit vielen Unterbrechungen, Angriffen aus der Luft, kommt der Zug langsam vorwärts. Ausfälle, Tote, Verwundete. In der Nähe von Kiel findet sie eine notdürftige Unterkunft.

Nach dem Sturz in den Abgrund versuchte ich eine Analyse dieses schrecklichen Geschehens.

Der von dem Volk hochgeschätzte Reichspräsident von Hindenburg hatte am 30. Januar 1933 die neue Regierung ernannt, nach dem endgültigen Scheitern der Präsidialkabinette und nachdem die nationalsozialistische Partei im Rahmen der Verfassung in der Wahl Juli 1932 stärkste Partei im Reichstag geworden war.

Die Regierung mit Hitler als Reichskanzler war zunächst eine Koalitionsregierung. Konservative waren beteiligt.

Wir hören heute oft das geflügelte Wort: »Wehret den Anfangen«, und man meint damit rückblickend, schon das Parteiprogramm und Hitlers »Mein Kampf« hätten die Gefahren signalisiert, in die man hineinlief. Nun, es gab mehr als 20 Parteien, die nicht nur wie heute viel versprachen, sondern sich auch beschimpften. Üble Unterstellungen waren an der Tagesordnung. Parteiprogramme lasen Gebildete nur mit Vorbehalten. Hitlers »Mein Kampf« war nur wenigen eingehend bekannt.

Hitler und seine Regierung wurden von allen ausländischen Mächten als legale Regierung anerkannt. Sie schlossen international gültige Verträge mit ihm. Der Vatikan ging im Juli 1933 voran.

Sämtliche Staaten, mit Ausnahme der Sowjetunion, beteiligten sich im Jahre 1936 an den Olympischen Spielen in Berlin. Auch die Sowjetunion unterhielt normale diplomatische Beziehungen zum Deutschen Reich.

Als Hitler Kanzler geworden war, hatte er mehrfach öffentlich geäußert, daß der Nationalsozialismus keine Bedrohung für den Frieden sei, zum Beispiel in seiner Rede am 17. Mai 1933 zur Abrüstungsfrage, in der er seine Forderungen nach Rüstungsgleichheit um fünf Jahre zurückstellte, in der er den Verzicht auf Offensivwaffen erklärte und sich für eine unabhängige Prüfungskommission zum Inspizieren der paramilitärischen Verbände einsetzte.

Daß diese und spätere Friedensbeteuerungen, die in der Tat zu einer Atmosphäre zwischenstaatlicher Entspannung führten, letztlich nur diplomatische Taktik waren, um das Mißtrauen der Nachbarstaaten zu beseitigen, und die Aufrüstung in großem Stil vorbereitet wurde, erkannte nur ein kleiner Kreis von Wissenden.

Im Juni 1935 wurde der Flottenvertrag mit England abgeschlossen, der das Stärkeverhältnis zwischen den beiden Marinen auf 100:35 festlegte und praktisch eine Parität in der Kategorie der Unterwasserfahrzeuge in Aussicht stellte. Im November 1936 kam es zu einem formellen Abkommen zwischen Japan und Deutschland, dem Antikominternpakt, dem im November 1937 Italien beitrat. Mit diesem Pakt gegen die kommunistische Gefahr gewann das Dritte Reich an internationalem Ansehen. Hitler sprach am 24. Februar 1937 im Münchener Hofbräuhaus aus, was uns alle mit Stolz erfüllte: »Deutschland ist heute wieder eine Weltmacht geworden.«

Weitere Erfolge Hitlers, so, wie wir sie sahen:

Der »Anschluß« Österreichs im Frühjahr 1938.

Das Münchener Abkommen am 30. September 1938 mit

England, Frankreich und Italien, nach dessen Beschluß die Tschechen ein Drittel ihrer Bevölkerung, die Sudetendeutschen, wichtige Industriegebiete und Verteidigungsanlagen Deutschland übergeben mußten. Der von den Westmächten geduldete Einmarsch deutscher Truppen in die Rest-Tschechei. Die Rückgabe Memels am 19. März 1939 durch die Regierung Litauens und schließlich der Hitler-Stalin-Pakt vom 23. August 1939.

Die deutsche Öffentlichkeit wurde auf diese außenpolitische Erfolgsserie eingestimmt durch eine entsprechende Propaganda. Ich sehe es noch vor mir, ein Plakat, das man auf Bahnhöfen, in Verwaltungsgebäuden, Hotels, Restaurants und anderwärts sehen konnte und das Friedrich den Großen und Bismarck, beide im Profil, überlagert von Hitlers Kopf, ebenfalls im Profil, zeigte.

Dieses Plakat war für uns Symbol der historischen Kontinuität.

Es war schwer für uns, nicht die Schlußfolgerung zu ziehen, daß diese außenpolitische Erfolgsserie eine strategische Dimension hatte, das unter deutscher Führung vereinigte Europa. Wenn diese Unterstellung richtig war, wie sollten wir uns der Entwicklung dieses mitreißenden Schwungs entziehen? Erst als die strategische Dimension mehr und mehr überlagert wurde durch ideologische Pseudowerte (Herrenrasse usw.), begannen die Zweifel. Aber diese Zweifel gingen nicht so weit, daß wir die Gewalt als Mittel der Politik ablehnten. War nicht zu allen Zeiten der Weg der Invasoren durch Brutalität gekennzeichnet, um das überfallene Volk einzuschüchtern und zur Kapitulation zu zwingen?

Wir gefielen uns in einem gewissen Anti-Intellektualismus und bewegten uns in einem Nebel politischer Ignoranz. Der Kampf wurde glorifiziert als die den Mann adelnde Erfahrung. Der Krieg war ein selbstverständliches Instrument der nationalen Politik.

Das Vorgehen gegen die Juden hielt sich zunächst in hingenommenen Grenzen. Nur ein Teil von ihnen wurde aus den öffentlichen Ämtern entfernt unter Wahrung ihrer Pensionsverhältnisse.

Die Maßnahmen verschärften sich mit den Nürnberger Gesetzen vom September 1935, mit denen die Ehe zwischen Deutschen und Juden verboten wurde und die die Juden gänzlich von Beamtenstellungen und vom Wahlrecht ausschlossen. Aber noch zu diesem Zeitpunkt waren ihre Person und ihr Vermögen nach den Gesetzen formal geschützt. Die entlassenen jüdischen Beamten erhielten auch jetzt noch ihre Pension. – Das Denken in guten und minder guten Rassen erschien mir absurd. Ich glaubte weder an die besondere Qualität der deutschen noch der englischen Rasse, ebensowenig an die von Gott zu einem Bund auserwählte jüdische Rasse. Kokoschka hat einmal gesagt: »Es gibt nur zwei Rassen, die geistige und die ungeistige.« Das war auch meine Auffassung. Eine Rassenmischung hatte die europäische Kultur und Kunst herrliche Blüten treiben lassen.

Nach dem auf unserer Auslandsreise erlebten Verleumdungsfeldzug jüdischer Zeitungen gegen Deutschland betrachteten wir die Nürnberger Gesetze als politische Gegenmaßnahmen, ohne zu übersehen, zu welchen Konsequenzen sie führten.

Im November 1938, nach der Sudetenkrise, begann die rechtswidrige Beschlagnahme jüdischen Vermögens.

Erst mit der 11. Verordnung zum Reichsbürgergesetz vom 25. November 1941 wurden die formaljuristischen Voraussetzungen geschaffen für die Beschlagnahme und Konfiskation jüdischen Vermögens. Nicht nur die emigrierten Juden, sondern auch alle in die KZs außerhalb der Reichsgrenzen deportierten Juden verloren ihre Staatsangehörigkeit und ihr Vermögen.

Doch außerhalb der Gesetze lag die Praxis der Gestapo, bereits seit dem Herbst 1938, als in der »Kristallnacht« die Synagogen in Brand gesetzt, die jüdischen Geschäfte geplündert, jüdische Menschen geschlagen, gepeinigt und getötet und die deutschen Juden noch zur Zahlung einer Kollektivstrafe von einer Milliarde Reichsmark gezwungen wurden.

Wir waren auf See und hörten nur die vom Propagandaministerium gefilterten Nachrichten. Bei aufkommendem Zweifel waren wir bereit, Brücken zu bauen, etwa: das sind Übergangserscheinungen, Auswüchse einer revolutionären Bewegung.

Die Einrichtung der Konzentrationslager 1933 wurde möglich durch eine Verordnung vom 28. Februar 1933, dem Tag nach dem Reichstagsbrand, in der eine formelle Grundlage geschaffen wurde für Freiheitsentzug ohne Gerichtsverfahren. Diese Verordnung war noch von Hindenburg unterschrieben. Sie richtete sich im wesentlichen gegen kommunistische Umtriebe. Bereits im Artikel 48 der Weimarer Verfassung war eine Einschränkung von Grundrechten vorgesehen für den Fall, daß die öffentliche Sicherheit und Ordnung erheblich gestört oder gefährdet war.

Solch eine Möglichkeit ist für den Fall innerer Unruhen oder des Krieges auch in der amerikanischen Bundesverfassung vorgesehen.

Unter dem nationalsozialistischen Regime entwickelte sich die Freiheitsentziehung ohne richterliches Gehör zu einem politischen Terrormittel nicht nur gegen Kommunisten, sondern gegen die Opposition schlechthin.

Die konservativen Elemente in der NSDAP, die entsprechend gesinnten Teile der Wehrmacht, der Diplomatie und der Wirtschaft sind im Rahmen ihrer zunehmend enger werdenden Möglichkeiten gegen den Boykott und die Konfiskation jüdischen Vermögens angegangen. Führende Teile der Wehrmacht widersetzten sich der Entwicklung der SS zur bewaffneten Truppe und der parteipolitischen Beeinflussung des Offizierscorps.

Wenn man von einem verhaltenen Widerstand spricht, so muß man davon ausgehen, daß solche Bewegungen in einem totalitären Regime tief unter der Oberfläche der sichtbaren Ereignisse liefen. Man muß wissen, daß ein offener Protest überhaupt nicht möglich war, nachdem das NS-Regime fest etabliert war. Presse und Rundfunk hätten keinen dem Regime zuwiderlaufenden Artikel aufgenommen, kein kritisches Interview gemacht, weil Redakteur oder Interviewer sofort ihre Existenz verloren hätten. Viele Deutsche verschwanden in den KZs, weil sie offen oder auch hinter vorgehaltener Hand protestiert hatten. Man muß sich klarmachen, daß der Terror sich nicht nur gegen Juden, Ausländer richtete, sondern ebenso gegen alle deutschen politischen Gegner.

Etwa zwei Millionen Deutsche waren Opfer des Systems, unter ihnen Frauen und junge Menschen, deren Vergehen nicht mehr als ein Aufschrei der Verzweiflung waren. Die Frau, die Mutter, deren Kind im Bombenhagel tödlich getroffen wird, schreit ihren Schmerz, ihr Entsetzen heraus:

»Das haben wir dem Führer zu verdanken.«

Sie wurde denunziert und hingerichtet.

Ein wirksamer Protest bedarf einer Organisation, um sich zu artikulieren. Aber alle bestehenden Organisationen waren bereits im Frühjahr 1933 aufgelöst worden, zum Beispiel berufliche Gruppen, wie Gewerkschaften, Ärzte; oder sie hatten sich gleichschalten lassen wie die studentischen Corporationen, und die Clubs mit internationalen Verzweigungen wie Rotary oder die Freimaurer wurden verboten.

Immer wird der Vorwurf erhoben, daß sich das deutsche Gewissen hätte erheben müssen bei dem Massenmord in den Konzentrationslagern. Aber von dem Vorhang des Schweigens, der vor den Konzentrationslagern hing, kann man sich heutzutage überhaupt keine Vorstellung machen. Es ist mir, auch unter meinen Bekannten, kein Fall bekanntgeworden, der besagt, daß ein entlassener Insasse gewagt hätte, über seine Leiden zu berichten. Aus dem Schweigen konnte man allenfalls Schlüsse ziehen, aber nicht die grausame Wahrheit erfahren.

Das Rote Kreuz hat Lager besucht und darüber berichtet. Es wurden eben nicht nur Fassaden wie bei den Potemkinschen Dörfern aufgebaut, sondern man richtete ein perfektes Täuschungssystem ein, dessen Raffiniertheit erst nach dem Krieg aus den Berichten der Lagerinsassen bekanntgeworden ist. In der kontrollierten Presse etwa konnte man lesen, daß gegen »Exzesse« in den KZs eingeschritten worden sei.

Die ausländische Propaganda, die ja nur wenige hörten, brachte oft bewußt übertriebene und auch falsche Nachrichten, so daß die deutsche Propaganda es leicht hatte, diese als Lügen hinzustellen.

Der Kenntnisstand während des Krieges für »kritische Geister«, hingegen nicht für die Masse des Volkes, war so:

Man wußte, daß man ohne Prozeß verhaftet werden konnte und daß Juden seit dem Herbst 1938 planmäßig deportiert wurden. Weder die ungefähre Zahl der Internierten noch die methodischen Mißhandlungen und Massentötungen in den KZs waren allgemein bekannt.

Die Massentötungen dürften nach heutiger Erkenntnis der Zeit des fortschreitenden Krieges angehören, als Hitler erkannt hatte, daß er Rußland nicht besiegen konnte, und nun sein anderes Ziel, die Vernichtung der Juden, in die Tat umsetzte.

Man sollte außerdem nicht übersehen, daß zu diesem Zeitpunkt die Bevölkerung in fast allen Städten unter dem Einfluß des Luftterrors oft ohne Nachricht über das Schicksal ihrer nächsten Angehörigen war. Unter dem Druck ständiger Alarme befanden sie sich selbst in ständiger Todesgefahr, so daß die Leiden der anderen sie kaum noch erreichten.

Mir erscheint auch noch der Gesichtspunkt wesentlich, daß der Nationalsozialismus nicht denkbar ist ohne die sozialen

Erschütterungen, die der Erste Weltkrieg in Deutschland hinterlassen hatte. Die Masse des Volkes hatte das Vertrauen zu der bis dahin führenden Schicht verloren, die sich nicht mehr imstande erwies, die sozialen Probleme der Zeit zu lösen.

Die demokratische Mitte war politisch, sozial und wirtschaftlich entmachtet worden. Neue, selbstbewußte Schichten hatten die noch verbliebenen konservativen Kräfte langsam verdrängt. Ihnen fehlte es jedoch ebenso an politischer Erziehung wie an Erfahrung. Dafür waren sie mit rücksichtsloser Vitalität ausgestattet.

Der Aufstieg des Nationalsozialismus zur Macht ist historisch und psychologisch nicht zu verstehen, wenn man ihn nicht als einen Teil der sozialen Revolution begreift.

Die heute gängige Methode, das Phänomen des Nationalsozialismus allein mit den Untaten des Regimes im Kriege und in den Konzentrationslagern zu begründen, wird vor der Geschichte keinen Bestand haben.

Ob wir es heute wahrhaben wollen oder nicht, der Nationalsozialismus war eine Volksbewegung. Hitler verstand es, die Hoffnungen und Interessen des überwiegenden Teils der Bevölkerung an seine Bewegung zu binden. Und die Erfolge erfüllten zunächst die Erwartungen. Bald nach der Machtübernahme wurde binnen eines halben Jahres die Zahl der Arbeitslosen von sieben Millionen auf die Hälfte reduziert. Die Geschäfte hatten wieder Umsätze. Die neuen staatlichen und halbstaatlichen Organisationen brachten brachliegende Kräfte in Amt und Würden. Der Bau der Autobahnen, von Wohnungen, das Volkswagenprojekt – um nur einige Stichworte zu nennen – bewiesen, daß es nach den langen Jahren der wirtschaftlichen Depressionen wieder bergauf ging.

Nach 1936 konnte man praktisch von Vollbeschäftigung sprechen, die ihre Ursache auch in der anlaufenden Rüstungsproduktion hatte.

Mit der schlimmen Ausnahme jüdischer Bürger fand jeder, der arbeiten konnte und wollte, seinen Arbeitsplatz. Die Durchschnittslöhne hielten mit den Lebenshaltungskosten Schritt. Es gab bezahlten Urlaub. Die Freizeit wurde durch »Kraft durch Freude« organisiert, Passagierschiffe brachten die Arbeiter nach Gran Canaria oder in die norwegischen Fjorde. Natürlich bot die Reglementierung des Urlaubs auch geeignete Möglichkeiten ideologischer Beeinflussung, die keineswegs nur auf Widerwillen stieß.

Arbeiter und Bauern wurden integrierter Bestandteil der Volksgemeinschaft. Die Forderung nach Gleichheit der Stände wurde ergänzt durch die nach Chancengleichheit. Daß die Erfüllung solcher Forderungen auch abhängig war von politischer Opportunität, soll nicht verschwiegen werden.

Hitler wurde für viele Deutsche zu einem Mythos. Ein Reich, ein Volk, ein Führer! Das war zunächst keine leere Floskel.

Und die Bewertung im Ausland? Hitlers diplomatische Erfolge fanden auch bei seinen Kritikern im Ausland Anerkennung.

Churchill bewunderte die von Patriotismus getragenen Erfolge des Führers. Der schwedische Gerichtspräsident Nyrén versprach, »sich für eine richtige Bewertung des heutigen Deutschlands und des großen Mannes, der an der Spitze als Führer steht, einzusetzen«, und was solcher Urteile mehr waren.

Das war die eine Seite des nationalsozialistischen Regimes. Die andere zeigte den totalitären Staat. Bereits im Jahr 1934 waren die Fundamente für das Gebäude des Totalitarismus fest gegossen. Im Februar 1933 wurde das Gesetz »zum Schutz von Staat und Volk« verordnet, das den nationalsozialistischen Innenministern der Länder Handlungsfreiheit gewährte und praktisch die individuellen Grundrechte der Bürger aufhob. Das »Ermächtigungsgesetz« vom 23. März

1933 gab der Regierung freie Bahn für ihre Machtausübung unter Ausschaltung der von der Verfassung gegebenen Richtlinien und Begrenzungen.

Politische Eingriffe in die Rechtspflege waren nun an der Tagesordnung, und zwar nicht erst seit der Terrorjustiz des 1936 eingerichteten Volksgerichtshofs.

Bereits Mitte 1933 waren alle Parteien ausgeschaltet. Ein Gesetz vom 14. Juli 1933 erklärte die NSDAP zur einzigen legalen Partei in Deutschland.

Der nächste Schritt, das Gesetz über den »Neuaufbau des Reiches« vom 30. Januar 1934, führte zur endgültigen Demontage des Regierungsgefüges der Länder und des seit 1867 gültigen und bewährten bundesstaatlichen Prinzips. An seine Stelle trat der totale Staat der nationalen Konzentration. Um dieses System perfekt zu machen, fehlte nur noch die Gleichschaltung der Abweichler aus den eigenen Reihen, Anhänger der permanenten Revolution, und die Eingliederung der Wehrmacht.

Die vermeintlichen »Meuterer und Verräter« in der Partei wurden ohne Gerichtsurteil im Verlauf des sogenannten »Röhmputsches« erschossen.

Die Wehrmacht wurde unblutig gleichgeschaltet, als Hindenburg starb und Hitler das Amt des Reichspräsidenten in Personalunion mit dem Amt des Reichskanzlers verband.

Am 2. August 1934 wurde die gesamte Wehrmacht auf die Person des Führers Adolf Hitler vereidigt.

In einer demokratischen Gesellschaft haben selbst Kriminelle eine Alternative, die vom Recht gestützte und von seinen Organen verhängte Strafe.

Im totalitären Staat fehlt jede Alternative, weil er das Recht zu seinem Sklaven gemacht hat. Er nimmt seinen Opfern wahllos Freiheit, Eigentum und Leben. Die Menschen haben nur bei völliger Gleichschaltung oder Selbstaufgabe die Chance, nicht zu den Opfern zu gehören. Es ist nicht auszuschließen, daß auch einige von denen, die gezwungen wurden, anderen das Leben zu nehmen, darunter fallen.

Totalitarismus gab es nicht nur unter Hitler, der ihn allerdings mit bisher einzigartiger Perfektion betrieb. Ich möchte hier nichts relativieren. Totalitarismus aber hat es vorher und nachher gegeben, überall in der Welt unter den verschiedensten ideologischen Parolen, selbst unter religiösen. Jedes totalitäre Regime hat seine eigenen menschenverachtenden Charakteristika.

Weder die Zahl der Opfer noch das Verfahren sind entscheidend für den Totalitarismus, sondern das Prinzip einer durch nichts begrenzten, institutionell verankerten Gewalt, der der einzelne hilflos ausgeliefert ist.

Rechtlosigkeit und menschenverachtender Totalitarismus wirkten auch in unsere Familie hinein.

Meine Tante Anna Topp und ihre Tochter Else wurden das Opfer dieser Gewalt. Mit der nationalsozialistischen Machtübernahme am 30. Januar 1933 änderte sich die Welt für beide. Sie wurden mit nur wenigen Ausnahmen von denen, mit denen sie bisher gut Freund schienen, gemieden. Nachdem Else Topp eine Zeitlang bei der Zeitung »New York Herald Tribune« gearbeitet hatte, wechselte sie zu einer Baufirma.

Der Firmenleiter wußte, daß sie Halbjüdin war. Eine Mitarbeiterin versuchte, sie zu erpressen. »Entweder du gibst mir deinen Mantel, deinen Fotoapparat, oder ich melde bei der Polizei, daß du Jüdin bist.« Der Inhaber stellte sich schützend vor sie.

Die Firma war am Westwall tätig, später beim Atlantikwall. Eines Tages sollte sie in Auschwitz tätig werden. Ein Vorauskommando wurde hingeschickt. Dieses kam zurück mit der Warnung: »Da passieren furchtbare Dinge.« Die Firma konnte sich mit der Ausrede heraushalten, überlastet zu sein. Else und ihre Mutter erfuhren zum ersten Mal von einem Vernichtungslager. Sie standen von nun an am Abgrund, in den sie jederzeit hineingestoßen werden konnten.

Anna Topp, praktisch mittellos, nachdem ihre Familie in der Inflation alles Geld verloren hatte, und die nicht von den Almosen der Verwandten leben wollte, nutzte ihre Fremdsprachenkenntnisse in Ungarisch und Französisch und wurde Telefonistin in Fremdsprachen. Über sich wußte sie das Damoklesschwert des Abtransports in ein KZ.

Berlin hatte seine ersten Bombenangriffe.

Die Zuflucht in den Luftschutzbunker war ihnen als Juden nicht gestattet. So verkrochen sie sich bei den Angriffen im Garten hinter einem Gartenhaus, das Else als Halbjüdin hatte mieten können. Dadurch konnte ihre Mutter als »Volljüdin« bei ihr wohnen bleiben. Das Haus blieb als einziges in der Kaiserallee unzerstört.

Im Mai 1943 erreichte Else in ihrem Büro der angsterfüllte Anruf ihrer Mutter. Der Abgrund tat sich auf.

Anna Topp mußte sich unverzüglich bei der Sammelstelle für Judentransporte melden, in der Großen Hamburger Straße.

Else raste vom Büro nach Hause, half den Koffer packen, vor allem warme Sachen, und brachte ihre Mutter zur Sammelstelle.

Der Zug stand bereits dort. Güterwagen mit der Aufschrift sechs Pferde oder 40 Mann. Eine große Menge stand davor, Männer, Frauen, Kinder. Herzzerreißende Abschiedsszenen spielten sich ab.

Schreie, Kommandos. Die Viehwagen öffneten sich, die Menschen wurden hineingestoßen. Else verlor in dem Durcheinander ihre Mutter aus den Augen. In Erinnerung blieb ein versteinertes Gesicht, das sie zwei Jahre nicht vergaß.

Theresienstadt
Im Brockhaus steht: »Tschechisch: Terezín. Stadt im nördlichen Böhmen. Verw. Gebiet Aussig. 1948 – 2500, 1938 – 6800 Einwohner. War 1780–1882 Festung, 1941–45 Konzentrationslager für Juden«. Eine Stadt, die nach der Kaiserin Maria Theresia benannt wurde. Ein Name, der an Menschen erinnert, die ihr Leben in Liebe zu ihren Mitmenschen verbrachten – die heilige Theresia von Ávila, die größte christliche Mystikerin. Sainte Thérèse de Lisieux, 1925 heilig gesprochen. Die Nazis machten diesen Namen zum Synonym für Haß, menschliche Entwürdigung, Tod und Not.

Als Folge der Nürnberger Gesetze mußte sich jeder Jude mit einem jüdischen Vornamen registrieren lassen. Vorläufer des Judensterns. Theresienstadt-Armbinde

Am 16. Februar 1942 wurde die Auflösung der Stadtgemeinde Theresienstadt angeordnet durch den Befehlshaber der Sicherheitspolizei beim Reichsprotektor Böhmen und Mähren. Im § 14 der dazu ergangenen Verfügung heißt es:

Berlin-Wilmersdorf, den 22.12.38.
Kaiser-Allee 46.

An das Standesamt
Berlin-Schöneberg I

Hierdurch teile ich Ihnen mit, daß ich mir den Vornamen Sara zulegen werde.

Frau Anna Topp
geb. Mitzky.

Heiratsregister Nr. 871 vom 5. Okt. 1909.

»Die zum Aufbau der Judensiedlung erforderlichen Maßnahmen sind im Verwaltungswege zu treffen.« Das Ghetto Theresienstadt diente den Nazis als Renommierobjekt, mit dem ausländische Besucher, zum Beispiel Rot-Kreuz-Delegationen, getäuscht, Not und Tod der Juden verschleiert werden sollten.

»Nach NS-Maßstäben war dies kein Konzentrationslager. Es gab dort keine Gaskammern. Aber die auf engstem Raum konzentrierten Menschen waren unfrei wie Strafgefangene, jeder Willkür ausgeliefert und ständig vom Tode bedroht«, wie Jochen von Lang im Eichmann-Prozeß schreibt. Viele hatten sich unter Opferung ihres Vermögens in das so bezeichnete »Altersheim f. Juden« eingekauft. Es war alles andere als ein Altersheim.

Die Insassen wohnten und aßen miserabel; Tausende von »Pensionären« wurden in die Todeslager transportiert.

Für die, die das Glück hatten zu bleiben, war ein jüdischer Ältestenrat eingerichtet, der den Tagesablauf und die Dienste der einzelnen bestimmte.

In der Stadt wurden steinerne Baracken aufgestellt, die überfüllt waren, so daß die Insassen zum Teil auf dem Fußboden schlafen mußten. Das führte besonders in den Wintermonaten bei ungenügender Heizung zu Blasen- und Nierenleiden.

Anna Topp erhielt eine Registriernummer.

Unter dieser Nummer konnte sie gelegentlich Pakete von außen erhalten – selten genug, denn ihre nächsten Angehörigen litten selbst Hunger. Der Erhalt solcher Pakete durfte nur auf vorgedruckter Karte bestätigt werden, ohne jegliche zusätzliche Mitteilung. Die Kommunikation mit der Außenwelt war unter Strafandrohung verboten. Ihre Sprachkenntnisse im Ungarischen und Tschechischen kamen Anna Topp zugute. Sie konnte als Stubenälteste und Dolmetscherin arbeiten.

Nach der Kapitulation wurde das Lager aufgelöst.

Anna Topp wurde im Juli 1945 entlassen. Ihr Bild auf dem Entlassungspapier sagt alles aus.

Sie war nicht körperlich mißhandelt worden, aber seelisch hatte sie einen Leidensweg durchschritten, der in ihrem Gesicht abzulesen war.

Auch in der wiedergewonnenen Freiheit blieben ihre Gesichtszüge versteinert. Sie sprach nie über ihre Zeit in Theresienstadt.

Obwohl sie noch eine Zeitlang im Entzifferungsdienst des Auswärtigen Amtes tätig war und für die Organisation der Verfolgten arbeitete, blieb sie eine Außenseiterin sowohl im öffentlichen Leben als auch in der Familie.

Sie war gebrochen, ohne Träume und Tränen und lebte ein Dasein am Rande der menschlichen Existenz, äußerlich ungepflegt. Sie wurde nervenkrank ins Krankenhaus eingeliefert und verfiel unter allgemeinen Auflösungserscheinungen.

Anna Topp starb am 10. März 1965.

Als Tote, befreit von inneren Ängsten und Schmerz, zeigte ihr Gesicht noch einmal die Züge einer bildschönen Frau.

Das alles erfuhr ich nach dem Krieg, der uns kaum Zeit ließ für familiäre Angelegenheiten. Meine Eltern sah ich während des Krieges nur einmal, ebenso meine Cousine Else. Sie schwieg, um mich nicht zu belasten.

Aber ich hätte von dem Schicksal meiner Tante Anna früher wissen können. Es beruhigt mich auch nicht, daß ihre Verwandtschaft mit dem bekannten U-Boot-Kommandanten Topp sie vermutlich vor dem Abtransport in ein Vernichtungslager bewahrt hat und daß auch eine persönliche Intervention nichts geändert hätte.

In meinem Haus sind die Irrfahrten des Odysseus in 25 Bildern von Erich Klahn an eine Wand gemalt. Das Ziel am Ende der Irrfahrten, das alle Handlungen und Unterlassungen motiviert, ist die Heimkehr, die Rückkehr zu den

Grundwerten menschlichen Daseins. Wie Odysseus irrten wir durch die Tage und Nächte, durch die Jahre des Krieges, nicht um des Abenteuers willen, nicht um uns auszuleben, sondern um die Welt – so, wie sie ist – mannhaft zu ertragen.

Das letzte der 25 Bilder zeigt Athene, wie sie Odysseus den Kampf ohne Ende verwehrt mit den Worten:

»Erfindungsreicher Odysseus, halte dich, zähme den Kampf des allverderbenden Krieges, daß nicht Zorn dich treffe vom waltenden Ordner der Welt.«

Der griechische Dichter Nikos Kazantzakis schrieb 1938 die »Odissia«. Er übernimmt die Dantesche Deutung des ruhelos Hinundhergetriebenen, der zwar zerstört, gescheitert ist, einsam, ohne Hoffnung, der aber dennoch nicht aufgibt.

In Alistair McLeans Buch »Die Männer der Ulysses« fand ich viele Parallelen zu meinen Kriegserlebnissen.

Der britische Kreuzer *Ulysses* wird pausenlos zum Schutz alliierter Geleitzüge bei seiner Fahrt durchs Eismeer nach Murmansk eingesetzt.

Die aufs höchste angespannte Besatzung muß immer wieder in der eisigen Polarnacht und in schwersten Winterstürmen gegen den deutschen Feind kämpfen, der unablässig und unter eigenen starken Verlusten mit U-Booten und Flugzeugen angreift, um den von der *Ulysses* geschützten Geleitzug zu vernichten.

Ohne nach dem Sinn des Unternehmens zu fragen, wachsen die Männer über die Grenzen der Leidensfähigkeit hinaus.

Verbittert, protestierend, der Meuterei nahe, verwandeln sich die Leute in eine Crew von Männern, die, unter dem Zwang des Geschehens stehend, einfach ihre Pflicht taten.

Der Kommandant fand keine Erklärung dafür, noch hatte er den Eindruck, daß es von der Admiralität, der er berichtete, begriffen wurde. Es überwältigte ihn der Gedanke, wie vergeblich alles war, was er sagte.

In der »Ultimo Viaggio« von Pascoli begibt sich Odysseus nach seiner Rückkehr noch einmal auf Fahrt – die letzte –, auf die Suche nach Glück. Was man auch darunter verstehen mag, Liebe, Streben nach Erkenntnis, Wahrheit – er sucht sie vergeblich.

Was ihn am Ende der Fahrt, am Ende seiner Tage bedrängt, ist der Gedanke, daß auf dem endlosen Weg zwischen Wahrheit und Irrtum der Mensch unverändert geblieben ist, ist die Vorahnung apokalyptischer Verwerfungen, das Verhängnis der »conditio humana« schlechthin – eine Bürde, die wir täglich zu tragen haben.

Zur Odyssee des Homer, mit ihren vielen, über mehr als zwei Jahrtausende dem jeweiligen Zeitgeist angepaßten Interpretationen, Variationen, Deutungen von Vergil, Dante, Kazantzakis, Tennyson, James Joyce, Pascoli und anderen – habe ich immer eine besondere innere Beziehung gehabt.

Zurück aus norwegischer Internierung, finde ich mich wieder in Bremerhaven auf einem von Stacheldraht umzäumten Zeltplatz. Nach etwa einem halben Tag werde ich von alten Freunden herausgeholt, dem Schriftsteller und PK-Mann Wolfgang Frank und Wilcke, dem früheren Schnellbootkommandanten, die hier für die Amerikaner als Dolmetscher arbeiten. Sie laden mich ein ins amerikanische Kasino. Ich sitze vor Bergen von Butter, Brot, Fleisch, alles im Überfluß. Neben mir amerikanische Soldaten, und ich sehe, wie halbabgegessene Teller voller hochwertiger Nahrungsmittel in die Abfalltonnen wandern.

Meine Freunde erzählen mir, daß die deutsche Bevölkerung hungert, nicht wegen Mangel an Nahrungsmitteln, sondern aus Strafe dafür, daß sie Hitler in den Krieg folgte und ihn bis zum bitteren Ende führte. Dieses ausgemergelte, ausgeblutete Volk muß zur Strafe hungern. Siegerrecht, Siegerwillkür, wo blieb hier die so viel zitierte Menschlichkeit? Mir bleibt das Essen im Halse stecken.

Ich gehe wieder in mein Zeltlager zurück. Am nächsten Tag werde ich entlassen. Wilcke begleitet mich zum Arbeitsamt, wo ich die Arbeitspapiere zum Überwechseln in die britische Zone erhalte, denn mein Ziel ist Travemünde. Dort lebt, wie ich glaube, meine Frau, meine Familie. Mit mir geht ein Major vom Heer, wir beide in Uniform im vollen Ordensschmuck. Man sagt uns, Ordentragen sei verboten. Was schert es uns. Wilcke lädt uns abends zu seinem Onkel ein, in ein halbverfallenes Haus in einem Vorort von Bremen. In dem noch intakten Wohnraum werden wir an einem weißgedeckten Tisch mit allem empfangen, was Küche und Keller damals hergaben.

Bei Kerzenschein essen wir, elektrisches Licht fehlt natürlich.

Neben der Frau des Hausherrn sind noch seine beiden 13- und 15jährigen Jungen anwesend. In seinen Begrüßungsworten, die weniger an seine Gäste und mehr an seine Söhne gerichtet waren, brachte er zum Ausdruck, was ihn selbst bewegte. Es sei in der Geschichte wohl einmalig, daß ein ganzes Volk, Soldaten, Zivilisten, Frauen und Kinder, sechs Jahre lang unter größten Entbehrungen und schrecklichen Verlusten gekämpft hätten, um am Ende festzustellen, daß sie einer politischen Führung zum Opfer gefallen seien, die Verbrechen zu sühnen vorgab, die aber selbst verbrecherisch handelte.

Das aber würde die Leistung der Soldaten, an diesem Abend von dem Major und mir repräsentiert, nicht schmälern.

Ich habe Haus, Gastgeber, die freundliche Atmosphäre und diese Worte nicht vergessen, sie waren wie ein Anker, der in bewegter See geworfen wurde.

Am nächsten Tage fuhren der Major und ich in einem Kohlenzug nach Lübeck, dort verließ er mich und begab sich zu seiner Familie nach Schwartau. Ich fand einen Lastwagen, der mich nach Travemünde transportierte. Dort stand ich vor dem Haus des Konsuls Kröger, in dem ich meine Frau zurückgelassen hatte. Ich erfuhr, daß sie auf Anweisung der Engländer innerhalb von einer Stunde das Haus mit unseren beiden kleinen Kindern hatte verlassen müssen und im Wortsinn auf der Straße saß, ohne zu wissen, wo sie und die Kinder die nächste Nacht verbringen sollten. Eine mitleidige Seele sah das Bündel Elend und bot meiner schwangeren Frau an, in ihr Haus zu kommen. Bei Frau Hinrichsen fand sie eine Bleibe, bis sie sich mit Hilfe von Bekannten nach Celle in Bewegung setzen konnte, um unter dem Schutz meiner Eltern die Geburt unseres Sohnes abzuwarten.

Ich folgte ihr in einem Kohlenzug.

Folgende Situation fand ich in Celle vor:

Meine Eltern waren kurz vor Kriegsende in Hannover total ausgebombt worden. Die wenigen ihnen verbliebenen Habseligkeiten hatten sie nach Celle gebracht und lebten dort in äußerst bescheidenen und beengten Verhältnissen.

Meine Frau war in einem Lastwagen über teilweise zerstörte Landstraßen nach Celle gekommen. Es war ein Wunder, daß sie das Kind bei sich behalten hatte. Wir trafen uns in dem Haus Trift 6, das uns für die nächsten sieben Jahre Unterkunft, Heimat und Qual zur gleichen Zeit sein sollte.

Mit Worten ist nicht zu beschreiben, was wir beide empfanden, als wir uns wiedersahen. Für meine Frau fiel alle Sorge ab, die sie ständig mit sich getragen hatte. Sie stand nun wieder unter meinem Schutz, den sie so dringend brauchte, nicht nur, um das Kind zur Welt zu bringen, sondern um zu überleben in einer Umwelt voller Unverständnis, Not und Gehässigkeit. Ich war aus der unmittelbaren Gefahrenzone heraus, war mit meiner Familie vereint und konnte zu neuen Ufern aufbrechen. Zu neuen Ufern hieß zunächst einmal: Erkenne die Lage.

Der Bombenterror hatte Celle verschont, aber rings um uns waren Straßen und Städte zerstört. Hannover, meine Geburtsstadt, war zu 95 % ein Trümmerhaufen. Was an Fabriken noch stand, wurde demontiert. Die Lebensmittel waren rationiert, zum Leben war es zuwenig, zum Sterben zuviel.

Das Nachdenken über den Krieg und die jüngste Vergangenheit wurde zunächst verdrängt durch den Kampf um das tägliche Brot.

Die Not hatte uns wie alle fest im Griff.

Für berufliche Wünsche war kein Raum. Ich hatte die Verantwortung für meine Familie. Und diese benötigte eine wirtschaftliche Grundlage.

Meine intellektuellen Ambitionen mußte ich zunächst zurückstellen.

Ein alter Freund stellte die Verbindung her zur »Nordsee«-Reederei in Cuxhaven, die mit schon ausgemusterten, jetzt wieder in Dienst gestellten Fischdampfern und -kuttern in der Nordsee auf der Doggerbank und dem Fladengrund fischte.

Fischdampfermatrose

Brief: Cuxhaven, Papenstr. 81
den 4. 11. 45

Es ist alles etwas abenteuerlich, was mit mir geschieht. Mein Brief von Hamburg wird Dich erreicht haben. Wenig später als dieser Brief in den Postkasten fiel, nahm mich ein Fahrzeug, das elbeab fuhr, mit nach Wischhafen. Dort saß ich zunächst einmal mit »Riesengepäck«. Zufällig fuhr ein Krad ins nächste deutsche Gefangenenlager. In der Hoffnung, dort auf Hilfe zu stoßen, die mich nach Cuxhaven brachte, fuhr ich mit. Auf dem Sozius, bepackt wie ein Kamel, mit enormer Schwerpunktverlagerung nach oben, kam ich nach einigen Zwischenfällen heil an. Tatsächlich fuhr am nächsten Morgen ein Wagen nach Cuxhaven.
Zufällig traf ich meinen alten I.W.O., Oberltn. z. S. Klug, dem ich für Dich einen Sack Weißkohl abschwatzte. Wundere Dich also nicht, wenn demnächst derartiges ankommt.
In Cuxhaven war es so, wie es in alten Seefahrergeschichten steht, wie in »Robert der Schiffsjunge«, ein Buch, das ich als Junge so begeistert las. Heuerbas, Musterungsrolle, Seefahrtsbuch, kurz, wenn ich bisher glaubte, ein Seemann zu sein, so hatte ich mich wohl geirrt. In einem Haus, über dessen Eingang ein steinerner Fischer mit Südwester Wache hält, hat man mich ausgerüstet. Gummistiefel bis an den Bauch, Ölzeug, Südwester, Messer und Handschuhe zum Schlachten der Fische und eine Menge anderer Sachen. Das alles warf ich in einen großen Seesack, über die Schulter, um mit großen Schritten an Bord zu gehen.
Es ging dann alles sehr schnell. Am 1. 11. habe ich angemustert auf Max M. Warburg, *einem Fischdampfer von netto 184 Tons, 19 Mann Besatzung, davon 12 vorn im Logis, wo ich auch untergekommen bin, sehr primitiv, aber es wird schon gehen. Am 4. 11. 07.00 Uhr, das ist in 6 Stunden, ge-*

hen wir in See. Die Turns dauern etwa 12 Tage, dann 36 Stunden Liegezeit nach Tarif und wieder raus. So geht das ununterbrochen. An Land bin ich ganz gut untergekommen bei einem Stadtbaumeister. Nette Leute. Das Haus liegt außerhalb der Stadt etwa ½ Stunde vom Bahnhof. Anbei der Rest der Lebensmittelmarken und eine Briefmarke, auf der Du unschwer Deinen U-Boot-Mann erkennst. Bisher kannte ich diese Marke nicht.

Grüsse von Deinem Matrosen

Tagebuch:

1. Tag an Bord der *Max M. Warburg*.

Noch bei Nacht von Groden, wo ich wohnte, nach dem Hafen marschiert. Von der Wache, die mir redselig von ihren Heldentaten im Kriege erzählte, der ich aber nur halb zuhörte, erhielt ich meinen dort verwahrten Seesack. Über eine fast senkrechte Leiter kletterte ich an Bord. Seeleute sind nicht überschwenglich mit Worten. Ich trete ins Logis ein. »Moin –« Keine Antwort. »Ich bin der neue Matrose.« Vereinzeltes Aufgucken von der sicherlich nicht wichtigen Beschäftigung. Keiner rührt sich. Es wird angedeutet, daß keine Matratze für mich da ist, ein Spind wird widerwillig geräumt. Nach einer halben Stunde – ich stehe bereits wieder vor dem Logis – »Wo heitst du mit Vörname?« Nun ist anscheinend der Bann gebrochen.

Die Arbeit beginnt. Netze schleppen, Salzfässer rollen etc. Inzwischen sind wir auf dem Weg nach Brunsbüttel, wo 1940 mein Boot »U 57« gerammt wurde und unterging. Es bleibt nicht viel Zeit, daran zu denken. Wir entmagnetisieren. In kurzer Zeit ist das neue Takelpäckchen eingesaut.

Die Männer sind gut bei der Hand, aber in ihren Lebensgewohnheiten grob, in ihren Äußerungen unfreundlich. Eine zarte Seele würde das nicht lange ertragen. Sie wissen nicht, was sie mit mir – inzwischen haben sie irgendwie erfahren, daß ich U-Boot-Kommandant war – anfangen sollen. Daß ich von allen mit Vornamen und Du angespro-

chen werde, ist selbstverständlich, aber offensichtlich zögern sie, mich anzubrüllen, wie sie es mit dem Schiffsjungen, dem Fähnrich z. S. a. D. von Seydlitz tun.
Übrigens ein sympathischer Junge. Werde mich um ihn kümmern.

Am Abend beginnen sie mich auszufragen, die Atmosphäre wird vertraulicher. Sie sind unkompliziert wie die Kinder.

Briefe:
Es ist Sonnabend nachmittag, und ich bin Dir noch einen Bericht schuldig, ehe ich mit meinem alten LI, Oberltn. Peter, nach Kaltenberge fahre, um dort den Sonntag zu verbringen.
Aber zurück zu Deinem Matrosen.
Als ich in der Dunkelheit zum Hafen ging, schlief alles. Nur einige Seeleute mit ähnlichem Ziel kreuzten meinen Weg. Ich spürte zum ersten Mal, daß ich in einen anderen Stand hinübergewechselt war. Ich war Arbeiter geworden.
An Bord war bereits alles da. Mein Arbeitsplatz war vorn auf der Back, und ich bediente die Leinen beim Losmachen. Wenig später waren wir auf der Elbe, Kurs Doggerbank.
Zeit hat ein Matrose für sich überhaupt nicht. Netze ausbessern, anschlagen. Wache gehen. Es war ganz gut, daß mir wenig Zeit zum Überlegen blieb.
In 24 Stunden waren wir auf der Doggerbank. Das Netz wurde ausgebracht. Gleichzeitig setzte Sturm ein – es ist November –, der uns seitdem nicht mehr verlassen hat.
Beim ersten Netzausbringen ging ein Mann mit außenbords, der sich in den ausrauschenden Stahlleinen verfangen hatte. Das Netz wurde bei gestopptem Boot mit der Winsch wieder hochgeholt, der Mann besinnungslos, mit zerquetschtem Fuß. Der Kapitän von der Brücke laut: »Du Idiot, du.« Sonst nichts. Wir brachten ihn ins Logis.

Kein Medikament an Bord, nur Alkohol zur Schmerzlinderung und Desinfektion. Meine geringen medizinischen Kenntnisse, die ich seinerzeit als Wachoffizier auf einem U-Boot bekommen hatte, halfen etwas. Wir schienten ihn und rückten die Knochen etwas zurecht. Alles andere mußten wir dem Selbstheilungsprozeß und dem Wohlwollen des Hippokrates überlassen. Seenotrettungskreuzer gab es nicht. Eine Rückkehr wegen solch eines Falles kam nicht in Frage. Menschenleben haben hier einen geringen Wert. Der Mann blieb während der restlichen 10 Tage an Bord und wurde von uns – so gut es ging – betreut. Der Kapitän hat ihn sich nicht einmal angesehen.
Etwa die Hälfte des an Bord gebrachten Netzinhaltes kann gebraucht werden. Nun geht es ununterbrochen in einem Stropp:
Netzausbringen – während des Sortierens und Schlachtens des alten Fanges, verstauen im Laderaum, dann »Hiev up« des neuen Fanges –, anschließend sofort Wiederausbringen des Netzes und Schlachten des an Deck liegenden Fanges.
Du fragst mich, wann wir geschlafen haben? Überhaupt nicht.
Während der Fangzeit wird praktisch nicht geschlafen. Zehn Tage naß und kalt, und die Hände blutig und kaputt, hundemüde, Sklavenarbeit.
Vielleicht ist gelegentlich das Schlachten früher beendet, als der neue Fang an Deck ist. Dann hat man ½ Stunde Zeit und fällt todmüde um. Während des Herunterschlingens der Mahlzeiten bleibt das Netz etwas länger draußen. – Und im Logis ist es schmutzig. Niemand wäscht sich, es ist einfach keine Zeit dazu vorhanden, keiner putzt sich die Zähne – ist vielleicht auch gar nicht nötig, denn wir schlukken unfreiwillig genug Seewasser. Fällt man einmal auf die Koje, dann in vollem Zeug – weil An- und Ausziehen zu lange dauern würde. Man wacht schweißgebadet wieder auf – neben meiner Koje steht ein glühender Kanonenofen –, so geht es 12 Tage.

Nun bin ich wieder zurück.
Bei der Wohnungssuche lernte ich heute eine einfache, humorvolle Frau kennen, die mir folgendes sagte: Wir Deutschen haben es an uns, immer einem Ziel zuzujagen, bedingungslos und konsequent.
Wir vergessen dabei, links und rechts vom Wege die Schönheiten des Lebens mitzunehmen und für uns wertvoll zu machen, und brechen dabei meistens kurz vor dem Ziel zusammen.
Heute telegrafische Nachricht, daß Aufnahme zum Studium an der T.H. Hannover abgeschlossen, ich also nicht berücksichtigt bin.
Entschluß gefaßt, zunächst bei der Fischerei zu bleiben. Verhandeln mit Leuten und Firmen liegt mir ja.

Dein Matrose hat wieder festen Boden unter den Füßen. Heute um 13.30 Uhr lief sein Schiff ein, machte an der Pier fest, wo die großen Fischhallen breit liegen, und fing sofort an, den Fisch auszuspeien, den es in unersättlicher Gier zehn Tage lang in seinen Bauch hineingeschlungen hatte.
Seine Matrosen aber hatten sich schon alle landfein gemacht, d. h. gewaschen und rasiert. Das Ausgehzeug ist nicht viel feiner als ihr Arbeitszeug an Bord. Sie standen breitbeinig da, bereit, die Wachmänner und alle Welt übers Ohr zu hauen. Denn das ist hier so:
Wenn das Schiff einläuft, wird es sofort mit seiner gesamten Ladung von der Reederei übernommen. Ein Wachmann postiert sich an der Stelling, damit kein Fisch unrechtmäßig das Schiff verläßt.
Jeder Mann der Besatzung – der Kapitän hat Sonderrechte – darf mitnehmen 2½ kg Frischfisch; wenn er verheiratet ist, 5 kg.
Nun nimmt jeder in der Tat mehr mit. Dein Matrose, der immer an sein Weib denkt, von dem er weiß, daß es deshalb so schwach ist, weil seine Nahrung nicht kräftig genug ist – kurz, Dein Matrose hat neben dem Frischfisch noch

einige Dosen Dorschleber, 2 Flaschen Lebertran und ein kleines Faß eingelegter Salzheringe heruntergeschmuggelt. Wenn Du aber bedenkst, daß die Warburg *auf dieser Reise 2300 Zentner Fisch schluckte, dann verzeihst Du Deinem Matrosen, daß er gleich nach der ersten Reise den Wachmann betrog.*
Schwer bepackt ging ich also die Stelling hoch, die Flaschen zwischen dem Fisch, alles in einem Sack über der Schulter, gab dem Wachmann meinen von der Schiffsführung ausgestellten Passierschein für 5 kg Fisch und hatte vollauf damit zu tun, mir den Anschein zu geben, als ob alles in Ordnung sei.
Der Tommy bei der nächsten Sperre erhielt ebenfalls seinen Passierschein, sagte nur: »fish? o. k.« und schien am allerwenigsten am Gewicht interessiert zu sein. Für einen Weg von sonst 20 Min. brauchte ich eine 3/4 Stunde. Die Schollen und den Kabeljau bekommen Peter und meine Wirtsleute. Ich möchte mich beiden erkenntlich zeigen für die nette Aufnahme. Leider ist es nicht möglich, Euch Frischfisch zu schicken bei den unzulänglichen Transportmöglichkeiten.
Alles andere wird geschickt.

Dann ging Dein Mann zum Arzt. Nun brauchst Du nicht zu erschrecken, denn es ist bereits alles vorüber. Zu jedem Fischdampfermatrosen gehört nun einmal eine zerschundene Hand und eine Blutvergiftung, bedingt durch das Arbeiten mit den schweren Stahlleinen und im Fisch.
Der Arzt hat mir verboten, etwas mit der Hand zu tun, und nun kann ich nicht mit auf die nächste Reise. Das bedaure ich, denn ich hatte mich trotz aller Widrigkeiten gut in die Verhältnisse hineingefunden.
Ich werde also für die nächsten 14 Tage »Volontär« sein und meine Nase in den Betrieb stecken.
Nun sitze ich in meiner Dachkammer, in eine Decke gehüllt, und es ist mir ganz warm bei dem Plaudern mit Dir.

Nur die Hand will noch nicht so recht. Deshalb, und weil eben ein Nasentropfen mir den Weg versperrt, höre ich auf zu schreiben. Wie sehr ich an Dich denke, vermag Dir am besten Deine gute Vorstellungsgabe zu beantworten. Kälte, Nässe, Schmerzen, kein Schlaf und immer allein unter Fremden – ich will es ertragen, wenn ich Dir und uns damit ein, wenn überhaupt möglich, einigermaßen gesichertes Leben erkaufen kann. Der Kaufpreis ist sehr hoch, der Einsatz hart und bitter, weit mehr, als ich gedacht habe.

Tagebuch:
Nach kurzer Zeit war mir klar:
Hatte ich bisher unter Kameraden, mit Menschen gleicher Gesinnung gearbeitet, so stand ich hier allein. Um mich Menschen platten Niveaus mit kaum verhohlener Abneigung allem gegenüber, was ein anderes Gesicht, andere Lebensgewohnheiten und -äußerungen hatte. Für mich war es neu und trat mir als ehemaligem Offizier besonders drastisch entgegen. Es hatte keinen Zweck, ihm auszuweichen. Ich hatte die feste Absicht, standzuhalten und mich dieser Seite des sozialen Problems zu stellen.
Und doch träumte ich davon, schöpferisch tätig sein zu können, etwas aus meinen Händen entstehen zu sehen. Wie wollte ich dafür arbeiten. Dieses Ordnen, Organisieren, Registrieren, das auf mich zukam, diese Atmosphäre von Fischköpfen lag mir nicht.
War ich nicht bisher schöpferisch tätig?
Neben der destruktiven Seite des Kriegshandwerks, war es nicht auch ein Formen von Menschen? – und was für Menschen? – die, schon wissend um ihren Untergang, trotzdem zur See fuhren?
Wie schön wäre es, doch noch Architektur zu studieren – ausschließliche Konzentration auf dieses Ziel, jeden Pfennig umgedreht – ein paar Freunde, Menschen, die hilfreich in der Not wären – es müßte gehen.

3. Dezember
Auf Anraten eines Unternehmers heute zum Sekretär der freien Gewerkschaften Cuxhavens gegangen. Vorhergesehene und gewollte Wirkung planmäßig. Damit etwaigen Manipulationen des Betriebsrates gegen ehemalige Offiziere Schwergewicht entzogen.
Kleiner Mann mit ehrlichem Wollen. Natürlich Konzentrationär, der an seiner unerschütterlichen Auffassung fürchterlich gelitten.
Sozialdemokratie einzige Partei. Diese Leute rühren sich selbst zu Tränen. Von seiner Wichtigkeit überzeugt, gönnerhaft.

21. Dezember
3. Fahrt beendet. Schlimmer noch als die erste, was die körperliche Belastung anbetrifft. Durchschnittsseegang 6–7. Nur an einem Tag, im Orkan, nicht gefischt. Männer werden bis an Grenze Leistungsfähigkeit beansprucht. Selbst die ältesten Fischer beschließen, auszusteigen. An einem Tage beinahe über Bord gegangen. Von einer See erfaßt, bis an den achteren Galgen gespült, zum Glück dort hängengeblieben. Komme aus der Nässe nicht mehr heraus. Die ersten Anzeichen von Nierenschmerzen stellen sich ein. Das stetige Bücken beim Schellfischschlachten strengt sehr an, der Rücken schmerzt stark.

Die Besatzung ist dieses Mal besser zusammengesetzt. Vor allem Otto der Ostpreuße ist ein prächtiger Kerl. Auch v. Seydlitz ist wieder eingestiegen, avanciert zum Leichtmatrosen. Ein früherer U-Boot-Kommandant ist ebenfalls eingestiegen. Die alten sind offener geworden, nachdem sie festgestellt haben, daß ich wiederkam. Die erstaunten Gesichter waren für mich ein kleiner Triumph.
Zurück von Fahrt! Finde Telegramm meiner Frau vor, daß ich zum Studium angenommen bin.

Tagebuch und Briefe zeigen, wie tief der Sturz vom gefeierten U-Boot-Kommandanten zum Fischdampfermatrosen vorm Mast war.

Studium der Architektur

Am 4. Januar 1946 hörte ich die erste Vorlesung an der Technischen Hochschule in Hannover, bei Prof. Wickop, Baukonstruktionslehre. Ich betrat den Hörsaal mit der Vorstellung, zeichnen zu können. Aber Technik und Schnelligkeit, mit der Grund- und Aufrisse von dem Professor an der Tafel gezeichnet wurden und wir gezwungen wurden, mitzuzeichnen, waren neu. Hätte nicht neben mir ein Kommilitone gesessen, der aus dem Schützengraben kam, mit zerschossener Hand, der mir hilfreiche Hinweise gab, ich wäre sehr deprimiert gewesen.

Wie war es überhaupt dazu gekommen, daß ich als U-Boot-Kommandant und »Kriegsverbrecher« Zutritt zum Studium bekam?

Wie ich später hörte, hatten sich mehrere Professoren auf der Zulassungssitzung für den Sohn der Stadt Hannover eingesetzt.

Vielleicht erinnerten sie sich daran, daß ich mit meiner Besatzung vor wenigen Jahren Gast der Stadt gewesen war und mich in das Ehrenbuch der Stadt eingetragen hatte. Natürlich hatte es auch Widerstände gegeben, die besonders heftig wurden, später, als ich zum wissenschaftlichen Assistenten ausgewählt wurde.

Die Architekturabteilung lag an der Schloßwender Straße und war halb zerstört. Es war Winter. In den Arbeitssälen standen Kanonenöfen, undicht, so daß der Rauch teilweise in den Raum entwich und wir mit entzündeten Augen über unseren Zeichnungen saßen. Die Kommilitonen, die alle von der Front kamen, wollten möglichst intensiv studieren, um schnell zu einem Abschluß zu kommen, damit sie ihre Familien ernähren konnten. Wir halfen uns gegenseitig, wie wir nur konnten. Prof. Wickop sagte mir später einmal, weder vorher noch nachher hätte es Studenten gegeben, die mit solch einem Ernst und Eifer an ihre Aufgabe herangegangen seien. Ich wohnte in einem weder wärme- noch kälteisolierten Waldarbeiterwagen, von der Firma Bosse aus Stadthagen, bei der ich praktiziert hatte. Dieser Wagen stand auf dem Hof eines Pastorenhauses. In dem Wagen waren zwei übereinanderliegende Kojen. In der oberen schlief der Sohn Bosse, der ebenfalls in Hannover studierte. Das Mobiliar bestand aus einem kleinen Tisch, zwei Stühlen und einem winzigen Schrank. In einer Nische war ein Waschbecken mit einer Wasserkanne darunter. Das Wasser wurde von einer Pumpe im Hof geholt. Bei Minustemperaturen gefror es in dem Waschbecken.

Meine Frau hatte nach ihrer lebensgefährlichen Fahrt von Lübeck nach Celle versucht, eine Unterkunft im Hinblick auf meine Rückkehr aus Kriegsgefangenschaft und den zu erwartenden Familienzuwachs zu finden.

Das Gespräch zwischen dem kommunistischen Wohnungsamtsleiter und meiner Frau, die zwei Wochen vor der Geburt unseres Kindes stand, verlief folgendermaßen:

»Was wünschen Sie? Wie heißen Sie?«

»Ich möchte in einen Raum eingewiesen werden, den mir die Familie S. zur Verfügung gestellt hat. Hier ist mein Personalausweis.« »Den Raum können Sie nicht kriegen, der ist zu groß für Sie.« Meine Frau: »Ich erwarte meinen Mann und ein Kind.« Der Leiter: »Mit Ihrem Mann, dem Kriegsverbrecher, brauchen Sie nicht zu rechnen, den sehen Sie sowieso nicht mehr.« Meine Frau, die zu dem Zeitpunkt noch keine Nachricht von mir hatte, war einer Ohnmacht nahe, fing sich aber, um keine Schwäche vor dieser Kreatur zu zeigen, und sagte: »Sie irren, mein Herr, ich habe Nachricht von meinem Mann.« Da wurde er unsicher und unterschrieb.

Diesen Raum fand ich dann wenige Tage später bei meiner Rückkehr vor. Wir mußten ihn wieder räumen und tauschten ihn gegen zwei kleinere Zimmer, die aber drei

Außenwände hatten. Gegen diese Außenwände hatten wir mit einem kleinen Kanonenofen anzuheizen.

Es gab kein Heizmaterial, weder Holz noch Briketts oder Kohlen. Ich hatte Verbindung mit einem Förster aufgenommen, der uns erlaubte, in seinem Waldbestand, der vorwiegend aus verkohlten Baumstümpfen bestand, Holz zu schlagen. Die Briten waren auf der Jagd nach versteckten Soldaten mit Flammenwerfern durch die Wälder gezogen und hatten alles abgebrannt. Die Hausgemeinschaft tat sich zusammen und schlug Holz für den Winter.

Die Hausbewohner kannte ich fast alle von meiner Schulzeit her.

Der Hausbesitzer war Inhaber einer Maschinenfabrik, die Geräte für Ölbohrungen herstellte. Seine Schwester war verheiratet mit einem Hauptmann der Luftwaffe, Sturzkampfflieger, der die pädagogische Hochschule in Celle besuchte. Im Parterre lebte ein Ehepaar. Der Mann arbeitete als Versicherungsagent in Hannover.

Da er häufig krank feierte, kam eines Tages eine Kontrolle in die Wohnung, stellte fest, daß unser Versicherungsmann munter arbeitete, jedoch für seine Familie. Am nächsten Tag war er entlassen. Doch der Mann erwies sich als flexibel.

Es war die Zeit der Luftbrücke nach Berlin. Einer der Abflughäfen war Faßberg in der Nähe von Celle. Mit den amerikanischen Soldaten kamen auch die deutschen Freudenmädchen. Sie wurden eine Landplage. Unser Hausgenosse machte jedoch ein Geschäft daraus.

Er fuhr die Veronikas zu ihren Soldaten oder diese zu den Mädchen, fuhr beide zusammen ins Heu, wartete geziemend lange, nahm sein Honorar entgegen und fuhr sie wieder ab.

Eine Witwe lebte mit ihrem Sohn ebenfalls im Parterre, neben ihr ein Angestellter vom Bauamt. Er kam aus der Ostzone und hatte seine Frau drüben gelassen. Daß die vereinsamten Herzen zueinander fanden, versteht sich am Rande.

Er war Absolvent einer Fachschule, betonte immer wieder, daß die Akademiker keine Ahnung von der Praxis des Bauens hätten, und litt doch sehr darunter, daß er kein Akademiker war. In einer Gemeinschaftsküche unten wurde gekocht. Hier wurden Erlebnisse ausgetauscht, Witzchen erzählt und natürlich auch Intrigen gesponnen. Meine Familie lebte in einer unzerstörten Stadt unter Menschen, die materiell nichts verloren hatten.

Eines Tages gelang es meiner Frau, die vergeblich um Hilfe im Hause gebeten hatte, zwei Mann aus der »Herberge zur Heimat« zu finden, die einen Verschlag aus Holz im Keller zusammenbauten, in dem wir unsere wenigen Habseligkeiten unterbringen konnten. Sie baten im Hause des Maschinenfabrikanten vergeblich um einen Hammer. Wenige Tage später wurde eingebrochen, und dem Hausbesitzer wurden etwa 60 Fleischkonserven entwendet. Meine Frau war der festen Überzeugung, daß das ihre Gammelbrüder gewesen waren, denen sie zum Dank für die geleistete Arbeit eine Kartoffelsuppe gekocht hatte, von den schmalen Beständen, die die rationierten Lebensmittelmarken hergaben. Wir lebten am Rande des Hungers. Meine Frau wurde mit Hungerödemen ins Krankenhaus eingeliefert. Als Flüchtlinge verfügten wir über keinerlei Reserven.

Sinnigerweise hatten die Hausbesitzer über dem Gang, der zu unseren beiden Zimmern führte, Würste in beträchtlicher Zahl aufgehängt. Sie wußten, daß wir hungerten. Es war nicht Unwissenheit wie bei Marie Antoinette vor der Französischen Revolution. Als man ihr sagte, daß die Leute nach Brot schrien, soll sie ahnungslos geantwortet haben: »Gebt ihnen doch Kuchen!« Nein, bei unseren Hausbesitzern war es eisige Gefühlskälte, nackter Egoismus.

Aber es war nicht alles so traurig in Celle. Nebenan wohnten Reinhardts. Er war früher bei Rheinmetall gewesen und leitete jetzt mit einem Sozius eine Fabrik in Celle. Und wer etwas produzierte, hatte auch etwas zu essen. Frau Reinhardt war eine großzügige Frau. Unseren Kindern war es nicht erlaubt, in dem Garten hinter unserem Haus zu spielen. Sie spielten daher zusammen mit Reinhardts Kindern in deren Garten. So wuchsen unsere Kinder mit Nachbars Kindern in einer großen Freiheit auf.

Wir hatten auch Freunde, die ich aus meiner Schulzeit kannte, etwa Dr. Jessen, unseren Hausarzt. Sein Schwiegersohn, Dr. Nebelsieck, bot mir nach der Währungsreform an, als unsere Geldbestände auf praktisch Null zusammengeschmolzen waren, mein weiteres Studium zu finanzieren. Dieses großzügige Angebot konnte ich dankend ablehnen, weil ich die Möglichkeit hatte, an billige Gelder über die Hochschule zu kommen, die nach dem Studium zurückgezahlt werden mußten. Mein alter Musiklehrer, Professor Fritz Schmidt, in dessen Bachgemeinde ich die Matthäuspassion und die h-Moll-Messe mitgesungen hatte, hatte ein immer offenes Haus für uns in der Kalandgasse, der alten Lateinschule.

Eines Tages – ich glaube, es war im Herbst 1946 – wurde ich am Bahnhof Celle von unseren Kindern abgeholt, als ich von Hannover kam, mit großen Hallo, denn da wäre ein Neger. In der Tat stand ein bis an die Zähne bewaffneter Neger vor dem Bahnhof, und neben ihm, auf einem Bündel von Lumpen, ein zusammengekauerter Mensch – Wilhelm Löbsack. Die Wiedersehensfreude war groß, wir fielen uns um den Hals, begrüßten uns, und ich überredete den Neger, mit uns zu kommen, denn unsere Wohnung war auf der anderen Seite des Bahnhofsplatzes. Unter den neugierigen Blicken der Menschen überquerten wir den Bahnhofsplatz. Meine Frau, die uns schon durch das Fenster hatte kommen sehen, empfing alle mit großer Herzlichkeit und den farbigen US-Soldaten mit einer selbstverständlichen Freundlichkeit.

Bei Kaffee und Kuchen, der Neger mit entsichertem Gewehr immer dabei, tauschten wir unsere Erlebnisse aus. Ich hatte den Eindruck, daß er als Angehöriger einer noch immer diskriminierten Rasse durchaus Verständnis hatte für den Leidensgenossen Löbsack.

Es stellte sich heraus, daß Löbsack von Nürnberg auf dem Wege nach Neuengamme war. In Nürnberg war er als Zeuge bei dem Prozeß vernommen worden. Nach etwa einer halben Stunde verließen uns beide.

Wilhelm Löbsack war Gauschulungsleiter in Danzig, Westpreußen, gewesen, ein Parteimann, aber ein weit über die engen ideologischen Grenzen hinausgreifender Geist, geschichtlich und politisch hochgebildet.

Er sparte nicht mit Kritik an der Partei und ihren Repräsentanten. Das brachte ihm ein Parteiordnungsverfahren ein, in dem die Gegenseite ihn beschuldigte, er hätte das Ansehen der Partei geschädigt. »Nichts ist den Mittelmäßigen so verhaßt wie geistige Überlegenheit« (Stendhal).

Daraufhin bildete sich bei der Marine eine Phalanx, die sich für ihn einsetzte. Wir wollten keine Parteibonzen unter uns haben.

Ich schrieb an eine mir seit langem bekannte Sekretärin im Führerhauptquartier, die spätere Frau des Generalmajors Christian, zuletzt Chef des Luftwaffenführungsstabes, einen Brief, in dem ich die Parteiclique geißelte und Löbsack als einen der wenigen innerlich freien Geister in der Partei charakterisierte. Ein Mann, der anerkannt im Offizierskorps sei und dessen Verschwinden sehr kritisch vermerkt werden würde.

Hitler, dem dieser Brief vor Augen kam, was ich beabsichtigt hatte, gab ihn zur Stellungsnahme an Bormann. Dieser tobte, daß ich es gewagt hatte, ihn zu übergehen, konnte aber nicht verhindern, daß Löbsack blieb.

Löbsack selbst stammte aus dem Arbeitermilieu Hamburgs und war dort in einem Keller zur Welt gekommen, der Vater starb früh.

Die Mutter lernte ich kennen, eine jener Frauen, die durch ihre Einfachheit, Natürlichkeit und menschliche Größe wirken. Der Sohn ehrte sie zeit seines Lebens. Sie erzog ihn und seinen Bruder, Theo Löbsack, der später ein bekannter Kolumnist wurde.

Wilhelm Löbsack hatte sich nach einem Sturz als Kind das Rückgrat verletzt, war verwachsen, klein geblieben und hatte hinten und vorn einen Buckel. In Danzig heiratete er eine Frau aus einer guten bürgerlichen Familie. Der Ehe entsprossen zwei Kinder, zunächst eine gesunde Tochter, die – weil sie eben gerade gewachsen war – er voller Stolz immer als »Vollweib« bezeichnete.

Später wurde ihnen noch ein gesunder Sohn geschenkt.

Oft saßen wir in seiner großen Bibliothek und sprachen über Gott und die Welt und natürlich über die Politik. Er war sich durchaus der Schatten bewußt, die damals, Ende 1942, Anfang 1943, auf Deutschland fielen.

Nach dem Krieg kam er in »automatischen Arrest« in das ehemalige Konzentrationslager Neuengamme. Später erzählte er, daß er täglich dort mit vielen anderen antreten mußte. Polnische Kommissionen suchten fast jeden Tag diejenigen heraus, die sich »am polnischen Volk schuldig gemacht hatten«.

Schuldige und Unschuldige verschwanden und wurden nie wieder gesehen.

Löbsack machte monatelang dieses Spießrutenlaufen mit bis an den Rand des nervlichen Zusammenbruchs.

Nach dem für uns beide überraschenden Wiedersehen in Celle hielten wir Kontakt miteinander, zunächst nach der Entlassung aus dem KZ Neuengamme in Hamburg-Bergedorf, später in Bielefeld, wo er durch die Vermittlung eines Bankiers eine Anstellung als politischer Korrespondent bei einer Zeitung bekam. Durch ihn hatte ich Kontakt zu dem Heimat-Verlag, der das Buch herausbrachte »So war der U-Boot-Krieg«.

In jenen Tagen, als wir – Löbsack, Harald Busch und ich – über das Buch sprachen und gemeinsam daran arbeiteten, kam es zu erregenden Gesprächen in unserem Haus in Hannover. Löbsacks von Inhalt und Diktion her brillanten Formulierungen blieben mir unvergessen.

Hier triumphierte der Geist über die körperlichen Behinderungen.

Dieser Mensch war durch alle Höhen und Tiefen des Lebens getrieben, gejagt und gehetzt worden, ohne es sich je nehmen zu lassen, sich und seine Umgebung zu sezieren mit scharfer Kritik, gewürzt mit Ironie, Sarkasmus und Spott. Allen Wundergläubigen trat er als ein echter Entzauberer gegenüber, nicht, um zu zerstören, sondern um zu helfen – ein konstruktiver Geist.

Der Maler Erich Klahn – ihn und seine Werke kannte ich aus dem Schmidtschen Haus – hatte in seinem Haus eine Gesprächsrunde eingerichtet. An ihr nahmen teil: der Germanist Prof. Plassmann, ein Marinemann, Peter Seeger, der spätere Leiter des Pelizäus-Museums in Hildesheim. In dieser Gesprächsrunde versuchten wir, angeregt durch Klahns Arbeiten, die Werte aus den Trümmern zu retten, die Bestand hatten über die Zeiten hinweg. Was waren wir?

Wo waren erkennbare Zusammenhänge?

Was erkennbar war, war immer nur das durcheinandergehende Spiel verdeckter Kräfte. Ihnen nachzusinnen stand am Anfang dieses Kreises. »Sans Celle Rien«, schrieb Klahn auf einen Teller unter die Göttin des Glücks, Fortuna, auf dem Erdball stehend, mit Gold eingebrannt in diesen Teller, doppeldeutig. Ohne diese (celle = Fortuna) nichts und ohne Celle (die Stadt, unsere Heimat, unseren Gesprächskreis) nichts.

Die Kräfte, die hinter und zwischen den Dingen stehen, zu fassen in einem Material, das dem Menschen an die Hand gegeben ist, in »Stein, Vers, Flötenlied« (Nietzsche), in abgeschlossenen Gebilden zu formen, in der Architektur, in der Malerei und in den anderen Künsten, ohne Erwartung, aber auch nicht ohne Hoffnung, das war die Forderung der

Stunde. Gestalt und Form gegen die Surrogate einer technisch-industriellen Zivilisation gesetzt.

Gegen den allgemeinen Verfall der Inhalte uns selbst als Inhalt zu erleben und aus diesem Erlebnis unsere Arbeit zu gestalten, darum ging es.

Die Gespräche erinnerten mich an die vor Jahren in der bündischen Jugend geführten Debatten. Nur war es jetzt eine andere Dimension, mit den Erfahrungen des gezeichneten Ichs, das alle Höhen und Tiefen durchmessen hatte wie der Ritter auf Dürers Radierung, begleitet von Tod und Teufel.

Bei Dr. Spandau, der als Major in Gotenhafen vor dem Offizierscorps Vorträge über deutsche Geschichte gehalten hatte, lernte ich den Physiker Professor Pascual Jordan kennen und wurde von ihm eingeführt in den erkenntnistheoretischen Bereich der Mikrophysik.

Die Wandlung der naturwissenschaftlichen Grundlage, zu der uns die Mikrophysik gezwungen hat, hat auch zu einer Wandlung der Denkformen geführt. Jordan versuchte das klarzumachen an dem Vergleich zwischen der Entdekkung der Kugelgestalt der Erde und den Resultaten der modernen Physik. Solange die Erde als eine große Scheibe galt, konnte man hoffen, daß der Mensch, der sozusagen bis an das Ende der Scheibe und damit der damaligen Welt gereist war, über alle Dinge, die es auf der Welt gibt, eine Erklärung würde geben können. Mit der Entdeckung des Kolumbus, die doch nur die Vorstellung über die bis dahin unbekannten Teile der Welt veränderte, wurde diese Hoffnung für immer zerstört.

Seit der Zeit wissen wir, daß es viele Fragen in der Welt gibt, auf die man durch noch so langes Reisen auf der Erde keine Antwort bekommen kann, weil gleichsam außerhalb dieses abgeschlossenen Reisewegs erst die Unendlichkeit der Welt beginnt. In ganz ähnlicher Weise hat die moderne Physik gezeigt, daß wir nie hoffen dürfen, von einer festen Operationsbasis aus das ganze Gebiet des Erkennbaren zu erschließen, wie es noch Descartes konnte, dessen »cogito, ergo sum« den Ausgangspunkt bildete, von dem aus alle weltanschaulichen Fragen aufgegriffen werden konnten. Heute werden wir vor neuen Erkenntnissen in der Situation des Kolumbus sein, der den Mut besaß, alles bis dahin bekannte Land zu verlassen, in der Hoffnung, jenseits der Meere doch wieder Land zu finden. Dieser von der modernen Physik geführte Nachweis der Grenzen, die der klassischen Physik gezogen sind, hat den in ihr fußenden dialektischen Materialismus seines Anspruchs beraubt, die Welt erklären zu können. Auf den Erkenntnissen der modernen Physik wird in unseren Tagen ein neues Gebäude der Philosophie errichtet, das uns der in den letzten Jahrhunderten gestörten Einheit des Weltbildes wieder näherbringen wird.

Natürlich sprachen wir in dem Kreise Klahn auch über den Nürnberger Prozeß und seine Rückwirkung auf die Bevölkerung. Uns interessierten besonders die beiden angeklagten Großadmirale Raeder und Dönitz. Begriffe wie »Freicorps Dönitz«, U-Boot-Geist, Kameradschaft, Gefolgschaft, Treue waren im Volk gegenwärtig, wenn von den U-Booten die Rede war. Ihr Admiral stand vor Gericht, und seine Gefolgsleute schwiegen?

Das durfte nicht sein. Niemand von uns wußte zu diesem Zeitpunkt, wieweit die Verstrickung von Dönitz mit dem inzwischen als verbrecherisch erkannten und gebrandmarkten nationalsozialistischen Regime ging.

Immerhin hatte er ohne Zögern die Nachfolge Hitlers angetreten.

Auf der anderen Seite glaubten wir zu wissen, was Dönitz als Führer der U-Boote seinen Männern gegeben hatte – selbst zum Opfer bereit (seine beiden Söhne fielen auf See) –, ein Beispiel soldatischer Tugenden, die ihren Wert nicht dadurch verloren, daß sie mißbraucht wurden.

Ich hatte mir vorgenommen, Abstand zu gewinnen, vor allem, mich nicht in öffentlichen Nachkriegsdiskussionen zu engagieren. Hier aber konnte und wollte ich nicht schweigen. Ich war mir des persönlichen Risikos, das ich damit einging, durchaus bewußt. Die Fortführung des Studiums stand auf dem Spiel. Im Hintergrund stand die Figur des unsympathischen britischen »Education Officers« (welche Anmaßung lag allein in diesem Wort), vor dem wir im Abstand von jeweils drei Monaten erscheinen mußten, um Rede und Antwort zu stehen über unsere demokratische Gesinnnung.

Wir – das waren zwei Generalstabsoffiziere und ich – standen vor einem Offizier, der arrogant dasaß in Breecheshosen, als Ausdruck seiner Einstellung die Reitpeitsche über den Knien.

Oh, wir hatten es schon gelernt, uns der Camouflage zu bedienen.

Aber im Falle Dönitz hatten wir zu bekennen, wenn wir vor der Geschichte bestehen wollten.

So begann eine mühselige Aktion, mühselig, weil in dieser Zeit die Kommunikation äußerst eingeschränkt war. Telefon gab es nicht. Von einer Zone in die andere reisen konnte man nur mit von den Besatzungsbehörden ausgestellten Ausweisen. Papier fehlte, ganz zu schweigen von Schreibmaschinen. Der von mir verfaßte Entwurf eines Schreibens an den Alliierten Kontrollrat wurde von Dönitz' Verteidiger Kranzbühler in die für den Nürnberger Gerichtshof bestimmten Formulierungen gebracht.

Im Schneeballverfahren erreichten wir es, daß die bekannten, noch lebenden U-Boot-Kommandanten unterschrieben. Die Petition wurde in Englisch, Französich, Russisch und Lateinisch (für die Kurie) verfaßt. Ich machte mir keine Illusion über die Wirkung, aber ich wollte vor mir selbst bestehen können.

Auch jetzt, nach genauer Kenntnis der militärischen Leistungen und Fehler von Dönitz, seiner menschlichen Schwächen und seiner politischen Verblendung, halte ich diese Aktion für richtig.

Kein geringerer als der frühere französische Präsident

Georges Pompidou hat in seinem Buch »Pour rétablir une vérité« de Gaulle zitiert, unter anderem auch das, was der General über den Nürnberger Prozeß gesagt hat.

»In Nürnberg hat man alles durcheinandergebracht. Sie haben die Generäle aufgehängt, da liegt der Fehler.«

An den
Alliierten Kontrollrat von Deutschland

Betrifft:
Nachprüfung des Nürnberger Urteils gegen den Großadmiral Dönitz

Als die Vertreter der deutschen U-Boot-Waffe des vergangenen Krieges wenden wir uns hiermit an den Alliierten Kontrollrat und appellieren an sein menschliches und soldatisches Gewissen. Wir sind dabei der sicheren Gewißheit, Sprachrohr der im Denken und Fühlen geschlossenen Angehörigen der ehemaligen deutschen U-Boot-Waffe zu sein. Diese Überzeugung schöpfen wir aus der Tatsache, daß der größte Teil der Offiziere und Mannschaften der U-Boot-Waffe durch unsere Hände gegangen ist, sei es in der Ausbildung oder im Fronteinsatz. Wir kennen die Herzen dieser Männer, und wir wissen, daß sie so denken wie wir selbst und daß dieses Gesuch unser aller Gerechtigkeitsempfinden zum Ausdruck bringt.

Wir bitten hiermit um Nachprüfung und Aufhebung des Urteils, das über den Großadmiral Dönitz gesprochen wurde, weil die ihm zur Last gelegten Verbrechen nach unserer tief innersten Überzeugung nicht existieren.

Der U-Boot-Krieg wurde nach den geltenden Regeln des allgemeinen Völkerrechts begonnen und in Beantwortung verschiedener verschärfender Maßnahmen unserer Geg-

ner nach Befehlen des Großadmirals weitergeführt, wie im einzelnen das Plädoyer des Flottenrichters Kranzbühler ausführt. Der Kampf wurde in Übereinstimmung mit unserem eigenen Gewissen und unserem Rechtsbewußtsein geführt.
Niemals wurde mehr von uns verlangt, als ein in aller Welt geltendes soldatisches Ehrgefühl zuläßt.
Einen Befehl zur Tötung von Schiffbrüchigen hat es niemals gegeben. Dies wurde bereits durch eine eidesstattliche Erklärung einer großen Anzahl von U-Boot-Kommendanten eindeutig versichert. Diejenigen aber, die gegen den seemännischen Grundsatz der Rettung aus Seenot und der Hilfeleistung für Schiffbrüchige über die Notwendigkeit der primären eigenen Sicherheit ihrer Boote und Besatzungen hinaus verstoßen haben, haben sich damit außerhalb der klar erlassenen Befehle unserer Führung gestellt.
Diejenigen, die glaubten, den Laconia-Befehl oder irgendwelche Aussprüche unseres Großadmirals im Sinne einer Tötung von Schiffbrüchigen auslegen zu müssen, können nur aus eigenen psychologischen Komplexen heraus so gehandelt haben. Ihre Aufassung hierin widersprach dem Geist der U-Boot-Waffe. Ihr Gewicht ist nichtig gegenüber der überwältigenden Mehrheit derjenigen Angehörigen der U-Boot-Waffe, die anders gehandelt haben.
Wir kennen nicht alle Einzelheiten der Anklage, und wir wissen nicht, inwieweit die Beschuldigungen und Vorwürfe dieses Prozesses zeitbedingt sind, wir können im einzelnen auch nicht über Art und Gewicht der politischen Vorwürfe urteilen. Aus der Presseberichterstattung ist hierüber kein eindeutig klares Bild zu gewinnen. Wir kennen aber die Persönlichkeit unseres Großadmirals, und wir haben den Menschen Dönitz in fünf Jahren härtesten Krieges kennengelernt. Niemals hat dieser Mann etwas Unehrenhaftes von uns gefordert, stets war sein Streben und sein Erziehungsgrundsatz von höchstem sittli-

chem Ernst erfüllt. Wir sind zutiefst überzeugt, daß auch er selbst niemals unehrenhaft gehandelt hat.

Wir glauben im Namen eines allgemeinen soldatischen Gewissens zu sprechen. Soldaten und Seeleute verstehen es nicht, daß man einen von ihnen verurteilt, weil er für sein Vaterland und damit für eine gute Sache gekämpft und seine Pflicht erfüllt hat. Stets waren nach allen Kriegen gerade auch die Soldaten die ersten, die sich wieder die Hand gaben, weil sie ein reines Gewissen voreinander hatten. Wir wissen, daß durch dieses Urteil heute das Gefühl für Anstand, Recht und Ritterlichkeit auch bei vielen Angehörigen der alliierten Streitkräfte peinlich getroffen ist.

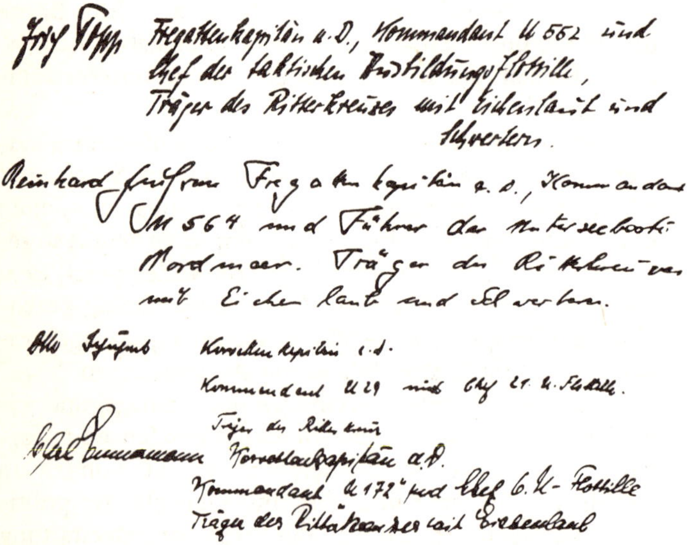

Aus den persönlichen Erfahrungen in diesem Kriege, aus dem Wissen um die Grundsätze, nach denen wir diesen Seekrieg geführt haben, und aus der Kenntnis der Persönlichkeit unseres Großadmirals bitten wir darum, man möge mit ihrem soldatischen Führer nicht eine Waffe diffamieren, die allein schon durch ihren hohen Prozentsatz

Viktor Schütze
Kapitän zur See a.D.
Kommandant U 103, Flottillenchef und Führer der U-Bootsausbildungsflottillen.
Träger des Ritterkreuzes mit Eichenlaub.

Hans Witt
Korvettenkapitän a.D.
Kommandant U 129, Referent im Stabe des Befehlshabers der Unterseeboote,
Träger des Ritterkreuzes.

Georg Lassen
Korvettenkapitän a.D.
Kommandant U 160 und Chef der Offizierskompanie in Pillau bei der I. Unterseebootslehrdivision
Träger des Ritterkreuzes mit Eichenlaub.

Ulrich Heyse
Korvettenkapitän a.D.
Kommandant „U 128" u. Kommandeur I. Unterseeboot Lehrdivision, Pillau,
Träger des Ritterkreuzes.

Otto von Bülow
Korvettenkapitän a.D.
Kommandant „U 404", Chef der 23. U-Bootsflottille
Träger des Ritterkreuzes mit Eichenlaub.

Ali Cremer Korvettenkapitän a. D.,
Kommandant U 333, Träger des Ritterkreuzes

Heinrich Lehmann-Willenbrock Fregattenkapitän a. D.
Kommandant „U 96", Chef der 9. und 11. U-Flottille,
Träger des Eichenlaubes zum Ritterkreuz des Eis. Kreuzes.

Karl-Heinz Wiebe, Kapitänleutnant (Ing) a. D.
Technischer Referent beim BdU, Träger des Ritterkreuzes

Victor Oehrn, ehemals Fregattenkapitän
Kommandant U 37 und A I im Stabe des BdU.
Träger des Ritterkreuzes.

Rolf Rüggeberg, Fregattenkapitän a. D., Chef 13. U-Boot-flottille, Eisernes Kreuz I. Klasse.

Hans Eckermann
Fregattenkapitän a. D.
nacheinander Chef der 1., 3., u. 8. U.-Flottille, später A 1 beim F. d. U. Norwegen.
Eisernes Kreuz I. Kl.

Ernst Bauer Korv. Kapitän a. D. Chef der 27. U. Flottille
Ritterkreuz.

Wilhelm Schulz Korvettenkapitän a.D. Kommandant U 124 und Chef d. 6. U-Flottille, Träger des Ritterkreuzes.

Albrecht Brandi
Fregattenkapitän a.D.
Kommandant „U 617", „U 380" u. „U 967"
Einsatzleiter der U-Boote im Finnischen Busen
und der Kleinst-U-Boote
Träger des Eichenlaubs mit Brillanten
zum Ritterkreuz.

Adalbert Schnee
Korvettenkapitän a.D.
Kommandant „U 6", „U 60", „U 201", „U 2511".
Offizier im Stab des Befehlshabers d. Unterseeboote
Träger des Eichenlaubs zum Ritterkreuz.

Hermann Rasch
Kapitänleutnant a.D.
Kommandant U 106
Kommandeur der [illegible]-U-Boote
Träger des Ritterkreuzes

August Maus
Kapitänleutnant a.D.
Kommandant U 185
Träger des Ritterkreuzes.

an Toten bewiesen hat, daß sie einen aufrechten und ehrlichen Kampf führte.

Wir bitten auch darum, daß nicht nachträglich noch der reine Schild dieser Toten wie auch der noch Lebenden dadurch befleckt werde, daß man die Gestalt ihres hochverehrten Vorgesetzten und seine Taten als verbrecherisch brandmarkt.

In Deutschland, September 1946

Eines Tages wurde ich aus der Kunstgeschichte-Vorlesung herausgeholt von der britischen Militärpolizei. Große Aufregung unter meinen Kommilitonen. Im Jeep ging es in das frühere Haus des Gauleiters Lauterbacher, jetzt Zentrale der britischen Intelligence-Abteilung. Auf meine Frage, was man von mir wolle, wurde mir geantwortet: »Das werden Sie schon sehen.« Da Mittagszeit war, wurde ich zunächst in den Keller gebracht.

Eine Tür wurde geöffnet, und ich wurde in einen dunklen Raum hineingestoßen. Als ich mich an die Dunkelheit gewöhnt hatte, erkannte ich schemenhaft einige Männer am Tisch sitzend. Sie waren beim Essen. Vielleicht sind die Geruchsnerven im Dunkeln besonders sensibel, ich empfand jedenfalls einen fürchterlichen Gestank, dessen Ursache war, wie sich später herausstellte, ein Eimer für Bedürfnisse, der in der Ecke hinter einem Vorhang stand.

Irgend jemand forderte mich auf, am Tisch Platz zu nehmen und den Mantel auszuziehen. Ich sagte: »Ich werde gleich wieder herausgeholt.« Dröhnendes Gelächter. »Das wurde uns auch gesagt, aber wir sitzen jetzt schon acht Tage hier.« Man stellte sich gegenseitig vor. Ich entsinne mich noch des Namens Messerschmidt, dann an einige Parteileute, deren Namen ich vergessen habe, und auch an einige einfache Menschen. Einer von ihnen, ein Techniker, erzählte mir seine Geschichte: Er war abends von der Arbeit nach Hause gekommen, seine Frau empfing ihn wie immer, aber an diesem Abend mit amerikanischen Zigaretten und Kaffee. Auf seine Frage, woher sie das hätte, antwortete sie, ihre Freundin sei mit einem Amerikaner gekommen. Sein Argwohn war geweckt. Am nächsten Tag sah er in der Ecke einen amerikanischen Radioapparat stehen. Wutentbrannt warf er den Apparat aus dem Fenster. Daraufhin wurde er zur Rechenschaft gezogen, hierher gebracht und angeklagt wegen Beschädigung alliierten Eigentums.

Entgegen allen Voraussagen wurde ich tatsächlich nach der »Mittagspause« herausgeholt. Ich fand mich einem Oberfeldwebel gegenüber, der mir freundlich Tee und Zigaretten anbot.

Es ging um das Stichwort »Regenbogen«, das über die Marinesender in der Heimat kurz nach Unterzeichnung der Kapitulationsurkunden herausgegangen war. Auf dieses Stichwort hin wurde ein großer Teil der deutschen Flotte versenkt. Der kurze Zeit später erfolgte Widerruf konnte das nicht mehr verhindern.

Der Funkbefehl verstieß gegen die Kapitulationsbedingungen. Von mir wollte man wissen, auf wessen Anweisung dieses Stichwort »Regenbogen« herausgegangen war. Ich konnte mit gutem Gewissen antworten, daß ich es nicht wußte. Man glaubte mir aber nicht.

»Wir behalten Sie so lange hier, bis Sie sich erinnern.« Ich sagte: »Ich war zu der Zeit nicht in Deutschland. Wir haben den Funkspruch nicht empfangen. Die Boote in Norwegen wurden ja auch nicht versenkt.« Darauf der Feldwebel: »Geben Sie mir Ihr Soldbuch.« Zufällig hatte ich es bei mir.

Er blätterte in dem Soldbuch, wahrscheinlich, um meine Angaben über die verschiedenen Kommandierungen nachzuprüfen. Am Ende des Soldbuchs befand sich eine Klappe für kleinere Ausweise. In diese Klappe hatte ich Briefmarken gelegt. Der Oberfeldwebel – anscheinend ein Briefmarkensammler – schaute sich diese interessiert an.

Er betrachtete sehr eingehend die 6-Pfennig-Marke des Wehrmachtsatzes, die einen U-Boot-Kommandanten am

Sehrohr zeigt. Er fragte: »Wer ist der Kommandant?« Ich sagte: »Das bin ich.« Er sagte: »Nein!« Ich antwortete: »Schauen Sie doch genau hin.« Er guckte mich an, dann die Briefmarke und sagte: »Tatsächlich.«

Jetzt sah ich meine Chance. Ich fragte ihn – was ich ja schon ahnte –: »Sind Sie Briefmarkensammler?« Er sagte: »Ja.« Daraufhin ich: »Ich schenke sie Ihnen.« Ich wußte, daß er ablehnen würde, da erzählte ich ihm eine kleine Geschichte:

Das Foto für die Briefmarke ist aus einer Wochenschau herausgenommen, die von einem Filmberichter gedreht wurde, der bei mir eine Feindfahrt mitmachte. Die Wochenschau lief in unseren Filmtheatern. Eines Tages erhielt ich einen Brief von einer jungen Dame, und in diesem Brief war das Foto dieser Briefmarke.

Das Foto zeigt, wie ich mit beiden Armen an dem Angriffssehrohr hänge. Hinten auf dem Foto stand mit Bleistift geschrieben: »Ich möchte Dein Sehrohr sein«. »Sehen Sie«, sagte ich, »das war ein Angebot, aber ich habe dieses Angebot nicht angenommen – und ich habe es bereut. Vielleicht war sie so reizend, wie sie schrieb. Ich meine, sie sollten mein Angebot annehmen.« Lachend steckte er die Briefmarke ein, fragte mich, wohin ich gebracht werden wollte. Ich sagte: »Zum Bahnhof, meine Frau wartet sicherlich auf mich.«

Er ließ einen Wagen kommen, brachte mich an die Tür, verabschiedete mich winkend, und ich wurde von seinem Fahrer zum Bahnhof gefahren.

In Celle suchten uns zwei britische Marineoffiziere auf. Sie hatten beide über ihrer Uniform den Marine-Dufflecoat und sahen offensichtlich sehr schick aus, was ich aus dem Auflauf von Damen vor unserem Haus entnehmen konnte. Die beiden stellten sich vor: Oberleutnant zur See Blake und Kapitänleutnant Beaverbrook. Wir hatten nichts zum Anbieten. Blake zog ein Päckchen Tee heraus, meine Frau bereitete den Tee. Nach einiger Zeit trugen sie mir ihr Anliegen vor.

Zunächst einmal wollten sie wissen, ob ich mit den Russen in Verbindung stünde. Das konnte ich verneinen.

Dann sagten sie, sie wären daran interessiert, mit mir und auch anderen U-Boot-Kommandanten Kontakt aufzunehmen, um sie interessierende historische Daten zu erfahren.

Aus den nun sich entwickelnden Gesprächen konnte ich entnehmen, daß sie vieles über unsere Taktik und über unsere Waffen wußten.

Aus diesem Grund und auch aus meiner politischen Überzeugung heraus, daß alles zur Stärkung des Westens getan werden müßte, hatte ich keinerlei Hemmungen, mich mit ihnen eingehend zu unterhalten.

Darüber hinaus hatten sie Interesse, den persönlichen Kontakt zu halten. Es wurden damals die ersten Schritte der Wiederannäherung zwischen den westlichen Alliierten und den Westdeutschen unternommen. Und nach alter Erfahrung ging so etwas am besten über die Soldaten.

Sie verabschiedeten sich unter den neugierigen Blicken der übrigen Hausbewohner. Anschließend wurden wir von Fragen bestürmt, aber wir verhielten uns reserviert. Immerhin waren wir wieder interessant geworden.

Ich möchte der liebenswürdigen Beredsamkeit meiner Frau den Vorrang lassen. In einem anschließend stattfindenden Kaffeestündchen mit dem Hausbesitzer, der nicht in diesem Hause wohnte, erreichte meine Frau, daß wir an die inzwischen wieder in Gang gesetzte Zentralheizung angeschlossen wurden. Vielleicht hatte zu dieser großzügigen Genehmigung beigetragen, daß uns der Besuch der britischen Offiziere auch in den Augen unseres Vermieters etwas aufgewertet hatte.

Nach einigen Monaten erschien George Blake wieder, dieses Mal allein, schon etwas vertrauter mit uns. Er brachte gleich ein Päckchen Tee mit, und wir unterhielten uns lange.

Er lud uns ein, mit nach Hamburg zu kommen zu einem Treffen zwischen britischen Seeoffizieren und deutschen

U-Boot-Offizieren. Als er sich verabschiedete, sagte er: »Wenn Sie Schwierigkeiten haben auf der Hochschule, dann rufen Sie mich bitte an.« Ich dachte an den widerlichen Education Officer und daß ich seine Hilfe vielleicht einmal gebrauchen konnte.

Nach etwa anderthalb Monaten kam er verabredungsgemäß wieder und holte uns im Jeep ab nach Hamburg. Nach langer Zeit konnte ich endlich einmal wieder selbst am Steuer sitzen und genoß allein schon die Fahrt. In Hamburg war im britischen Offizierkasino ein großes Essen vorbereitet, an dem von britischer Seite Wissenschaftler und Offiziere teilnahmen, von unserer Seite im wesentlichen ehemalige U-Boot-Kommandanten, unter anderem auch Ali Cremer.

Man darf nicht vergessen, es war Ende 1946. Hier fanden die ersten Gespräche über eine mögliche Wiederbewaffnung Westdeutschlands statt, lange bevor die Politiker darüber sprachen.

Wir haben uns dann noch einige Male mit Blake getroffen.

Jahrelang hörte ich dann nichts von ihm.

Bis ich eines Tages in der Zeitung einen Artikel las über George Blake, Meisterspion, der für die Russen gegen die Engländer gearbeitet hatte. Er war zur Höchststrafe verurteilt und saß in einem Londoner Gefängnis, aus dem ihm eine aufsehenerregende Flucht gelang.

Diese bizarren Erlebnisse unterbrachen mein Studentendasein nur kurz.

Die Feste in der Architekturabteilung waren berühmt. Sie fanden in unseren Arbeitssälen statt, die je nach Motto, unter dem sie standen, von uns ausgestaltet waren. Wer hätte es auch besser tun können als die angehenden Architekten! Die Arbeitssäle wurden in eine Festatmosphäre getaucht.

Daß die Architekten in dem Ruf standen, Eros näher zu stehen als die nüchternen Ingenieurwissenschaftler, wurde in Thematik und Ausgestaltung unter Beweis gestellt. So wurden diese Feste zu einem Magneten für alle Studenten und ein Lichtblick in der politisch wie wirtschaftlich so traurigen Landschaft.

Ich erinnere mich des ersten Festes, Herbst 1946, das in einem alten Pferdestall stattfand, weil die Arbeitssäle dafür noch nicht freigegeben waren:

Das Fest stand unter dem Motto: Sehnsucht nach Griechenland.

Meine Frau hatte mich in ein weißes Bettlaken gehüllt. Als Dichterfürst mit Lorbeerkranz und in goldenen Sandalen schritt ich durch die Menge. Die einzelnen Gruppen lagerten zwanglos in den offenen Pferdeboxen. Der Zementboden war in der Mitte mit Sägespänen bestreut, damit wir tanzen konnten. Getränke hatte jeder mitgebracht, auch die Musik wurde von uns selbst gestellt.

Es war nach und bei all dem Elend das schönste Fest, das wir damals feierten. Müde fielen wir nach einer rauschenden Nacht in die Betten. Als wir am nächsten Morgen aufwachten, waren unsere Kopfkissen schwarz von dem Staub der Sägespäne.

Einmal machten wir auch mit einigen Kommilitonen Urlaub vom Studium in der Nähe von Berchtesgaden. Bei der Gelegenheit besuchten wir den Obersalzberg, und ich erzählte von all dem, was ich hier erlebt hatte, unter anderem auch, daß ich Gast im Hause Bormann gewesen war. Diese an und für sich harmlose Geschichte wurde von einem der Teilnehmer zu einem späteren Zeitpunkt gefälscht und in der Form gegen mich verwandt, daß ich als Assistent an der Hochschule nicht tragbar sei.

Ende 1949 bestand ich das Diplomexamen mit »magna cum laude«.

Nach mehreren vergeblichen Anläufen, beruflich Fuß zu fassen, ergab sich die Chance, wissenschaftlicher Assistent an dem Lehrstuhl von Prof. Graubner zu werden. Dazu war ein kompliziertes Wahl- und Anhörungsverfahren notwendig, zu dem nicht nur Professoren und Assistenten hinzugezogen wurden, sondern auch der Betriebsrat, der zu der Zeit kommunistisch unterwandert war und sich aus allen Hilfskräften zusammensetzte, die an der Hochschule tätig waren.

Eines Tages wurde ich zu dem amtierenden Rektor gerufen. Im Vorzimmer traf ich den Assistenten eines anderen Lehrstuhls, der mich distanziert begrüßte. Zum Verständnis muß ich einfügen, daß eine starke Rivalität zwischen einigen Professoren bestand. Dabei machte man vor nichts halt und brachte Beschuldigungen und Verdächtigungen hoch, um den Gegner zu Fall zu bringen. Graubner hatte einmal städtebauliche Entwürfe für die Gauleitung gemacht. Er war zwar nie Mitglied der Partei gewesen, aber diese temporäre Zusammenarbeit genügte, um ihm jetzt Schwierigkeiten zu machen. Graubner, der aus dem Baltikum kam, war das Kämpfen gewöhnt. Er verschanzte sich buchstäblich in seinen Diensträumen und verließ sie nur zu den Vorlesungen, Seminaren und Mahlzeiten.

Auf seine engeren Mitarbeiter mußte er sich unbedingt verlassen können. Offensichtlich hatte er Vertrauen zu mir und schlug mich daher als seinen Assistenten vor. Kaum war das bekanntgeworden, begann das Kesseltreiben gegen mich. Der Haupttreiber war jener Assistent und Betriebsratsvorsitzende, den ich im Vorzimmer des Rektors traf. Wir wurden beide hereingerufen. Der Rektor gab ihm das erste Wort. Er brachte folgende Anklagepunkte gegen mich vor, ich sei erstens befreundet gewesen mit dem Reichsleiter Bormann, zweitens hätte ich antisemitische Äußerungen gemacht, drittens hätte ich gesagt, alle Seeleute seien Säufer, damit hätte ich den Stand der Seeleute beleidigt, und schließlich wäre ich viertens befreundet mit Pascual Jordan, der sich bekanntlich in seinen Publikationen als getreuer Anhänger Hitlers ausgewiesen hätte.

Meine militärische Vergangenheit in Verbindung mit diesen schwerwiegenden politischen Belastungen würde ihn als

Mitglied des Betriebsrates veranlassen, gegen meine Kandidatur zu stimmen.

Der Rektor hatte sich alles ruhig angehört, ließ den Ankläger gehen und bat mich, noch zu bleiben. Er brachte dann zum Ausdruck, daß ihm die Sache sehr unangenehm sei, vor allem die Art und Weise, wie ich angegriffen worden sei.

Ich mußte nicht lange überlegen, um herauszufinden, woher die Anklagepunkte kamen. Einmal von einem Judas in unserer Berchtesgadener Runde. Den letzten Punkt hatte die Frau des Anklägers geliefert, als Hilfsassistentin Korrektorin meiner Arbeiten.

In einer Unterhaltung hatte ich von der Begegnung mit Jordan erzählt und mich davon sehr beeindruckt gezeigt. Sie sprach von ihm als Schwätzer. Sie unterstellte eine Aversion des Rektors gegen Jordan. Beide waren Rivalen auf der Schule gewesen. Sie konnte ebenso damit rechnen, daß die Bezeichnung als »Antisemit« eine große Wirkung auf den Rektor haben würde, weil seine Frau Jüdin war und er während der nationalsozialistischen Zeit seinen Lehrstuhl verlassen mußte.

Es war alles ebenso geschickt wie perfide eingefädelt, aber es führte nicht zu dem erwarteten Erfolg.

Der Rektor ließ am Ende unseres Gesprächs durchblicken, daß er mir keine Steine in den Weg legen würde.

Eine unerwartete Unterstützung kam von den unteren Rängen des Betriebsrates, den Putzfrauen. Diese, von ihrem Boss gefragt, ob sie etwas gegen mich aussagen könnten, verneinten das. Aber nicht nur sie sprachen für mich, sondern, was natürlich bedeutsamer war, der Senat der Hochschule. Er setzte sich einstimmig für meine Kandidatur ein.

Auf diese Weise wurde ich am 1. Januar 1950 wissenschaftlicher Assistent bei Professor Graubner.

Als der spanische Mystiker und Lyriker Luis de Léon, Prof.

der Theologie in Salamanca, 1576 nach fünf in den Kerkern der Inquisition verbrachten Jahren zum ersten Mal wieder vor seinen Hörern stand, war der Lehrsaal der Universität überfüllt. Alles wartete gespannt auf seine Worte. Er blickte sich im Kreis seiner Hörer um, die er fünf Jahre nicht gesehen hatte, und begann:

»Dicebamus hesterna di...« (wir sprachen gestern von...)

Etwas von dieser Gelassenheit war auch in mir. Ich wollte die Siege und die Niederlagen vergessen, und ich beneidete die, die vergessen konnten.

Ich wollte mich tragen lassen von den großen Strömen unserer Kultur, wie sie vor den Schreckensjahren lebendig waren und nun wieder erlebt werden konnten. Gleichzeitig aber war da ein Unbehagen über die Gelassenheit, die sich wieder einstellte.

Auf der Suche nach geschichtlichen Parallelen, ihrer Darstellung in der Kunst, fand ich Rodin, der den »unconditional surrender« in seiner Plastik »die Bürger von Calais« künstlerisch gestaltet hatte. Das Schicksal dieser Menschen, 1347 nach jahrelanger Belagerung zur Übergabe gezwungen, zu Tode erschöpft, bereits den Strick um den Hals, dem Sieger ausgeliefert – so fühlten wir uns. Rodin hat damit allen, die nach Hybris, Absturz, unendlichem Leid und tragischen Verstrickungen ausweg- und hoffnungslos der Verzweiflung preisgegeben waren, ein Mahnmal gesetzt.

Die völlige militärische und staatliche Niederlage wurde durch die Siegerjustiz, durch die Aufteilung des Reiches in Besatzungszonen bestätigt.

Unter dem Druck dieser Ereignisse flüchteten wir zunächst in eine Rückzugsposition. Der totalitäre Staat hatte mit seiner Ideologie oder Weltanschauung, die in allen korporativen Organisationen, Erziehungsstätten, Universitäten, Schulen sowie in Presse, Film und Rundfunk oft unter Ausschaltung Andersdenkender propagiert wurde, eine Matrix von Denkkategorien geschaffen, die, als das System zusammenbrach, als Selbstschutz noch eine Zeitlang beharrend überlebte.

Diejenigen, die sich schnell oder gar opportunistisch umorientierten, waren suspekt. Wir aber bewegten uns in einer unfaßbar grauen Zone, ohne feste Orientierung, ohne Zuschauer, voller Zweifel über das, was um uns herum geschah, ohne an das eigene Recht zu glauben oder das Recht der anderen zu akzeptieren.

Erst durch das Studium der Architektur und damit im weitesten Sinne der Geisteswissenschaften und Kunst wurde diese Matrix langsam überlagert von den Werten, die unsere Kultur über einige Jahrtausende geprägt hatten.

Auf dieser glücklichen Insel lebten wir eine Zeitlang in »splendid isolation«, abgeschirmt von den politischen Ereignissen jener Tage – bis uns die Kunde von den Massenerschießungen hinter der Front und dem Genozid an den Juden mit Hilfe moderner Tötungsmaschinen in den Vernichtungslagern des Ostens erreichte, nun nicht länger als Gerücht, sondern bestätigt durch Zeugenaussagen und Fotos.

Die damit verbundene moralische Dimension der Niederlage war schlimmer als alles Leiden im Gefolge der militärischen Niederlage, und sie ist bis heute bedrückend geblieben. Nichts wird meine Generation aus dem Schatten herausbringen, den die Verbrechen des NS-Regimes über uns warfen.

Dies ist meine Überzeugung heute, 1990, nach mehreren Jahren Aufenthalt in den USA, nach 14 Jahren Reisen, die mich geschäftlich und privat mit vielen Emigranten in Südamerika, Südostasien, Indien zusammenbrachten, deren schwere Schicksale mich immer wieder diesen Schatten spüren ließen. Ich habe Dokumente gelesen, ich habe Zeitzeugen gehört.

Ein mir befreundeter Arzt war Zeuge folgender Begebenheit zu Ende des Krieges, in einem Sammellager, in dem Schwerverwundete notdürftig ärztlich versorgt wurden.

Einer der Todgeweihten bittet den Arzt um ein vertrauliches Gespräch. Einen Priester weist er zurück. Er hätte sein ganzes Leben keiner Kirche angehört und benötige nicht den Trost einer solchen Institution. Er brauche einen Menschen.

Das Gespräch zwischen den beiden wird zu einem Geständnis.

Er war Polizist, freiwillig, wurde dann aber für einen Sonderdienst bestimmt. Er wurde mit anderen Männern zu einer Klausurtagung beordert, wo ihnen unter dem Siegel strengster Verschwiegenheit das mitgeteilt wurde, was Himmler in mehreren Reden den Reichs- und Gauleitern, aber auch hohen Offizieren gesagt hatte.

Ich stütze mich auf einen Auszug aus der Rede Himmlers, die er in Posen am 6. Oktober 1943 hielt, vor den Reichs- und Gauleitern, nach Vorträgen zur militärischen Lage von Feldmarschall Milch, Luftwaffe, Großadmiral Dönitz, Marine, sowie zur Rüstungslage von Minister Speer.

»... Ich darf hier in diesem Zusammenhang und in diesem allerengsten Kreise auf eine Frage hinweisen, die Sie, meine Parteigenossen, alle als selbstverständlich hingenommen haben, die aber für mich die schwerste Frage meines Lebens geworden ist, die Judenfrage. Sie alle nehmen es als selbstverständlich und erfreulich hin, daß in Ihrem Gau keine Juden mehr sind. Alle deutschen Menschen – abgesehen von einzelnen Ausnahmen – sind sich auch darüber klar, daß wir den Bombenkrieg, die Belastungen des vierten und des vielleicht kommenden fünften und sechsten Kriegsjahres nicht ausgehalten hätten und nicht aushalten würden, wenn wir diese zersetzende Pest noch in unserem Volkskörper hätten. Der Satz ›Juden müssen ausgerottet werden‹ mit seinen wenigen Worten, meine Herren, ist leicht ausgesprochen. Für den, der durchführen muß, was er fordert, ist es das Allerhärteste und Schwerste, was es gibt. Sehen Sie, natürlich sind es Juden, es ist ganz klar, es sind nur Juden, bedenken Sie aber selbst, wie viele – auch Parteigenossen – ihr berühmtes Gesuch an mich oder irgendeine Stelle gerichtet haben, in dem es hieß, daß alle Juden selbstverständlich Schweine seien, daß bloß der Soundso ein anständiger Jude sei, dem man nichts tun dürfe. Ich wage zu behaupten, daß es nach der Anzahl der Gesuche und der Anzahl der Meinungen in Deutschland mehr anständige Juden gegeben hat, als überhaupt nominell vorhanden waren. In Deutschland haben wir nämlich so viele Millionen Menschen, die ihren einen berühmten anständigen Juden haben, daß diese Zahl bereits größer ist als die Zahl der Juden. Ich will das bloß deshalb anführen, weil Sie aus dem Lebensbereich Ihres eigenen Gaues bei achtbaren und anständigen nationalsozialistischen Menschen feststellen können, daß auch von ihnen jeder einen anständigen Juden kennt.

Ich bitte Sie, das, was ich Ihnen in diesem Kreise sage, wirklich nur zu hören und nie darüber zu sprechen. Es trat an uns die Frage heran: Wie ist es mit den Frauen und Kindern? – Ich habe mich entschlossen, auch hier eine ganz klare Lösung zu finden.

Ich hielt mich nämlich nicht für berechtigt, die Männer auszurotten – sprich also, umzubringen (!) oder umbringen zu lassen und die Rächer in Gestalt der Kinder für unsere Söhne und Enkel groß werden zu lassen. Es mußte der schwerste Entschluß gefaßt werden, dieses Volk von der Erde verschwinden zu lassen. Für die Organisation, die den Auftrag durchführen mußte, war es der schwerste, den wir bisher hatten. Er ist durchgeführt worden, ohne daß – wie ich glaube sagen zu können – unsere Männer und unsere Führer einen Schaden an Geist und Seele erlitten hätten. Diese Gefahr lag sehr nahe. Der Weg zwischen den beiden hier bestehenden Möglichkeiten, entweder zu roh zu werden, herzlos zu werden und menschliches Leben nicht mehr zu achten oder weich zu werden und durchzudrehen bis zu Nervenzusammenbrüchen – der Weg zwischen dieser Scylla und Charybdis ist entsetzlich schmal.« ...

Himmler und seine Leute verstanden es, das Emotionale, die Triebhaftigkeit und Reizbarkeit labiler, autoritätsgläubiger Menschen anzusprechen und zu multiplizieren. Diesem Prozeß kam der Mangel an logischem Denken, eine fehlende Geschichtskenntnis entgegen. Die Unfähigkeit, präzise zu urteilen, nahm ihnen die Fähigkeit, Wahrheit und Lüge, politische Zwänge und Verbrechen voneinander zu unterscheiden.

In der Klausurtagung der Männer des Sonderdienstes, so fuhr der Sterbende fort, wurde eine Tötungsmaschine in Bewegung gesetzt, sie selbst in ein isoliertes System gebracht, das keinerlei Kontakt mit der Umwelt zuließ. Auf keinen Fall durften die Greuel, die hier programmiert und dann von ihnen durchgeführt wurden, nach außen dringen.

Aufkommende Zweifel und restliche Gewissensbestände wurden durch ständige Indoktrination und Bewegung der Probleme in einem nach außen abgegrenzten Circulus vitiosus aufgelöst.

Diese Sondereinsatzgruppen, jede etwa 120 Mann stark, insgesamt sechs Gruppen dieser Stärke, wurden hinter der Front eingesetzt.

Es fehlte den Leuten an nichts zur Betäubung, Alkohol, Kaffee, Tee, beste Verpflegung. Musik- und Kabarettvorführungen waren so organisiert, daß jeglicher Kontakt mit den Darstellern ausgeschlossen war.

Ihre Hauptaufgabe war, Polen, Russen, Juden, die durch den »Kriegsgerichtsbarkeitserlaß« für praktisch vogelfrei erklärt waren, zusammenzutreiben und zu liquidieren.

Das geschah auf unterschiedliche Art und Weise.

In Hallen, Fabriken, auch Kirchen wurden die Unglücklichen zusammengepfercht, durch Maschinengewehrfeuer und Handgranaten erledigt. Nächster Schub, das gleiche Verfahren, bis die Gebäude voll von Toten waren. Dann wurden sie angezündet.

Es geschah auch, daß die zum Tode Verdammten ihre eigenen Massengräber ausheben mußten. Dann wurden sie in den Gruben erschossen, Kalk und Erde über Tote und noch nicht ganz Tote geworfen.

Der Mann, der sich dem Arzt so offenbarte, hatte Gelegenheit, dem Psychoterror seiner Gruppe im Zuge der Auflösung zu entfliehen.

Vorher war er noch unter dem Druck der zurückflutenden Front in einem KZ bei den Vergasungen eingesetzt.

Er wußte, daß er so oder so sterben mußte. Die Niederlage seines Volkes sah er wie ein Urteil der ausgleichenden Gerechtigkeit an, das auch ihn und seine Schuld betraf.

Er starb am nächsten Tag.

Aus Gesprächen, die ich mit fanatisierten politischen Extremisten führte, leite ich folgende Erkenntnisse ab:

Für die Anhänger einer politischen Ideologie werden die Mittel durch das Ziel geheiligt.

Viele Nationalsozialisten, ebenso wie Kommunisten, waren um ihres politischen Zieles willen, von dessen Richtigkeit sie überzeugt waren, bereit, ihre anerzogenen moralischen Verpflichtungen über den Haufen zu werfen. Sie waren bereit, zu lügen, zu rauben, zu morden, Hunderttausende von Menschen zu beseitigen, die ihrem Ziel im Wege standen.

Die Begriffe der christlichen Moral sind für diese Menschen hohle Abstraktionen, überlebte Vorurteile einer verachteten bürgerlichen Welt.

War es immer so? Ist der Weg der Geschichte immer der der Gewalt gewesen? Für Ziele und Zwecke, die die Mittel heiligen?

Ohne Zweifel – die Geschichte ist nicht »human« verfahren. Sie stand im Zeichen der Gewalt.

Griechenland, Rom, die Perser, Alexander – die Reihe ließe sich beliebig fortsetzen über Dschingis-Khan zu Napoleon, Hitler, Khomeini. Das Christentum hat in seinen Religionskriegen, Hexenprozessen, der Inquisition, Kolonisation mehr Menschenleben gefordert als beide Weltkriege zusammen.

Macht und Gewalt lagen dicht beieinander.

Ergo: gehört die Macht in die Hände der Besten. Wer sind die Besten?

Wer löst die Spannung zwischen Macht und Geist, zwischen Ordnung und Chaos, zwischen Staat und Freiheit?

Im Blick auf die Geschichte, namentlich die Religions- und Geistesgeschichte, gelangt man zu der Erkenntnis, daß jede anthropologische Gruppe, wenn sie überleben will, absolute sittliche Normen als Grundlage ihres Daseins benötigt. Ich habe bei meinen vielen Reisen die verschiedenartigen Sitten und ethischen Traditionen vieler Kulturkreise kennengelernt. Sie liegen gar nicht weit auseinander. Überall in der Welt gelten Mut, Großzügigkeit, Gerechtigkeit, Aufrichtigkeit als Grundwerte der so unterschiedlichen Gesellschaftsformen. Verrat, Feigheit, Tücke, sexuelle Zügellosigkeit, Graumsamkeit werden in der ganzen Welt als verächtlich angesehen.

Daß wesentliche Werte unseres Daseins durch eine verbrecherische politische Führung pervertiert und in vielen Bereichen außer Kraft gesetzt waren, erfuhren wir, bedingt durch das Informationsmonopol und den Terror des totalitären Staates, erst in voller Schlüssigkeit nach dem Krieg.

Zwar hätte durch gewisse Lücken des Systems unser uniformes Bild vom Geschehen korrigiert werden können. Doch auch dafür hatte das Regime einen Auffang geschaffen. Die bereits vom Ersten Weltkrieg her bekannte und wieder in Aktion tretende Feind- oder Lügenpropaganda der anderen Seite gab Hilfestellung bei der Verdunkelung der Wahrheit, ohne es zu wollen.

Eine gründliche und korrekte Analyse der Gerüchte, der echten und manipulierten Nachrichen war sehr schwer. Hinzu kam, daß die Grundwerte abendländischer Kultur vom nationalsozialistischen System geschickt für dessen Zwecke aufbereitet wurden. Nur die unabhängigen Geister waren in der Lage, die Perversion des Denkens zu erkennen. Unverständlich allerdings ist mir, wenn noch heute Menschen in der Sprache von damals sprechen. Wenn ich gewisse Zeitungen und Bücher lese, die unter dem Schutz der Meinungsfreiheit publiziert werden, wenn ich die Reden in manchen Traditionsverbänden höre, bin ich erschreckt über das dort übliche Vokabular. Vielleicht sind das Restbestände von fossilen Typen, die sich biologisch erledigen werden. Aber ich bin besorgt, wenn ich an mich gerichtete Briefe von Jugendlichen lese, die sich in der Sprache von gestern artikulieren.

Wir müssen wachsam sein und erkennen, daß es einer permanenten Anstrengung bedarf, das Bewußtsein des Menschen zu schärfen.

Dafür selbst immer wieder den Kreis abzuschreiten, der einem von der Kenntnis geschichtlicher Zusammenhänge und aus der eigenen Erfahrung gegeben ist, ist das Gebot der Stunde.

Suche deine Worte!

Übernimm gelassen die Aufgabe einer Teilfunktion!

Die aber übernimm gewissenhaft!

Diese Lehren prägten sich mir unverrückbar ein.

Gelegentlich holte mich die Vergangenheit ein.

Eines Tages erfuhr ich, daß die von Hitler unterzeichneten Urkunden meiner Auszeichnungen sowie andere Ehrenzeichen aufgefunden waren. Natürlich hatte ich Interesse an diesen historischen Dokumenten, waren sie doch ein Teil meines Lebens.

Ihre Geschichte spiegelt die Verworrenheit jener Tage.

Meine Eltern hatten sie bei der Stadtverwaltung Hannover deponiert. Als der damalige Gauleiter sich in der Endphase des Krieges in den Harz absetzte, nahm er die in einem Safe untergebrachten Dokumente mit.

Für mich waren die Urkunden seitdem verschwunden.

Ein Gebietsführer der Hitlerjugend hatte gerade seine Jungen, die noch zum Kampf gegen die anrückenden Briten eingesetzt werden sollten, nach Hause geschickt, als er an einer Landstraße in der Lüneburger Heide einen abgekippten Lastzug fand mit der Aufschrift »Gauleitung Hannover«. Da er selbst früher dort gearbeitet hatte, untersuchte er den Anhänger und sah einen Safe, der aufgebrochen war. Ein Fach, das klemmte, öffnete er mit Gewalt.

Darinnen befanden sich meine Urkunden und der Ehrendolch. Als historische Dokumente nahm er sie mit sich und begab sich in ein Sammellager, nachdem er sie seiner Schwester mit der Bitte um sichere Aufbewahrung gegeben hatte.

Nun war das leichter gesagt als getan. In dem Ort, in dem die Familie wohnte, war bekannt, daß der Sohn HJ-Führer gewesen war und die Tochter eine führende Position in der Maidenbewegung hatte. So wurde das Haus häufig durchsucht und, nachdem das KZ in der Nähe seine Tore geöffnet hatte, die Bewohner ständig belästigt. Obwohl bei Androhung der Todesstrafe verboten war, eine Waffe mit sich zu führen oder im Hause zu haben, trug die Schwester des Finders von nun an den Dolch unter ihrem Kleid, um sich bei Gewalttätigkeiten, wenn nötig, verteidigen zu können.

Die Urkunden hatten sie auf einen Schrank unter Spielsachen gelegt. Wieder einmal erschienen die Engländer, durchsuchten das Haus von oben bis unten, begannen auch den Schrank abzuräumen, fanden Bleisoldaten und spielten mit ihnen. Das Spiel beschäftigte sie so, daß sie nicht weitersuchten.

Kurz und gut, trotz Gefährdungen hatte die Familie Urkunden und Ehrendolch bewahrt. In einer späteren gefahrloseren Zeit verfielen sie auch nicht der Verlockung, diese hochgehandelten Objekte an die Alliierten zu verkaufen, obwohl es ihnen sehr schlecht ging.

Eines Tages wurde ich in ihr Haus eingeladen. Es stand

jenseits des Deiches an der Stör, die in die Elbe fließt. Bruder und Schwester sowie eine zahlreiche muntere Kinderschar hießen mich herzlich willkommen. Das Haus ähnelte einem Museum. Bemalte Decken, herrliche alte Türen, Bauernschränke zeugten von Kultur und Geschmack der Bewohner.

Nach einer ebenso liebenswürdigen wie feierlichen Ansprache übergab man mir die Urkunden und Auszeichnungen, ergänzt um die abenteuerliche Geschichte ihres Verbleibs.

Alles stand mir plötzlich wieder vor Augen, die See, die Männer, das Boot.

Ich erzählte und erzählte. Die Bilder, die ich schon der Zeit entrückt glaubte, waren wieder da. Aber es war, als ob ich in einen blinden Spiegel schaute, es waren undeutliche und verschwommene Konturen, ohne Glanz. Spät am Abend trennten wir uns.

Der Schwester schickte ich kurze Zeit später aus dem Nachlaß meiner Mutter eine kleine goldene Biedermeieruhr. Sie bedeutete für mich sehr viel, aber es war wenig, gemessen an dem, was mir an diesem Abend geschenkt worden war.

Ich meine nicht die Urkunden und Ehrenabzeichen. Ich meine die Gewißheit, daß es auch in schwerster Zeit Menschen gibt, die Charakter haben, die tapfer sind, auch unter denen, die durch unsere politische Vergangenheit gezeichnet sind.

Freischaffender Architekt

Die Zeit der Partnerschaft mit Professor Graubner ab Januar 1953 war für mich sehr fruchtbar. Er war ein begnadeter Künstler mit ungewöhnlicher Sensibilität für Proportion und Detail, bekannt geworden durch Entwurf und Gestaltung der Gartenschau in Stuttgart. Als Schüler der Professoren Bonatz und Schmitthenner gehörte er einer Generation von Architekten an, die – so möchte ich es formulieren – die Tradition der Dombauhütten forsetzten. Sie bevorzugten natürliche Werkstoffe, den Werkstein, das Holz. Konstruktiv dachten wir in den Dimensionen des industriellen Zeitalters, in Stahl und Beton, und sperrten uns auch nicht gegen die künstlichen Baumaterialien aus der Chemie.

Wir verschlossen uns dem Bauhausgedanken nicht, der Technik und Funktion gleichberechtigt neben die Form setzte. Bei von uns geforderten Entscheidungen gaben wir der Form den Vorrang vor der Funktion.

Das 1919 von dem Architekten Gropius eröffnete Bauhaus hatte es sich zum Ziel gesetzt, die Versklavung des Menschen durch die Maschine zu verhindern. Gropius wollte die in industrieller Massenproduktion hergestellten Gebrauchsgegenstände und das Wohnen vor mechanischer Anarchie bewahren. Es ging ihm darum, die Nachteile der Maschine auszuschalten, ohne ihre Vorteile zu opfern. Das Ergebnis war die humanisierte Wohnung, das »industrial design«.

Die humanisierte Wohnung untersuchte ich in einer Siedlung in Osnabrück von der wirtschaftlichen Seite her.

Wir planten und bauten mit an Ort und Stelle seriengefertigten Beton-Stützen und -Wandteilen eine Reihenhaussiedlung und stellten sie in Vergleich ebenfalls zu maschinen- und seriengefertigten Holzelementen aus Schweden.

Die Häuser wurden in eine Parklandschaft hineingesetzt. Ihre Wohnqualität war nach Fertigstellung und Bezug Gegenstand sorgfältiger Auswertung.

Wir arbeiteten zusammen mit Professor Janssen im Bereich der industriellen Formgebung, an maschinengefertigten Serien von Straßenlampen, Stühlen, Parkuhren und anderen Geräten des täglichen Bedarfs, die eine optimale Funktion und Form in sich vereinigten.

Das Bauhaus lehrte die Gleichberechtigung aller Künste am Bau.

Der Leitgedanke war, daß Gestaltung weder eine ausschließlich intellektuelle noch materielle Angelegenheit ist, sondern einfach ein integrierter Bestandeil der Lebenssubstanz in einer zivilisierten Gesellschaft. Diese Auffassung stand dem »l'art pour l'art« einer vergangenen Epoche gegenüber.

In diesem Sinne haben wir insbesondere bei unseren Repräsentativbauten, zum Beispiel bei der Planung von Theatern von Anfang an mit Wissenschaftlern und Technikern auf dem Gebiet der Akustik, Statik, Bühnentechnik Klimaanlage und so weiter, mit unseren Nachbarkünsten im Bereich der Malerei und der figürlichen Plastik zusammengearbeitet.

Gropius und seine Mitarbeiter, die mit ihm zusammenarbeiteten, wie Mies van der Rohe, Moholy-Nagy, Klee, Kandinsky u. a., haben der Baukunst nicht nur die bisher letzten großen Impulse gegeben, sondern sie haben auch eine sie überdauernde Philosophie des Bauens geschaffen.

Erst die Epigonen des Bauhauses, die den Pakt mit den Mächten der wirtschaftlich Etablierten schlossen, haben die Erde mit gleichförmigen Rasterbauten überzogen. Diese Liaison forderte ihre Opfer, Zugeständnisse, wie es illegitime Liebesverhältnisse zu tun pflegen. Nicht nur die großen Städte sind Opfer dieser Liaison geworden.

Ganze Regionen, schönste Landstriche sind rendite- und konsumorientiert verschandelt. Inzwischen ist die Architektur in eine illusionierende Scheinwelt geflüchtet. Die Postmoderne ist ein Passepartoutbegriff, in den man alles hineintun kann. Alles wird achitektonisch konsumierbar gemacht. Der Glanz der Potentaten, das Geheimnisvolle religiöser Bauten, das Pittoreske des Elends (Slums werden kopiert), das Pastorale des Primitiven.

Es gibt jedoch keine nennenswerte Architektur ohne die Spannung zwischen der schöpferischen Kraft des Künstlers und der Praxis, die sich am Menschen und an den Koordinaten, die ihn bestimmen, orientiert.

Noch während meiner Assistentenzeit im Jahre 1952 hatte ich an einem Schulwettbewerb in Celle teilgenommen. Es handelte sich um zwei Schulen: Am Waldweg und an der Sprengerstraße.

An dem Tage, an dem das Preisgericht tagte, klopfte es spätabends an unsere Tür. Meine Fau öffnete, herein kam Professor Zinsser, bei dem ich meine Diplomarbeit gemacht hatte. Er sagte:

»Ich bin gekommen, um Ihnen mitzuteilen, daß Sie die beiden ersten Preise gewonnen haben. Es hat mich so für Sie gefeut, daß ich Ihnen diese Nachricht selbst überbringen wollte.« Ich war so überrascht, daß ich zunächst sprachlos war, dann aber wäre ich ihm beinahe um den Hals gefallen vor Freude. War es doch für mich der erste sichtbare Erfolg und vielleicht der Anfang einer Karriere, und nicht zuletzt waren beide erste Preise mit je 1 000 Mark dotiert, zu der damaligen Zeit ein Geschenk des Himmels.

Es setzten nun die üblichen Intrigen ein. Die ortsansässigen älteren Architekten mit ihren guten Verbindungen zur Stadtverwaltung erreichten es, daß der Wettbewerb noch einmal ausgeschrieben wurde, und zwar nur für aufgeforderte Architekten, und da fiel ich natürlich zwangsläufig durch die Maschen.

Eines Abends nahmen wir teil an einem Fest in der Union.

Ein schon stark angetrunkener Architekt prostete mir an der Bar zu mit den Worten »Herzlichen Glückwunsch, Herr Kollege, zu dem mit Graubners Hilfe gewonnenen Wettbewerb«. Freunde hielten mich zurück. Ich war empört, hatte ich doch diesen Wettbewerb ohne Kenntnis von Graubner mitgemacht, weil ich annehmen mußte, daß er es nicht gern sah, wenn man sich außerhalb der Arbeitszeit noch an privaten Wettbewerben beteiligte.

Ich schrieb diesem Architekten dann einen Brief, der mit Shakespeares »Othello«, 3. Akt 3. Szene, begann:

»Wer meinen Beutel stiehlt, nimmt Tand ...
S'ist etwas – und nichts ...
Mein war es, ward das seine nun,
Und ist Sklav' von Tausenden gewesen.
Doch wer den guten Namen mir entwendet,
Der raubt mir das, was ihn nicht reicher macht,
Mich aber bettelarm.«

Was haben nun Graubner und ich, nachdem ich sein Partner geworden war, entworfen und gebaut?

Ich schildere hier nicht die Kämpfe um Aufträge, nicht die harte Arbeit – vormittags auf dem Bau, nachmittags am Entwurf, abends und nachts am Wettbewerb; nicht die Auseinandersetzungen mit anmaßenden und überheblichen Bauherrn. Jede freiberufliche Tätigkeit hat sich dem zu stellen. Letztlich wurden wir an der Leistung gemessen.

In Bochum bauten wir das Theater und ein Verwaltungsgebäude für die Ruhrstickstoff AG, in Hannover die Verwaltungsgebäude der Preussag und der Salzdetfurt AG, ein anderes Verwaltungsgebäude für die Zeche »König Ewald Ludwig« entstand in Herten, die Volksschule Mittelfeld, Hannover, Textilfabrik Schründer und Cramer in Greven/Westfalen; in Hildesheim bauten wir die Siedlung Michaelisstraße und die Sparkasse am Marktplatz als Ergebnis einer Teilnahme am Wettbewerb für die Rathauserweiterung.

In Aachen gestalteten wir den Platz zwischen Rathaus und Dom (Rathauserweiterung). Unser Hauptarbeitsgebiet aber war der Theaterbau.

Die Hauptforderungen an ein modernes Theater sind: gleiche Sicht und gleiche Hörsamkeit von allen Plätzen.

Bei der Akustik muß man unterscheiden zwischen der Raumakustik, das heißt dem Einfluß der Raumform auf die Akustik, und der Bauakustik, das heißt dem Einfluß der im Innenausbau verwandten Materialien auf die Akustik. Entscheidend ist, daß die Raumform von vornherein stimmt. In der Ausstattung kann man später noch Änderungen vornehmen. Die Sichtgüte ist abhängig von der Sichtüberhöhung der Sitze sowie von den qualitativen Sichtverhältnissen, das heißt der Sehweite, dem Sichtwinkel, der Bühneneinsicht, der Bühnenaufsicht und der Sichtlinienabweichung.

Außerdem lebt das Theater heute, insbesondere nach Max Reinhardt, von der möglichst innigen Kommunikation zwischen Darstellern und Zuschauern, die aus dem Gegenüber dieser beiden erst eine Wechselwirkung werden läßt. Das Überschreiten der Rampe und das Vordringen des Spiels in den Zuschauerraum hinein müssen möglich sein. Das Kernproblem des Theaterbaues schien uns zu sein, eine sinnvolle Variabilität des Grenzbereiches zwischen Bühne und Zuschauerraum, der Vorbühne, zu schaffen. Diesem Problem haben wir unsere besondere Aufmerksamkeit gewidmet, zunächst in Bochum, später in Mülheim, dann in Lünen und schließlich beim Nationaltheater in München.

Das Nationaltheater München geriet zu einem Problem. Die offiziellen Stellen neigten zu einer starken Anlehnung an den alten klassizistischen Baukörper, so daß die Gefahr einer bloßen Restauration nahelag. Die fünf Ränge sollten in jedem Falle beibehalten werden. Größter Wert wurde auf die Erhaltung des Baus in seiner äußeren Erscheinung und auf die Wiedergewinnung der festlichen Atmosphäre in der Gestaltung der Räume im Sinne des früheren Nationaltheaters gelegt.

Das Theater war ursprünglich nach einem Entwurf von Carl v. Fischer errichtet und nach dem Brand von 1823 wiederaufgebaut worden von dem Hildesheimer Klenze. Leo von Klenze hatte bei dem Neubau den Entwurf Fischers nicht etwa sklavisch übernommen, sondern sich durchaus anderer Formen bedient, wie sie dem Klassizismus der jüngeren Richtung eigen waren. Solches Recht mußte auch einem Baumeister der Gegenwart zugestanden werden, wenn er nicht seine persönliche Handschrift verleugnen sollte. Wir hatten das Problem der gleichen Sicht von allen Plätzen dadurch gelöst, daß wir unter Beibehaltung der Ränge eine Art Balkonsystem entwickelten, deren Elemente alle zentral auf die Mitte der Bühne gerichtet waren.

Nachdem der erste Preis uns zugesprochen war, setzte die Kritik der Landesbehörden ein, vor allem seitens der sehr einflußreichen Schlösserverwaltung und des Münchner Theatervereins, der – das muß zugestanden werden – zu der Finanzierung des Baues durch Sammlungen erheblich beigetragen hatte. Zu diesem Zeitpunkt schied ich aus der Architektengemeinschaft aus. Graubner gab dann in fast allen Punkten nach, das heißt, es entstand wieder ein klassisches Rangtheater, das die Forderungen nach gleicher Sicht und gleicher Hörsamkeit nicht mehr erfüllen konnte.

Was wurde aus unserem preisgekrönten Entwurf?

Ein neo-neoklassizistischer Bau.

Klenzes Klassizismus war in die geistigen Stömungen seiner Zeit eingebunden. Die Graubnerschen klassizistischen Details sind reines Dekor, bereits auf dem Wege zur »Postmoderne«. Die Mittelloge zum Beispiel ist nun einmal keine »Königsloge« mehr, und deshalb wirken die flankierenden Karyatiden bombastisch. Gleiches gilt für die Riesensäulen der Proszeniumslogen. Die zeltartige Decke und der Kronleuchter entsprechen unserem Entwurf. Mit Gold, Elfenbein und Rot kann man bekanntlich farblich im Theater nichts verderben.

Diese Jahre des freischaffenden Architekten hatten andere Koordinaten als die Soldatenjahre. Waren letztere an politische Idealvorstellungen und die Unterwerfung unter die Staatsräson gebunden, so standen die Studien- und Architektenjahre im Zeichen einer geistigen Vielfalt im Rahmen einer zunächst begrenzten, aber dann wachsenden politischen Freiheit.

Der Architektenberuf ist geprägt durch das Ringen um die optimale Form, mit sich selbst und im Team der Mitarbeiter sowie durch die Auseinandersetzung mit organisatorischen, wirtschaftlichen, gesellschaftlichen Faktoren, die von außen an ihn herangetragen werden. Ein Kompromiß, ohne Aufgabe der wesentlichen Gestaltungsgrundsätze, bedeutet meistens die Lösung der Aufgabe.

Beim Architekten dominieren Teamarbeit und die Bereitschaft zum Kompromiß. Der U-Boot-Kommandant ist gekennzeichnet durch das, was die Angelsachsen »loneliness of command« nennen, Ausdruck eines hierarchisch gegliederten Befehlssystems, in dem dem Kommandanten die letzte Entscheidung an Ort und Stelle vorbehalten ist.

Während meiner Tätigkeit als freischaffender Architekt wurde ich Mitglied im BDA, Bund Deutscher Architekten, nachdem mich eine Jury, bestehend aus älteren Architekten, nach Vorlage meiner Entwürfe, Wettbewerbsunterlagen und Publikationen für fachlich qualifiziert erklärt hatte.

Außerdem war ich Mitglied im Architekten- und Ingenieurverein.

Eine Gruppe von geistig und künstlerisch Interessierten nahm mich in ihre Reihen auf. Sie tagte im »Wein-Wolf« in Erinnerung an Gottfried Benn, der hier sehr tiefsinnig über Kunst nachgedacht und in einem Essay, überschrieben »Weinhaus Wolf«, niedergelegt hatte. Hier traf ich die Professoren Wickop und Zinsser, den Gartenarchitekten Prof. Hübotter, den Pianisten Dahlgrün, den Chefredakteur der

Hannoverschen Zeitung Ploog, Alfred Toepfer, Hamburg, und andere.

In diesem Kreise unterhielten wir uns über Kunst, über berechtigte und unberechtigte Kritik, über Musik unserer Tage, über die Todesstrafe, kurz über alle uns und die Allgemeinheit beschäftigenden Themen.

Ich verließ den Elfenbeinturm, in den ich mich jahrelang zurückgezogen hatte.

Auch die Marine kam mir wieder näher.

Auf Veranlassung des Marinebundes stellte ich Nachforschungen über ein Gerücht an, das besagte, Prien sei im KZ umgekommen und nicht auf hoher See gefallen. Ich ging diesem Gerücht nach, das angeblich ein Oberleutnant der Luftwaffe verbreitet hatte, suchte diesen Oberleutnant auf und stellte fest, daß er tatsächlich im KZ gewesen war, daß er aber dort weder mit Prien zusammengekommen war noch überhaupt etwas über Prien ausgesagt hatte. Bei dieser Gelegenheit fragte ich ihn, warum er denn in das KZ gekommen sei, worauf er mir seine Geschichte erzählte: Er hatte mit Kameraden munter in der Offiziersmesse pokuliert.

Beim Herausgehen aus der Messe mußte er eine große Tür passieren, an der links eine Büste von Göring und rechts eine Büste von Hitler auf einem Podest standen. In einer weinseligen Laune setzte er Hitler seine Offiziermütze auf den Kopf und sagte laut: »Steht einem Gefreiten auch ganz gut.« Das hatte die Ordonnanz gehört und meldete es. Ergebnis: Er landete im KZ wegen »Majestätsbeleidigung«.

Der Marinebund hatte mich als Architekten gebeten, an dem inneren Ausbau des Ehrenmals Laboe teilzunehmen. Es war nach den Plänen von Professor Munzer, als Ergebnis eines von ihm nach dem Ersten Weltkrieg gewonnenen Wettbewerbs, erbaut worden. Die Angehörigen des Marinebundes hatten damals eine große Sammelaktion veranstaltet und damit die Gelder zur Finanzierung dieses Projektes aufgebracht. Seit der Zeit war es in der Obhut des Marinebundes.

Nach dem Kriege war es von den Siegern ausgeraubt und teilweise beschädigt worden. Nun war beabsichtigt, in die Gedenkstätte auch die Gefallenen des Zweiten Weltkrieges einzubeziehen. Dazu bedurfte es neuer Ideen, neuer Entwürfe. Professor Munzer wurde zur Mitarbeit aufgefordert, ich wurde ihm vom Marinebund zur Seite gestellt. Munzer war seiner Sache so sicher wie ich meiner, so daß wir uns bereits nach der ersten Kontaktaufnahme ohne Anmaßung von mir, ohne Arroganz von ihm eng verbunden fühlten und mit einer Stimme sprachen. Unsere Vorschläge wurden von unseren Auftraggebern, der vorwiegend amusischen Leitung des Marinebundes, nicht begriffen. Wir führten einen erbitterten, fast aussichtslosen Kampf.

Mir gelang es, die Ausstellungshalle neu zu gestalten. Ich konnte den Marinebund dafür gewinnen, dem Maler Schreiber einen Auftrag zu geben, zwei Sgraffito-Arbeiten anzufertigen. Dann ging ich nach Washington und überließ Professor Munzer den Kampf mit dem Marinebund.

Um was es bei dieser Auseinandersetzung ging, zeigt der folgende Brief.

Lieber Herr Professor Munzer!
Ihr Brief rief die kurze Zeit unserer gemeinsamen Arbeit für die innere Gestaltung des Marine-Ehrenmals zurück, in der sich für mich die oft gemachte Erfahrung bestätigte, daß es in gestalterischen Fragen keine grundlegende Meinungsdifferenz gibt zwischen Menschen, die aufgrund hinreichender schöpferischer Veranlagung und Ausbildung allein das Recht haben, in künstlerischen Fragen zu sprechen und zu bestimmen.

Ich entnehme Ihrem Brief, daß Sie nach wie vor für das Sauberhalten Ihres Bauwerks von allen unqualifizierten und verkitschenden Zutaten kämpfen müssen, und kann Ihnen leider nur mit Worten von hier aus den Rücken stärken.
Das Ehrenmal ist zwar vom Marinebund finanziert worden, aber es gehört der Gesamtheit des deutschen Volkes. Es gibt nur wenige Bauten, die einen solchen Anspruch haben. Aus diesem Anspruch erwächst die Verpflichtung, für den Ausbau dieses Ehrenmals die künstlerische Qualität zu finden, die den Gedanken der Gefallenenehrung den Angehörigen dieses Volkes nahebringt.
Die von anderer Seite vorgeschlagenen Entwürfe, die Sie mir geschickt haben, werden weder dieser Verpflichtung gerecht, noch können sie auch nur annähernd die selbstverständliche Forderung erfüllen, einen dem großen Entwurf kongenialen Beitrag für die innere Gestaltung abzugeben. Sie sind es Ihrem Bauwerk und sich schuldig, mit allen Konsequenzen solchen geplanten Änderungen zu widerstehen.

Ich wäre Ihnen dankbar, wenn Sie mich über den Ausgang Ihrer Intervention orientieren würden und wünsche Ihnen Kraft und Festigkeit, um die Sache zu einem guten Ende zu bringen.
In ehrlicher Verbundenheit *Ihr Erich Topp*

Zu den vom Marinebund eingebrachten Entwürfen im einzelnen:

Gedanklich:
Beide Entwürfe sind eine Verbeugung vor der Masse und dem Material. Die mögliche Entgegnung, daß dieses Material Hülle für die Menschen gewesen ist, die gefallen sind, ist nur bedingt richtig.
Es gibt z. B. unter den aufgeführten Fahrzeugen solche,

deren gesamte Besatzung gerettet wurde, andere, deren Besatzung teilweise gerettet wurde, und Totalverluste. Auf dieser Tafel stehen sie gleichwertig nebeneinander. Der Rausch der Statistik sollte vor den Gräbern haltmachen. Daß im Ersten Weltkrieg 199 U-Boote und im Zweiten Weltkrieg 752 U-Boote gesunken sind, ist nur für die Kriegsgeschichte von Bedeutung. Die Grenze zur Ewigkeit wird nicht durch die Zahl der Grenzsteine markiert, sondern durch metaphysische, irrationale Grenzlinien, die im Bereich des Seelischen liegen und die nur durch begnadete Künstler symbolisiert werden sollten.

Bereits in der Weihehalle sollte spürbar werden, daß Menschen sich opferten für eine Idee und daß sie geopfert wurden auf dem Altar der Macht.

Hingabe, Leid, Grauen sollten von dem gestalteten Material dieser Räume in das Unterbewußtsein der hindurchwandernden Menschen dringen. Zur Inschrift: Der Eid ist im ersten Krieg auf den Kaiser, im zweiten Krieg auf Hitler bezogen, nicht auf das Volk. Es ist also falsch zu sagen: »Ihrem Eid getreu gaben ihr Leben für unser Volk.« Man sollte im Hinblick auf den Mißbrauch des Eides im Dritten Reich und seiner Entwertung im allgemeinen Bewußtsein schlichtere Formulierungen finden.

Die pathetische Pose sollten wir vermeiden. Das gilt auch für den Satz »Wie das Gesetz es befahl«. Dieser Satz stellt uns zurück in das Reich von Sparta, in dem das Gesetz eine sittliche Funktion hatte und nicht von gewissenlosen Zynikern benutzt wurde, um eigene verbrecherische Pläne durchzuführen, wie im Dritten Reich.

Jahre später drängte sich mir anläßlich der Diskussion über die Planung eines Vietnamdenkmals in den USA eine Parallele auf. Die amerikanische Nation schwankte zwischen zwei Gesinnungsweisen, der patriotischen Gewißheit rechten Tuns und der Einsicht in die traumatische Erfahrung schuldhafter Verstrickung. Ich wurde erinnert an meine

Mitarbeit bei der inneren Ausgestaltung des Ehrenmals Laboe und den Kampf, den ich mit den Traditionalisten zu führen hatte und der mit meiner Niederlage endete.

Es gelang mir nicht, meine Auffassung durchzusetzen, einen Künstler zu beauftragen, um gewissermaßen ein Requiem für die Gefallenen im Turmgebäude zu gestalten. Anstelle einer künstlerischen Aussage wurde seinerzeit die Skagerrakschlacht in Dioramen dargestellt. Damit wurde das Gedenken an die Toten überlagert von der Darstellung einer Materialschlacht.

Auch in Washington ging der Kampf nicht nur um Geschmack und Stil, sondern darüber hinaus um eine feinsinnige Kunstauffassung, die mit Metaphern und Symbolik die Unausweichlichkeit menschlichen Leides darstellen will.

Eine Studentin chinesischer Herkunft, von der Yale-Universität, gewann den Wettbewerb. Ihr Projekt ist von einfacher Würde und jeder hohlen Rhetorik bar. Es sieht eine 76 Meter lange und eine 10 Meter kurze schwarze Wand aus Granit vor, die, wie zwei Flügel in spitzem Winkel miteinander verbunden, einen sanften Hügel gleichsam umarmen, ehe sie sich mit ihren Enden in ihm verlieren.

Auf den Granitwänden ist weder Spruch noch Widmung eingraviert, nur die Namen der über 57000 Männer, die in Vietnam gefallen und vermißt sind. Dieses Monument ist kein politisches Bekenntnis, es nimmt nicht Stellung und rechtfertigt nichts, es ist ein Requiem für die Gefallenen, eine stille und schlichte Totenliste, welche den Überlebenden zu denken gibt.

Den Traditionalisten fehlte an diesem Entwurf das Patriotische und Heroische, das jedes Kriegsmonument aufzuweisen habe. Wie sich die Bilder gleichen! Ihnen schwebte ein Denkmal vor, wie es der Zweite Weltkrieg in jener stürmisch bewegten Figurengruppe am Fuß der Potomac-Brücke gefunden hat, in der Infanteristen, zu Erz erstarrt, das Sternenbanner auf Iwoyima hissen, übrigens eine gestellte Szene.

Die Jury fällte eine salomonische Entscheidung. Der Entwurf der chinesischen Studentin wurde ausgeführt. Eine Statuengruppe, die drei Infanteristen zeigt, einen Weißen, einen Schwarzen, eine Rothaut, in realistischer Pose, sichernd und wachsam einem imaginären Feind entgegenblickend, wurde zusammen mit einem hohen Fahnenmast in der Nähe des anderen Entwurfs aufgestellt, aber so, daß der Raum, den die Totenwand umschließt, nicht gestört wurde.

Am 1. Oktober 1956 hatte Großadmiral Dönitz seine ihm im Nürnberger »Hauptkriegsverbrecher«-Prozeß zudiktierte Strafe von zehn Jahren verbüßt und verließ den Spandauer Kerker. Einer seiner ersten Besuche in der Freiheit war bei uns in unserem Haus in Hannover.

Er blieb über Nacht. Es wurden viele Gespräche geführt, er war sehr orientierungshungrig, verständlich nach zehn Jahren Haft und Isolation in Spandau.

Wir gingen gemeinsam zum Essen in die Maschseegaststätten. Er genoß die Öffentlichkeit. Laut zog er seine Frau mit ins Gespräch, etwa in der Form »Frau Dönitz meint dazu ...« Natürlich wußte nun jeder an den Nachbartischen und auch die vorbeigehenden Kellner, wer an unserem Tisch saß. Als wir gingen, hatte sich ein Spalier am Ausgang gebildet. Jeder wollte Dönitz sehen, und er schritt stolz hindurch. Es war, als ob er beim Anblick eines hübschen Mädchens verweilen wollte. Als seine Frau ihn etwas drängte, sagte er: »Laß mich doch, das habe ich elf Jahre nicht gesehen.« Die Qual der Haftzeit brach noch einmal durch.

Er fragte mich, wie er sich verhalten sollte, eine verständliche Frage nach so langer Abwesenheit von den politischen und gesellschaftlichen Ereignissen. Ich antwortete ihm: »Nehmen Sie sich viel Zeit, um die Lage zu überprüfen, in der Sie sich befinden.

Sie werden überflutet werden von sensationshungrigen Journalisten. Äußern Sie sich möglichst wenig öffentlich. Eine solche Haltung wird von all denen, die Sie kritisch beobachten, gewürdigt werden.«

Ein halbes Jahr später war er von einem Verlag überredet worden, seine Memoiren zu schreiben, die unter dem Titel: »Zehn Jahre und 20 Tage« herauskamen und die später ergänzt wurden durch »Mein wechselvolles Leben« und »Antworten auf 40 Fragen«, drei Rechtfertigungsversuche.

Das Treffen in meinem Haus in Hannover und später in Aumühle zeigte, daß auch Dönitz heimgekehrt war.

Aber war für uns die Heimkehr gleichbedeutend mit der Selbstüberprüfung, der Rückkehr zu Frieden und Wahrheit, so hatte man bei ihm den Eindruck einer verzweifelt starren und unbeweglichen Haltung.

Er war zurückgekehrt, aber er lebte weiter in der Welt, die er vor 10 Jahren verlassen hatte. Ich dachte an Lots Weib, das sich zurückwandte und zur Salzsäule erstarrte.

Man kann die Seele eines Menschen nicht ausloten.

Zweifellos war Dönitz gefangen von der Idee des Nationalsozialismus. Er war berauscht von den militärischen Erfolgen, zu deren Glanz er beitrug, der ihn selbst blendete.

Das alles ist menschlich.

Dann wuchs der Schatten der zurückgehenden militärischen Erfolge, der Niederlagen und schließlich der Katastrophe. Er sah diesen Schatten wie ein Gespenst, das man bannen könnte.

Sein Leben war persönlich auf Askese und Opfer ausgelegt. Er litt ohne Zweifel schwer an dem Drama von Leben und Tod seiner U-Boot-Männer, seiner beiden Söhne. Es ist mir bei den vielen Begegnungen und Gesprächen nie gelungen, aus der gelegentlich sich bewegenden Oberfläche seiner Gefühlsregungen Schlüsse zu ziehen auf das, was darunter vor sich ging.

Wenn ich unterstelle, daß Großadmiral Dönitz ein unpolitischer Offizier war – das behaupten jedenfalls seine Apologeten, während seine bedingungslose Gefolgschaft zu Hitler, seine mit der nationalsozialistischen Weltanschauung, der Politik ihrer Exponenten sich deckenden Aufrufe und

Reden gegen diese Annahme sprechen –, dann setzt hier auch meine Kritik ein.

Als Oberbefehlshaber der Kriegsmarine hatte er, wie die Mehrzahl der Flaggoffiziere, einen hohen Informationsstand. Wir wissen das heute aus Gesprächen, die er führte, wir können es ableiten aus der Teilnahme an Tagungen, in denen etwa der Reichsführer SS, Himmler, schonungslose Informationen über die Vernichtungsstrategie gegen Polen, Russen und Juden preisgab.

Aus meiner eigenen Erfahrung als Flaggoffizier – wenn auch unter einem anderen Regime, das der Meinungsfreiheit geöffnet ist – weiß ich, daß alle Informationen, die mir auf dem sogenannten »need to know«-Niveau offiziell zugänglich waren, nur ein Bruchteil von den Nachrichten waren, die ich darüber hinaus erfuhr. Auch daraus ziehe ich den Analogieschluß, daß Dönitz mehr gewußt hat, als er zugegeben hat.

Unabhängig davon muß von Männern in so hohen Funktionen politische Verantwortung für ihr Tun und Lassen gefordert werden.

Man hat vergeblich auf ein »letztes Wort« von Dönitz gehofft, das als Bekenntnis seiner Verstrickung mit dem als verbrecherisch erkannten politischen System gedeutet werden könnte. Man hatte erwartet, daß, wie bei uns, so auch bei ihm das Gefühl einer moralischen Niederlage spürbar wurde. – Ich sehe allerdings keinen Sinn darin, darüber zu reflektieren, welcher Glaube, welches Denken, welche Überzeugung bei Dönitz vermochten, den Abgrund der Verworfenheit, den er doch sah, zu überbrücken. Mit Hamlet schien er sagen zu wollen: Ihr könnt nicht »in das Herz meines Geheimnisses« dringen.

Er wußte von den Massenerschießungen hinter der Front, Ausdruck ungeheuerlicher Menschenverachtung. Seine Reaktion darauf:

»Es ist nicht meine Aufgabe, mich in Dinge zu mischen,

die Sache der politischen Führung sind«, kommt einer passiven Duldung dieser wahnsinnigen Verbrechen gleich und steht in einem scharfen Kontrast zu dem, was seit Generationen von Soldaten auf uns gekommen ist und was als Tradition von Grundwerten von uns gepflegt und weitergegeben wird.

Eines Tages rief mich Heinrich Schwich an, ich glaube, es war Ende 1956. Er hatte eine Feindfahrt bei mir an Bord mitgemacht, hatte einen Überwassernachtangriff auf einen Geleitzug mitgesprochen, sehr dramatisch, bei dem ein Benzintanker etwa 800 Meter von uns entfernt hochging. Die Hitzeausstrahlung war so groß, daß ich die Brücke räumen ließ. Er sprach seinen Bericht ruhig weiter, auch dann noch, als das Boot ein Ziel vor dem brennenden Horizont wurde und die Zerstörer auf uns schossen.

Schwich war zum Schluß des Krieges Chefkommentator am Sender Berlin, verteidigte diesen mit einer Handvoll Soldaten gegen die anrückenden Russen, kam in Gefangenschaft und saß sechs Jahre in Zuchthäusern der Ostzone. Gesundheitlich zerstört, aber geistig ungebrochen kam er in den Westen zurück.

Schwich machte mich aufmerksam auf das Buch von Wolfgang Ott, Seeoffizier während des Krieges, mit dem Titel: »Haie und kleine Fische«. Der Inhalt des Buches: Liebe und Tod, beides Urerfahrungen des Menschen, erlebt in diesem Krieg. Daß es wirklich so war, wie er es schildert auf dem Minensuchboot, im besetzten Frankreich, auf dem U-Boot, vermögen nur die nachzuempfinden, die dabei waren. Daß die Erschütterung echt war, die dieses Buch zu einem Bekenntnisbuch unserer Generation machte, spürt nur der, dessen Leben sich durch den Krieg wandelte.

Das Buch war für viele ein Ärgernis, aber jedes Ärgernis beleuchtet auch treffend eine komplizierte Situation. Wer nicht weiß, daß Pornographie eine persönliche Angelegenheit ist, für die einen anregend, für andere ekelhaft, und daß

Obszönität – und zwar nicht erst seit James Joyce, Mailer, Henry Miller – ein Stilmittel ist, um das Entsetzliche auch entsetzlich darzustellen, nimmt Ärgernis. Wem der Jargon einer französischen Halbwelt-»Dame« mißfällt, wer sich angegriffen fühlt, weil einige Offiziere in ihrer Nacktheit, das heißt doch auch in ihren Defiziten, dargestellt werden, nimmt ebenfalls Ärgernis.

Er kann das tun, aber er wird dann über alles andere hinweglesen, den Mut zu selbständigem Handeln; er wird ebensowenig den Willen wahrnehmen, hinter jeder Maske das Menschliche zu sehen. Er wird nicht die grimmige Ironie gegenüber jenen begreifen, denen Gehorchen höher steht als Freiheit des Denkens.

Ich habe mich für dieses Buch eingesetzt, eine Rezension geschrieben und später als technischer Berater bei der Verfilmung mitgearbeitet.

Der Film wurde in Bendesdorf bei Hamburg gedreht.

Regisseur war Frank Wisbar, ein Deutscher, der während des Krieges Offizier war, nach dem Kriege in die USA ging und dort einige bekannte Filme drehte, unter anderem »Nasser Asphalt«. Er war eine großartige Persönlichkeit, fasziniert von seiner Aufgabe. Der Filmarchitekt, ein Meister seines Fachs, baute die Zentrale eines U-Bootes vom Typ VII C sowie die Wohn- und Schlafkojen exakt nach. Diese Zentrale wurde dann im Verlauf des Filmgeschehens von einer gewaltigen Wassermenge geflutet. Ein bärtiger Schauspieler spielte den heldenhaften L.I. Zu meiner Frau sagte er dann, als er triefend aus dem Wasser kam: »Keine zehn Pferde hätten mich auf ein U-Boot gebracht.« Wir waren in einem Bauernhof untergebracht. Die Filmleute waren ein lockeres, lustiges Volk, interessante Gespräche, normal und anormal, je nach ihrer Veranlagung, belebten die Szenerie.

Daß ich mich später für Buchheims Roman »Das Boot« einsetzte, war mir ein besonderes Anliegen. Hier wurde die Wirklichkeit des U-Boot-Einsatzes – so, wie ich ihn selbst erlebt hatte – literarisch bewältigt.

Daß er darüber hinaus mit seinen drei anderen Büchern, »U-Boot-Krieg«, »Die U-Boot-Fahrer«, »Zu Tode gesiegt«, den mörderischen Kampf und Untergang der U-Boote und ihrer Besatzungen in das Bewußtsein des deutschen Volkes brachte und zusammen mit dem Film »Das Boot« im Ausland die Pauschalverurteilungen des deutschen Soldaten korrigierte, war eine nicht unbedingt gewollte, aber ohne Zweifel eintretende positive Nebenwirkung. Ich schrieb ihm seinerzeit:

»Was nach 30 Jahren aus der ›Realität‹ (des U-Boot-Krieges) geworden ist, scheint mir an dem Buch bemerkenswert. Nämlich eine überhöhte Wirklichkeit, die aus der Zweideutigkeit des Seins und aus dem Abgründigen des Individuellen kommt; die in Bildern spricht, die sich im Laufe zu vieler Jahre verändert haben, als daß unsere Blicke sie verfolgen könnten. Das jedenfalls hat mich fasziniert.
Erlebnisse dieser oder ähnlicher Art haben viele gehabt, aber sie in eine Form zu bringen mit Sensibilität für Strömungen, Beben der Innen- und Außenwelt, das ist eine Notenschrift, die nur wenige setzen können.«

Buchheim gehört zu den wenigen, die unbeirrt ihren Weg gehen. Alles Gefällige ist ihm verhaßt. Er geht keinen Zentimeter von dem ab, was er erfahren und als richtig erkannt hat. Er trägt die Welt, die er beschrieb, in sich. Es war abzusehen, daß diejenigen, die gar keine Welt in sich tragen, die nur auf Wrackteilen der Erinnerung treiben, diesen Mangel durch besondere Aggressivität ersetzten. Da ich mich aus doppelter Erfahrung, der des U-Boot-Fahrers und der des schöpferisch tätigen Menschen, für sein Werk einsetzte, bekam ich einen Teil der Angriffe in ihrer ganzen Kleingeistigkeit und Erbärmlichkeit zu spüren. Nun, sie sind bereits Vergangenheit, aber das Werk von Buchheim steht.

Es ist in alle gängigen Sprachen übersetzt. Buchheim hat mehrere Millionen Leser erreicht.

Ein Angehöriger der deutschen Botschaft in Washington sagte mir, daß mehr noch als das Buch der Film »Das Boot«, als Fernsehfilm mit dem »Oskar« ausgezeichnet, wesentlich dazu beigetragen hat, in den USA das Bild vom Deutschen zu differenzieren und von Klischeevorstellungen, etwa der des brutalen SS-Mannes, zu lösen.

Meine Plädoyers für die beiden Autoren, in Briefen, Gesprächen, Publikationen, trugen mir eine Flut von Reaktionen ein. Das Spektrum reichte von Empörung: »Nein, so war es doch nicht!« bis hin zu freundlich eingepacktem Unverständnis: »Daß Sie als alter U-Boot-Fahrer sich hinter diese Nestbeschmutzer stellen!?« Ich erlebte Protestaktionen gegen die Bücher, die vom gemeinsamen Boykott der Buchhandlungen bis zu Demonstrationen gegen die herausgebenden Verlage ging.

Das veranlaßte mich, deutlich und unmißverständlich Position zu beziehen:

Als kreativer Mensch lehne ich mit aller Entschiedenheit ein Kollektivurteil in künstlerischen Dingen ab.

Kollektivurteile sind gelenkte Urteile. Sie rütteln an der Grundlage unserer Kultur, der Freiheit der Meinungsbildung. Wir haben in unserer jüngsten Vergangenheit ausreichend Beispiele gelenkter Meinungsbildung, die dazu führten, daß eine Reihe unserer größten Gestalter, Künstler und Denker ihre Heimat verlassen mußten beziehungsweise freiwillig verließen, weil ihre Existenz bedroht war oder ihnen der Boden unter den Füßen für die Arbeit entzogen wurde.

Jeder schöpferisch tätige Mensch ist äußerst empfindsam, wenn er diese feine Atmosphäre der Freiheit und Toleranz, aus der allein echte Kunst und Kultur erwächst, gefährdet sieht.

Dem Teilnehmer am letzten Krieg brachten die Bücher die Erinnerung an all die Infernalien und Scheußlichkeiten zurück, die der Krieg mit sich bringt. Aber auch die Erinnerung an Menschen, die trotz Zusammenbruchs und Irrsinn des Blutvergießens weiterkämpften.

Als Angehöriger der Bundeswehr lese ich aus diesen Büchern, daß der Soldat weder eine Karikatur noch ein potentieller Mörder ist, sondern daß er die gesamte Skala menschlichen und männlichen Lebens mit all seinen Stärken, Schwächen und auch Fehlern durchmißt.

Diese Bücher konnten nur geschrieben werden und sind auch nur zu verstehen vor dem Hintergrund eines der größten geistigen Wandlungsprozesse des Abendlandes. In diesem Jahrhundert ist etwas in Bewegung gesetzt, was in bestürzend kurzer Zeit bisherige Grundlagen und Vorstellungen vom menschlichen Sein und seiner Umwelt wandelte. Einsteins Relativitätstheorie, Heisenbergs Unbestimmtheitsrelation, Freuds Psychoanalyse sind unter anderem wissenschaftliche Marksteine für Vorgänge größter geistiger Sprengkraft. In diesem geweiteten Feld vielschichtiger Erfahrungen an Natur und Mensch versuchen wenige schöpferisch Begabte, Werte anzudeuten. Daß die Skala der Ausdrucks- und Gestaltungsmittel weiter und anders sein muß als bisher, scheint mir selbstverständlich.

Bundesmarine

Der nicht nur beruflich einschneidende Wechsel vom engagierten Architekten zur Bundesmarine war vielen unverständlich. Er war das Ergebnis sorgfältigen Abwägens.

Ich war beim Bau der Mercatorhalle mit der Stadtverwaltung in Duisburg in Verbindung gekommen. Zu dieser Zeit mußte die Stelle des Baudirektors neu besetzt werden.

Ich wurde vorgeschlagen. Wir hatten Interesse aus zweierlei Gründen. Die Partnerschaft zwischen Graubner und mir war problematisch geworden, und wir waren uns einig, daß man sie gelegentlich lösen sollte. Ein anderer Grund war, daß die Besetzung dieser einflußreichen Stellung mitten im Ruhrgebiet uns die Chance gab, an Aufträge in dem wirtschaftlich damals expandierenden Gebiet heranzukommen. Daneben stand ich seit Jahren in engem Kontakt mit der Bundesmarine. Mehrere in der Personalabteilung tätige Marineoffiziere hatten mich wissen lassen, daß man Wert auf meine Rückkehr legte.

Man stellte mir eine militärpolitische Aufgabe bei der NATO in Washington in Aussicht.

Es war keine leichte Entscheidung für mich.

Mein Malerfreund Klahn sagte mir: »Lassen Sie Ihr Herz entscheiden.«

Meine Antwort: »Mein Herz ist dort, wo ich den Atem der Welt spüre.« Er schaute mich groß an, als ob er sagen wollte, ist das nicht wieder eine Illusion?

Aber er sagte: »Damit ist Ihre Entscheidung gefallen.«

Ich ging nach Washington, und ich habe diesen Entschluß von dem Moment an, als ich dort war, nicht bereut.

Aber der sechsmonatige Weg dorthin führte über eine Brücke, mit einem Abgrund von Zweifeln darunter.

Wie sah die Bundesmarine 1958 aus, das heißt, wie erlebte ich sie?

Tagebuch:
15. Januar 1958
Ankunft im »Roten Schloß am Meer«, der Marineschule Flensburg-Mürwik. Wie hatte sich der Blickwinkel verändert. Nach der freiberuflichen Tätigkeit spürte ich Klosteratmosphäre, wenig Licht und Luft.
Künstlerisch unbedeutende Jugendstilornamente, erzählende Wandmalerei, markige Sprüche.
Zimmeranweisung: Schlafraum mit sechs Betten, gemeinsamer Wasch- und Duschraum. Begrüßung. Nichts, was mir bedeutend erscheint.
Abends: »Meine Herren, der Admiral!« Flottillenadmiral v. Wangenheim – schmale Lippen, vorstürzendes Kinn, gebogene große Nase, zwischenzeitlich Landwirt gewesen. Jeder berichtet mit kurzen Worten über sein Leben. Das war ein tolles Mosaik.
Vom Leiter der Auslandsabteilung bei der DEMAG bis zum Fremdenlegionär alles: Gemüsehändler, Müller, Gärtner, Vertreter aller Art, stellv. Bürgermeister.
Themen: Moderne bildende Kunst wird abgetan als Geschäftemacherei, Scharlatanerie. Es ist sinnlos, mitzureden. Andere Themen: Über Südafrika zur Rassenfrage.
Große Worte vom Herrschaftsanspruch des weißen Mannes, Gefahr der Rassenmischung wird emotionell demonstriert: »Würden Sie Ihre Tochter mit einem Schwarzen verheiraten?« Damit endet die Beweisführung, ohne die Oberfläche durchbrochen zu haben.
Um Mitternacht drei Hurras auf ein Geburtstagskind.
Sie stehen für mich schal im Raum, wie mitreißend klangen sie vor 15 Jahren. Natürlich muß ex getrunken werden, man tut das eben, man sitzt im Kaminzimmer bis ½2 Uhr nachts. Wollen wir noch ein Glas Bier trinken? Na, dann aber alle. Es ist kein unmittelbarer Zwang, aber wenn man sich ausschließt, tut man sich Zwang an.
07.00 Uhr Wecken. Schuhe werden selbst geputzt, die Koje selbst gebaut.

07.30 Uhr Frühstück.
08.00 Uhr Dienstbeginn. Hinein in den Paragraphenwald der Verordnungen, Trennungsentschädigungen, Reisekosten usw., demonstriert für uns von einem Inspektor. Solche Notwendigkeiten sollten lautlos geschehen. Darüber spricht man keine vier Stunden. Einer erzählt von tippenden Majoren. Das geschieht alles unter dem Motto: Bei der Bundeswehr muß jeder mitarbeiten. Der Stil der Subalternoffiziere hat sich anscheinend durchgesetzt.
12.30 Uhr zur Kleiderkammer.
Schlechte Stoffe, geringe Auswahl. Man läßt etwas mit sich geschehen, mir ist, als ob ich durch eine dieser schmutzigen kleinen Fensterscheiben von außen hereinsehe. Panoptikum. Die Müller, Gärtner und Vertreter werden uniformiert. Aber keine Uniform kann verbergen, welche Unterschiede unter der gleichen Mütze stecken. Hier wird keine Elite eingekleidet. Abends zusammen mit Crewkamerad Kühnle.
Gesprächsthema: Einheitsoffizier. Ziel ist der Ganzheitsoffizier mit der weitesten Ausbildungsskala. Daraus werden sich die wenigen Talente rekrutieren. Jeder Fähnrich wird ausgebildet als Schweißer, Elektrotechniker, an der Drehbank usw., das halte ich für gut.

20. Juli
Klare Stellungnahme des Admrials v. Wangenheim zum 20. Juli:
»Wer von mir verlangt, daß ich die Gewissensentscheidung der Leute vom 20. Juli achte, von dem verlange ich, daß er die Gewissensentscheidung derer achtet, die bis zum Ende durchhielten. Die Frage der besseren Einsicht ist zwangsläufig gekoppelt mit dem Informationslevel und damit der Möglicheit zur Kritik und zum Widerstand.
Das Problem des Widerstandes ist für uns Deutsche so lange aktuell, als Deutsche in Unfreiheit jenseits der Grenze leben.

Ich achte die Toten des 20. Juli, den lebenden Widerständlern gegenüber bin ich vorsichtig.«

8. März
Spaziergang an der Förde. Große wohltuende Ruhe. Das Meer tut ein übriges. Rückruf nach zu Hause. Mitteilung, daß Duisburg Fragen angemeldet hat.

Hier muß ich einblenden, daß ich zu diesem Zeitpunkt noch immer keine endgültige Entscheidung für den Wiedereintritt in die Bundeswehr gefällt hatte. Ich nahm zwar an diesem Einweisungslehrgang teil, behielt mir aber die endgültige Entscheidung vor.

Hamlet: »So macht Bewußtsein Feige aus uns allen.

Der angeborenen Farbe der Entschließung wird des Gedankens Blässe angekränkelt.«

13. März
Erster Tag in See auf einem U-Jäger französischer Herkunft. Fährt U-Sicherung für U *Hecht*. Man kann eigentlich sagen, daß außer dem Sonargerät und außer dem Radar nichts an Bord funktioniert.
Mit Schlauchboot übergesetzt auf das U-Boot. Wiedersehen mit altem Boot und altem Kommandanten von der Erprobungsgruppe U-Boote. Es ist der alte Mief, die alte Atmosphäre, alles ein wenig enger, noch enger, als die Erinnerung übrigließ, die Offiziere etwas resigniert, man weiß nicht so recht, wie es weitergeht, wo es hinsteuert, aber die Männer sind prima.

17. März
Besichtungung Marinestützpunkt Cuxhaven.
Bei einem Höchstaufgebot an Papier- und bürokratischem Einsatz ein Minimum an Effekt. Signalstelle ein Provisorium. Unterkünfte alter Kasernenstil.
Waffenkammer: Sammelsurium überholter Waffen aus

amerikanischen, türkischen, französischen, italienischen Beständen.
Wo keine Aufgabe ist, wird eine hineinprojiziert. Jeder Offizier ist bemüht, seinen Aufgabenbereich zu rechtfertigen, durch »Hineinknien« sich selbst zu manifestieren.
Amerikahafen, verfallene Pier, die nur im ersten Drittel befahren werden kann. Ölpier nur anzulaufen von Räumbooten. Geringer Tiefgang, keine Festmachemöglichkeit für längere Schiffe.
Ölvertrag von Koblenz aus mit BP geschlossen, ohne Sachkenntnis.
Anlieferung mit Tankwagen bedeutet, daß ein Wagen mit Anhänger zwölfmal fahren muß. Depot in Grooden. Hier liegt die eigentliche Funktion des Stützpunktes, nämlich Auslieferungslager für alle Einheiten zu sein. Ein kleiner Anfang, aber die Wachmänner werden jeden Mittag zum Stützpunkt gefahren bei der Kapazität von nur einem Omnibus für den gesamten Bereich. Das alles ist nicht nur unter dem Aspekt eines langsamen Aufbaus zu sehen, sondern auch unter dem Gesichtspunkt des gegenseitigen Mißtrauens zwischen den Ressorts, bürokratischer Sperren, Duldung menschlicher Unzulänglichkeiten.

Planspiel »Lion bleu«.
Lagebesprechung.
Es schwirrt von Abkürzungen, die das Spiel für mich sehr verwirrt erscheinen lassen. Soweit sehe ich jedenfalls klar:
Wie am Vormittag, versucht hier jeder, seine Existenzberechtigung nachzuweisen.
Hier spielen erwachsene Menschen und nehmen sich für voll, wenn sie bei Einsatz von Atomwaffen ihre Einheiten, Minensucher, Geleitboote, Troßschiffe mit 600 t und 6,3 sm/h fahren lassen. Flugzeuge vom Typ Gannet und Seahawk Aufklärungsstreifen fliegen lassen in 100 Meter

Höhe – Augenaufklärung –, diese Flugzeuge zurückkommen lassen, umrüsten lassen als Kampfflugzeuge und wieder fliegen lassen.
Das Resümee des Planspiels, vom Übungsleiter, Flottillenadmiral Zenker, formuliert: Das nasse Dreieck ist zu verteidigen, wenn die neuen Zerstörer und S-Boote operational sind. Vielleicht hatte ich noch nicht den richtigen Überblick.
Was mir zu denken gab, war, daß man den letzten Krieg anscheinend vergessen hatte und daß man so wenig Phantasie hatte, sich vorzustellen, in wieviel größerem Maße neue Waffen noch verbliebene Vorstellungen hinwegfegen würden.

24. März
Glückstadt. Verhältnismäßig moderne Kasernenanlage. Einführender Vortrag durch Korvettenkapitän Herbert Schultze. Grundeinstellung der Soldaten ist positiv (Freiwillige).
Erste Enttäuschung durch falsche Versprechungen. Sie bekommen kein Bordkommando, wie ihnen versprochen, sondern müssen auf Schulen. Große Offenheit, merkantile Einstellung. Teil der Oberleutnants und Kapitänleutnants ohne Aussicht auf Beförderung, daher beamtenmäßige Haltung. Es wird nichts über das unbedingt erforderliche Maß hinaus getan. Die Rechte des Soldaten sind genau bekannt, die Pflichten werden gerne übersehen.

25. März
Führung durch die Kasernenanlage – Schwimmbad, Exerzierhalle, Turnhalle, Speisesaal, Kantinen. Großzügige Anlage. Aus den Fenstern des ersten Stocks sieht man auf den Elbstrom, das Ausfallstor zur Welt; auf der anderen Seite den Kasernenplatz, Formalexerzieren. Vorbeigehen durch Hand an die Mütze, Griffe mit dem Karabiner – wie eh und je. An wirklichen Härteübungen dagegen fehlt es.

Bei der Teilnahme am Unterricht über ABC-Waffen, der genau so aufgezogen wird wie der Unterricht über das Gewehr 08.15, werde ich von einem Mann gefragt über meine Mithilfe am Film »Haie und kleine Fische«. Die Fragen lassen erkennen, daß die Männer den alten Ausbildungsformen, die ihnen hier beigebracht werden, kritisch begegnen.
Ich glaube, daß es sehr großer Empfindsamkeit bedarf, um hier den rechten Weg zu finden.
Nachmittags. Marineversorgungsschule Neustadt.
Fregattenkapitän Gliemann, Kapitänleutnant Boller.
Wiedersehen mit der alten U-Schule, ihren herrlichen Anlagen, der Lage am Wasser, den vertrauten Messeräumen, in denen ich einst so herrliche Feste feierte mit Endraß und anderen Crewkameraden.

28. März
Technische Marineschule.
Der Kommandeur, Kapitän Looschen, hat die Arbeit wie beim BDU-Stab organisiert.
Lagebesprechung jeden Tag, an dem alle Fachrichtungen teilnehmen und voneinander profitieren. Auch hier die gleichen Klagen, keine klaren Konzeptionen, keiner zeichnet verantwortlich für Bauprogramm, zum Beispiel der S-Boote, ständige Änderungen. Alle Waffen und Geräte, zum Beispiel Sonar, gehören zu den vorbehaltlichen Lieferungen; Typen sind nicht geklärt. Langer, zögernder Weg über Zentralbeschaffungsamt. Diejenigen, die guten Willens sind, verschleißen sich dann wörtlich: »Selbst bei unserem Kommando, wo nicht, wie bei den anderen, ›Versorgungstypen‹ sitzen.«

29. März
Schulgeschwader Ostsee, bestehend aus *Eider, Trave*, zwei alten umgebauten kanadischen Korvetten und sechs Bymsen (British Yard Mine Sweepers), jungen, frischen

Kommandanten, die das Privileg haben, zur See zu fahren, wenn auch auf alten Pötten.
Hier spürt man keinen Verschleiß durch das zögernde Beschaffungssystem. Beförderungsschwierigkeiten treten in den Hintergrund vor anderen Reizwirkungen, Auslandsreisen, mitreißendem Schwung der auszubildenden Jugend. Die Boote selbst fallen bald auseinander, werden nur noch durch die Farbe zusammengehalten, durch das Holz kann man mit dem Messer hindurchstechen, die Diesel pfeifen auf dem letzten Loch, keine Ersatzteile, nur handwerkliche Reparatur – aber dennoch Tempo und Engagement.

31. März
Kommando Marineausbildung
Vortrag über Ausbildung Unteroffizier und Mannschaften. Der Vortragende, Kapitän Fenn, bester Offiziertyp, klar und sauber.
Nach seiner Meinung ist die Entwicklung bis zum Bootsmann organisch, im Augenblick noch etwas überhitzt, darüber hinaus wenig Entwicklungsmöglichkeit. Übergang in die Offizierslaufbahn ist bei hervorragender Fähigkeit gegeben.

1. April
Arsenal, der Leiter, Baudirektor Ludwig, hat nach dem Krieg eine Werft in Karachi aufgebaut, ist befreundet mit Ministerialdirektor Fischer. Enge Zusammenarbeit mit ihm und damit der Rüstungsabteilung in Bonn. Verwaltungsapparat, der verschleppt und verzögert, wird ausgeschaltet durch unmittelbare Verbindung Fischer – Minister.
Dr. Fischer: Amerika betrachet uns in erster Linie als wissenschaftliches Reservoir, daher und aus anderen Gründen sollte das Schwergewicht unserer Arbeit auf Forschung und Erprobung liegen.

Arsenal wird so großzügig angelegt, daß es auch später andere, eventuell zivile Funktionen aufnehmen kann.

Resümee der Einweisungszeit:
Drei Typen von Offizieren bei allen Kommandos.
1. ältere Offiziere im Range von Fregattenkapitänen, Kapitänen z. S., die ihren Dienst als Überbrückung bis zu ihrer Pensionierung ansehen,
2. mittlere Offiziere, Kapitänleutnants und Korvettenkapitäne, viele Kriegsoffiziere, Allroundleute, im zivilen Interregnum Selfmademänner, die nun einen ruhigen Job haben wollen oder aber noch fachlichen Ehrgeiz haben und sich in irgendeine Waffe hineinknien,
3. jüngere Offiziere, Kriegsoffiziere, Oberleutnants und Leutnants, die große Erwartungen an ihre Zukunft haben.

Gespräch mit dem Befehlshaber der Flotte, Admiral Johannesson.

Auf meine Frage:

»Meinen Sie, daß aus der Marine noch einmal etwas wird?«

Seine Antwort:

1. Parlament, Bundeskanzler, Bundespräsident betrachten Bundeswehr als notwendiges Übel und geben das zum Ausdruck, d. h., der Staat schützt sein eigenes Kind nicht; ein Kind, das sich nur geduldet, aber nicht geliebt weiß, entwikkelt sich anders als ein Kind, das in der elterlichen Liebe groß wird. Es werden Komplexe gezüchtet, die sich der Persönlichkeitsbildung hemmend in den Weg stellen.
2. Ein weit verbreiteter Konformismus hält schöpferisch-konstruktive Gedanken niedrig. Es gibt nur eine strategische Lage. Andere Auffassungen dürfen nicht geäußert werden. Dieses System birgt bei mäßigen Köpfen in der Spitze eine außerordentliche Gefahr in sich. Wertvolle Ideen werden totgeschwiegen. Folge: das Mittelmaß dominiert.
3. Die Führungsgruppe in der Marine hat keine Fronterfah-

rung. Das macht sich in der Strategie, in der Taktik und in der Ausbildung negativ bemerkbar.

Es waren manche deprimierende Erfahrungen zu registrieren, aber auch hin und wieder hoffnungsvolle Ansätze zu spüren während dieser Einweisungszeit, gleichlaufend zur Anfangszeit der Bundesmarine.

Ich traf einige über das Mittelmaß herausragende Offiziere, mit denen gemeinsam man die Marine aufbauen konnte.

Die Bedeutung der Atlantischen Allianz wurde mir klar, und ich war nach langem inneren Kampf um der Sache willen bereit, allen Widrigkeiten und Verflachungen zu begegnen.

Ich wußte, daß ich die Großzügigkeit freischaffenden Daseins gegen etwas eintauschte, dem ich mich nicht entziehen konnte, zum Beispiel kleinlichem Verwaltungskram. Ich wurde Glied einer Bürokratie, deren Stufen weniger durch Leistung als durch Dienstalter gekennzeichnet waren.

Mein in künstlerischer Tätigkeit gewonnener Nonkonformismus würde mir Kritik bis Feindschaft einbringen, aber auch Freundschaft mit Gleichgesinnten. Dessen war ich mir von Anfang an klar. – Ich entschied mich für die Marine und damit zunächst für Washington.

Anfang des Jahres 1959 erhielt ich in Washington einen Brief von Dr. Wulf Müller, einem alten Bekannten aus Celle.

Seine Ansichten rechtfertigten nicht nur meinen Entschluß, nach Washington zu gehen – sondern standen meinen, wenn auch aus einer anderen Perspektive kommenden Überlegungen sehr nahe.

»Wir verstehen es durchaus, daß Sie im Gedränge des Umsattelns die Abschiedszeremonien kurzhalten mußten, freuen uns vielmehr darüber, da Sie selbst am Strande des Mexikanischen Golfes noch an die in der alten Heimat zurückgelassenen Bekannten denken.

Natürlich beneiden wir Sie um den belebenden Tapetenwechsel, den Sie nun endlich hinter sich gebracht haben. Trotz der vielen neuen Eindrücke werden Sie von vielem berührt bleiben, was uns jetzt hier bewegt. Die große Auseinandersetzung um Berlin macht es deutlich, daß die Spaltung dieser Stadt und Deutschlands etwas nach sich gezogen hat, was Herr Weinstein in der heutigen Frankfurter Zeitung eine Bewußtseinsspaltung aller Deutschen nennt. Das wird Sie über alle Ozeane verfolgen, und auch Sie werden wahrscheinlich der Meinung sein, daß der Zeitpunkt, an dem diese Frage heiß wird, für uns nicht sonderlich günstig ist.

Man sieht nicht, wie eine befriedigende Lösung zustande kommen soll, man fürchtet, daß die Bürger der USA-Republik eines Tages müde werden könnten, sich für das Problem zu erwärmen. Dann wird die Versuchung auftreten, die deutsche Frage unter irgendeinen Tisch verschwinden zu lassen oder gewaltsam durchzuschlagen.

Weltherrschaft ist eine schwere Last. Wenn man in der Geschichte des alten Roms nachliest, kommt man dahinter, daß sich dessen Bürger auch nicht eines Tages einfach das Ziel der Weltherrschaft gesetzt haben, sondern diese Aufgabe zunächst nicht begriffen.

Sie fiel allmählich auf die Schultern des herrschenden Volkes und wurde nur nach und nach als Aufgabe verstanden. Unser Problem ist eine ›Bremse‹ für die Inhaber der Macht, und wenn sie sich damit befassen, so ganz bestimmt nicht aus Zuneigung zu uns.

Es ist ein schlechtes Gefühl, auf andere angewiesen zu sein. Vielleicht wird eine spätere Zeit diejenigen etwas milder beurteilen, die den Zweiten Weltkrieg vom Zaune brachen, um unter Mißachtung so vieler menschlicher und göttlicher Rechte eine dritte Kraft auf den Globus zu setzen. Auch dann wird immer an uns hängenbleiben, daß wir kleine Geister gewähren ließen, die, als sie die Größe der Gefahr sahen, in Vermessenheit verfielen und genau das herbei-

führten, was jeder vernünftige Mensch vermeiden wollte. Jetzt sitzen wir drin, haben unglaublich viel äußeres Glück entwickelt und freuen uns des sogenannten Wirtschaftswunders. Die hektische Betriebsamkeit, die das hervorgebracht hat, ist zu einem guten Teil vielleicht die Flucht vor der Ratlosigkeit, vor der Unsicherheit, wieweit das Denken in den Kategorien des Vaterlandes und der völkischen Schicksalsgemeinschaft überhaupt noch der Zeit entspricht. Wer es doch nicht lassen kann, darüber zu grübeln, fühlt sich gehörig in die Mangel genommen und gibt sich – so er Optimist ist – der Hoffnung hin, daß Strafen des Himmels in der Weltgeschichte öfter eine Prüfung dargestellt haben, aus der Verantwortungsbewußtsein und neue Kraft erwuchsen.
Wer etwas für die Zukunft und die Freiheit unserer Kinder tun will, muß unablässig umlernen und umdenken. Ich beglückwünsche Sie zu dem Mut, mit dem Sie Ihr bürgerliches Berufsgepäck hinter sich geworfen haben, nicht um zu alten Symbolen und zu Kameraden zurückzukehren, sondern um zu jenen zu gehören, die zu neuen Ufern schwimmen.«

Tagebuch:
Am 22. Juli 1958 betrat ich auf dem Flughafen Idlewild zum ersten Mal amerikanischen Boden. New York – eine Stadt, die die Grenzlinien des Individuums aufzeigt, individuelle Potenzierung und Verlorenheit. Eine Stadt größter geistiger und künstlerischer Aktivität und Ausstrahlung, aber auch großer sozialer Spannungen und schlimmster Kriminalität. Eine Stadt mit pulsierendem Leben und Einsamkeiten am Rande der Existenz, eine Stadt, die mich wie ein Magnet anzog, mich nach kurzer Zeit wieder abstieß. Erst sehr viel später lernte ich sie kennen und lieben.

Zwei Tage später Ankunft Flughafen Washington. Gewaltige Gewitterkulisse. Kapitän zur See Kemnade, den ich ablösen soll, holt mich ab, begleitet von seiner sprudelnden,

charmanten Frau Britta. Herzliche Einführung in eine fremde Umgebung.
Nächster Tag: Meldung bei meinem Vorgesetzten, General von Tempelhoff. Sympathische, offene Persönlichkeit.
Meine Mitarbeiter: vom Heer Oberstleutnant Thomas, scharfer Intellekt, kritisch, aggressiv. Von der Luftwaffe Oberstleutnant Tägtmeyer, hilfsbereit, guter Kumpel. Als Zivilist arbeitete er unter Tage im Bergbau. Das hat ihn geprägt.
Meine Dienststelle: D.M.V. – Deutscher Militärischer Vertreter im M.C. – (Military Committee) der NATO.
Abends zusammen mit Kemnades in einem riesigen, offenen Amphitheater, Cater Baron, im Rock Creek Park.
Unheimliche Menschenmassen. Ich schätze etwa 20000.
Unerwartet gute Akustik, schlechte formale Architektur.
Das Parkproblem wird durch gute Fahrdisziplin entlastet.
Die Musical Show ist ein seltsamer Querschnitt durch die amerikanische Seele. Es wechseln ab: Spirituals, Musical Comics, Solopartien ernster und heiterer Art, Gebete, Weihnachtslieder.
Das pendelt zwischen Sentiment, Kitsch und Ironie, aber irgendwie ist es ein Hymnus an das Leben und an die Freude.
Welch ein Unterschied zum europäischen Hymnus an die Freude (Beethoven).
Hier spürt man neben dem geschäftstüchtigen und psychologisch raffinierten Manager die naive Empfangsbereitschaft der Massen.
Diese Masse ist wie jede, amorph, aber formwillig. Sie ist offen für das Leben und die Kunst.

Die folgenden Begegnungen, Gespräche, sind spotlights, Streiflichter, Steine aus dem Mosaik der Washingtoner Atmosphäre, die unserem Leben Farbe gaben.

Gespräch mit Mr. Archibald vom Auswärtigen Amt (For-

eign Office). Washington habe ein geringes kulturelles Niveau. Es sei, verglichen mit Philadelphia oder New York, bedeutungslos.
Dafür hat es Cocktailpartys. Die Constitution Hall wird von einer reaktionären Gruppe geleitet, zum Beispiel wurde sie nicht freigegeben für die Negersängerin Anderson. Für sie wurde eine Outdoor-Veranstaltung von Mrs. Roosevelt arrangiert.
Rassendiskriminierung ist zwar vom Gesetz her unterbunden, jedoch gesellschaftlich noch sehr zu spüren.
Ein farbiger Nobelpreisträger wurde in einem weißen Tennisclub in New York nicht zugelassen. Der indische Botschafter in Washington wollte mit seiner Familie an der Chesapeake Bay baden. Der für Weiße reservierte Badestrand wurde ihm verweigert. Der Wirtschaftsminister eines schwarzafrikanischen Staates wurde in einem Hotel in Atlanta nicht aufgenommen. (Diese Beobachtungen wurden 1958 gemacht.) Die gesellschaftliche Integration der Schwarzen wird noch manche Unruhen auslösen. Dennoch glaubt Mr. Archibald, daß der pragmatische Sinn der Amerikaner auch diese Probleme letztlich nach Jahren überwinden wird.
Gespräch mit Admiral Denny (Royal Navy).
Er weist hin auf die schwierige Arbeit bei der Standing Group (die militärische Executive der NATO), 14 Meinungen unter einen Hut zu bringen, ohne daß die militärische Effektivität darunter leidet.

Erste Begegnung mit dem Chef des Stabes, Oberst Nagel, den ich später ablösen sollte.
Sehr konventionell, wenig Substanz. Exponent einer an Äußerlichkeiten orientierten Gruppe, die gut Tennis spielt, viel über Urlaub und Parties spricht. Sie stehen im Glanz eines vergangenen Einsatzes und taumeln vor dem Hintergrund eines möglichen Krieges, den sie militärisch fein sezieren.

Zu Fuß zum »White House«, zum Washington Memorial und zum Capitol. Das war eine Auseinandersetzung mit amerikanischen Entfernungen und mit dem amerikanischen Verkehr, denn Fußgängersteige gibt es hier nicht. Erschöpft kam ich zu Hause an.

Der Bundestagsabgeordnete und Vizeadmiral a. D. Heye schrieb mir am 19. Februar 1959:

> *»Der Abgeordnete Freiherr zu Guttenberg, Vater Marine Crew* 1912, *ein jüngerer Abgeordneter, nicht nur wegen Vermögen und Besitz (in Franken, Schloß Guttenberg und Deidesheim), sondern auch durch Intelligenz, politischen Instinkt einer der kommenden Männer im politischen Leben, wird Sie anrufen.*
> *Hat reizende Frau, liberalkatholisch, viele Kinder. Es müßte wohl im beiderseitigen Interesse liegen, wenn Sie ihn beraten, evtl. Ratschläge für Leute geben, die er aufsuchen soll. Er möchte auch zu Allen Dulles, durch Sie oder Hermsdorf. Dulles wird an dem Gespräch Interesse haben. Guttenberg bleibt für sechs Wochen auf Einladung in den USA, spricht sehr gut englisch.«*

Aus einer dadurch zustande gekommenen Bekanntschaft unter politisch Gleichgesinnten entwickelte sich eine Freundschaft.

Guttenbergs Frau und er waren gelegentlich in Washington unsere Gäste. Wir tauschten Erfahrungen aus unserem jeweiligen Arbeitsgebiet aus.

Dank meiner wachsenden Kenntnis der politischen Zusammenhänge im Bündnis und insbesondere in den USA konnte ich dem Abgeordneten Frhr. zu Guttenberg Informationen geben, die ihn interessierten. Später, nach seiner Ernennung zum Parlamentarischen Staatssekretär beim Bundeskanzler Kiesinger, Anfang 1967, ging der Briefwechsel, bedingt durch seine starke Inanspruchnahme in seiner

Intensität etwas zurück bis zu seinem Brief vom Juli 1968, in dem er mich die Schwere seiner Krankheit wissen ließ.

Guttenberg, in der Tradition des christlichen Abendlandes erzogen, Jesuitenschüler, war in einer Umgebung groß geworden, die ihn mit der notwendigen Wachheit gegen Unfreiheit und Tyrannei ausgestattet hatte. So arbeitete er, nachdem er 1944 in Gefangenschaft geraten war, entschlossen gegen Hitler. Dieser Linie ist er treu geblieben bis zu seiner letzten großen Rede im Parlament im Mai 1970, schon gezeichnet von seiner Krankheit.

Er mahnte, warnte, provozierte.

Er war ein Kämpfer, der sich dem Parlament, den Medien, der Öffentlichkeit stellte. Häme und Gehässigkeit seiner Gegner begleiteten seine Auftitte. Der »Baron«, der in dem »feudalen« Kavallerieregiment Nr. 17 in Bamberg gedient hatte, dessen Familie seit 800 Jahren ein Stammschloß besaß, unterlag als Volksvertreter besonders herabsetzender Kritik.

Seine Herkunft mobilisierte alle billigen Vorurteile.

Bei einem Streitgespräch 1965 in der Freien Universität Berlin lachte man ihn aus, weil er als erstes Ziel der deutschen Politik die Wiederherstellung der Freiheit für alle Deutschen und die Beendigung des totalitären Regimes in der DDR forderte. Er erntete Pfiffe und Zischen, als er von dem Teil der Welt sprach, in dem Freiheit und Demokratie möglich sind, und als er die Bundesrepublik Deutschland einen freien und souveränen Staat nannte.

Er mußte den Kelch der Enttäuschungen bis zur Neige austrinken.

Als dem schon vom Tode Gezeichneten bei seiner letzten großen Rede im Parlament ein ihm nahestehender Abgeordneter zurief: »Geben Sie ihm mildernde Umstände«, stellte er bitter fest, daß er um eine Erfahrung ärmer geworden sei. Er stand zu der Moral in der Politik. Unbeeinflußt von Ideologien, hielt er an seinen Prinzipien fest. Er hatte unter dem nationalsozialistischen Unrechtsstaat gelitten und wußte, wovon er sprach, wenn er deutlich machte, daß die große Toleranzbreite der Meinungen keine Kompromisse zuließ, wenn es um das Recht ging, frei über sich zu bestimmen.

Er war kein Nationalist, er war ein Patriot. Er bezog die Kraft für seine unabhängige Haltung aus seinem Glauben an Gott, aus der Kenntnis unserer von Freiheitsströmen durchpulsten Geschichte, aus der persönlichen Erfahrung, die er mit der Unfreiheit gemacht hatte.

Das Leitbild, das er repräsentierte, ließ sich mit der Elle tagespolitischer Übereinkünfte nicht messen, es hatte andere Dimensionen.

Er war voller Hoffnung für die Demokratie.

Er hielt Wehner für den stärksten Kopf in der Sozialdemokratie und fand mit ihm auch ein freundschaftliches Verhältnis. Er war es, der in langen Gesprächen mit Wehner die große Koalition zwischen der CDU und den Sozialdemokraten vorbereitete.

Am 18. Dezember 1962 schrieb er mir:

> *»Vielen herzlichen Dank für Ihren Brief, dem ich entnommen habe, daß die gemeinsame Initiative von Herrn Minister Lücke, Herrn Wehner und mir auch in den Vereinigten Staaten einiges Aufsehen erregt hat. Wahrscheinlich haben Sie auch schon davon gehört, welches Nachspiel diese Sache für mich in meiner eigenen Partei hat. Ich bin im Augenblick vollauf damit beschäftigt, mich gegenüber meinen ›Parteifreunden‹ meiner Haut zu erwehren.«*

Vermerk:

Das »Nachspiel« bezieht sich auf einen Verweis, den er als Ergebnis eines Parteischiedsverfahrens von der CSU, seiner Partei, erhielt für Koalitionssondierungen, die er im Auftrag von Adenauer unternommen hatte – ohne Wissen von Franz Josef Strauß.

Er war nicht ohne Illusionen.

Der »Abgeordnete der Nation», wie er genannt wurde, schloß gleichwohl den Pakt mit dem Abgeordneten und Vertreter des Internationalen Sozialismus. Er legte mit diesem Pakt die Grundlagen für die Ostverträge, die er so nicht wollte, weil sie in seinen Augen den Beginn der Abkehr der Bundesrepublik von der westlichen Integration bedeuteten.

Sowjetische Politik hatte ein breites Spektrum. Sie bewegte sich seiner Meinung nach zwischen unerschütterlichen Prinzipien, wie etwa der immer in irgendeiner Form beanspruchten Kontrolle Gesamteuropas, zwischen strategischen, lageabhängigen, sich wandelnden Überlegungen und taktischen Manövern unter Ausnutzung von wirklichen bis vermuteten Schwächen des Westens. Diese Skala von Möglichkeiten mußte nach seiner Überzeugung die Politik im Auge behalten.

Die Solidarität aller Deutschen untereinander, der Deutschen in Ost und West, der Deutschen in den verschiedenen Parteien war für ihn die conditio, ohne die es keine Zukunft für das deutsche Volk, weder als Nation noch als integrierter Bestandteil einer europäischen Gemeinschaft gibt.

Er ging diesen Weg voran, aber nur wenige in seiner Partei, noch weniger Politiker der Opposition folgten ihm.

Ich hatte ein abendlanges Gespräch mit dem Politiker Guttenberg und dem deutschen Marineattaché in Washington, Kapitän zur See Edward Wegener, über die Motivierung der Soldaten, darüber hinausgreifend, wie man das Volk stärker engagieren könnte für die Grundwerte unserer Verfassung.

Anlaß war die Unterhaltung mit drei jungen Offizieren, die bei mir zu Gast gewesen waren, Wachoffiziere auf dem in Norfolk liegenden Z 5 (Zerstörer Nr. 5).

Dabei hatte ich einige für mich beunruhigende Beobachtungen gemacht:

– Mangel an Toleranz gegenüber den anderen Meinungen,

gegenüber dem Gastland und dem »way of life« der Menschen dieses Landes.
– Sehnsucht nach großen verpflichtenden Ideen bei gleichzeitig nihilistischer Deutung des eigenen Lebensbereichs.
– Mangel an Kenntnissen der Geschichte und Unfähigkeit, die großen tragenden geistigen Ströme von Jahrhunderten zu sehen und darin die Daten der jüngeren Geschichte einzuordnen.

Ich muß zugeben, daß die Vorstellung von menschlicher Größe relativiert worden ist, anderen Kriterien unterliegt, damit ein Teil der bisherigen Leitbilder aus unserer Geschichte abgewertet worden ist. Bisher verborgene Komplexe an Menschen und Dingen treten sichtbarer hervor. Sie werden nicht totgeschwiegen, sondern enthüllt. In solch eine Welt wird der junge Mensch heute hineingeworfen. Nur für den, der mit dem nötigen geistigen Rüstzeug ausgestattet ist, der geöffnet ist für die Umwelt, wird die Mannigfaltigkeit der Erscheinungen zu einem erregenden Erlebnis.

Meine Frage an die Gesprächspartner:

Was vermitteln wir in der Bundeswehr dem Offiziersnachwuchs an geistigem Rüstzeug? Wieweit helfen wir ihm, einen Standort zu gewinnen? Wo ist noch eine Verbindlichkeit der Ideale so weit, daß sie auf das Leben und Denken unserer jungen Offiziere einwirken?

Wo schließt sich der Ring der geistigen Kräfte, aus denen wir leben und zu denen wir hinleben?

Wegener, bereits längere Zeit in Amerika, stellte zunächst fest, daß die Unsicherheit des Standortes junger Menschen keine Nachlese des verlorenen Krieges und der Diskontinuität deutscher Geschichte allein sei. Sie gingen nach seinen Beobachtungen durch alle Nationen, selbst durch die amerikanische, vielleicht mit anderen Nuancen. Dann meinte er, daß wir den Staatsbürger in Uniform stärker teilnehmen lassen müßten an den geistigen Werten, die er verteidigen soll. Erst wenn er innerlich Besitz von ihnen ergriffen hat und sie auch emotionell umfaßt, haben wir die Voraussetzungen für einen echten Verteidigungswillen geschaffen; dieser sei immerhin eine der drei Säulen, auf denen die strategische Konzeption des Westens ruhe.

Wegener meinte, wir müßten unsere Offiziersschulen den Hochschulen angleichen und die Brücke zu den Universitäten schlagen, zunächst über Kontakte der Lehrkörper, auch über Patenschaften und Gastvorlesungen.

Wir müßten unseren Offiziersanwärtern sowohl eine Überschau geben, eine Art »studium generale«, als ihnen auch die Verpflichtung auferlegen, in irgendeiner Disziplin, zum Beispiel Geschichte, Technik, Physik, Völkerrecht, wissenschaftlich zu arbeiten.

Daher seien notwendig: qualifizierte Lehrkräfte, umfassende Bibliotheken, Erweiterung der Lehrpläne über die bisher gelehrten Fachdisziplinen hinaus. Der Offizier müsse sein ihn unmittelbar angehendes Fachgebiet immer wieder in den größeren historischen, kulturellen, wirtschaftlichen, sozialen und politischen Zusammenhang gerückt sehen.

Dies waren, notabene, Überlegungen vor Einrichtung der Bundeswehruniversitäten.

Guttenberg war anderer Meinung. Er wünschte zwar, daß wir recht hätten und daß wirklich die Möglichkeit bestünde, durch rationale Überlegungen die Menschen dazu zu führen, sich für die gemeinsame Sache einzusetzen. Er glaube nur, daß eine solche Haltung an dem Wesen des Menschen vorbeiginge. Die emotionalen Triebkräfte seien nun einmal stärker als alles andere und gewiß stärker als die Kraft der Vernunft. Er meinte, daß wir versuchen müßten, auch diese untergründigen Schichten in unserem Volke anzusprechen. Wir müßten die Urbilder, die in unserem Volke schlummern, wieder lebendig werden lassen, um die Menschen zu motivieren.

Wegener rückte unruhig auf seinem Stuhl hin und her.

Dem Rationalisten schien der Appell an die Urbilder nicht zu behagen. Er meinte, an die Stelle von aus dem Unterbewußtsein gesteuerten Gefühlen, etwa Liebe zum Vaterland, müsse die Kenntnis geschichtlicher Zusammenhänge, die Analyse politischer Notwendigkeiten treten. Instinkte und irrationale Bindungen müßten kontrolliert werden durch aus sorgfältigen Studien gewonnene Einsichten.

Wir müßten unserem Beruf durch geschichtliches Wissen und durch Wachsein für die Problematik unserer Zeit ein festes Gefüge geben. Unsere Verteidigung hängt nicht am Territorialen, sondern bekommt ihren Sinn aus der Daseinsform, für die wir entschlossen sind einzustehen, für die Zukunft unseres Volkes.

Ich stellte die Frage noch einmal:

Werden wir Soldaten haben, die bereit sind, für die Freiheit ihres Volkes mit ihrem Leben einzutreten? Auf eine einfache Formel gebracht: Können wir Tapferkeit anerziehen?

Ich hatte mit großem Interesse die theoretischen und philosophischen Überlegungen gehört. Aus meiner Erfahrung ist die Motivation zum Einsatz einfacher zu ereichen und wird deshalb auch immer vorhanden sein.

Tapferkeit ereignet sich nach meiner Erfahrung und Überzeugung im unmittelbaren Erlebnis der Solidarität, der Kameradschaft.

Das Wissen der Abhängigkeit voneinander, ein gegenseitiges Treueverhältnis, die Verantwortung für den Nebenmann, im Zusammenhang mit dem Willen zu überleben, bildeten die Basis für den Einsatz an Bord der U-Boote, in der Kompanie usw. Das war das Unmittelbare.

Dahinter standen unterschiedliche Werte wie die Heimat, das Vaterland, die Pflicht, der Eid.

Wir sollten nicht unterstellen, daß es das heute nicht mehr gibt.

Wir erleben es in vielen Fällen, z. B. bei den Männern des Seenotrettungsdienstes, die oft unter Einsatz ihres Lebens

Schiffbrüchige retten. Wir erinnern uns der Bergleute, die unter Lebensgefahr ihre verschütteten Kumpel herausholten.

Die Werte der westlichen Welt zu einem erregenden und verteidigungswerten Erlebnis zu machen trifft nur für wenige zu. Die Masse werden wir nur durch ganz elementare Kräfte wie Solidarität und Kameradschaft bewegen können.

Eine kleine Auswahl aus meinem umfangreichen Briefwechsel mit Frhrn. zu Guttenberg zeigt deutlicher als eine nachträgliche Zusammenfassung, was uns damals bewegte und beschäftigte – und was zum Teil heute noch oder wieder auf der Tagesordnung steht.

Auf einen Brief von mir, Versuch einer Analyse über den Wandel in der Anwendung der Macht und die Bedeutung der Seemacht im Atlantischen Bündnis, erwiderte Guttenberg am 31. August 1963:

»Lieber Kapitän!
Herzlichen Dank für Ihren Brief vom 14. 8. Ihre stichwortartig zusammengefaßten Thesen sind beinahe das Gerippe für ein Buch.
Ich glaube nur nicht, daß Ihnen die Zeit bleibt, dieses Buch zu schreiben – so notwendig es wäre.
Da ich selbst im Augenblick – und eigentlich immer – zu wenig Zeit habe, um im einzelnen auf einen so gewichtigen Brief zu antworten, darf ich mich kurz auf die Bemerkung beschränken, daß auch nach meiner Meinung durch die neuen Aspekte des Problems der militärischen Macht Karl Marx eine späte Rechtfertigung erfahren hat: Offenbar ist hier die Quantität in Qualität umgeschlagen und hat tatsächlich das Wesen der Macht verändert. Ich glaube, daß man in einem ›neuen Clausewitz‹ die Sache einmal darstellen sollte. Hierher gehört auch der Satz von Pierre Gallois, den dieser mir letzthin sagte: ›Wenn Clausewitz schreibt, das Ziel des Krieges sei die Zerstörung der feindli-

chen Heeresmacht, um die Inbesitznahme des feindlichen Territoriums und der feindlichen Güter zu erreichen, so müßte es heute umgedreht heißen, daß das Ziel einer atomaren Auseinandersetzung die Zerstörung des feindlichen Territoriums und der feindlichen Güter sei, um auf diese Weise auch die feindliche Heeresmacht in Besitz nehmen zu können.‹

Auch ich habe den Eindruck, daß die von mir seinerzeit angeregte Konspiration wichtiger und wichtiger wird. Die allgemeine weltpolitische Lage gefällt mir beinahe noch weniger als die innenpolitische in der Bundesrepublik. Während einerseits bei uns die klare und für jeden sichtbare Tendenz der Regierung Adenauer – Brentano – Erhard in ein mehr oder weniger grundsatzloses Wursteln einer neuen Regierung Erhard – Schröder – Mende übergeht, sind die Amerikaner zusammen mit den Engländern dabei, sich auf unsere Kosten mit den Sowjets zu arrangieren. Um so notwendiger wird ein ›hard Core‹ in der CDU und im Parlament. Wie wäre es mit Ihnen? Ich denke, wir sollten uns hierüber etwas eingehender unterhalten. Könnten Sie Anfang Oktober einmal nach Bonn kommen und mit mir dort zusammentreffen? Bitte lassen Sie von sich hören! Mir würde die 2. Oktoberwoche wahrscheinlich passen.«

Wir trafen uns in Bonn.

Sein Vorschlag war, mich über die Mitgliedschaft in der CDU/CSU über eine der Landeslisten in den Bundestag zu bringen.

Er glaubte, die Möglichkeit dazu zu haben, ohne daß ich die »Ochsentour« über eine örtliche Parteizugehörigkeit gehen müßte.

So verlockend das Angebot auch war – ich glaubte, nach meinen Erfahrungen sowohl in der Vergangenheit wie in der Gegenwart, meinen Kenntnissen entsprechend wirksamer für die Marine im aktiven Dienst tätig sein zu können. Daß dies eine Illusion war, erfuhr ich sechs Jahre später, als die Marine mich mit 55 Jahren abschob. Doch davon später.

Am 2. Oktober 1963 schrieb er mir:

»Lieber Kapitän,
die Sowjetunion hat eine ›Pause‹ nötig, verfolgt andererseits jedoch unverändert ihre revolutionären und expansiven Absichten.
Moskau treibt deshalb nur ›Entspannungspolitik‹, weil sich die Herren im Kreml Schwierigkeiten gegenübersehen – und gezwungen sind, ihre Pflöcke zeitweilig zurückzustecken. Sicher ist diese sowjetische Zwangslage vor allem – wie z. B. Professor Löwenthal annimmt – als ein Erfolg der westlichen Abwehr der Sowjetoffensive gegen Berlin und Kuba zu buchen. Jene andere Auffassung, nach welcher Chruschtschow sich den Rücken im Westen freimachen müsse, um die Auseinandersetzung mit Mao führen zu können, scheint mir dagegen wenig stichhaltig zu sein. Die chinesischen ›Genossen‹ verfügen noch nicht über entsprechende Machtmittel, um wirkliche Pressionen auf die Supermacht Sowjetunion ausüben zu können. Die Bedeutung des Bruches zwischen Moskau und Peking liegt vielmehr in den langfristigen Perspektiven eines offenbar nicht mehr zu heilenden Schismas, das die ›Legitimität‹ in Frage stellt und teilweise beendet, aufgrund derer die kommunistische Welt sich bisher als eine Art ›Zusammenschluß der Rechtgläubigen‹ präsentieren konnte.

Die entsprechende Frage, die sich der Westen heute stellen muß, lautet: Wie soll man sich gegenüber einem Gegner verhalten, der offenkundig in Schwierigkeiten geraten ist und deshalb ›Entspannungspolitik‹ treibt? Bei der Suche nach einer Antwort auf diese Frage sehe ich die Gefahr, daß die Sowjets unter dem Vorzeichen der Entspannung erreichen könnten, was ihnen unter Anwendung von Dro-

hungen bisher versagt geblieben war: ›die legale Konsolidierung der deutschen Teilung und den Zerfall des Atlantischen Bündnisses‹.

Diese Gefahr ist nicht theoretischer Natur. Sie besteht und ist sogar äußerst aktuell. Denn schon heute zeigt sich, daß zwar die Sowjets sehr wohl verstehen, noch aus eigener Notlage Kapital zu schlagen, daß der Westen aber offenbar nicht in der Lage ist, aus den Mißerfolgen des Gegners Nutzen zu ziehen.

Unterstellt man nämlich, daß der militärische Teil des Moskauer Vertrages das Gleichgewicht zwischen Ost und West bewahrt, so neigt sich die Waage eindeutig zugunsten der östlichen Seite, sobald man sich dem politischen Vertragsinhalt zuwendet.
Jedenfalls hat Chruschtschow nicht ohne Anlaß den Delegationen der USA und Englands öffentlich dafür gedankt, ›daß sie die von der Sowjetregierung unterbreiteten Vorschläge angenommen haben‹.
Die Zulassung Ulbrichts als Partner zu diesem Vertrag bedeutet ohne Zweifel ein Element der Aufwertung des sogenannten ›Zweiten deutschen Staates‹ und stellt daher eine – wenn auch gewiß noch nicht entscheidende – westliche Konzession an die sowjetische Deutschlandpolitik dar. So zeigen auch Vorgeschichte und Abschluß des Vertrages den offenkundigen Willen der angelsächsischen Verhandlungspartner Moskaus, die erhoffte ›Entspannungswirkung‹ eines partiellen Atomteststopps nicht an der sowjetischen Absicht scheitern zu lassen, die ›DDR‹ ins weltpolitische Spiel zu bringen. Damit erweist sich dieser Teil des Vertrages als ein wenn auch begrenzter Erfolg der sowjetischen Entspannungsstrategie.

Es scheint mir nötig, vor einer Fortführung einer Politik zu warnen, als deren ersten Schritt der genannte Moskauer

Vertrag bezeichnet wurde. Denn im eigentlich kritischen Punkt – jenem der Verhaltensweise des Westens gegenüber einem in Schwierigkeiten geratenen Gegner – offenbart er eine nur schwer begreifliche Haltung: Statt vom Osten, der die Entspannung nötig hat, einen Preis zu fordern, wird ihm ein solcher gewährt. Statt Fortschritte in den Fragen Berlins und Deutschlands gerade während einer Phase zu verlangen, in welcher die Sowjetunion eine Atempause benötigt, wird die ›Entspannung‹ mit einem Schritt begonnen, der – gemessen an der bisherigen westlichen Entschlossenheit, Ulbricht das Tor zu internationaler Mitsprache verschlossen zu halten – ein nicht zu unterschätzendes Zugeständnis bedeutet. Das Bedenkliche an diesem ersten Ergebnis des Zusammenwirkens der Moskauer ›Entspannungsoffensive‹ mit der ›Friedensstrategie‹ Washingtons ist also nicht lediglich der deutsche Aspekt einer solchen Entspannungspolitik durch die Hinnahme des Status quo. Vielmehr bedarf eine sich möglicherweise entwickelnde westliche Geamthaltung unserer Aufmerksamkeit, nach welcher einer ›entspannungwilligen‹ Sowjetunion offenbar mit Zugeständnissen entgegengekommen werden soll, obwohl diese ›Entspannungsbereitschaft‹ eben nicht einem geänderten politischen Willen, sondern lediglich einer augenblicklichen Bedrängnis entspringt.

Selbst wenn der Moskauer Vertrag als erster konkreter ›Entspannungsschritt‹ die militärischen Relationen zwischen Ost und West nicht verändern sollte, zeigen jedoch auch die militärischen Bestimmungen dieses Abkommens politische Absichten an, die genauer Analyse bedürfen. Der Vertrag ist fraglos auch auf dem Hintergrunde der gemeinsamen Absicht beider Hauptatommächte zu sehen, den ›Atomclub geschlossen zu halten‹. Ohne die selbstverständliche Berechtigung des Arguments bestreiten zu wollen, daß eine uferlose Ausweitung der Atomwaffenbesitzer äußerst unerfreulich wäre, muß man jedoch die Frage stel-

len, ob es denn auf diesem Felde wirklich nur die Alternative ›Schließung oder uferlose Ausweitung des Atomclubs‹ gibt. Die Bewaffnung eines im Rahmen der NATO mit den USA verbundenen geeinten Europas mit eigenen Atomwaffen schiene mir zum Beispiel ein wahrhaftig größerer Beitrag zur Erhaltung des Weltfriedens als etwa der Verzicht der Republik San Marino auf Abhaltung von Atomtests.

Damit ist bereits ausgesprochen, welche politischen Folgewirkungen mit der Beschränkung des Atomclubs auf die ›beati possidentes‹ des gegenwärtigen Augenblicks verbunden oder auch beabsichtigt sind: die bipolare Machtsituation in der Welt bliebe so lange erhalten, als im westlichen Bündnis lediglich die Vereinigten Staaten und im Sowjetbereich lediglich die Sowjetunion über ein ins Gewicht fallendes nukleares Potential verfügen. Da die Erhaltung des Atommonopols Sowjetrußlands in dessen eigenem Herrschaftsbereich dem Charakter des Regimes entspricht, das es über seine Satelliten errichtet hat, bedarf keiner näheren Erläuterung. Daß jedoch der gleiche Vorgang, nämlich die bewußte und sogar implizite mit dem Gegner vereinbarte Festschreibung des Atommonopols der Staaten innerhalb der westlichen Bündniswelt mit anderen Maßstäben gewertet werden muß, scheint mir auch nicht geleugnet werden zu dürfen.

Wichtig erscheint mir die Erkenntnis, daß der erste konkrete Versuch der beiden Supermächte, die Machtvoraussetzungen für eine bipolare Welt zu bewahren, eigentlich gescheitert ist. Rotchina will auf eigene Atomwaffen so wenig verzichten, wie andererseits Frankreich seine ›Force de frappe‹ als ein ›Kernstück der späteren politischen Einigung Europas‹ (so erst kürzlich der französische Verteidigungsminister Messmer) weiterzuentwickeln entschlossen ist. So scheint der Moskauer Vertrag zwar nicht das Ende des kalten Krieges, aber das Ende der zweipoligen Struk-

tur der Welt anzukündigen, unter welcher wir bisher gelebt haben.

Die deutsche Politik muß sich entscheiden, ob sie die Entstehung eines weiteren Machtzentrums unterstützen oder hemmen soll. Nach meiner Ansicht sollte sie sich entschlossen für das Konzept einer ›Atlantischen Partnerschaft‹ einsetzen, die ein einiges und starkes Europa voraussetzt, das als Partner Amerikas auftreten kann. Ein militärisch in einseitiger Abhängigkeit von Amerika befindliches Europa wird in dem Maße an seiner eigenen Sicherheit zu zweifeln beginnen, als die beiden Supermächte gegenseitig unangreifbar werden und sich untereinander über militärische Teilprobleme atomarer Art zu verständigen beginnen. Ein bei einer derartigen Entwicklung beiseite stehendes Europa müßte eines Tages in den Sog jener Macht kommen, die dann auf europäischem Boden die einzige Atommacht wäre: der Sowjetunion.

Aus diesen Gründen halte ich dafür, daß de Gaulles Weigerung, den Moskauer Vertrag zu unterschreiben, gute Gründe hatte.
Offenbar hat in einer zur Entstehung weiterer Machtzentren drängenden Phase der Geschichte etwas Ähnliches wie ein Wettlauf zwischen Westeuopa und China begonnen. Nur ein starkes und einiges Europa an der Seite der Vereinigten Staaten könnte Sowjetrußland veranlassen, den kalten Krieg in Europa rechtzeitig und verlaßlich zu beenden, bevor ein seinerseits erstarktes Rotchina die Vereinigten Staaten dazu zwingen könnte, mit Moskau einen Scheinfrieden in Europa zu schließen, um sich dem bedrohten Asien zuzuwenden. Rotchina ist entschlossen, ein solches Machtzentrum zu werden; vorläufig fehlen ihm nur die nötigen industriellen und technischen Kapazitäten. Europa verfügt über diese Kapazitäten; ihm fehlt vorläufig noch die entsprechende Entschlossenheit.

Die vorgeschlagene ›Erörterung eines gesamtdeutschen Friedensvertrages‹ scheint mir von einer Vorstellung auszugehen, die Westeuropa nicht als ein Ganzes begreift. Denn das Konzept des Machtzentrums Westeuropa würde sowohl zwingend erfordern, daß ›konventionelle Entspannungsmaßnahmen‹ vor allem das Territorium Sowjetrußlands und das dort vorhandene Übergewicht einschließen müssen, wie andererseits die Erkenntnis der Tatsache fördern, daß ein ›gesamtdeutscher Friedensvertrag‹ nur das Ergebnis einer vorher grundhaft gewandelten europäischen Gesamtsituation sein kann. Ein solcher Wandel wird jedoch nur dann erreichbar sein, wenn die Sowjetunion neben den Vereinigten Staaten auch den mächtigen ›Gesprächspartner Europa‹ zu berücksichtigen haben wird.«

Man kann aus der Geschichte zwar nichts übertragen, weil sich nichts wiederholt; aber man kann seine Erkenntnis erweitern, die zu einer asymptotischen Annäherung an die aktuellen Probleme führen kann, die jetzt, 1989 beginnend, eine atemberaubende Entwicklung genommen haben. Aber gerade in dieser Situation sollte man sich an die Grundsätze der Staatskunst von Bismarck erinnern, die besagen, daß politische Strategie Geduld und Zurückhaltung erfordert, ebenso wie die Auswahl des geeigneten Zeitpunktes für eine tatkräftige aktuelle Durchsetzung. »Die wahre Weisheit besteht in der Einsicht, man könne zwar die Uhren vorstellen, die Zeit geht aber deshalb nicht rascher; und die Fähigkeit zu warten, während die Verhältnisse sich entwickeln, ist eine Vorbedingung praktischer Politik.«

Zum Jahresende 1966, am 28. Dezember, schrieb ich an Guttenberg, der mit der Bildung der Regierung der Großen Koalition Parlamentarischer Staatssekretär im Bundeskanzleramt geworden war:

»Lieber Baron,
in unsere besten Wünsche für das neue Jahr möchte ich einschließen die Hoffnung, daß mit der Übernahme eines großen Teils Ihrer politischen Vorstellungen durch das neue Kabinett auch eine angemessene Honorierung durch Ihre Einschaltung in die Verantwortung folgt.

Wir betrachten die politische Entwicklung mit geteilten Gefühlen.
Man könnte sagen, da der Westen den kalten Krieg zwar bis zu einem gewissen Grade gewonnen hat, sich jetzt aber so frei von Gefahren fühlt, daß er nicht nur nicht mehr vorsichtig genug ist, seine Einheit aufrechtzuerhalten, sondern darüber hinaus noch seine Sicherheit aufs Spiel setzt.
Das ›ministerial meeting‹ in Paris artete in eine Euphorie der Entspannung aus. (Besonders pikant war die etwa zu gleicher Zeit erfolgte Verkündung von Rüstungsheraufsetzungen um etwa 7 % bei den Sowjets). Der Westen weiß nicht, wie er seinen wirklichen, aber begrenzten Sieg benutzen soll, um von der Koexistenz zu einem Frieden zu gelangen und von einem geteilten zu einem vereinten Europa. Ein geteiltes Deutschland in einem geteilten Europa war immerhin noch leichter hinzunehmen als ein geteiltes Deutschland in einem mehr oder weniger vereinten Europa.

Eines ist sicher, die Sowjetunion hat nicht kapituliert und hat auf Ostdeutschland nicht verzichtet. Es kann keine deutsche Wiedervereinigung geben, es sei denn mit der Zustimmung des Kreml. Aber dazu brauchen wir entsprechende Konstellationen, die mit Geduld abgewartet bzw. auf lange Sicht und planmäßig vorbereitet werden müssen. Mit Sicherheit erreichen wir nichts mit Vorleistungen auf dem Verteidigungssektor, wie sie bereits jetzt, bedingt durch unsere Haushaltslage, anlaufen.

Zusammenfassend kann man sagen, daß die militärische Potenz des Warschauer Paktes verstärkt worden ist und daß wir diese Fähigkeiten und nicht die politischen Absichten, die jederzeit sich wandeln können bzw. getarnt werden können, berücksichtigen müssen. Auch das relativ ruhige Verhalten kann über die facts nicht hinwegtäuschen. Im Gegenteil könnte man unterstellen, daß man sich bemüht, der NATO ein falsches Gefühl der Sicherheit zu geben und die notwendige Einsicht zu lähmen.
In der Tat scheint der Mangel an Einsicht ein beachtliches Maß erreicht zu haben. Seit Jahren fehlt eine politische Leitlinie des Westens, die die militär-strategischen Vorstellungen überhöhen sollte. Als Konsequenz liegen sich die Strategen der USA, Frankreichs, Großbritanniens und der Bundesrepublik in den Haaren. In der Bundesrepublik hat sich die Bundeswehr in einer ständigen Zerreißprobe durch das Mißtrauen der Politiker zu einem nicht sehr effektiven Instrument entwickelt.
Die Frage, wie man die Bundeswehr mit den vorhandenen Mitteln wirksamer ausbauen könnte, stellt sich uns seit Jahren. Die von uns gegebene Antwort wird ebenso seit Jahren nicht beachtet. Nur die Luftwaffe hat die Chance genutzt, entsprechende Forderungen anläßlich des Rücktritts von General Trettner und General Panitzki zu stellen. Im wesentlichen geht es darum, die Erfahrungen der modernen Wirtschaftsführung auf die Rüstung zu übertragen. Den Notwendigkeiten, die sich aus dem Auftrag, der Bedrohung, einer langfristigen Planung, den technischen Problemen ergeben, steht eine Führung gegenüber, die in viele Zuständigkeiten aufgespalten ist.

Zum Beispiel kann der Inspekteur der Marine auf die Personalsteuerung und Personalwirtschaft nur begrenzten Einfluß nehmen. Er ist in seinem Schiffbauprogramm von Technikern abhängig, denen er keine Weisung geben kann. Er muß technische Entwicklungsarbeiten zulassen, an denen er nicht interessiert ist. Diese an die Organisation des Ministeriums gebundenen Verhältnisse lassen sich selbst bei angenommener loyaler Mitarbeit aller Stellen nicht beseitigen. Die oberste Führung der Bundeswehr sollte nicht nach Funktionen aufgegliedert sein, deren jede die ganze Breite der Bundeswehr abdeckt und deren Koordination in der allerobersten Spitze liegt. Vielmehr sollten unter Beibehaltung eines koordinierten Spitzengremiums die Teilbereiche eine stärkere Verselbständigung erfahren, d. h. eine stärkere Kongruenz von Aufgaben und Verantwortung in allen Sparten und Fachgebieten. So ist es in den angelsächsischen Ländern, auch in Frankreich, weil es nur so vernünftig ist. Wir glauben, daß nur auf diesem Wege Effektivität und Frieden, Glaubwürdigkeit für die Abschreckung und Voraussetzung für wirksame Operationen im Verteidigungsfall geschaffen werden können. Die oberste Führung muß sich freihalten für die großen entscheidenden Fragen und sich verlassen können auf funktionsfähige Teilstreitkräfte, in denen geführt, entschieden und verantwortet werden kann.

Wenn man den enormen Aufwand für die Verteidigung rechtfertigen will und wenn die Streitkräfte ein wirksames Instrument in der Hand des Politikers sein sollen, erscheint es mir dringend, dem Gedanken der Reorganisation des Verteidigungsministeriums näherzutreten.«

Diese Gedanken, die Luftwaffe und Marine jahrelang mit Verve vertreten hatten, wurden unter Helmut Schmidt 1970 im »Blankeneser Erlaß« und 1971 im »Rahmenerlaß des Rüstungsbereichs« verwirklicht.

Die Inspekteure waren nunmehr truppendienstliche Vorgesetzte der Soldaten ihrer Teilstreitkraft und direkt dem Minister verantwortlich in den Bereichen Personal, Material, Haushalt, Infrastruktur. Mit den Systembeauftragten hatten sie den gewünschten Einfluß auf die Projektreferenten der

Abteilung Rüstung im Ministerium und auf die Projektbeauftragten des Bundesamtes für Wehrtechnik und Beschaffung und damit auf Forschung, Entwicklung, Erprobung und Beschaffung.

Ende Juli 1968 erhielt ich die kurzen, schwerwiegenden Zeilen:

»Lieber Admiral,
über Ihren freundschaftlichen Brief habe ich mich sehr gefreut.
Recht herzlichen Dank dafür! Ich stecke leider in einer wenig empfehlenswerten Haut. Nachdem deutsche Ärzte mich geradezu ›zuhauf‹ schonungsvoll angelogen hatten, haben mir nun amerikanische Ärzte die wirkliche Diagnose gestellt. Danach entwickelt sich bei mir ein sehr ernsthaftes Nervenleiden, gegen das unsere Medizin leider kein Mittel kennt.
Alles in allem: Wenig schön und recht bedrückend – aber man muß eben verdauen, was einem gegeben wird.
Herzliche Grüße auch Ihrer Frau, Ihr aufr.
Karl Theodor Guttenberg«

Die Nachricht von seiner schweren Krankheit und von seinem Tode, Oktober 1972, traf keinen unvorbereitet, aber viele seiner Freunde tief. In der unausweichlichen Gewißheit des nahenden Todes hatte er den Tod besiegt. Aufrecht, unbestechlich in Haltung und Charakter bezwang er den siechenden Körper, um immer wieder in die Arena zu treten, um die deutsche Frage und die freiheitlich-rechtsstaatliche Grundlage unseres Gemeinwesens zu beschwören.

Seit er wußte, daß er nur noch wenige Jahre leben würde, wuchs er in seinen Überzeugungen, bewies er, was nach seinen eigenen Worten zuletzt zählte, daß Sein mehr bedeutet als Schein und daß ein Politiker hinter seinen Worten stehen muß. Er sagte, was er dachte, und er gab selbst dann nicht auf, als er wußte, daß er längst aufgegeben war.

Gezeichnet von seiner schweren Krankheit, hielt der Abgeordnete Frhr. zu Guttenberg seine letzte große Rede vor dem Deutschen Bundestag am 27. Mai 1970, die mich besonders berührt hat.

Er sagte darin unter anderem:

»Es ist das Recht der Deutschen, aller Deutschen, frei zu sein, selbst über sich zu bestimmen. Dies war, ist und muß bleiben der feste Kern, der unveränderliche Auftrag aller konkreten deutschen Politik, wo und solange sie von Demokraten geführt wird.
Ich sage hier für meine Freunde und für mich mit allem Nachdruck und allem Ernst und leider auch mit aller Sorge: Wir sind, wo wir Verantwortung tragen, nicht bereit, sogenannte Realitäten zu achten und zu respektieren oder gar anzuerkennen, die den Namen zu Unrecht tragen. Und ich setze die Frage hinzu. Ist hier einer, der ernsthaft vorbringen wollte, daß aus Unrecht Recht würde dadurch, daß es Jahre, ja Jahrzehnte dauern wird? Ich bitte jeden in diesem Haus, sich zu prüfen, und dies gilt besonders für die SPD, der als Partei die Ehre gebührt, unter Hitler Tausende von Märtyrern gestellt zu haben: Meine Frage heißt, ist einer, wäre heute einer bereit, seinen Frieden mit diesem Hitler zu machen, wenn es ihm gelungen wäre, 37 Jahre durchzuhalten? Ich sage nein, und aus dem gleichen Grunde kann es keine Anerkennung für neues Unrecht auf deutschem Boden geben.
Ich will mir hier den Mut und die Freiheit nehmen, an unser aller Gewissen zu appellieren, und ich will gleichzeitig ins Bewußtsein rufen, daß auch der, der besten Willens dem Frieden zu dienen meinen mag, gefährlich irren kann, und er irrte dort am gefährlichsten, wo er sich verleiten ließe, einer militanten, totalitären Ideologie mit jenem wertfreien, bloßen Pragmatismus begegnen zu kön-

nen, der für das tägliche Geschäft unter Demokraten durchaus angemessen ist . . .
. . . Die deutsche Demokratie ist schon einmal zugrunde gegangen, weil unter den Deutschen eine geistig-moralische Verwirrung angestiftet und die Grenze zwischen einem demokratischen Rechtsstaat und einem totalitären Verbrecherregime verwischt wurde. Es gibt leider Grund, davor zu warnen, daß diese Grenze erneut vernebelt werden könnte, und diesmal durch Demokraten.
Ich brauche noch nicht einmal die Verfassung, ich brauche nur mein Gewissen, das mir sagt, daß ich als Abgeordneter Verantwortung trage für mein ganzes Volk, auch und vor allem für jene, die zum Schweigen verurteilt sind.
Denn niemand kann uns, die freigewählten Abgeordneten des deutschen Volkes, aus der Pflicht entlassen, uns um das Schicksal unseres ganzen Volkes zu sorgen. Und weiter. Ist einer hier, der mir widerspräche, wenn ich sage, daß keiner ein Recht hat, die Freiheitsliebe der Deutschen in der Zone geringer zu achten als jene der Tschechen und Slowaken, die im Frühjahr 1968 das Gewissen der Welt erschüttert haben?«

Der »Abgeordnete der Nation« hat etwas deutlich gemacht, was heute die gleiche Aktualität hat wie damals. Er hat es mit einer Kraft und einer Klarheit ausgesprochen, die andere ermutigte, obwohl doch eigentlich ihm Ermutigung gebührt hätte. Selbst noch angesichts des Todes ging ein Licht von ihm aus, das wieder aufleuchtete, als am 9. November 1989 die Abgeordneten des Deutschen Bundestages geschlossen aufstanden und die Nationalhymne sangen, als die Nachricht eintraf, daß die Mauer niedergerissen würde, als Zeichen der Freizügigkeit zwischen Ost und West.

Da wurde deutlich, daß Deutschland nicht nur aus dem Hochrechnen von wirtschaftlichen Daten besteht, sondern daß es ein archaisches Bewußtsein von Werten und Identitäten hat, die über das aktuelle Bewußtsein hinausgehen.

Und ich dachte an Guttenbergs Worte in dem Gespräch über die Motivierung des Soldaten: »Wir müssen die Urbilder, die in unserem Volke schlummern, wieder lebendig werden lassen.«

An diesem Tage bestätigte sich, daß »Deutschland, einig Vaterland« im kollektiven archaischen Bewußtsein des deutschen Volkes wurzelten, nicht als plötzliche Option der Tagespolitik, sondern als Zeichen lange bestehender Bindungen und langsam gewachsener Ligaturen.

Washington, weitere »spotlights«
5. September 1958
Presseclub:
Im Rahmen eines Lunch Vortrag von »Skipper« Anderson, dem Kommadanten der *Nautilus,* über seine Nordpolfahrt unter Eis.
An Fakten nichts Neues. Interessant war die Atmosphäre. Hier wurde ein nationaler Held gefeiert. Dieser Held gab sich zwar sehr ungezwungen, natürlich. Wenn der substantielle Ertrag der *Nautilus*-Fahrt auch nur gering erscheint, so sollte man der amerikanischen Nation und der amerikanischen Marine die Freude an dieser Rekordfahrt gönnen nach den vielen Rückschlägen, die das amerikanische Bewußtsein in den letzten Monaten hat hinnehmen müssen.
Ich dachte an die tollkühne *Nautilus*-Fahrt des australischen Polarforschers Sir Hubert Wilkins, der 1931 mit einem alten U-Boot, das mit phantastischen Geräten, Eisbohrern und unter der Eisdecke gleitenden Führungsarmen ausgerüstet war, nachweisen wollte, daß ständige Wetterstationen auf dem Packeis durch U-Boote versorgt werden konnten.
Wilkins, ein Forschergeist, der die Horizonte der Menschen erweitern wollte, scheiterte, weil die Technik noch nicht soweit war.
Fast 30 Jahre später unterquerte Anderson, Kommandant

eines nuklear angetriebenen, d. h. außenluftunabhängigen U-Bootes der US-Navy, mit modernsten Sensoren ausgerüstet, als erster die Polareisdecke mit Erfolg.
Ich habe Commander Anderson zu seiner Fahrt beglückwünscht.

9. September 1958
Erneuter Besuch bei SACLANT. Gespräch mit Kapitän Morante.
(Italienischer Verbindungsoffizier) Morante war bei Kriegsausbruch in China. Er versenkte ein italienisches Handelsschiff und blockierte damit den Jangtsefluß. Dafür kam er in ein japanisches Konzentrationslager, einschließlich seiner Familie. Erst 1946 wurde er entlassen. Er sagte wörtlich, und ich wollte es nicht glauben: »Alle Schiffe, die mit Kriegsgut von Amerika nach Rußland fuhren, wurden von den Japanern laut Geheimvertrag mit Amerika nicht angegriffen, dafür erhielten sie ein Drittel des Frachtwertes in ebenfalls kriegswichtigen Gütern geliefert, wie Öl usw.«

12. Oktober 1958
Große Familienfahrt bei herrlichstem Herbstwetter zu den Skyline Caverns. In einer Höhle konnte man ein mit bunten Beleuchtungen verkitschtes sogenanntes Naturwunder sehen.
Der Höhepunkt: ein in den Umrissen menschenähnlicher Stalaktit wurde zur Madonnenfigur stilisiert und musikalisch dem ergriffenen Publikum serviert mit »Ave Maria«, gespielt auf einer heiseren Grammophonplatte.
Auch das ist Amerika.

Besuch von Harpers Ferry, einer Stätte nationaler Tradition. Hier stand eine Munitionsfabrik, und hier begann der Bürgerkrieg.
Der Ort hatte für uns eine familiengeschichtliche Bedeutung, denn auf dem alten Friedhof von Harpers Ferry sind

Verwandte meiner Frau begraben. Der Onkel ihres Großvaters war dorthin ausgewandert.
Wir sahen die Grabsteine mit den Namen unserer Vorfahren.

24. März 1959
Lunch mit Mr. Rivers, Congress-Man of South Carolina, Charleston, Marinefreund, und mit Unterstaatssekretär Dewey Short, in der Cafeteria des Congress. Kameradschaftliche Atmosphäre.
Anschließend Besichtigung der Congress-Halle, der Erinnerungshalle, in der je zwei der bedeutendsten Männer von jedem Staat in künstlerisch unbedeutenden Skulpturen aufgebaut sind.
Mr. Rivers war sehr skeptisch in bezug auf Frankreich.
Er betrachtete Frankreich als Hemmschuh in der NATO nach dem bekannten Grundsatz: Eine Kette ist so schwach, wie ihr schwächstes Glied (der überseeische Nachschub geht über französische Häfen).
Der Kampf zwischen einem ausgeglichenen Budget und den Verteidungsausgaben spielt derzeit eine große Rolle.
Aber nicht nur hier und heute, sondern bereits vor 1800 Jahren (Plutarch).
Perseus, der König von Mazedonien, sammelte einen großen Schatz an als Vorbereitung für seine Verteidigung gegen die römische Eroberung, aber er war so geizig, daß er seinen Söldnertruppen nicht genug bezahlte, so daß sie desertierten. Er wurde der reichste Gefangene Roms.
Das sollte uns zu denken geben.

Ein anderer Winkel der amerikanischen Seele:

News Release, Department of Defense, veröffentlicht am 23. Juni 1959 *»Space Affe ›Baker‹ soll geehrt werden durch die amerikanische Gesellschaft zur Verhütung von Grausamkeiten bei Tieren. Ihr Präsident William Rockefeller wird die Auszeichnung überbringen.«*

6. April 1959
Das große Fest aus Anlaß der Zehnjahresfeier der NATO fand in Norfolk unter der Leitung von SACLANT statt. Zunächst »Honour of the Flag« mit Spaak, Luns und den Council-Mitgliedern. Später Lunch in der staff officier's mess. Dann die große Parade.
Schließlich eine Party an Bord von H.M.C.S. (Her Majesty's Canadian Ship) *Bonaventure*. Abschließend eine Dinnerparty bei Vice Admiral Cooper, Commander Anti-Submarine Defence Force und Vice Admiral Thatch, Commander Anti-Submarine Warfare Carrier Group.
Von unserer Seite waren da der deutsche Botschafter in Mexiko, von Walther, der deutsche Botschafter in den USA, Grewe, der Gesandte Krapf und der Konsul Weiss von Norfolk.
Während des Tages fand noch eine Besichtigung der *Nautilus* statt. Es war das erste Mal, daß ein nuklear angetriebenes Boot für eine Besichtigung freigegeben wurde, nicht nur für Offiziere, sondern auch für deren Frauen.
Nie werde ich vergessen, wie vor mir Frau Krapf stand, sehr lebendig, liebenswürdig, im neunten Monat, und wie sie versuchte, durch das Turmluk in das Boot die senkrechten Stahlniedergänge hinunterzusteigen in ihren eleganten Schuhen auf etwa sechs Zentimeter hohen Absätzen.
Sie schaffte es, durch das für sie sehr enge Luk hindurchzukommen. Unten standen Matrosen in Auffangposition. »Es blitzt«, sagten wir früher, wenn bei den Mädchen weiße Unterwäsche zu sehen war. Glücklicherweise kam sie heil unten an.
Als ich ihr meine Führung durch das Boot anbot, fragte sie:
»Captain, waren Sie schon einmal auf einem U-Boot?« Das konnte ich mit gutem Gewissen bejahen.

Das militärische Zeremoniell des Tages fand im Rahmen

eines großen Volksfestes statt, dem Azaleenfest, genannt nach Hunderten von in dieser Jahreszeit in einem großen Park blühenden verschiedenfarbigen Azaleen. Inmitten dieses Parks war ein großer, künstlich angelegter Teich, an dessen einer Seite amphitheatralisch ansteigende Sitze für Tausende von Zuschauern aufgebaut waren. Auf der anderen Seite fand auf einer kleinen Anhöhe die »Krönungsfeier« bei strahlendem Wetter statt. »Gekrönt« wurden ausgewählte junge Damen von den Botschaften oder militärischen Vertetungen der NATO-Mitgliedsstaaten. Unsere Tochter Maren vertrat an diesem Tag die Bundesrepublik Deutschland. Daß die »Queen« eine Amerikanerin war, die Tochter des Vizepräsidenten Lyndon Johnson, bestätigte Führungsanspruch und Traditionsbewußtsein der amerikanischen Nation gleichermaßen.
Eine Reihe vor uns in der »Ehrenloge« saß Lyndon Johnson.
Vor Beginn des Festaktes schritt er leutselig durch die Reihen der NATO-Vertreter und begrüßte deren Frauen. So auch meine Frau, die er fragte, wie es ihr in den USA gefiele. Sie sprach von unserer anderen Tochter, die sich gerade mit einem Amerikaner verheiratet hatte. Das ergab ein längeres Gespräch, auch über unsere erweiterte Familie, von der einige aus der Hauptstadt von Texas, Austin, kamen. Einer von ihnen sei der »President of American Architects«, Louis Southerland. Darauf Johnson:
»He is my neighbour. Give a hallo to Uncle Louis.«
Seit diesem Gespräch, das viele Zuhörer hatte, wurde meine Frau »Johnson-Baby« genannt.

Etwa zu dieser Zeit waren die Abgeordneten Fritz Erler, Carlo Schmidt und Helmut Schmidt, der spätere Bundeskanzler, in unserem Haus zu Gast, veranlaßt durch Oberst Dr. Beermann. Beermann, einige Jahre Wehrexperte der

SPD, war wieder zur Bundeswehr gegangen, und eine seiner ersten Aufgaben war die Mitarbeit in unserem Stabe.

Als die Kommandierung von Beermann bekannt geworden war, erhielt ich mehrere Briefe, die mich »warnten«. Vor was?

Beermann hate bei einer Tagung der Evangelischen Akademie in der Nähe der Marineschule Mürwik einen Vortrag gehalten.

Sein Hauptanliegen war es dabei, dem Matrosen Reichpietsch und dem Heizer Köbis, die beide im Herbst 1917 als »Meuterer« zum Tode verurteilt und erschossen worden waren, postum eine Ehrenrettung zuteil werden zu lassen.

Er wollte mit dieser Versöhnungsgeste eine Brücke schlagen zwischen sozialdemokratischer Partei- sowie Gewerkschaftsjugend und Marine, für die die Revolution 1917/18, namentlich die Meuterei der Hochseeflotte, immer noch ein Trauma war.

Das Urteil gegen Reichpietsch und Köbis war auf dem Rechtswege noch vor seiner Vollstreckung angefochten worden und gilt als Fehlurteil. Die Geschichte hatte also bereits die »Ehrenrettung« vollzogen, nicht aber die Marine, jedenfalls nicht der aus reaktivierten Kriegsmarineoffizieren bestehende Lehrkörper der Marineschule, der an diesem Vortrag teilnahm.

Es kam zu Protesten, zur Diskussion, in deren Verlauf Beermann sich dazu hinreißen ließ, die Großadmirale Raeder und Dönitz wegen ihrer seiner Meinung nach antisemitischen Einstellung zu kritisieren, demgegenüber die beiden Revolutionäre aufzuwerten.

Es war ein der Erregung zuzurechnender Affront, der dazu führte, daß die Offiziere demonstrativ den Vortragssaal verließen.

Beermann war, wie er mir selbst sagte, unglücklich über seine Affekthandlung, konnte aber den Schaden nicht mehr reparieren.

Das Thema Revolution war zu dem Zeitpunkt bei der Marine noch tabu.

Wieweit Beermann mit solch einer Geste die sozialistische Jugend erreicht und nicht nur für die Marine gewonnen hätte, steht dahin. Sicherlich aber trat er mit bestem Willen, ehrlich überzeugt von seiner die Fronten überbrückenden Aufgabe, in die Arena, deren Ränge vorwiegend Leute besetzten, die seine Intentionen gar nicht verstanden.

Meine Beurteilung der Revolution und ihrer Folgen deckte sich weitgehend mit der Beermanns, und so kann ich sagen, daß ich trotz der brieflichen Warnungen und auch einer zunächst distanziert abwartenden Haltung meiner Kameraden ihm unbefangen entgegenkam.

Er und seine Frau waren einige Zeitlang Gäste in unserem Haus.

Ich schätzte ihn als einen intelligenten Mitarbeiter, politisch ohne ideologische Begrenzungen.

Auch nach meiner Abkommandierung hielt ich Kontakt mit ihm, insbesondere während der Kubakrise.

Er starb wenige Jahre später als Bundestagsabgeordneter und wurde in Bonn beigesetzt. Die Trauerrede hielt sein Parteifreund Herbert Wehner.

Sein Leben sei ein ständiger Kampf mit seiner eigenen inneren Überzeugung gewesen, so wie Jakob mit dem Engel gerungen hätte.

Das war das Beste, was über ihn gesagt werden konnte.

15. April 1959
Besuch des Ministers Strauß in Norfolk. Ich begleitete ihn auf dem Flug zu SACLANT. Während des Fluges war er beschäftigt mit publizistischen Fragen, Rezensionen, mit Berichten für die Presse, Lesen von Presseberichten. Fünf Minuten vor der Landung erkundigte er sich kurz bei mir über die Situation bei SACLANT. Das schien mit etwas

wenig zu sein. Nach der Landung hatte er ein Gespräch unter vier Augen mit Admiral Wright. Anschließend gab er ein Presseinterview, das die Nuancen außerordentlich geschickt setzte.
Abends zurück in Washington, hatten die Offiziere Gelegenheit, mit ihrem Verteidigungsminister Strauß bei dem Militärattaché von Schleinitz zu diskutieren. Ich konnte etwa 10 Minuten mit ihm sprechen, vor allem über die Kommandostruktur im Ostseeraum und über strategische Mobilität.
Dann folgte ein Streitgespräch zwischen dem Gesandten Krapf und Strauß, der sich darüber beklagte, daß sein Besuch nicht genügend vorbereitet worden sei. Er bezog sich auf Nachrichten und Informationen über den Besuch, den kurze Zeit vorher der Regierende Bürgermeister von Berlin, Willy Brandt, in Washington gemacht hatte und der nach seinen Informationen eben sehr gut vorbereitet gewesen sei. Strauß wurde sehr aggressiv.
Da er bekanntlich um Worte nicht verlegen war, gab ein Wort das andere. Krapf erwiderte korrekt und sachlich, Strauß emotional, angeheizt durch seine Begleitung, die immer wieder in die Glut des Feuers blies – bis ein General aufstand und sich an den Minister mit den Worten wandte: »Herr Minister, dieser Byzantinismus um sie herum kotzt mich an«, sich umdrehte und hinausging.
In der Geräuschkulisse der so heftig diskutierten Kontrahenten und ihrer Claqueure blieb dieses so seltene Beispiel von Zivilcourage leider unbeachtet.

20. April bis 10. Mai 1959
Flug nach Mexiko. Ich dachte an meine Reise als Kadett auf dem Kreuzer *Karlsruhe* und an unsere Fahrt nach Mexico City, als ich bei der Familie Kügelgen Gast war. Ich rief Frau von Kügelgen an, sie entsann sich sofort jener Tage und lud uns ein, zu ihr zu kommen.
Ihr Mann, Arzt, war verstorben nach einem Reitunfall, sie

selbst, eine große elegante Erscheinung mit weißem Haar, erschien uns wie eine regierende Fürstin. Noch heute Mittelpunkt der mexikanischen Gesellschaft, erzählte sie uns von dem Schicksal ihrer Familie während des Krieges und nach dem Kriege. Dann brachte sie uns zusammen mit einem Architekten aus Wutenau, ursprünglich Diplomat, Konsul in New Orleans. Er hatte sich mit den Nazis überworfen und war nach Mexiko gegangen. Zunächst, aufbauend auf einem flüchtigen archäologischen Studium, begann er mit der Konservierung von alten Kunstwerken und hatte sich dann autodidaktisch die Grundlagen der Architektur beigebracht. Als wir ihn nun kennenlernten, war er einer der führenden Architekten in Mexico City und baute die herrlichsten Häuser unter Verwendung alter kolonialer Elemente für die oberen Zehntausend. Er trat bescheiden auf bis zur Groteske, war schäbig gekleidet. Sein Wagen wurde von einem Strick zusammengehalten, obwohl er das alles ja gar nicht nötig hatte, denn er verdiente gut. Fasziniert von der alten Aztekenkultur, hatte er teilgenommen an Ausgrabungen, insbesondere an der Westküste, und war Besitzer von hervorragenden Tonfiguren aus den Aztekenkultur.
Er zeigte uns einen Schatz von etwa 300 Idolos, kleinen Tonköpfen, die wahrscheinlich als Votivgaben an den Opferstätten niedergelegt wurden. Er sah in diesen Köpfen die Gesichter aller Rassen, und da die Funde aus einer Zeit stammten, die weit vor der kolonialen Epoche lag, etwa 1000 Jahre, hatte er eine Konvergenztheorie entworfen, die besagte, daß schon zu diesen frühen Zeiten Weiße, Indonesier, Inder, Chinesen und sogar negroide Typen dort lebten. Es war hochinteressant, ihm zuzuhören, und man wurde von seiner Faszination mit erfaßt. Seine Theorie, die er auch öffentlich vertrat, ist von den Wissenschaftlern nie anerkannt worden.

In einer Fahrt über Guernavaca, mit den berühmten Fresken von Rivera, einer Stadt, die tropischen Charakter hat, kamen wir nach Taxco, der Silberminenstadt, die malerisch an den Berg geworfen scheint, heute allein existent als Touristenattraktion für Reisende aus den USA, den verächtlich sogenannten Gringos, die aber den größten Aktivposten der mexikanischen Wirtschaft ausmachten.

In Taxco trafen wir Wutenau wieder als Besitzer und Bewohner des Humboldt-Hauses, eines alten Patrizierhauses, in dem Alexander von Humboldt eine Zeitlang wohnte und in dem heute Bilder und auch Handschriften von ihm aufbewahrt sind.

Die zweite Reise nach Mexiko machten wir etwa ein Jahr später.

Wir verbrachten 14 Tage in dem alten Aztekenbad Ixtapa mit seinen radioaktiven Thermalquellen. Es war sehr komisch, die schwatzenden Köpfe über der dunklen Flüssigkeit aus einer gleichhohen Perspektive zu beobachten, unter ihnen viele Juden aus Mexico City. Zunächst hielten sie Distanz zu uns. Später, als sie merkten, daß wir ihren Klischeevorstellungen von den »Nazideutschen« nicht entsprachen, kamen wir uns auch näher, und es entwickelte sich sogar eine Freundschaft, etwa zu Sari Brimmer.

Sie war Emigrantin aus Wien, die einen Teil ihrer Familie verloren und in Mexiko eine neue Existenz aufgebaut hatte.

Sari Brimmer hatte ein Kind, die Tochter Gaby, im zweiten Lebensjahr durch eine zerebrale Infektion spastisch gelähmt. Gaby konnte nicht sprechen und sich nicht bewegen. Es wurde alles getan, um dieses Kind im Rahmen der noch verbliebenen Möglichkeiten zu entwickeln. Durch die lebenslange Hingabe eines Indiomädchens und nach dem Besuch von Spezialschulen war sie nach einigen Jahren in der Lage, fünf Sprachen zu verstehen. Man hatte eine Schreibmaschine für sie konstruiert, die sie mit einem Zeh, dem einzigen beweglichen Teil ihres Körpers, bedienen konnte.

Über sie konnte die an ihren Rollstuhl Gefesselte mit der Umwelt kommunizieren. Sie war ein Mensch von hoher Intelligenz, großer Schönheit und bemerkenswerter Ausstrahlung auf andere Menschen.

Sari Brimmer hatte von guten Heimen in der Schweiz gehört, in England und in der Bundesrepublik, die solche Kinder aufnehmen und ihnen ein wirkliches Zuhause geben konnten. Ich hatte mich an einen Architekten gewandt, mit dem ich in Hannover einmal zusammengearbeitet hatte und von dem ich wußte, daß er Anthroposoph war, und ihn gefragt, ob er etwas empfehlen könne. Er hatte sofort reagiert, und ich hatte daraufhin an Frau Brimmer geschrieben. Auf meine Übermittlung reagierte sie:

»Ich fahre ins Camp hinaus, das spezialisiert ist für spastische Kinder und geleitet ist von Frau Dr. Sahlmann, deutsche Kinderärztin. Diese Leute haben im Laufe von 21 Jahren ein Dorf aufgebaut, in das man seine heranwachsenden Kinder mittels ›trust fund‹ einkaufen kann. Ich reise ohne meine Tochter. Meine Schwester, Dr. Betty Modley, begleitet mich, denn ich fühle mich den kommenden Ereignissen, allein gegenübergestellt, moralisch nicht gewachsen.
Nachher fliege ich nach Israel – das Land meiner Väter – wie ich gelehrt wurde. Ich bange mit meinem ganzen zitternden Ich um dieses Stückchen Erde, das Zuflucht war und ist für viele Verfolgte und Verzweifelte meines Volkes. Gelt, wir bleiben dabei, denn es war die Basis unserer Beziehungen, unseren Kindern immer wieder einzuschärfen, den anderen zu respektieren, weil es den Frieden bedeutet. Es ist meine einzige Politik, die Politik der Mutter, gelt, Frau Ilse?«

Im Jahre 1988 wurden wir wieder an Sari Brimmer erinnert. Der Film »Gaby« zeigte das Schicksal ihrer Tochter, die sich inzwischen so weit entwickelt hatte, daß sie für das Feuilleton von Zeitungen, daß sie Bücher schreibt. Sie hat auch das Drehbuch für ihren eigenen Film geschrieben.

Der Film, ein künstlerisches Ereignis, dokumentiert ihr behindertes Leben genau und zeigt den so vehementen Traum von einem normalen Leben, der nie erfüllt werden wird.

Als man Helen Keller, die, blind geboren, mehrere Bücher von Weltruf geschrieben hat, fragte, wie sie über den Tod dächte, antwortete sie: »Ich werde durch ein großes Tor gehen – und ich werde sehen können.« Ich wünsche Gaby Brimmer den Glauben an eine solche Vision.

Neben diesen flüchtigen Begegnungen und Erlebnissen in Washington versuchte ich, die Chance der exklusiven Informationsströme auf hohem Niveau nutzend, Vorder- und Hintergründe amerikanischer Politik zu erkunden und den politisch Interessierten in Deutschland verständlich zu machen.

Das Schwergewicht meiner Tätigkeit lag auf der Militärpolitik. Die Politik ist abhängig von den Denkvoraussetzungen der Menschen, die sie machen. Das amerikanische Volk besteht aus vielen Rassen, seine Mentalität kommt aus vielen Wurzeln, sie ist vielschichtig, schwer festlegbar, die Politik des Landes daher auch nicht ohne Widersprüche. Das mannigfaltige Geflecht von philosophischen, geschichtlichen und traditionellen Bindungen möchte ich vorsichtig versuchen, auf einfache, verständliche Formeln zu bringen.

Der den Amerikanern während ihrer Pionierzeit aufgezwungene Wirklichkeitssinn, ihr Pragmatismus wird am besten charakterisiert durch einen Satz: »Truth is what works.« Man spürt, daß die Wurzeln dieser Auffassung im Puritanertum bei Calvin liegen, nun aber säkularisiert, aufgeklärt.

Wahrheit ist erfolgreiches Tun. Dazu gehören Experimentieren, Statistik, der Glaube an Befragungsmethoden, ein unerschütterliches Vertrauen auf Freiheit und Demokratie. Im Zeichen dieser Philosophie ist Großes geleistet worden, ist die Gleichheit aller freier Menschen vor dem Gesetz, unabhängig von Rasse und Herkunft, sichergestellt. Die gesellschaftlichen Gegensätze sind entgiftet. »The American way of life« ist das Ergebnis.

Demokratie scheint etwas Doktrinäres an sich zu haben. Die Amerikaner beziehen die in der Constitution festgelegten Prinzipien und Grundrechte nicht nur auf sich, sondern übertragen die Erfahrung der eigenen Gesellschaft bedenkenlos auf die Gesellschaft anderer Nationen, ohne sich die Mühe einer eingehenden Analyse zu machen.

Die gottgewollte Bestimmung, »manifest destiny« für das amerikanische Volk, die Grenze in Amerika über anderthalb Jahrhunderte nach Westen zu verschieben, fand ihren Kulminationspunkt am 29. August 1959, als Hawaii als 50. Staat in das amerikanische Commonwealth aufgenommen wurde.

Amerika bietet Raum für alle, Aufgaben für alle, Chancen für alle. Etwas von dem Glauben des 19. Jahrhunderts an »God's own country« war auch noch zu spüren, als ich Land und Leute in den Jahren von 1958 bis 1962 kennenlernte.

Ganz im Sinne dieser amerikanischen Vorstellungswelt verlief auch eine Einladung der Standing Group für die Stabsoffiziere der nationalen Repräsentanten zu einer Fahrt zum Strategic Air Command (SAC) und zur North American Air Defence (NORAD) sowie zur Airforce Academy und zum Besuch eines Einsatzhafens des Air Commands.

»Truth is what works« meinte in diesem speziellen Fall die Auswahl und Erziehung einer Gruppe von jungen Menschen zu Teilen eines präzis funktionierenden Mechanismus innerhalb einer blühenden Vielfalt reichen demokratischen Lebens mit dem Ziel, verläßliches Werkzeug der amerikanischen Politik zu sein: die Airforce Academy.

Vor dem Hintergrund einer gewaltigen Szenerie, vor schneebedeckten Bergen inmitten einer wechselvollen Landschaft, steht der Kubus der in ihren Funktionen ablesbaren Akademie. Konstruktiv, sachlich, kein wucherndes Ornament, keine Lieblichkeit, keine Idylle.

Jedes Jahr werden 712 Freshmen eingezogen und in vierjährigem Rhythmus ausgebildet. Im ersten Jahr bewegen sich diese jungen Kadetten nur im Laufschritt, in der Messe sitzen sie nur vorn auf der Stuhlkante. Der Dienst ist hart, aber dieser Drill diskriminiert nicht. Diesen jungen Leuten wird klargemacht, daß Disziplin und Askese sie einmal befähigen, die Aufgaben einer Elite wahrzunehmen.

Das Gefühl, zu einer Auslese zu gehören, wird gefördert durch beste Lehrmittel, Bibliotheken – die Zeitschriftensammlung enthält 100 verschiedene Exemplare, 76 Zeitungen sind auf dem neuesten Stand, davon 50 aus den Staaten, der Rest aus aller Welt, aus Deutschland die »Frankfurter Allgemeine« und die »Welt«.

Vorzüglich ausgestattete Räume für social activities, ein Theatersaal mit 3000 Plätzen, akustisch so hervorragend, daß die Sprache in diesem Saal nicht durch Lautsprecher verstärkt werden muß. Nur zwölf Mann gehören zu einer Klasse, geleitet von besten Lehrern. Zwei Mann wohnen zusammen in hellen und gut möblierten Räumen. Die Bibliothek umfaßt 200 000 Bände.

In der großen stützenlosen Speisehalle können 3000 Kadetten zugleich essen, auch dies eine gelungene Demonstration der Gemeinsamkeit.

Im Krankheitsfall nehmen die Kadetten durch Fernsehen am Unterricht teil, nicht nur passiv, sondern auch aktiv über ihr eigenes Mikrophon.

Hier gibt es keine »privacy« außerhalb der Akademie, etwa in Varietés oder Bars. Das soziale Leben spielt sich ab in den gleichen sauberen und hellen Räumen.

Eins der Ziele der Akademie ist:

»to develop in its cadets the highest form of discipline – that self-discipline, which enables a man to see his responsibilities and to carry them out without compulsion.«

Die Aufgaben, die diese Kadetten später wahrzunehmen haben, wurden demonstriert im SAC, in der NORAD und in der Whiteman Air Force Base.

Die Aufgabe des SAC ist klar:

»to conduct strategic air warfare on a global basis, to deter war. Should deterrence fail, S.A.C.s objectives then become to destroy the agressor's will and capability to wage war.« Diese Ziele zu jeder Zeit sicherzustellen, stehen zur Verfügung rund 1500 B 47, 500 B 52, einige B 58, eine entsprechende Luft-Tankerflotte und Raketen.

Brigadegeneral Huglin demonstrierte uns die Möglichkeit, zu jeder Zeit mit allen Basen in Verbindung treten zu können, immer eine Verbindung zum Präsidenten zu haben, ganz gleich, wo dieser sich befindet.

Eindrucksvoll ist das große Operational Control Center.

Das Ganze ist eine mit Sicherheit aufgehende mathematische Funktion. Da gibt es keine Hypothesen, keine Prinzipien, sondern nur »truth is what works«.

Die NORAD nimmt die Aufgaben der Luftverteidigung wahr in Gemeinschaftsarbeit der USA und Kanadas.

Es ist somit ein »Joint-command«.

Große Radar-Empfangsstationen, wie DEW-Line, CAN Forward Scatter Line, sind verlängert auf See im Westen über die Aleuten, im Osten bis zu den Azoren. Fünf bzw. vier Flugzeuge sind ständig in der Luft, Radarpicketschiffe auf Station.

Wird von diesen Stationen ein Ziel erfaßt, als feindlich identifiziert, wird es angegriffen und zerstört (Detection, Identification, Attack, Destroy).

Die Angriffe werden örtlich angesetzt, aber zentral ausgelöst und kontrolliert. Angesichts der technischen Dimensionen (Vorwarnzeiten) heute, ist der nordamerikanische Kontinent gerade noch groß genug, um rechtzeitig zu reagieren.

Das letzte Glied in der Kette war der SAC-Einsatzhafen

Whiteman. Hier begegnen sich präzise Planung und konsequente Ausbildung zu effektivem Einsatz.

Auf acht Tage Einsatz folgt für den Rest des Monats normales Training. Die acht Tage Einsatz bedeuten: Ständige Alarmbereitschaft, jeder Alarm ist Vollalarm. Erst im Flugzeug erfährt der Flugzeugführer durch Codewörter, wieweit der Alarm durchgeführt wird.

Wo immer die Besatzung sich gerade aufhält, überall ist Alarmmöglichkeit. Der Wagen steht bereit, der die Besatzung zu ihrem Flugzeug bringt, auf einer Alarmstraße, deren Verkehrslichter entsprechend geschaltet sind. Die Maschinen stehen startklar, nach acht Minuten rollt die erste Maschine auf die Startbahn. Wie auf dem Exerzierplatz drehen alle anderen Maschinen nach. Dies ist das äußerste, was an Organisation von Menschen, bei denen ja auch Fehlerquellen einkalkuliert werden müssen, erreicht werden kann.

Alle Gespräche über die strategische Konzeption der NATO auch bei dieser Informationsweise führten zwangsläufig zu dem Thema »nukleares Potential« und dessen Glaubwürdigkeit im Hinblick auf wirksame Abschreckung, wobei Abschreckung nicht die Drohung mit einem Krieg ist, den man selbst nicht führen will oder kann. Abschreckung ist vielmehr die Drohung des Verteidigers, dem Aggressor im Casus belli einen Kampf aufzuzwingen, den dieser nicht führen kann oder will, weil entweder seine voraussichtlichen Verluste zu groß oder seine Erfolgsaussichten zu gering sind. Ein Gemisch von Tatsachen, gelenkter Fehlorientierung und ihre psychologische Projektion beim Gegner bilden zusammen die Abschreckung, die diesen beeindrucken und den Verursacher beruhigen soll.

Solange die Strategie der Abschreckung gültig ist, ist es unmöglich, die richtigen Karten aufzudecken – um die Partie nicht von vornherein zu verlieren. Es gibt keine öffentliche Erklärung, wie es früher unmöglich war, daß eine der Parteien vorab ihre Operationspläne bekanntgab. Man kann durchaus folgern, daß viele der von beiden Seiten publizierten Theorien bewußt dazu dienen, den Gegner im unklaren zu lassen. Jede Diskussion über Sicherheit und Abrüstung kann nur im Licht der psychologischen Reflexion beim potentiellen Gegner geführt werden. Es wird immer wieder unterschiedliche Auffassungen über die richtige NATO-Strategie geben, und es hat sie schon immer gegeben, in vielen Werken niedergelegt. Bei allem Florettfechten im Bereich der »psychologischen Verteidigung« sollten wir an der Erkenntnis festhalten, daß zur Zeit unsere Sicherheit nur so lange gegeben ist, wie eine Risikokette besteht von der vordersten Linie bis zum Nervenzentrum der Allianz im Strategic Air Command in den USA.

Einen eklatanten Beweis dafür, daß diese Risikokette funktionierte, stellt in meinen Augen die Berlin-Krise dar.

Bereits im November 1958 hatte Chruschtschow in einer Rede im Moskauer Sportpalast die »Berlin-Krise« eingeleitet.

Diese Rede fand ihre offizielle Bestätigung in einer Note, in der die Sowjets den Westmächten den Fortbestand ihrer Besatzungsrechte in Berlin streitig machten und sie ultimativ zum Rückzug aufforderten. Sie drohten, ihre Rechte der ostdeutschen Regierung zu übertragen und brachten damit den Westen in die schwierige Lage, entweder darauf einzugehen oder Gewalt anzuwenden oder mit dem bisher nicht anerkannten Staat in Ostdeutschland zu verhandeln.

Berlin, der Kristallisationspunkt für alle Hoffnungen zur Wiedervereinigung, sollte eine selbständige politische Einheit werden, die, unter geopolitischen Zwängen stehend, dann unaufhaltsam in den östlichen Machtbereich übergehen würde.

Die im Mai 1959 einberufene Konferenz der Außenminister der vier Mächte in Genf, die sich in Propagandareden beider Seiten erschöpfte, wurden abgelöst durch geheime Sondierungen der vier Mächte über Berlin, die von Zugeständnissen des Westens bis zu Erpressungsversuchen der Sowjets reichten (Drohungen mit Sperrung der Zugänge nach Berlin) und die zwischen Sackgassen und fieberhaftem Suchen nach praktikablen Lösungen schwankten.

Ihr drohender Abbruch hätte zu einer gefährlichen Konfrontation geführt.

Aus unserer Beobachterposition in Washington sahen wir die Lage so:

Von einer nach außen sichtbaren festen Haltung der NATO war wenig übriggeblieben. Wie immer in solchen Situationen wurde die Notwendigkeit einer Einigung beschworen. Lediglich die Amerikaner ließen durchblicken, daß sie bei einer Sperrung der Zugänge von und nach Berlin die dänischen Engen und die Dardanellen mit Minen sperren würden. Sie waren die einzigen, die entschlossen waren, die westlichen Rechte zu verteidigen. »Without giving an inch«, sagte Eisenhower. Das sollten wir nicht vergessen.

In der amerikanischen Presse kam im Gegensatz zur festen Haltung der Regierung der Vorschlag hoch, Berlin unter die Kontrolle der UNO zu stellen, um dem Druck der Sowjets zu begegnen – wörtlich:

»Out of this nettle danger, we pluck the flower, safely.« Gegen diesen Vorschlag wandte sich der sozialdemokratische Abgeordnete Erler, in Übereinstimmung mit der Bundesregierung, mit zwei Argumenten:

1. Berlin wäre dann den schwankenden Mehrheitsverhältnissen (Neutralen) der UNO ausgesetzt,
2. mit solch einer Lösung würde in vieler Augen und Meinung die Frage der Wiedervereinigung ihrer Dringlichkeit entzogen.

Der rettende Ausweg war schließlich die Einladung Chruschtschows in die USA. Dieser amerikanisch-sowjetische Gipfel betonte die Gleichrangigkeit der beiden Supermächte und gab den später wiederaufgenommenen Genfer Vier-Mächte-Gesprächen die Möglichkeit zum Kompromiß.

In einem Gespräch mit Guttenberg, an dem auch Dr. Schnippenkötter von der Politischen Abteilung der Botschaft teilnahm, war die Berlin-Krise ebenfalls zentrales Thema.

Guttenberg sah die Situation folgendermaßen: Berlin galt für die Sowjets als der Hebel, um die Spaltung Deutschlands zu verewigen.

Das vereinigte Deutschland, etwa noch in einer führenden Position in Westeuropa, war seit dem letzten Krieg der Alptraum der Russen und ihrer Satelliten. Chruschtschows Versuch einer aggressiven Lösung der Berlin-Frage sei daher im Gegensatz zu den Aktionen des Westens von einem echten psychologischen Unterbau getragen.

Schnippenkötter befürchtete mit Recht, daß mit der Abriegelung der Stadt vom Westen die politische Aktivität Berlins, die Idee dieser Stadt stark eingeschränkt würde. Berlin wäre die Oase der Freiheit, aus der heraus über viele Kanäle in die Zone und andere Satelliten ausgestrahlt würde, in der die Opfer der Unterdrückung und der Unfreiheit vorübergehend Asyl fänden, um als lebendiger Ankläger auf ihrem weiteren Weg nach Westen die Menschen aufzurütteln.

Guttenberg war optimistisch und meinte, daß es gelingen müßte, angesichts der offenen sowjetischen Drohungen den Westen zu härterer Politik und schnellerem Aufbau seiner Stärke zu bewegen.

Ob dies allerdings noch rechtzeitig gelinge, um alle Positionen zu halten, sei fraglich. Chruschtschow hatte mit einem Schlage durch die Herausforderung des Westens zwei Ziele erreicht:

- das gewünschte Treffen mit Eisenhower und
- die damit verbundene De-facto-Anerkennung der kommunistischen Auffassung des nach dem Kriege geschaffenen Status quo in Europa.

Dagegen setzte Schnippenkötter die Analyse der politischen Abteilung der Botschaft:

Die Amerikaner sähen dieses Treffen sehr nüchtern.

Nichts deute auf eine Revision ihrer bisherigen Politik hin. Das erste Ziel für die Amerikaner bleibe nach wie vor die Sicherung ihrer Nation. Keiner der Verantwortlichen erwarte von diesem Besuch einen Wechsel der Haltung auf der einen oder anderen Seite. Was als erreichbar angesehen werde, sei lediglich die Erwartung, daß solche Besuche dazu beitragen, die gegnerischen Auffassungen besser zu verstehen und eventuell zu würdigen. Bestimmend für diese Entwicklung sei die Erkenntnis, daß in der gegenwärtigen Situation keine Seite eine Entwicklung der Dinge wünsche, aus der es keinen Rückzug ohne irreparablen Prestigeverlust gebe.

Die Gefahren dieser Begegnung seien klar erkannt.

Die Schwierigkeit, wachsam zu bleiben und gleichzeitig an der Verringerung der Spannungen zu arbeiten, ist ein Prüfstein echter staatsmännischer Kunst.

Guttenberg konnte uns die Projektion der Berliner Krise auf den Bundesbürger und seine Vorstellungswelt vermitteln.

Der Bürger sei sich durchaus bewußt, daß Berlin im Schatten von Machtansprüchen stehe, auf die die eigene Regierung wenig Einfluß hat. Die Spannung zwischen den Machtblökken sei von komplexer Natur, die von den Medien teils vereinfacht, teils verzerrt, reißerisch dargeboten werde. Vieles werde zu politischen Sensationen aufgepumpt.

Guttenberg war sich, wie wir, im klaren darüber, daß die Großmächte mit von ihnen gesteuerten Gruppen nicht nur den Politiker, sondern auch den Bürger des anderen Lagers zu erreichen versuchten. Diese Einflußzone, in ihrer passiven Form als »kalter Krieg«, aktiv als »psychologische Kriegsführung« bezeichnet, bedeutete für den Bundesbürger nicht mehr und nicht weniger als das ständige Leben mit der Gefahr. Dieses ständig in Spannung Gehaltenwerden nutze ab. Auch die Reflexion der ständigen Berlin-Krise in das politische Bewußtsein des Bürgers hinterließe kaum noch Eindrücke.

Deshalb sei es so wichtig, ihm die Bedeutung von Berlin als lebendes Mahnmal für die Wiedervereinigung unserer deutschen Nation immer wieder vor Augen zu führen.

Guttenbergs Credo:
»Nur die Wiedervereinigung eines freien Deutschland kann die Situation Berlins wirklich bereinigen. An dieser Forderung festzuhalten ist aus realistischen Gründen auch dann noch richtig, wenn die Sowjetunion sich weigert, hierüber auch nur zu reden. Das Interesse des Westens verlangt, bis zu dieser endgültigen Lösung den Status quo Berlins zu sichern. Der Osten hat die Absicht verkündet, diesen Status Zug um Zug nach seinen Wünschen zu ändern. An der absoluten Unvereinbarkeit beider Standpunkte sind bisher alle Verhandlungen gescheitert. Es muß dem Westen gelingen, seinen Gegner davon zu überzeugen, daß dessen offensive Ziele nicht zu erreichen sind. Erst dadurch könnten die Voraussetzungen für wirkliche Verhandlungen geschaffen werden. Denn dann hätte auch die Sowjetunion begriffen, daß eine sogenannte ›Interimslösung‹ nicht die Verschiebung, sondern die Ausgestaltung des Status quo Berlins zum Inhalt haben müßte.«

De Gaulle, dessen bisherige Haltung jeden Verdacht, ein »Appeaser« zu sein, ausschloß, kam mit seinen 1959 gezogenen Perspektiven der Wirklichkeit, wie sie sich im Harmelbericht der NATO, 1967, konkrektisierte und 30 Jahre später darstellt, am nächsten.
1. Nach wie vor für Entspannung eintreten, ein Ende setzen allen Provokationsaktionen und -reden, Handel und den kulturellen Austausch vermehren sowie den Besuch von Touristen aktivieren.
2. Nach wie vor an der kontrollierten Abrüstung arbeiten, insbesondere bei den strategischen Waffen, damit die Versuchung und der Druck von der Menschheit genommen werden, eine totale Vernichtung zu provozieren.

3. Kooperation zwischen Ost und West in der Hilfe für die unterentwickelten Gebiete der Erde und der Gemeinschaftsarbeit an den großen Projekten der wissenschaftlichen Forschung, von deren Ergebnissen die Zukunft der Menschheit abhängt.

Am 15. September 1959 trifft Chruschtschow auf dem Flughafen Andrews Air Force Base zu einem elftägigen Besuch in den USA ein.

Strahlendes Wetter, starke Absperr- und Sicherheitsmaßnahmen. Die Bevölkerung ist neugierig, aber zurückhaltend. Einige zaghafte Willkommensrufe wagen sich vor, nachdem er bereits vorbei ist im Wagen.

Eisenhower sitzt im Wagen zwischen Chruschtschow und dessen Frau.

Chruschtschow in sich zusammengesunken, ernst; sie, ein »Mamityp«, gelegentlich winkend.

In seiner Ansprache am Flughafen sprach Chruschtschow viel vom Frieden. Starker Hinweis auf die führende Rolle Rußlands in der Wissenschaft und den ersten Raketenschuß auf den Mond.

»Das Gewicht des Mondes ist schwerer geworden im Verhältnis zur Erde.« In diesen Worten Chruschtschows liegt sicherlich eine ehrliche Erkenntnis.

Reaktionen der Amerikaner zum Chruschtschow-Besuch:

»The man who came to teach an not to learn«.

Chruschtschow hat das westliche Wesen vollkommen mißverstanden.

Der Westen möchte ruhig sprechen, Chruschtschow schreit es vom Dach (roof-tops). Der Westen möchte kleine Fortschritte, »Chruschtschow is going to sled – length for the millenium«.

Der Westen möchte das Wettrüsten begrenzen, Chruschtschow möchte das Problem auswischen mit einer Art Weihnachtskarten-Pazifismus.

Über die Dinge, für die er etwas tun könnte, z. B. Inspektion, Laos, Tibet usw., wünscht er nicht zu debattieren. Die Dinge, die keiner bewältigen kann, möchte er auf einmal tun. Es ist ein bemerkenswertes Schauspiel, er möchte mit den Amerikanern auf dem Mond zusammenarbeiten, aber nicht auf der Erde. Er verniedlicht die Dinge nicht, er vertritt seinen Standpunkt. Er ist ein Symbol seines Landes, voller Vitalität, selbstzufrieden, entschlossen, stolz, diskutierfreudig. Letzten Endes hat er den USA mit seinem Besuch einen Dienst erwiesen. Er hat die Grenzen abgesteckt. Persönliche Kontakte sind kein Ersatz für Politik.

Der Besuch hat die Verbündeten der USA auf den Boden der Tatsachen zurückgebracht.

21. September. Das Gespräch zwischen Chruschtschow und den Gewerkschaftsführern endete mit einem totalen »disagreement«. Reuther, der Boss der Vereinigten Automobil-Gewerkschaften, machte Chruschtschow klar, daß die Gewerkschaften in Opposition zum Kommunismus stehen.

Wörtlich: »Wir glauben an keine Form der Diktatur, wir sind angetan von unserem eigenen System und seinen Sicherheiten für die Freiheit.« In den Diskussionen war Chruschtschow sehr liebenswürdig, wenn es um Allgemeinplätze ging, aber er wurde scharf bis beleidigend, wenn die Diskussion in Details ging. Die Frage der Selbstbestimmung zum Beispiel konnte nicht weiter besprochen werden, weil Chruschtschow zu aufgebracht war.

Reuther selbst über sein Gespräch:

»Mikojan war ein besserer Gesprächspartner, er war fähig, die Argumente des anderen anzuhören, in Ruhe über sie zu diskutieren, ohne einen Fingerbreit von seiner kommunistischen Auffassung preiszugeben. Mit Chruschtschow ist es nur möglich, an der Oberfläche zu plätschern; sowie man etwas in die Tiefe geht, wird er aufgeregt und aufgebracht. Ein gefährlich emotioneller Mensch.«

August 1960
Treffen mit CIA-Mann Hermsdorf. Er berichtete von dem »U 2«-Flugzeug und dem vor der Summit-Konferenz von Chruschtschow so stark propagandistisch herausgebrachten Abschluß des Mr. Powers über Rußland. Dieses Flugzeug ist eine Holz- und Kunststoffkonstruktion, hat große Tragflächen, keinen Schleudersitz, kein Fahrgestell, ist geringes Radarziel, hat acht verschiedene Kameras, jeweils verschiedene Linsenkombinationen, um auch teilweise getarnte Ziele erfassen zu können. Die Flüge sind seit vier Jahren mit Erfolg durchgeführt, und sie sind nur bei bestimmten Wetterprognosen möglich. Andere Intelligence-Ziele, zum Beispiel Häfen, sind mit Einmann-U-Booten angegangen. Sowohl bei den Flügen wie auch bei den U-Boot-Einsätzen gab es Verluste. Beachtlich ist das Eingeständnis der CIA, daß sie für solche Aufgaben kaum Freiwillige bekommen. Der amerikanische Soldat ist war national motiviert, aber er ist kein Kamikazetyp. Das freimütige Bekenntnis der USA, daß diese Flüge seit langem durchgeführt wurden und auch weiterhin durchgeführt werden, läßt die Vermutung zu, daß die US-Politik wieder härter geworden ist.
Hermsdorf, wie gesagt CIA-Mann, hat für die USA, besonders in Mittelamerika, sehr viel getan. Er hat sich aber auch um die Bundesrepublik, als sie entstand, große Verdienste erworben und einigen, heute einflußreichen Politikern seinerzeit sehr geholfen. Er wurde mit dem Bundesverdienstkreuz ausgezeichnet.
Anfang November 1960 starb er nach einer schweren Krebsoperation.
Der deutsche Generalkonsul Dr. Federer aus New York, Strätling von der deutschen Botschaft, meine Frau und ich haben ihn im Rahmen einer sehr eindrucksvollen Feier auf dem Arlington-Friedhof begraben. Dort werden bekanntlich nur die Amerikaner bestattet, die sich um die Nation verdient gemacht haben.

Es war ein nasser, nebliger Morgen. Nach der Trauerfeier in der Kapelle wurde der Sarg auf einer Geschützlafette mit der Nationalflagge bedeckt und an das Grab gefahren. Die Flagge wurde nach genau festgelegtem Zeremoniell von zwei »Ledernacken«-Marines gefaltet und Frau Hermsdorf übergeben.

Im Nebel kaum sichtbar, stand auf einem Hügel der Hornist und blies das Signal für die Totenehrung, das so bekannt geworden ist durch den Film »Verdammt in alle Ewigkeit«.

Dann krachten drei Salven, von einem Zug Marines gefeuert. Ein sehr eindrucksvoller, unvergeßlicher Abschied.

Während der Druck auf Berlin 1961/62 anhielt – im August 1961 wurde mit dem Mauerbau begonnen, auf den der Westen enttäuschend schwach reagierte –, braute sich Unheil über Kuba zusammen.

Man muß die Kubakrise sehen im Zeichen des Wandels in der Anwendung der Macht.

Militärische Macht ist wirkungsvoll wie immer, nur haben sich Aspekte ihrer Anwendung gewandelt. Der Krieg war nach einer Formulierung von Clausewitz »die Fortsetzung der Politik unter Einmischung anderer Mittel«, das heißt, der Krieg war nach den klassischen Regeln der Staatskunst das letzte, aber durchaus innerhalb der Spielregeln liegende Mittel, um einem anderen Staate des internationalen Systems eine Entscheidung aufzuzwingen. Heute sind alle Bemühungen unter den Großmächten fragwürdig, politische Forderungen direkt mit Hilfe der bewaffneten Macht durchzusetzen.

Diese Situation besteht praktisch seit dem Koreakrieg. McArthur wurde dann gehindert, das, was er und Generationen von militärischen Führern vor ihm auf den Akademien gelernt hatten, in die Tat umzusetzen, nämlich die militärische Macht des Feindes mit allen Mitteln zu brechen und den Kampf innerhalb eines Minimums an Zeit mit einem Minimum an Verlusten einem entscheidenden Ende zuzuführen.

Die Ursachen zu diesem Wandel in der Anwendung der Macht sind einfacher Natur:
1. Bereits jede begrenzte machtpolitische Veränderung hat mehr als früher weltpolitische Rückwirkungen (Afghanistan, Irak/Iran.)
2. Im Atomzeitalter sichern überlegene Waffen weder das Überleben des Angreifers noch des Verteidigers. Eine Einschränkung, eine Auswahl der Mittel ist notwendig im Bereich der politischen Entscheidungen.
3. Das internationale System der Mächte hat sich geändert. Anstelle des Prinzips des Gleichgewichts weniger Mächte ist die lantente Spannung getreten zwischen zwei dominierenden Weltmächten und die diese Spannung ausnutzende große Zahl von emanzipierten jungen Nationen. Die Prinzipien des internationalen Rechts werden von ihnen oft willkürlich ausgelegt.
Die diesen neuen Kräften mangelnde Zurückhaltung hinsichtlich des Einsatzes ihres Kriegspotentials muß durch größere Vorsicht der Großmächte kompensiert werden.
4. Die Gesellschaftsformen, der Mensch selbst und seine Beeinflussung durch die Mittel der Masseninformationen und Propaganda sind einem ständigen Wandel unterworfen, dessen Tempo die Anpassungsfähigkeit der regulierenden Institutionen übersteigt.
5. Die schnelle Entwicklung der Technik hat auf gewissen Gebieten zu einer Unbestimmbarkeit der Ziele geführt.

Die Bewältigung bestimmter Probleme, etwa des Atomwaffentestverbots in der Atmosphäre, im Weltraum und unter Wasser setzte die Anwendung neuer technischer Verfahren voraus, um die Einhaltung von Verträgen verifizieren und kontrollieren zu können.

Alle diese Veränderungen in Gesellschaft und Technik führen zu der Erkenntnis, daß Macht nur dann noch verant-

wortungsbewußt ausgeübt werden kann, wenn sie im jeweils richtigen Verhältnis zur Herausforderung steht. Daraus ist abzuleiten:
1. Der Vielfalt der Herausforderungen muß ein großes Spektrum von Antworten entsprechen, politischer, wirtschaftlicher, militärischer Art, an dessen einem Ende für den Gegner das unkalkulierbare Risiko des Einsatzes nuklearer Waffen steht.
2. Das Zuviel an militärischen Machtmitteln, die gesteigerte Möglichkeit ihres Mißbrauchs fordern eine sorgfältige politische Kontrolle ihrer Anwendung.
3. Der Wandel in der Machtanwendung führt zu beiderseitig stillschweigend akzeptierten Versuchen, die Auswirkung der Macht einzuengen, in dem man Grenzen zieht, politisch oder militärisch, die von beiden Seiten anerkannt werden.
Versuche einer politischen Begrenzung waren die Disengagement-Pläne, militärisch verdünnte Zonen zu schaffen. Sie blieben bisher Gedankenspiele.
Ein Beispiel für militärische Begrenzung sind die sogenannten »sanctuaries«, eine Art von Schutzgebieten, die zwar nicht absolut sicher sind, aber doch stillschweigend von beiden Seiten beachtet werden auf der etwas unsicheren Basis von Drohungen und Gegendrohungen, darauf, wie jede Seite die Erklärungen und Handlungen der anderen Seite auffaßt. Im »Golfkrieg« wurden US-Kriegsschiffe, unterstützt von britischen und französischen Einheiten, zum Schutz der internationalen Schiffahrt gegen Angriffe von Iran eingesetzt. Sie blieben mehr oder weniger unangetastet, da beide Seiten die Vorteile eines solchen Schutzgebietes mit seinen Einschränkungen anerkannten.
4. Im weitesten Sinne kann man sagen, daß der Krieg als Mittel der Politik zwischen den großen Blöcken an Bedeutung verloren hat und Macht nur noch begrenzt anwendbar ist.
»Gerechtigkeit ohne Macht ist hilflos. Macht ohne Gerechtigkeit ist Tyrannei.
So müssen wir denn Macht und Gerechtigkeit miteinander

in Einklang bringen, das Gerechte stark und die Stärke gerecht machen.« (Blaise Pascal)

Die Kubakrise ist ein Schulbeispiel für den Wandel in der Anwendung der Macht.

Ich hatte mit Oberst Dr. Beermann, der nach meiner Abkommandierung noch im DMV-Stab Washington tätig war, eine ausführliche Korrespondenz über Entstehung und Verlauf dieser Krise.

Den Beginn der Krise konnte ich in San Diege/Coronado, auf der Schule für Amphibische Kriegsführung, auf hohem Informationsstand beobachten, wo ich am »Amphibious Warfare Course for Senior Officers« vom 10. September bis 7. Dezember 1962 teilnahm. Zur Vorgeschichte der Kubakrise ist daran zu erinnern, daß, nachdem Castro Kuba zu einem sozialistischen Staat gemacht hatte, im April 1961 eine Befreiungsaktion von Exilkubanern stattgefunden hatte.

Diese Aktion war mit amerikanischem Geld finanziert, von der CIA geplant und mit Zustimmung Kennedys durchgeführt. Sie scheiterte nicht zuletzt deswegen, weil der Präsident den Einsatz amerikanischer Streitkräfte nicht wollte. Im April 1962 fand auf der Höhe von North Carolina und in der Karibik die Übung Landphibex statt.

An dieser Übung nahmen mehr als 40000 Marinesoldaten teil.

Unter den Flotteneinheiten war auch der Flugzeugträger »Forrestal«. Die Übung endete mit einem amphibischen Scheinangriff auf eine ebenfalls in der Karibik gelegene amerikanische Insel. Sie war als Warnung für Kuba und die Sowjets gedacht.

Kuba hatte sich immer mehr an die Sowjetunion angelehnt und mit dem Aufbau eines militärischen Potentials begonnen, das die Grenzen der Selbstverteidigung sprengte.

Die Amerikaner überwachten diesen Aufbau sorgfältig. U 2-Flugzeuge, die in einer Höhe von 20000 Meter operierten, deckten die ganze Insel fotografisch ab. Die Flugzeuge waren mit modernsten Kameras ausgerüstet. Auf den Aufnahmen, die aus dieser Höhe gemacht waren, konnte man noch die Schlagzeilen einer Zeitung lesen.

Anfang 1962 wurde bekannt, daß sich auf Kuba einige tausend sowjetische, militärisch ausgebildete Techniker befanden, daß MiG-Düsenjäger geliefert waren und daß man dabei war, ein Luftabwehrsystem mit sowjetischer Hilfe aufzubauen.

Die CIA und das Pentagon hatten eine sogenannte Raketenlücke in der amerikanischen Verteidigung festgestellt. Die Diskussion darüber hatte bereits in der Zeit der Präsidentenwahl eine große Rolle gespielt. Der neue Präsident, Kennedy, hatte sich die Aufgabe gestellt, im Rahmen eines nuklearen Aufrüstungsprogramms diese Raketenlücke zu schließen.

Monatelang beherrschte dieses Thema die amerikanischen Medien.

Die CIA glaubte Indizien dafür zu haben, daß die Sowejts mit der Installierung von Mittelstreckenraketen auf Kuba antworten würden, weil ihrer Meinung nach diese Raketenlücke nicht bestand und das amerikanische Aufrüstungsprogramm das bestehende Gleichgewicht zu ihren Ungunsten stören würde.

Die US-Regierung warnte die Sowjets in einem Schreiben vor einem solchen Schritt, der schwerste Folgen haben würde. Um seiner Warnung Nachdruck zu verleihen, holte sich Kennedy vom Kongreß die Zustimmung, notfalls bis zu 150000 Reservisten einzuziehen – eine militärische Demonstration begrenzten Ausmaßes.

Nun kam Mitte Oktober 1962 die Bestätigung der bisherigen Annahmen durch eindeutige Luftaufnahmen. Die Sowjets hatten mit dem Bau von Stellungen für Mittelstreckenraketen auf Kuba begonnen.

Die US-Regierung bildete einen Krisenstab und verfügte

die vorläufige strikte Geheimhaltung aller Daten und aller daraus folgenden möglichen Entscheidungen. In einem Gespräch zwischen Kennedy und dem sowjetischen Außenminister wies der Präsident auf die Folgen einer Stationierung von Mittelstreckenraketen hin, ließ Gromyko jedoch im unklaren über sein tatsächliches Wissen.

Als mögliche Antwort wurden zunächst drei Alternativen erarbeitet:

Luftangriff – Invasion – Blockade.

Alle Vorbereitungen wurden so sorgfältig ausgearbeitet, daß sie zu einem geeigneten späteren Zeitpunkt die Unterstützung der Alliierten finden konnten.

Die drei Alternativen wurden von entsprechenden militärischen Vorbereitungen begleitet. Für die Alternative »Luftangriff« wurden Jabo-Geschwader und Luftabwehrverbände nach Florida, für die Alternative »Invasion« Flotten- und amphibische Verbände zusammengezogen für ein ohnehin geplantes Manöver im karibischen Raum, für die Alternative »Blockade« Flottenverbände in den nächstgelegenen Häfen bereitgestellt.

Bei allen drei Optionen mußte man eine Überreaktion Chruschtschows einkalkulieren, sogar einen nuklearen Präventivschlag der Sowjets. Für diesen Fall wurden strategische Bomber ständig in der Luft gehalten. Die übrigen Verbände des SAC standen in 15-Minuten-Alarmbereitschaft.

Kennedy sagte wörtlich, als er das nukleare Risiko einging:

»In allererster Linie müssen Nuklearmächte es vermeiden, bei der Verteidigung ihrer lebenswichtigen Interessen den Gegner vor die Wahl zwischen demütigendem Rückzug und einem nuklearen Krieg zu stellen.«

Kennedy war im konsequenten Aufbau der Risikokette bis zum Einsatz nuklearer Waffen nicht nur für die beunruhigten und sich bedroht fühlenden süd- und mittelamerikanischen Staaten glaubhaft, sondern vor allem für die Sowjets, was aus einigen zögernden Reaktionen von Chruschtschow abzulesen war.

Die politischen, militärischen, juristischen Überlegungen dauerten nur wenige Tage. Dann entschied man sich für die Blockade, die man je nach Reaktion der anderen Seite eskalieren konnte. Um diese Blockade, die nach internationalem Recht eine kriegerische Aktion war, nicht von vornherein als solche zu kennzeichnen, wurde sie als »defensive Quarantäne« bezeichnet.

Diese Etikettierung machte es leichter, auf diplomatischem Wege die Unterstützung der Alliierten zu finden. Juristisch berief man sich auf die OAS (Organisation Amerikanischer Staaten), eine rein amerikanische Institution, ausdrücklich nicht auf die UNO. Ein solcher Bezug hätte den Sowjets die Möglichkeit gegeben, in Gewässern ihres Einflußbereichs eine entsprechende Gegenmaßnahme durchzuführen. Also »defensive Quarantäne« unter Berufung auf die Satzung der OAS. Kennedy ließ das so geschickt einfädeln, daß er dazu die Unterstützung der in der OAS vertretenen amerikanischen Nationen erhielt. In der letzten Phase, kurz vor der mit Spannung erwarteten öffentlichen Erklärung Kennedys, wurde minutiös gearbeitet, Sonderbotschafter zu den NATO-Mitgliedstaaten entsandt sowie gleichzeitig die Kabinettsmitglieder und der Kongreß benachrichtigt. Eine Stunde vor seiner Rede ließ Kennedy den sowjetischen Botschafter zu sich kommen.

Daß in diesem Land der unbegrenzten Pressefreiheit, in dem die Jagd nach Sensationen ein Sport der Journalisten ist, eine so wichtige und großangelegte politische, militärische und diplomatische Aktion bis zu der Rede Kennedys geheimgehalten werden konnte, grenzt an ein Wunder. Finten und von der Regierung ausgelegte falsche Fährten schufen einige Verwirrung. Letzten Endes, als schon einiges durchgesickert war, funktionierte ein patriotischer Appell an die maßgebenden Herausgeber.

Auch das sollte nicht unerwähnt bleiben.

Gleichzeitig mit seinem Schritt an die Öffentlichkeit erfolgten weitere Maßnahmen Kennedys.

Dean Acheson informierte in Europa die NATO, aber auch persönlich de Gaulle und Bundeskanzler Adenauer.

Im Sicherheitsrat der UNO wurde ein amerikanischer Antrag eingebracht mit dem Ziel, den weiteren Ausbau der sowjetischen Raketenbasen auf Kuba zu verhindern und den Abbau der bereits installierten Anlagen zu erreichen.

Ebenso auf amerikanischen Antrag trat der Konsultativrat der OAS zusammen. Er billigte die Maßnahmen des Präsidenten.

Botschafter der USA in Schwarzafrika intervenierten in Guinea und Senegal, um Landerechte Moskaus in diesen Ländern für Flüge nach Kuba auszuschließen.

Alle diese Maßnahmen griffen, so daß sich die Sowjets einer Einheitsfront gegenübersahen. Um jedoch Chruschtschow nicht zu demütigen, bot Kennedy im gleichen Atemzug eine Zusammenarbeit mit den Sowjets nach Bereinigung der Krise an.

Wie sich bei der nachträglichen Bewertung der Krise erwies, gab es im Vorlauf der Krise auch Fehleinschätzungen.

Wir wissen heute, daß es bei der Übernahme der Regierung durch Kennedy eine Raketenlücke nicht gegeben hat. Das forcierte nukleare Aufrüstungsprogramm basierte also auf einer Fehlinterpretation. Die Sowjets unterschätzten die amerikanische Entschlossenheit, unter keinen Umständen nukleare Offensivwaffen auf Kuba zu dulden. Diese beidseitigen Fehleinschätzungen führten jedoch zu Maßnahmen und Gegenmaßnahmen auf politischem, militärischem und diplomatischem Gebiet, die den jeweiligen Herausforderungen angepaßt waren.

Die »Quarantäne« gab mit ihren zeitlichen und räumlichen Koordinaten und einer selektiven militärischen Bandbreite den Sowjets Zeit zum Durchdenken der möglichen Konsequenzen.

Über allem stand die Erkenntnis, daß bei Anerkennung der lebenswichtigen Interessen eines Landes der Gegner nie vor die Alternative zwischen Demütigung und vollem Waffeneinsatz gestellt werden darf. Durch Dosierung der militärischen Mittel, durch Ausschöpfen von politischen und diplomatischen Möglichkeiten konnte der Konflikt örtlich begrenzt werden. Internationale Rückendeckung verhinderte eine Verlagerung des Konflikts in andere Regionen. Es gab keine neue Berlinkrise, amerikanische Raketenbasen in der Türkei wurden nicht angegriffen.

Die Konfrontation der beiden hochgerüsteten Nuklearmächte beschränkte sich darauf, lediglich konventionelle Kräfte als Mittel der Politik einzusetzen.

Kuba hat unter anderem die Bedeutung der Seemacht gezeigt, unter der Perspektive des Wandels in der Anwendung der Macht.

Die Strategie der freien Welt ist unlösbar mit dem Problem verbunden, sich ungehindert auf See und in der Luft bewegen zu können. Maritime Überlegenheit ist auf dem Atlantik genauso notwendig wie die Beherrschung des darüber befindlichen Luftraumes.

Der Atlantik ist und bleibt das Kernstück der westlichen Allianz.

Er und seine Randgebiete haben während der beiden Weltkriege eine bedeutsame Rolle gespielt. Ohne militärische Kräfte nach Europa vorzuschieben und sie dort zu unterhalten, ohne Aufbau und Sicherung überseeischer Basen, ohne Ausstausch von Rohstoffen und Fertigwaren könnte ein Bündnis wie die NATO gar nicht existieren, ja, es hätte niemals auch nur in Erwägung gezogen werden können. Niemals hätten sich ihm in Südosteuropa Griechenland und die Türkei anschließen können ohne die Gewißheit, daß das Mittelmeer ein geschützter Verbindungsweg unter Kontrolle der verbündeten Mächte ist. Das gleiche Bild ergibt sich aus der Perspektive Nordeuropas, Dänemarks und Norwegens. Ihre Zukunft und die Zukunft Deutschlands und Englands wäre ernstlich bedroht, wenn die Verbündeten nicht mehr die nördlichen Meeresgebiete frei hielten und im Notfall verteidigten. Die Freiheit der Meere zu bewahren ist eine zwingende Notwendigkeit, wenn die freie Welt auf nationalem und internationalem Felde ihre Ziele verwirklichen will. Die Seeherrschaft zu gewinnen und aufrechtzuerhalten ist eine Voraussetzung zum Überleben im Verteidigungsfall.

Die Kubakrise unterstrich die Rolle der Seemacht in einer gefährlich zugespitzten Kraftprobe zwischen den beiden Atommächten.

Der Einsatz von Teilen der amerikanischen, britischen und französischen Flotten im Persischen Golf während des Iran-Irak-Krieges sicherte die Ölversorgung der westlichen Welt und führte die wirtschaftlichen Sanktionen gegen Irak gemäß UNO-Beschluß im Golfkrieg 1991 durch.

Auch in Zukunft werden die Mitgliedstaaten der NATO in hohem Maße von der See abhängig sein. Eine wahre Partnerschaft zwischen den beiden Hauptgruppen des Bündnisses, Westeuropa und Nordamerika, setzt voraus, daß die verbindenden lebenswichtigen Seewege in jeder Lage freigehalten werden.

Unsere Zeit in Washington war im Oktober 1961 abgelaufen.

Botschafter Grewe gab uns einen Abschied und würdigte in seiner Laudatio die gemeinsame Arbeit und sprach über den menschlichen Verlust, den er in unserem Weggang zu sehen glaubte.

»Toujours on perd, toujours on gagne.«

Dr. Wieck von der Politischen Abteilung der Botschaft, mit dem wir in NATO-Angelegenheiten besonders eng zusammengearbeitet hatten, gab mir ein Abschiedsessen.

Später sah ich ihn in Bonn wieder in der Planungsabteilung des Verteidigungsministeriums. Als NATO-Botschafter und BND-Präsident wurde er in der Öffentlichkeit bekannt.

Letzter Abend, improvisiert bei Strätlings mit Seymour Bolten von der CIA, Jim O'Donnel vom State Department, Dr. Dalma vom »Münchner Merkur«, Staatssekretär Heubl von Bayern.

Gespräch mit Bolten: Die Deutschen müssen versuchen, die amerikanische Situation zu erkennen, die politischen Abhängigkeiten, die Unausweichbarkeiten, und umgekehrt müssen die Amerikaner sich mehr Mühe geben, die besondere Lage der Deutschen am Eisernen Vorhang als geteiltes Volk zu erkennen. Wir dürfen nicht mit Mißtrauen an die Amerikaner herangehen, sie sind die natürlichen Feinde des Kommunismus und damit unsere natürlichen Bundesgenossen. Panikmache ist ein Mangel an politischer Führung. Sie weckt alte Vorstellungen von deutscher Schaukelpolitik (Rapallo) und Unstabilität. In beiden Völkern sind Personengruppen wirksam, die voller Vorurteile sind. Nur eine starke politische Führung mit einer realistischen Einstellung kann diese Vorurteile langsam abbauen.

Es hat seitdem mehrere Krisen zwischen den USA und der Bundesrepublik gegeben. Wie wenig haben die Menschen dazugelernt, und wie wenig ist es uns gelungen, die Dinge zu ändern.

18. November.

Großer Bahnhof mit allem, was Beine hat. »Muß i denn zum Städtele hinaus«, singen sie. Dann, in der Parlorclass der Eisenbahn bis Stamford, von dort nach Darian, zwei Tage Abschied von unserer nunmehr »amerikanischen« Tochter Ingrid. Zwei Tage Abschied von Walters in Upper-Montclair.

Professor Walter, eine der großen Gestalten der deutschen Wissenschaft. Ich kannte ihn schon während des Krieges, als er die Antriebe für die V 1 und V 2 und den sogenannten Walter-Antrieb für die U-Boote entworfen und konstruiert hatte. Ein genialer Ingenieur, war er nach dem Kriege zunächst von den Engländern einkassiert, dann von den Amerikanern nach USA überführt worden. Ich traf ihn das erste Mal wieder in Washington beim deutschen Marineattaché. Zu jener Zeit arbeitete er für die Worthington-Corporation in New Jersey. Wir haben uns dann gegenseitig oft besucht und den Kontakt gehalten, auch später, als ich wieder in Deutschland war. Ich gehörte zum Aufsichtsrat seiner Firma, die er in Kiel wieder aufgebaut hatte. Dort lief eine Walter-Maschinenanlage auf dem Stand im Auftrage des Bundesverteidigungsministeriums. Leider kam es dann später nicht zu einer Übernahme dieses außenluftunabhängigen Antriebs in die neue Generation der von der Marine geplanten U-Boote. An die Stelle dieses Antriebs trat der Brennstoffzellenantrieb.

Einen Abend verbrachten wir in der Metropolitan. Es wurde »Tosca« gegeben, unvergeßliches Erlebnis. Am letzten Abend gingen wir, einer Empfehlung unseres Freundes Conny Beckmann folgend, ins Apollo-Theater in Harlem. Conny hatte von samthäutigen, braunen Negerinnen geschwärmt, die in diesem Theater ihre Tänze aufführten. Wir fuhren mit einem Taxi dorthin. Der Fahrer sprach deutsch, er war in Deutschland gewesen und liebte Deutschland.

Sein Bruder hatte eine Deutsche geheiratet und war Zahnarzt. Als meine Frau ihn fragte, warum er nicht auch eine Deutsche heiraten wollte, sagte er, daß er dazu als Taxifahrer kaum eine Chance hätte. Wir waren in dem Apollo-Theater die einzigen Weißen. Alles andere war schwarz. Die Vorträge, die Zuhörer, alles hatte schwarze Mentalität, das heißt zehnfache Lautstärke von dem, was unsere Ohren als angenehm empfinden. Wilde Bewegungen, Gestikulieren, Schreie, so daß wir das Fürchten lernten. In einer der wildesten Szenen erschien wie ein Rettungsanker Professor Walter als Silhouette am beleuchteten Ausgang, ein Bild wie:

»Feind hört mit.« (Die während des Krieges bekannte Silhouette auf einem Plakat, das vor Spionen warnte.) Erleichtert ließen wir uns von ihm herausführen. Frau Walter schüttelte nur den Kopf und meinte, niemals würden sie und ihre Freunde auf die Idee kommen, hier in diesen Hexenkessel hineinzugehen. Nun, damals war es noch möglich, heute ist es in der Tat lebensgefährlich.

21. November
Abschied von New York bei strahlendem Wetter.
In einem Brief an einen Freund schrieb ich kurz vor unserer Abreise aus den USA:

»Ich halte es für falsch, bei jedem Anzeichen eines Mißerfolges der westlichen Politik mit dem Finger auf die Amerikaner zu zeigen. Sie sind nach wir vor unsere wirksamsten Bundesgenossen und haben ja auch bereits einiges für uns getan. Ich denke an die Luftbrücke 1948, außerdem daran, daß wir so leben, wie wir heute leben, und nicht zuletzt daran, daß im Verlauf der Berlinkrise die Amerikaner die einzigen waren, die ein effektives, militärisches Build-up gemacht haben, um zu besseren Verhandlungspositionen mit den Russen zu kommen.«

Es gibt auf beiden Seiten immer wieder Leute, die ein Interesse daran haben, das gute Einvernehmen zwischen den Vereinigten Staaten und Deutschland zu unterminieren.

Immer wieder werden ideologische Breitseiten geschossen gegen den US-Kapitalismus, den Interventionalismus, auch gegen das US-Wirtschaftssystem, von dem wir doch wissen, daß es das bei weitem höchste Bruttosozialprodukt hat, größer als das der Bundesrepublik, Japans und der Sowjetunion zusammen.

Nach vier Jahren Aufenthalt in den USA glaube ich sagen zu können, daß der »intellektuelle« Antiamerikanismus – bei aller Gefährlichkeit – bisher nicht imstande war, das Atlantische Bündnis zu gefährden. Ich hoffe, daß auch in Zukunft die atlantische Brücke durch solche Querelen nicht zum Einsturz gebracht wird.

Chef des Stabes Flotte, Oktober 1963 bis Oktober 1965
Flottenchef war Vizeadmiral Gerlach, ein außerordentlich sensibler, fast nervöser Mensch von hoher Intelligenz.

Seinen unkonventionellen Maßnahmen, insbesondere den vorausschauenden personellen Maßnahmen, verbunden mit zielgerichteter Ausbildung, ist es zu verdanken, daß wir die Modernisierung der Flotte damals einleiten konnten.

Was bedeutet das?

Wir hatten erkannt, daß sich die Bedingungen auf dem Gefechtsfeld derart verändert hatten, daß die Erfüllung des Auftrages der Marine mit den herkömmlichen Mitteln bei eigener zahlenmäßiger Unterlegenheit in zunehmendem Maße erschwert oder sogar unmöglich gemacht wurde.

Während bis weit in den Zweiten Weltkrieg hinein das Auge der wesentlichste und oft der einzige Sensor war, der den Gegner zuerst erfaßte, liefert 20 Jahre später eine Vielfalt moderner Sensoren wie Radar, Sonar, Aktiv- und Passivortung, ECM, Infrarot eine Fülle von Informationen, die in der Kürze der zur Verfügung stehenden Zeit vom menschlichen Hirn allein nicht mehr zuverlässig und ausreichend verarbeitet werden konnten.

Das erste Grundproblem hieß also, die Informationsquelle übersichtlich zu machen zu einer Lagefeststellung und Beurteilung.

Das zweite Grundproblem bestand darin, eine Antwort zu finden auf moderne, schnellfliegende, weitreichende Waffen, die nur noch eine kurze Reaktionszeit zuließen.

Die Antwort auf diese veränderten Gefechtsfeldbedingungen war der Einsatz der elektronischen Datenverabeitung, um die von dieser Entwicklung betroffenen militärischen Führungsvorgänge der
– Lageerstellung,

- Lagebeurteilung,
- Entscheidungsfindung und
- Befehlsgebung und Durchführungskontrolle

zu unterstützen und zu beschleunigen.

Die dadurch erreichbare schiffsinterne erhöhte Verarbeitungskapazität und verkürzte Reaktionszeit galt es nun in geeigneter Weise auf die Verbandsebene auszudehnen, um den Kommandeur eines Kampfverbandes in die Lage zu versetzen, seine Führungsaufgaben wahrzunehmen.

Der über das Link 11 ermöglichte automatische Datenaustausch fügte die Lagebilder der einzelnen Einheiten zu einem Verbandslagebild zusammen und verbesserte damit die Lagebeurteilung.

Ebenfalls über dieses Gerät verzuglos übermittelte Feuerverteilungs- und Bekämpfungsbefehle wurden Grundlage für eine schnelle, geplante und ökonomische Reaktion im Verband.

Unter den drei Grundforderungen

- Erhöhung der Informationsverarbeitungskapazität
- Verkürzung der Reaktionszeit und
- automatischer Informationsaustausch

entstanden die bordgestützten Systeme SATIR auf den FK-Zerstörern, AGIS auf den S-Booten 143 und PALIS auf den S-Booten Klasse 148 und auf den Hamburg-Zerstörern.

Um das Flottenkommando zu einer verbundenen Seekriegführung zu befähigen, war es notwendig, dieses System auch in das Marinehauptquartier einzuführen und damit eine verzugsarme Informations- und Befehlsgebung über direkte Verbindungen mit allen wesentlichen Unterorganen zu verknüpfen, als da sind

- Luftverteidigung
- Küstenradarorganisation
- Marinefernmeldestab 70
- Materialkontrollzentrum der Marine

– NATO-Befehlshaber
– Marinefliegergefechtsstände und
– Seestreitkräfte.

Vor allem galt es, der politischen Leitung eine aktuelle Lage über eine verzuglose Verbindung zu vermitteln, was besonders in Spannungszeiten und im Falle der Anwendung von »Maritime Control Measures« von Bedeutung ist.

Neben diesen Hauptaufgaben war mir wichtig, den Flottenstab mit einem »esprit de corps« zu erfüllen. Dazu wurden viele Offiziersbesprechungen abgehalten, an denen auch die zivilen Beamten des Stabes teilnahmen. Es ging mir darum, daß wir nicht in »splendid isolation« lebten und uns nur in Marinefragen bewegten, sondern auch die politischen und gesellschaftlichen Fragen jener Tage in unsere Betrachtungen einbezogen.

Im Zusammenhang mit meinen Bemühungen ereignete sich etwas, das mir lange und viel zu denken gab.

Die Offiziersmesse bei der Flotte war ein völlig schmuckloser Raum, dessen Nüchternheit nur noch übertroffen wurde von der anspruchslosen Möblierung. Er bot lediglich die Hülle für die animalische Funktion des Essens, nicht mehr und nicht weniger. Jeder war froh, wenn er diesen Raum rasch wieder verlassen konnte. Es war von Anfang an mein Anliegen, hier eine Atmosphäre zu schaffen, die zum Bleiben aufforderte und zu Gesprächen anregte.

Es bedurfte vieler Schreiben und langer Auseinandersetzungen mit der Standortverwaltung, um das Mobiliar zu verbessern und ansehnliche Tischdecken zu bekommen. Geschirr und Bestecke mit dem Wappen der Flotte zu erhalten überforderte die Verwaltung völlig. Es gelang mir, vom Marinemuseum zur Ausschmückung des Raumes einige Leihgaben zu bekommen. Zwei große Bilder von Bergen, Motive aus der Skagerrakschlacht, eine preußische Kriegsflagge, eine Büste des Admirals von Knorr, ein sehr gutes

Gemälde des Leutnants zur See Stödter und eine Kaiserstandarte.

Außerdem hatte ich den Maler Klahn gebeten, mir seinen Totentanzteppich als Leihgabe zur Verfügung zu stellen. Dieser Teppich bedeckte die ganze Stirnwand und stellte drei tanzende Knochenmänner dar, zusammen mit jeweils einem Soldaten des Heeres, der Luftwaffe und der Marine.

Der Matrose hatte eine rote Kokarde an seiner Mütze und trat mit seinem Fuß eine schwarzweißrote Kokarde in den Staub. Er hatte die schwarzweißrote Kriegsflagge um seinen Leib geschlungen, noch im Untergang seine Treue zu Kaiser und Reich symbolisierend.

Zur Einweihung dieses so gestalteten Messeraumes ließ ich ein Festessen vorbereiten und eröffnete dieses Essen mit folgenden Worten:

»Ich habe vor kurzem in den Lebenserinnerungen des großen konservativen Frondeurs Oberst Friedrich August Ludwig von der Marwitz gelesen.
Er berichtet über einen Onkel Johann Friedrich Adolf von der Marwitz, der mit Friedrich II. aneinandergeriet. Friedrich wollte Revanche für die Plünderung seines Charlottenburger Schlosses durch den Sachsenkönig üben, indem er dem Oberst von der Marwitz das dem feindlichen Sachsenkönig gehörende Schloß Hubertusburg schenkte, was dem Befehl gleichkam: plündere nach Herzenslust und behalte die Beute. Es waren Kostbarkeiten, Silberzeug, Geschirr, Möbel und Gobelins in diesem Schloß.
Marwitz kam der Weisung nicht nach. Der König stellte ihn daraufhin bei der Tafel zur Rede. Seine Antwort war: ›Weil dies sich allenfalls für die Offiziere eines Freibataillons schicken würde, nicht aber für einen Kommandeur von Seiner Majestät Gensdarmes.‹ (Fontane).
Mir ist bei dieser Geschichte klargeworden, daß es unsere

Vorfahren bei der Beschaffung von Geschirr wesentlich leichter hatten als wir. Wenn wir so oft bewundernd vor Her Majesty's Officers-Tafelgeschirr standen in England oder auf englischen Schiffen, hätten wir vielleicht treffender denken sollen, einem geplünderten Gaul schaut man nicht ins Maul. Wir sehen aber auch, daß unter unseren Vorfahren einige waren, die sich lieber die Ungnade ihres Kriegsherrn zuzogen, als in Unehre zu leben.

Auf dem Grabstein dieses Marwitz stand: ›Wählte Ungnade, wo Gehorsam nicht Ehre brachte.‹

Nun, ich habe keinen Zweifel, daß wir in guter Tradition handelten, als wir sicherlich in Ungnade fielen wegen der vielen Schreiben, Petitionen, die wir machten, um diese Bilder, diese Möbel und dieses Geschirr zu bekommen, um aus einer Scheune, in der man seine Nahrungsaufnahme tätigt, einen Raum zu machen, der atmosphärisch zu das Essen begleitenden Gesprächen anregt und in dem wir uns als Bindeglied zwischen der Vergangenheit und der Zukunft empfinden.«

Schon während des Essens hatte ich bemerkt, daß am unteren Ende der Tafel eine heftige Diskussion entstand.

Nach dem Essen kam ein Abgesandter zu mir und meldete Kritik an dem Wandbehang von Klahn. Alles andere könnten sie akzeptieren, nur diesen Teppich nicht.

Am nächsten Tag wurde eine Offiziersitzung angesetzt, und ich stellte das Thema »Wandteppich« zur Diskussion. Im demokratischen Verfahren wurde nach langem Hin und Her abgestimmt. Ich unterlag und rollte den Teppich wieder ein und schickte ihn an Klahn zurück mit diesen Worten:

»Ihr Teppich hat die Geister gewaltig engagiert. Wir hatten heiße Diskussionen im Offizierkorps. Äußerer Anlaß war die rote Kokarde an der Mütze und das in den Staub getretene schwarzweißrote Emblem.

Hintergrund ist die Tatsache, daß die Meuterei der Flotte

bei der Marine ein Trauma verursachte, das sie nie überwand. Selbst die zur Geschichte gewordenen facts sind tabu. Man spricht nicht darüber. Ich entsinne mich, daß die Meuterei auch im seekriegsgeschichtlichen Unterricht auf der Marineschule nie erwähnt wurde.
Wenn die Marine keine nennenswerten Teilnehmer am 20. Juli 1944 hatte, so liegt hier einer der Gründe. Der Teppich hängt also nicht. Dafür einige Quadratmeter Farbe von Klaus Bergen. Bemerkenswert ist nur, daß das Bergen-Gemälde niemanden engagierte, während der Teppich eine Kette von Gedankenassoziationen hervorrief und allein dadurch seinen Wert kundtat, und da liegt die Tragödie. Die Vergangenheit, soweit sie unproblematisch ist, wird akzeptiert. Wenn sie provozierend wird, wird sie abgelehnt.
Es bekannten sich nur wenige zu der Formulierung, daß Tradition ein Fortführen von geistigen Strömen bedeutet, eine Frage der Dimension, die nur wenige erreichen; und weil das einfach nicht begriffen wurde, hatte es keinen Sinn, den Teppich hängenzulassen. Eine gewisse Resonanz für die künstlerische Aussage war nur bei einigen jungen Offizieren vorhanden.
Das allein läßt mich hoffen.«

Daß im Anschluß an diesen Vorgang die Revolution 1917/18 in einer Offizierssitzung aufgearbeitet wurde, versteht sich von selbst.

Der ausbleibende Einsatz der Hochseeflotte zu Anfang des Ersten Weltkrieges führte wegen des von den Mannschaften als überflüssig und vielfach als Schikane empfundenen Exerzierdrills an Bord zu immer größerem Widerwillen. Die dadurch verursachte seelische Depression zeigte sich allmählich in einer allgemeinen Mißstimmung und Unzufriedenheit, die auf einigen Großkampfschiffen schon 1915 hervortrat.

Die Unzufriedenheit unter den Heizern und Matrosen dieser Schiffsklasse verschärfte sich durch die zunehmende Verringerung der Lebensmittelrationen, insbesondere durch die schwere Ernährungskrise im sogenannten Kohlrübenwinter 1916/17.

Ärger und Verdruß steigerten sich noch durch die Tatsache, daß die Offiziere von Gesetzes wegen bereits eine bessere Beköstigung erhielten und trotz der allgemeinen Lebensmittelnot vielfach noch Eß- und Trinkgelage abhielten. Der Hunger und Mißstände an Bord riefen das Verlangen nach einer Beendigung des Krieges wach. In Zusammenkünften wurde auch über Friedensaussichten, Friedensziele und Friedenswünsche gesprochen, wobei der Inhalt sozialdemokratischer Tageszeitungen als Unterlage diente. Die Spannungen zwischen Offizieren und Mannschaften infolge der Versäumnisse auf dem Gebiet der Menschenführung entluden sich in den Sommermonaten 1917 in einer Reihe von Insubordinationen auf einer Anzahl Großkampfschiffe. Es kam zu Hungerstreiks und Verweigerung des Antretens zum Dienst.

Als am 2. August 1917 auf dem Linienschiff *Prinzregent Luitpold* rund 400 Leute an einem demonstrativen Aufmarsch teilgenommen hatten, wurden Feldkriegsgerichte eingesetzt und in großem Umfange Verhaftungen vorgenommen. Die Kriegsgerichtsräte, die die Untersuchung geführt haben, schoben bei den Vernehmungen der Verhafteten alle Klagen über Verpflegung und sonstige Mißstände beiseite und unterstellten als die wahre Ursache der Unbotmäßigkeit eine in die Mannschaft hineingetragene politische Verhetzung mit dem Ziel der Gehorsamsverweigerung zur Erzwingung eines Friedens um jeden Preis.

Am 26. August 1917 wurden in Wilhelmshaven fünf der Hauptbeschuldigten zum Tode und andere zu schweren Zuchthausstrafen verurteilt. Zwei Todesurteile wurden bestätigt. Der durch Gesetz vorgeschriebene Begutachter des

Urteils, Oberkriegsgerichtsrat de Bary, und der Justitiar des Reichsmarineamtes, Admiralitätsrat Dr. Felisch, haben das Urteil für ein Fehlurteil erklärt; de Bary hatte Admiral Scheer empfohlen, die Todesurteile in Zuchthausstrafen umzuwandeln. Admiral Scheer hat die in dem Rechtsgutachten de Bary gemachten Bedenken zwar anerkannt, aber trotzdem zwei der Todesurteile bestätigt. Der Matrose Reichpietsch und der Heizer Köbis, beide bereits vorbestraft, wurden am 5. September 1917 auf dem Schießplatz Wahn bei Köln erschossen, wo heute noch ihre Grabsteine stehen.

Der Reichstag untersuchte in 33 Sitzungen die Zusammenhänge, die zu diesen Vorgängen geführt hatten. Dabei ergab sich, daß die Offiziere den besonderen Anforderungen an die Menschenführung auf den Panzerschiffen und Kreuzern nicht gewachsen waren.

Die Geschichtsforschung ist inzwischen zu einem Urteil über die Meuterei von 1918 gekommen, das im Gegensatz zu dem bei vielen Offizieren der Marine vorherrschendem Urteil steht. Als Kronzeuge für die Mißstände in der Hochseeflotte wird gelegentlich der Matrose Stumpf angeführt, der seinerzeit ein Tagebuch schrieb. Dieses Tagebuch beginnt folgendermaßen: »Der Ausbruch des Krieges traf mich und meine Kameraden in lohender Begeisterung«; und es endete mit folgendem Satz: »Damals, als schon alles so ziemlich verloren war, erschien ein Aufruf von Walter Rathenau und Richard Dehmel: Es sollen die Schwachen und Trägen und Kleinmütigen zu Hause bleiben, und den anderen, die noch Mut haben, soll das Feld überlassen werden.

Diesen Aufruf habe ich mit meinen Kameraden besprochen und habe viel Zustimmung gefunden. Andere wieder sagten: Es kommt ganz anders. Aber das Wort Revolution war gar nicht in dem Wortschatz der Leute.«

In diesem schlichten Zeugnis liegt Wahrheit, und das Tagebuch, das der Matrose Stumpf, ein glühender Patriot, der der Christlichen Gewerkschaft angehörte, vom Kriegsausbruch an führte, bekräftigt in seiner Treuherzigkeit, was kein Dokument zu widerlegen vermag. Die Mehrzahl der Matrosen hat keineswegs auf die Revolution hingearbeitet, schon gar nicht planvoll oder gar in einer Untergrundbewegung.

Sie meuterten. Es war durchgesickert, daß die Führung der Flotte einen Entscheidungskampf mit der englischen Flotte plante. – Admiral v. Trotha sah den Schlußkampf »als höchstes Ziel vor Augen, um nicht diesen Krieg beschließen zu müssen, ohne daß die in ihr steckende nationale Kraft voll zu schlagender Wirkung gekommen ist. Aus einem ehrenvollen Kampf der Flotte, auch wenn er ein Todeskampf wird in diesem Kriege, wird – wenn unser Volk nicht überhaupt national versagt – eine neue deutsche Zukunftsflotte hervorwachsen.«

Drei Wochen später lehnten sich die Matrosen und Heizer gegen die beabsichtigte Todesfahrt auf, die nicht einmal zur Kenntnis der Seekriegsleitung bzw. des Kriegskabinetts gekommen war.

Als die Flotte dann in die Hoofden vorstoßen sollte, das Seegebiet zwischen Holland und England, da hatte es sich in den Decks herumgesprochen, »sie wollen uns auf eine Todesfahrt schicken«.

Es war zunächst ein passiver Widerstand, er äußerte sich in mürrischer Aufsässigkeit. Die Kessel wurden von den Heizern schlecht bedient, die Geschütztürme standen still, und Seeklarbefehle wurden nicht befolgt.

Das seltsame an dieser Meuterei war ihre Gewaltlosigkeit. Es fiel zunächst kein Schuß. Die Offiziere standen dieser Revolution hilflos gegenüber, die über Nacht auf die anderen Marinegarnisonen übergriff. Auf einem einzigen Schiff, der *König*, die in Kiel im Dock lag, stellten sich drei Offiziere vor die Flagge, auf die sie ihren Eid geschworen hatten, und wollten verhindern, daß die Aufrührer sie herunterrissen. Zwei wurden getötet, der Kommandant der *König* schwer verletzt. Am 9. November 1918 fiel schließlich die letzte Bastion der Marine. In der Seekriegsleitung erschienen die Heizer und Matrosen, um die Offiziere zu zwingen, Kokarden und Achselstücke abzulegen. Die Angelegenheit aber hatte sich bereits erledigt, weil die wenigen Offiziere, die sich noch im Hause befanden, schon in Zivil waren.

Zehn Tage darauf wurde das Gros der deutschen Hochseeflotte zur Internierung nach Scapa Flow überführt, und am 29. Juni 1919 wurden die Schiffe vor den Augen der Briten von ihren Besatzungen versenkt.

Es gab keine Flotte mehr.

Doch es gab nun eine rote Matrosendivision und bald eine schwarzweißrote Marinebrigade Erhardt, »Hakenkreuz am Stahlhelm«.

Revolution wie Gegenrevolution kamen aus der Marine.

Die Marine hat beides lange nicht verwunden.

Die Meuterei, die Revolte, die Revolution, nicht der geplante Endkampf der Flottenführung – dieser jahrelang verschwiegen – bildeten für die Offiziere der Reichs- und Kriegsmarine ein Trauma. Die Offiziere der kaiserlichen Marine haben ihr Versagen immer wieder mit dem Hinweis auf den »organisierten politischen Umsturz« verteidigt. Doch es gab keinen Zweifel an der Feststellung, die Gustav Noske im November 1926 vor dem Untersuchungsausschuß des Reichtags traf, daß es einfach an Führung fehlte, sonst wäre es ihm ja nicht gelungen, wenige Tage später die gesamte Garnison von Kiel hinter sich zu bringen oder sie jedenfalls so weit zu bringen, nicht weiteres Unheil anzurich ten.

Die ungewöhnlich scharfen Disziplinarstrafen, die aus heutiger Sicht unverständlich harten Kriegsgerichtsurteile gegen »Wehrzersetzung« in der Ära Dönitz, die Kopflosigkeit von Offizieren, die nach der Kapitulation noch Erschießungsurteile vollstrecken ließen, das sind vielleicht Folgen der Unsicherheit, die im Offizierscorps der Kriegsmarine seit der Meuterei am Ende des Ersten Weltkrieges noch vorhanden war, verbunden mit dem undeutlichen Gefühl, »diesmal« die Treuesten der Treuen sein zu müssen.

Die im Flottenstab geführten Diskussionen stehen für die zeitübergreifenden Gespräche, die aus den Irrungen der Vergangenheit herausführen sollten und die das eigene Denken und Nachdenken über die Schatten der Vergangenheit klären sollten.

Denn die Selbsterkenntnis und Einsicht bilden sich im lernenden Umgang mit anderen, die bereits gedacht haben.

Auch der 20. Juli 1944 war mit seiner Problematik von Gehorsam und Gewissen Thema und Inhalt von Offizierssitzungen. Ich bin der Ansicht, daß dieser Tag in der Reihe unserer nationalen Gedenktage nicht zu vergleichen ist etwa mit dem Reichsgründungstag, dem Sedantag, dem Tag der Skagerrakschlacht, Tage, die früher Anlaß zu patriotischen Feiern waren.

Dieser 20. Juli trägt für uns einen ganz anderen Charakter. Er ist ein Tag der Einkehr, bleibt ein Tag der schmerzlichen Erinnerung, eine Art nationaler Trauertag, der für schwierige und dunkle Tage steht, für Tage der Schmach, in die ein Lichtstrahl fiel, der uns das Atmen heute leichter macht.

Dieser 20. Juli ist zugleich ein Gedenktag an die lange Kette mißglückter Revolutionen im letzten Jahrhundert deutscher Geschichte. Wenn die französische Geschichte seit 200 Jahren gekennzeichnet ist durch eine Folge von als erfolgreich angesehenen, den Fortschritt fördernden Revolutionen, so kann man sagen, daß die deutsche Geschichte gekennzeichnet ist durch eine Kette mißglückter oder zumindest in langer Sicht unglücklich verlaufender Revolutionen, angefangen von 1848 über 1918, 1933, den 20. Juli 1944 bis hin zum 17. Juni 1953.

Die gewaltlose »Novemberrevolution« von 1989 in der DDR setzte ein anderes Zeichen.

Im Revolutionsjahr 1848 sind die politischen Kräfte, die ganz Europa damals bewegten, Nationalismus und Liberalismus, in Deutschland nicht zum Durchbruch gekommen.

Die Revolution von 1918, die, angefacht durch Mißstände in der Flotte, sich gegen Krieg und Monarchie richtete, war belastet mit dem Stigma der Niederlage, mit der Tatsache, daß man ihr die Ausnutzung einer nationalen Notlage vorwerfen konnte. Ihre Exponenten, die dadurch an die Macht gelangten Mehrheitssozialisten, mißtrauisch gegen die roten Matrosen und sozialistischen Arbeiter, waren nach kurzem genötigt, einen Kompromiß mit den Kräften der alten Ordnung, mit dem Militär, einzugehen, um sich gegen den eigenen radikalen linken Flügel behaupten zu können. Infolgedessen war dies eine Revolution, deren Jahrestag, der 9. November, in der Weimarer Republik niemals gefeiert wurde.

Die sogenannte »Nationale Revolution« Hitlers am 30. Januar 1933 war von ihrem Anfang an behaftet mit dem Makel des Terrors. Die soziale, gesellschaftliche Komponente dieser Revolution setzte sich durch. Die politische Hybris jedoch mündete schnell im Krieg und in der Katastrophe und durch verbrecherische Handlungen des Regimes in die größte moralische Niederlage, die das deutsche Volk in seiner Geschichte erlebt hat.

Der 20. Juli war ein Aufstand des nationalen Gewissens gegen dieses Regime des Verbrechens und des Unrechts. Der Plan mißglückte, und es war nicht mehr möglich, den Lauf der Katastrophe abzuwenden, aber dieser 20. Juli 1944 gehört ebenso wie die Revolution von 1848 zu denjenigen revolutionären Vorgängen, auf die wir stolz sein dürfen und die auch in einer größeren geschichtlichen Dimension nicht vergeblich gewesen sind.

Für das Ansehen des deutschen Volkes in der Welt nach den Ereignissen des Dritten Reiches und nach der pauschalen und ungerechten Anklage gegen die Deutschen, daß ihr

Widerstand gegen das Regime des Terrors zu schwach gewesen war, ist dieser 20. Juli von großer und bleibender Bedeutung, von unschätzbarem Wert als eine Bekundung für Recht und Freiheit.

Heute sind viele Jahre vergangen. Die meisten von uns haben kein unmittelbares Bild mehr von den Ereignissen jener Tage. Aber noch gibt es Zeitungen, die, von unterschiedlichen Standorten ausgehend, über diesen Tag berichten.

Unter ihnen hat es immer Gruppen gegeben, die den 20. Juli damals als den Aufstand des Gewissens bezeichneten, gegen ein Regime des Terrors und der Verbrechen.

Wir, die draußen an der Front standen und nur verhältnismäßig wenig von den Ereignissen der Heimat wußten, empfanden den 20. Juli als einen Dolchstoß in den Rücken der kämpfenden Front, als Landesverrat, als Hochverrat, als Eidbruch.

Heute haben wir einen Abstand zu den Geschehnissen jener Tage. Wir beurteilen sie leidenschaftslos, aus einer klaren Sicht heraus.

Was war tatsächlich geschehen?

Nach fünf Jahren Krieg, in dem es um Sein oder Nichtsein ging, wurde ein Attentat auf den »Führer« verübt. Dieses Attentat ging aus von einer Gruppe von Offizieren, die mit Gewerkschaftlern, Politikern, Vertretern der Kirchen beider Konfessionen in engerer oder lockerer Verbindung stand. Was hatte diese jungen Leute zusammengebracht?

Es war der Totalitätsanspruch des Staates gegenüber dem Staatsbürger unter Ausschaltung der religiösen und sittlichen Verpflichtungen dieses Staates. Das Gewissen einer Nation stand auf, verkörpert in wenigen Wissenden, die sich zum Widerstand entschlossen.

Eine außerordentlich geschickte Führung hatte es fertiggebracht, die Gesamtheit des Volkes in der Vorstellung zu halten, daß die Nation einen verzweifelten Kampf um seine

Existenz gegen Kapitalismus, gegen jüdische Hochfinanz, gegen Bolschewismus und Versklavung führte. Eine verwirrende Verkettung von Wahrheiten und Unwahrheiten ließ den Durchschnittsbürger auf solche Propaganda hereinfallen. Heute wissen wir, daß wir die Tschechen, Polen und Russen überfallen haben, daß wir Millionen Juden umgebracht haben, daß Tausende politisch Andersdenkender liquidiert wurden, daß wir große, progressive Geister der Wissenschaft und Kunst aus unserem Land vertrieben haben.

Der Eid, auf eine Person geleistet, die sich von jeder ethischen Bindung entfernt hatte, hat unter diesen ganz außergewöhnlichen Bedingungen seine Begrenzung. Aber nur wenige waren in der Lage, den Gehorsam aufzukündigen, nur eine kleine Schar jener, die einen hohen Informationsstand hatten und die die Breite und Tiefe des Problems übersahen und die innere Freiheit hatten, sich von dem Eid zu lösen, den der längst gebrochen hatte, dem er geleistet war.

Es gibt in der Geschichte unlösbar erscheinende tragische Verwicklungen. Diejenigen, die den gordischen Knoten durchhauen, unter Einsatz ihres Lebens, stehen außerhalb der normalen Betrachtungen. – Es hat auch hier Fehlleistungen gegeben. Es würde zu weit führen, jeden Mann des Widerstandes auf den psychologischen Prüfstand zu nehmen. Sicherlich war ihre Erziehung, ihre Umgebung bestimmend für ihr Tun, das aber mit solch einer Feststellung nicht abgewertet werden kann. Auch dann blieb noch die Tat, das zu tun, was das innere Gesetz befahl.

Aus meinen eigenen Erfahrungen im Ausland, aus unzähligen Diskussionen, die ich in den USA geführt habe mit denen, die vertrieben und verjagt waren, glaube ich beurteilen zu können, was die Tat des 20. Juli bedeutet. Mit ihr haben die Männer des Widerstandes uns den ersten Kredit im Ausland wiedergegeben. Sie haben durch ihren Tod eine Sühne geleistet für die furchtbaren Verbrechen, die das Hitlerregime am deutschen Volk und an allen seinen Opfern begangen hat.

Das erscheint mir als die bleibende Bedeutung dieses Tages.

Wir hatten eine Diskussion über Tradition, an der ein Philologe, der mehr Philosoph war, Dr. Warner, ein Theologe, der zur Philosophie hinübergewechselt war, Dr. Besch, der Flottenchef, Vizeadmiral Gerlach, und ich teilnahmen.

Meine Aufzeichnungen während dieser Diskussion beschäftigen mich heute noch.

Der Mensch lebt von den Kenntnissen, Erfahrungen, Fähigkeiten, Einsichten seiner Vorfahren, die von Geschlecht zu Geschlecht weitergegeben und neu erprobt werden. Diese die Menschen charakterisierende Eigenart nennen wir Tradition. Ihr Wesen ist, daß sie über die Zeitspanne eines Lebens hinausreicht, daß sie alle Bereiche der sozialen Ordnung erfaßt, Sitte und Moral, Glauben und Recht, Kult und Symbole. Tradition kommt begrifflich von der Überlieferung her, weist aber – wie wir sie heute verstehen – ebenso in die Zukunft, in dem Sinne, daß ihr Inhalt sich neuen Erkenntnissen öffnet.

Wo eine solche Bereitschaft nicht vorhanden ist, verkümmert die Tradition zu einem durch Gewohnheiten bestimmten traditionellen Handeln, zu einem »Traditionalismus«, verursacht durch Mißtrauen gegen jede Art von Neuerungen oder auch durch ein gewisses Treue- und Beharrungsverhältnis zu religiösen, gesellschaftlichen und geschichtlichen Bindungen.

Tradition ist im Geistigen verankert. Auf meine Frage: Auch im Metaphysischen? antwortete, überraschend liberal für einen Theologen, Dr. Besch, daß der Aufstand gegen die Metaphysik alt sei. Bereits die Griechen (Xenophanes) versuchten, den Logos vom Mythos zu befreien.

Im Gefolge von Renaissance und Aufklärung kennen wir ähnliche Entwicklungen bei Hegel und Marx.

Das Dach der Metaphysik über dem Gebäude der Tradition ist nicht zwangsläufig, wenn auch in der Vergangenheit oft errichtet.

Es gibt Beispiele in unserer Geschichte der traditionellen Werte – Pflichtbewußtsein, Einsatz für Recht und Freiheit, Humanität – bei absoluter Glaubenslosigkeit. Er dachte an Friedrich den Großen.

Ich versuchte nun, zunächst die Grundwerte der Tradition in den Mittelpunkt zu stellen. Treue, Mut, Ehre, Vaterland waren die für meine Generation verpflichtenden Grundwerte. In der Vernetzung dieser Begriffe haben Generationen mit Vorspiegelungen und Selbsttäuschungen gelebt. Mythen rankten sich um diese Begriffe. Die Geschichte ist voll von kämpferischen Ereignissen und Taten, denen diese Werte zugrunde liegen. Dann kam Darwin. Er gab den kämpfenden Haufen naturwissenschaftliche Begründungen: Kampf ums Dasein, Auslese der Starken. Hegel und Nietzsche lieferten den philosophischen Hintergrund. Der Idealismus machte den Krieg zum »Vater aller Dinge«.

Wie wir heute wissen, in Verkennung dessen, was Heraklit gemeint hatte – ergänzte Dr. Warner. Diesen Satz bezog er nämlich nicht auf eine Wirklichkeit. Es war eine bildhafte Aussage über das Nebeneinander rivalisierender Kräfte im Wesen der Dinge.

Gerlach meinte, daß die von mir erwähnten Grundwerte nicht nur verpflichtend für meine Generation waren. Sie bestimmten die Geschichte, Legenden, Sagen von mehr als 2000 Jahren. Ihr Exponent ist der »Held«.

In der Enzyklopädie ist der Held beschrieben als ein »durch Tapferkeit hervorragender Krieger, der durch seine Taten und sein Schicksal aus der Menge herausragt und vielen zum Vorbild werden kann«.

Ich dachte an den Satz von Gottfried Benn über »die verlorenen Illusionen von der Glorie des Helden und der Mythe der Macht« und an die in einer veränderten Welt fragwürdig gewordene heldische Haltung, die satirisch bereits Cervantes im »Don Quichotte« geschildert hatte. Ich dachte aber auch an die Männer, die in totalitären Staaten für Recht und Freiheit eintraten, trotz körperlicher und seelischer Folter ihre Haltung bis zum bitteren Ende bewahrten. Waren das nicht Helden?

Ich dachte an einen U-Boot-Kommandanten, der das Hitlerbild aus der Messe entfernte mit den Worten: »Wir treiben hier keinen Götzendienst«, der das Regime kritisierte, an den Endsieg nicht glaubte, aber dennoch seine Pflicht tat, der, von seinem Wachoffizier denunziert, wegen »Wehrkraftzersetzung« zum Tode verurteilt und erschossen wurde.

Ich sah die Frauen in den zerbombten Städten, die um das Leben ihrer Kinder zwischen Bunker und Arbeitsplatz kämpften und diesen Kampf verloren.

Waren sie nicht die Helden?

Wir waren uns einig, daß der Soldat, dessen Aufgabe es ist, durch sein Dasein einen Krieg zu verhindern, und der ausgebildet wird, ihn in letzter Konsequenz auch mit atomaren Waffen zu führen, eine andere Beziehung zu dem Wort »Held« hat als ein durch »Tapferkeit hervorragender Krieger« vergangener Zeiten.

Jede Generation sieht sich vor die Aufgabe gestellt, Stellung zu beziehen und die Werte in ihre Traditionskette aufzunehmen, von denen sie glaubt, daß sie durch die Jahrhunderte die bestimmenden Antriebe für die menschliche Entwicklung waren und daß sie Gewicht für die Zukunft haben.

Sie wird sich dieser Notwendigkeit nicht entziehen, sofern sie Verantwortungsgefühl, schöpferische Energien und politischen Gestaltungswillen hat.

Diese Verpflichtung stellte und stellt sich nach großen Katastrophen besonders dringlich. Die Nachkriegsgeneration hat nicht nur einige Akzente neu zu setzen, sondern ein Menschenbild und seine Ordnung zu entwerfen, das den Bedrohungen durch totalitäre Macht, durch prometheische Kräfte standhält.

Ich stellte nun noch einmal die Frage: Auf welche Grundwerte greifen wir zurück? Wir waren uns wiederum einig, daß die Kardinaltugenden nach wie vor auch für uns Soldaten verbindlich sind. Klugheit, Tapferkeit, Gerechtigkeit, Maßhalten.

Klugheit stand für Gerlach an erster Stelle, weil sie den anderen Tugenden ihre Ziele und Inhalte gibt.

Tapferkeit setzt ja voraus, daß ich weiß, ob meine Tapferkeit sinnvoll ist. Da hat es gerade im letzten Krieg unterschiedliche Parameter der Entscheidung gegeben, unabhängig davon, ob diese Entscheidungen belohnt oder bestraft wurden.

Das gleiche gilt für Gerechtigkeit. Wußten wir immer, was gerecht war? Die Klugheit gibt Entscheidungsalternativen. Jeder Soldat, jeder Widerstandskämpfer entschied sich für etwas und damit zugleich gegen etwas. Jeder Mensch muß vor sich selbst seine Entscheidung begründen können, was für ihn tapfer, gerecht und maßvoll ist. Ich spreche hier von denen, die dazu in der Lage sind und auf die es letztlich ankommt.

Die Einhaltung der Tugenden ist etwas, das ich mir selbst schulde. Man kann sie von mir erwarten, begrenzt kann man sie mir anerziehen, aber man kann sie nicht unter Strafandrohung befehlen.

Seit Aristoteles und Thomas von Aquin hätten sich die Kardinaltugenden in ihren wesentlichen Inhalten nicht verändert. Sie aber immer wieder neu zu definieren in einem sich wandelnden Umfeld sei unsere Aufgabe.

Abschließend stellte sich noch einmal die Frage, auf was wir Grundwerte und Kardinaltugenden beziehen, um sie für uns verbindlich zu machen. Genügt uns der soziale Bezug, das »bonum commune«? Oder brauchen wir doch einen transzendenten Bezug? Wir waren der Meinung, daß das jeder für sich entscheiden muß.

Andere Nationen haben den Vorteil, daß ihre Traditionskette nie abriß.

Ich erlebte den Besuch des Tenno am 11. Oktober 1971 in Bonn.

Japan ist wie Deutschland eine besiegte Nation und auch mit dem Makel vieler Kriegsverbrechen belastet.

Der Tenno erschien mir als die Personifizierung der Tradition im besten Sinne des Wortes.

1941 hörte er einen Vortrag der verantwortlichen japanischen Politiker und Militärs an, der das Ziel hatte, ihm die Zustimmung zum Kriegseintritt abzufordern. Seine einzige Reaktion darauf sind die Worte eines Ahnen aus der mehr als 2000jährigen Geschichte seines Geschlechts gewesen, die ein Symbol des Friedens waren, Worte, die die Bedeutung des länder- und menschenverbindenden Meeres beschwören.

1946. Der Tenno nimmt vor einem US-Tribunal alle Schuld für den Krieg auf sich. Kein Wort der Rechtfertigung.

Tradition, Würde und Form gingen hier eine eindrucksvolle Verbindung ein. Bei uns schneiden hochrangige Politiker jeder Couleur ihr Profil aus heute wohlfeilen Schuldbekenntnissen, die der geschichtlichen Dimension ermangeln.

Die Zeit bei der Flotte war eine Zeit der Besinnung, der Information. In dieser Zeit bildete sich ein Kreis von Erkenntnissen, sicherlich ein begrenzter Kreis des Wissens, gemessen an der Fülle des Materials in den Archiven und ihrer laufenden Auswertung durch die Geschichtsforscher – aber immerhin ein Kreis, den ich fest entschlossen war abzuschreiten, das heißt, mich zu artikulieren in Korrespondenzen, Rezensionen, Diskussionsforen.

In diesem Sinne war ich Berater für die sechsteilige Fernsehserie des Bayerischen Rundfunks: »Der deutsche Soldat im Zweiten Weltkrieg«, wurde ich vom Norddeutschen Rundfunk für den Fernsehfilm »Gegen Engeland« interviewt sowie von der American Broadcasting Company für einen in den USA laufenden Fernsehfilm.

Unterabteilungsleiter Führung, Stellvertretender Inspekteur und Chef des Stabes der Marine, von November 1965 bis Dezember 1969

Mein Anfang im Ministerium stand unter dem Zeichen starker Spannungen zwischen dem Führungsstab der Streitkräfte und dem Führungsstab der Marine.

Eine Weisung vom Führungsstab der Streitkräfte war bekannt geworden, die für die Marine besagte:

»Beschränkung auf die Operationsführung in der westlichen Ostsee und auf die unter nationaler Verantwortung stehende Verteidigung des Küstenvorfeldes in der Nordsee. Die Notwendigkeit zum Bau von Raketenzerstörern wird nicht anerkannt.«

Meine ersten Überlegungen und Untersuchungen gingen dahin: Ist unser Stil richtig, ist es nur mangelndes Verständnis auf der anderen Seite, ist es der bekannte Kampf um die Verteilung des Kuchens (Verteidigungsbudget), oder verkaufen wir unsere Sache schlecht?

Ich gelangte zu folgendem Ergebnis:

Was wir benötigten, war eine sorgfältige Planung auf der Basis systematischer Verwendung wissenschaftlicher Methoden, unter Zuhilfenahme des Operational Research.

Zum anderen war es notwendig, die bisherige Vorstellungswelt auf klare Begriffe hin zu disziplinieren.

In der Diskussion galt es, durch passive Verhandlungsführung den Kontrahenten zur Verausgabung seiner Argumentation zu zwingen, dann auf der Grundlage sorgfältig angestellter Vorüberlegungen eigene Argumente vorzubringen, um sein Gebäude einzureißen.

In der Auseinandersetzung mit unseren Widersachern

brauchten wir eine von der Sache her geprägte Rhetorik, die ihre Überzeugungskraft nicht aus Hypothesen und Emotionen holte, sondern aus der Ratio, aus Präzision, Einsicht in komplexe Zusammenhänge, Selbstkritik und nüchternem Optimismus. Die amerikanische, französische und englische Militärpolitik hatte bereits ein hohes Niveau militärwissenschaftlicher Durchdringung erreicht. Wir brauchten nur in bereits entwickelte Methoden und Systeme einzusteigen. Die Zeit in Washington, meine enge Verbindung mit dem Pentagon hatte mich mit diesen Methoden vertraut gemacht. Wir mußten uns ihrer nur bedienen, um der politischen Leitung des Hauses die Munition zu liefern, die sie benötigte, um ihre Sicherheitspolitik vor Ausschüssen und im Parlament glaubwürdig zu vertreten, soweit die Marine betroffen war.

Im Hinblick auf Berlin waren in der NATO »Contingency-Pläne« entwickelt worden, das heißt mehrere Modelle von politischen, wirtschaftlichen, militärischen Reaktionen auf die Herausforderungen der anderen Seite, darunter die sogenannten »Maritime Control Measures«. Das waren Maßnahmen, die von der Störung elektromagnetischer Ausstrahlungen, Unterbrechungen des gegnerischen Schiffsverkehrs über Blockierung von Wasserstraßen bis hin zur Blockade von Seegebieten reichten.

Neben dem Verteidigungsauftrag erforderte die Durchführung solcher Maßnahmen in Spannungszeiten, soweit sie die Marine betraf, Schiffe und Waffensysteme moderner Konstruktion.

Das Schwergewicht der Vorträge und Tagungen der nächsten Monate lag darin, die Modernisierung und ihre Bedeutung jedem von uns klarzumachen, der in Führungspositionen tätig war. Wir dokumentierten aber auch damit nach außen, wie wichtig der Marine die Modernisierung war. Wir wußten, daß es zu Umstrukturierungen in der ganzen Bundeswehr kommen und daß die Marine hart davon getroffen sein würde. Wir waren zu Einsparungen und Änderungen aller Art bereit, aber der Kern einer modernen Marine, im Rahmen der Marine-Hauptquartier-Planung, blieb unser unverrückbares Ziel. Jeder von uns, bis hinunter zum Matrosen, mußte dieses Ziel vor Augen haben.

Es hielt uns hoch, ließ uns Durststrecken überwinden, es war die psychologische Basis für unsere Nachwuchswerbung, der Ansporn für unsere tägliche Arbeit.

Es war aber auch der Rückhalt, aus dem heraus wir uns mit unserer Umgebung auseinandersetzten, mit Presse, Fernsehen, Rundfunk, mit Abgeordneten, Freunden, Vertretern der anderen Teilstreitkräfte usw.

Wir versuchten, die Vorlage der Tartar-Korvetten zum Abschluß zu bringen und beim Verteidigungsausschuß vorzulegen. Gleichzeitig informierten wir Abgeordnete aller Parteien in Einzelgesprächen.

Mitte 1966 waren wir schließlich so weit, daß drei DDGs (Destroyer Guided Missile-Zerstörer) der Adams-Klasse im Rahmen des Offset-Abkommens (Devisenausgleich mit den Amerikanern) immer mehr in den Bereich der Realisierungsmöglichkeiten rückten.

Bei einem Gespräch mit dem Minister am 17. September wurde das revidierte Programm der Marine genehmigt; das heißt, sowohl drei DDGs sollten gekauft und die Tartar-Korvetten auf eigenen Werften gebaut werden. Er würdigte die Überlegungen der Marine zu personellen wie materiellen Einsparungen.

Daß sich eine breite Front des Widerstandes beim Führungsstab der Streitkräfte, bei der Abteilung Wirtschaft und der Haushaltsabteilung im Ministerium entwickelte, war vorauszusehen.

Am 3. Oktober 1966 Ablösung von Konteradmiral Hetz, der als Flottenchef nach Flensburg ging.

Als erstes suchte ich mir Unterstützung bei meinen Kollegen bei Heer und Luftwaffe, den Generalmajoren Sonneck und Dr. Hempel. Wir verabredeten wöchentlich ein Zusammentreffen, um alle aufkommenden Probleme durchzusprechen, bevor sie mit dem Führungsstab der Streitkräfte besprochen wurden.

Nachdem die vier Tartar-Korvetten vom Minister genehmigt waren und schließlich auch die Zustimmung des Führungsstabes der Streitkräfte gefunden hatten, ging es um ECM-(Electronic Counter Measures-)Flugzeuge und Elint-Trawler (Electronic-Intelligence). Bereits im Frieden, aber besonders in der Spannungsphase war es notwendig, ein breites Band von Erkenntnissen über die Absichten eines potentiellen Gegners zu bekommen, um ein angemessenes Instrumentarium für die Beantwortung der dann auftretenden Probleme zur Hand zu haben. Die konventionelle Möglichkeit, Nachrichten von der anderen Seite zu bekommen, zum Beispiel durch personale Spionage, war so gut wie ausgeschlossen.

Etwa 90 % unserer Erkenntnisse kamen aus der elektronischen Aufklärung. Es war daher wichtig, diesen Teil zu verstärken. Die Marine, mit der Möglichkeit, an der Flanke, an der Grenze der Ostseeanrainer des Warschauer Paktes, in den internationalen Gewässern der Ostsee bereits in Friedenszeiten zu operieren und dort elektronische Abhörgeräte einzusetzen, konnte so einen bemerkenswerten Beitrag zur Nachrichtengewinnung des Westens leisten. Dieser Beitrag machte die Marine zu einem interessanten Partner auf der »NATO-Nachrichtenbörse«.

Wir hatten während meiner Amtszeit sehr viele ausländische Besucher, unter anderem Admiral Clutterbuck, Deputy SACLANT von der Royal Navy, Admiral Bush vom Channel Command. Ein sehr wichtiger Besuch war der des Admirals Moorer, SACLANT. Die Gespräche, die ihn über unsere Aufgaben und über unsere Leistungsfähigkeit unterrichteten, waren für beide Seiten informativ. Der Adjutant beim

Inspekteur traf die Vorbereitungen für eine Abendeinladung im Hotel Dreesen.

Dieser Abend verlief etwa folgendermaßen:

Die Gäste, also Admiral Moorer und sein Stab, wurden vom Inspekteur Vizeadmiral Zenker und mir mit einem Glas Sekt empfangen im Vestibül des Hotels, wo laufend andere Gäste sich aufhielten.

Dann marschierten wir in die zweite Etage, dort waren zwei miteinander verbundene Zimmer für uns vorbereitet. Die langstehende Tafel und die Stühle standen so dicht an den Wänden, daß die Kellner Mühe hatten, die Speisen zu servieren. Es gab eine Suppe, dann gebratenes Huhn, ein Gericht, das man in USA den Bettlern gibt, danach gab es Eis. Anschließend ging man wieder herunter in das gleiche Vestibül, wo im Beisein anderer Hotelgäste dann die abschließende Tasse Kaffee und noch ein Cognac gereicht wurden. Für mich, der ich amerikanische Verhältnisse kannte und die Art und Weise, wie man Gäste dort bewirtet, war dieser Empfang peinlich. Ich dachte an Johannessons Wort von der nichtgeliebten Bundeswehr und daran, mit welchem Aufwand demgegenüber ausländische Diplomaten und Politiker empfangen wurden. Am nächsten Tage wurden wir vom amerikanischen Botschafter McGhee in dessen Residenz eingeladen.

Hier war der Tisch gedeckt mit erlesenem Porzellan, brennende Kerzen spiegelten sich tausendfach in den verschiedenen Kristallgläsern, Blumen in den Farben der Bundesrepublik standen auf dem Tisch, die Stühle waren weit gesetzt, und die Kellner hatten Raum zum Servieren.

Nach dem Essen trennten sich – wie es üblich ist – die Geschlechter. Die Männer führten politische Gespräche in der Bibliothek.

Es war die Zeit der Großen Koalition und des Vietnamkrieges. Der amerikanische Präsident Johnson hatte mehr öffentliche Unterstützung von den Alliierten erwartet, insbesondere von den Deutschen. Diese Unterstützung war ausgeblieben – die Atmosphäre zwischen Washington und Bonn war daher recht kühl.

Als die Verhandlungen über den Non-Proliferation-Vertrag (Nichtverbreitung von Nuklearwaffen) zwischen Washington und Moskau liefen, ohne daß die Verbündeten konsultiert wurden, sprach der deutsche Bundeskanzler Kiesinger von einer Komplizenschaft der Großmächte, eine ungeschickte und nicht zutreffende Formulierung, die zu einer weiteren Abkühlung führte. Sie war deshalb nicht zutreffend – so McGhee –, weil der Präsident unter dem Eindruck des Absinkens seiner Popularitätskurve (Vietnam und Rassenunruhen) sich bemühte, außenpolitisch Erfolge herbeizuführen.

Der Botschafter war an diesem Abend sehr bemüht, uns Einblick in die amerikanischen Probleme zu geben, und suchte den Eindruck zu vermitteln, daß er alles in seiner Macht Stehende tat, um die Mißverständnisse auf beiden Seiten auszuräumen und eine Klimaverbesserung zwischen Washington und Bonn zu erreichen.

Die Damen gingen während unserer Abwesenheit in das Ankleidezimmer der Frau des Botschafters. In der Mitte des Raumes stand ein großer, weißgestrichener Vogelkäfig aus Draht, sehr geschmackvoll, Rokokoform.

Darin saß ein schwarzer, großer Vogel aus Indien mit einem Riesenschnabel. Als die Damen in den Raum kamen, stieß der Vogel ein ordinäres Gelächter aus und krächzte anschließend:

»I like pretty girls, I like pretty girls!«

Und dann wieder dieses ordinäre Gelächter. Wie oft muß der Botschafter das mit diesem Vogel versucht haben, daß es endlich so funktionierte. Es war jedenfalls ein gekonnter Gag.

Ein Inspekteur-Stellvertreter, zugleich Chef des Stabes, hat keineswegs nur Aufgaben auf den Höhen der Militärpolitik oder in den Niederungen der Auseinandersetzungen mit anderen Abteilungen des Ministeriums. Eine Fülle marineinterner Probleme unterschiedlichen Gewichts gelangt auf dem Dienstweg zu ihm und beansprucht seine Aufmerksamkeit manchmal weit über den eigentlichen Anlaß hinaus. So beschäftigte mich lange eine tragisch endende Affäre, die noch heute einige Fragen offenläßt.

Der Flottillenadmiral Lüdke hatte Ende des Krieges als umgeschulter junger Verwaltungsoffizier ein Kleinst-U-Boot gefahren und war wegen seiner Erfolge ausgezeichnet worden. In der Bundeswehr war er zuletzt als Logistiker in einem NATO-Stab eingesetzt.

Meine Frau und ich trafen Lüdke in Paris und gingen mit ihm und seiner Frau zusammen in die Oper. Anschließend lud er uns zu einem Krebsessen in ein renommiertes Lokal ein, strahlend und selbstsicher.

Eines Tages brachte Lüdke einen Film in das Labor eines Bonner Fotografen. Dieser entdeckte beim Entwickeln, daß ein Teil dieses Films ein als geheim klassifiziertes NATO-Dokument zeigte und benachrichtigte daraufhin das Verteidigungsministerium. Die Recherchen liefen auf Hochtouren, und Lüdke geriet in den Verdacht, für die andere Seite zu arbeiten.

Kurz bevor es zu der entscheidenden Auseinandersetzung mit dem Militärischen Abschirmdienst (MAD) kam, suchte Lüdke mich in meiner Eigenschaft als Stellvertretender Inspekteur auf. Er war nicht mehr wiederzuerkennen, verglichen mit dem Lüdke, den ich von früher und aus Paris kannte und in Erinnerung hatte. Er stellte die Angelegenheit als völlig harmlos hin. Er hätte einen großen bunten Schmetterling auf seinem Schreibtisch fotografieren wollen und in dem Moment, fasziniert von dem schönen Schmetterling, nicht gesehen, daß dieser auf einem Geheimpapier saß. Schnell habe er den Apparat geholt und den Auslöser betätigt. Der Schmetterling aber wäre hochgeflogen, daher nicht mehr auf dem Bild, und so wäre nur das Geheimpapier zufällig auf den Film geraten, zugegeben, eine seltsame Erklärung. Er ging nicht zu der Befragung oder Anhörung, die dann zwei oder drei Tage später stattfinden sollte, sondern wurde Anfang Oktober 1968 das Opfer eines Jagdunfalles in der Eifel.

Ich dachte an Hamlets letzte Worte: »Der Rest ist Schweigen.«

Im Zusammenhang mit meiner vorgesehenen, von SACEUR (Supreme Allied Commander Europe) gebilligten und begrüßten Verwendung als Leiter der Abteilung »Plans and Policy« im Stab von CINCNORTH in Kolsas ließ am 8. März 1968 Staatssekretär von Hase mich zu sich kommen. Er forderte mich auf, ein Fernschreiben des deutschen Botschafters in Oslo zur Kenntnis zu nehmen. Darin stand, daß im Interesse eines guten deutsch-norwegischen Einvernehmens und mit Rücksicht auf die bevorstehende große Storting-Debatte über die norwegische NATO-Mitgliedschaft unter allen Umständen vermieden werden müsse, daß meine Person irgendwelche Angriffsflächen bieten könnte. Selbst wenn meine Ernennung nicht offiziell bekanntgegeben würde, sei mit absoluter Sicherheit damit zu rechnen, daß die NATO- und Deutschlandgegner haargenau den Lebenslauf des Admirals durchforschen würden. Er bäte daher ganz freimütig um möglichst erschöpfende Informationen, damit man von norwegischer Seite beurteilen könne, ob und wieweit NATO-Gegner nur persönliche Vorwände suchen würden, die meiner Verwendung im Wege stehen könnten. Der Leiter der politischen Abteilung des norwegischen Außenministeriums brachte zum Ausdruck, daß die Tätigkeit dann Angriffsflächen bieten könnte, wenn feststehen würde, daß Topp als U-Boot-Kommandant etwa norwegische Kriegsschiffe und vor allem Handelsschiffe versenkt hätte.

Der Norweger bat zusammenfassend, eine zunächst nur für ihn bestimmte umfassende Information zusammenzustellen über meine Tätigkeit während des Krieges, die Umstände, die zu meiner Gefangennahme in Norwegen geführt hätten, unter besonderer Berücksichtigung von Fragen, die die norwegische Animosität erregen könnten, also besonders die Versenkung von norwegischen Schiffen, Mitwirkung bei der Besetzung Norwegens und evtl. auch Publikationen.

Die Stellungnahme des deutschen Botschafters in Norwegen, Balken, hierzu lautete: Unter Berücksichtigung der gegenwärtigen Lage hielte er die Sorgen, die der Norweger im Auftrag seiner Regierung äußerte, im Grunde für berechtigt. In Einzelheiten führe seine Argumentation allerdings zu weit.

Der Botschafter führte dann noch aus, daß eine innenpolitische Kampagne gegen die weitere Mitgliedschaft Norwegens in der NATO begonnen habe und daß die NATO-Gegner in Ermangelung überzeugender Argumente nun versuchen würden, noch vorhandene antideutsche Ressentiments wiederzubeleben. Es wäre daher äußerst nachteilig, sowohl für die norwegische Regierung als auch für die deutsche Botschaft, wenn nach Ernennung von Admiral Topp Vorgänge oder nicht aufgeklärte Sachverhalte bekannt würden, die in der Kampagne gegen Norwegens NATO-Mitgliedschaft verwandt werden könnten.

Die Abteilung P (Personal) stellte daraufhin folgende Unterlagen über »vier Berührungspunkte von Topp mit Norwegen« zusammen.

1. Als Wachoffizier auf »U 46«, während des Narvik-Unternehmens im Rahmen von »Weser-Übung«.

2. Beim Anlaufen Bergen zur Brennstoffergänzung mit »U 57«.

3. Bei der Internierung zu Kriegsende.

4. Die Versenkung von vier norwegischen Dampfern.

Der Staatssekretär brachte mir gegenüber zum Ausdruck,

daß er nach sorgfältigem Lesen meines Lebenslaufes und der Personalakte feststellen müßte, daß ihm persönlich die ganze Angelegenheit »contre cœur« laufe und daß die Beurteilung meiner Person keine Einbuße erlitten habe, im Gegenteil. Nach Abwägen aller Faktoren schiene ihm aber eine möglichst unauffällige Erledigung dieser Angelegenheit als die bestmögliche Lösung.

Erzogen in dem Anspruch, daß die Staatsräson an oberster Stelle steht, habe ich mich der Meinung des Staatssekretärs angeschlossen.

Das Ergebnis war einmal ein Schreiben des Generalinspekteurs an den Oberbefehlshaber der Alliierten Streitkräfte Europa, General Lemnitzer.

»Sehr geehrter Herr General Lemnitzer.
Sie haben meinem Vorschlag vom 4. 12. 67, als Nachfolger für Konteradmiral Erdmann den Stellv. Chef des Stabes für Planung und Operation beim HQ AFNORTH, Konteradmiral Erich Topp, zu ernennen, freundlicherweise zugestimmt. Leider muß ich Ihnen heute mitteilen, daß neue Überlegungen im Zusammenhang mit der Modernisierung der deutschen Marine die Entsendung des Konteradmirals Topp unmöglich machen. Wir möchten in dieser Phase der Umrüstung nicht gern auf die Mitarbeit und die besonderen Erfahrungen von Topp verzichten. Ich bitte um Verständnis, wenn wir daher die Nominierung von Topp zurückziehen. Ich werde Ihnen in Kürze einen anderen Admiral als Nachfolger für Konteradmiral Erdmann vorschlagen.«

Zweitens sollte eine Sprachregelung gefunden werden, um zu vermeiden, daß der Eindruck entsteht, der Minister habe nicht genügend Rückgrat.

Drittens war es auch eine nicht unwichtige Überlegung, meine Person zu schützen vor Angriffen der norwegischen kommunistischen Presse, wo etwa eine Balkenüberschrift hätte lauten können:

»Mörder unserer Seeleute in verantwortlicher NATO-Position.«

Wenn auch die Versenkung von vier norwegischen Schiffen, die in britischer Charter, in von britischen Zerstörern geschützten Konvois liefen, bei Nacht von mir versenkt wurden, ohne Kenntnis der Nationalität, völkerrechtlich in Ordnung war, so hätten doch diese Versenkungen in der Presse ausgeschlachtet werden können.

Mit der Rücknahme meiner Nominierung vermied man es, den Kommunisten in Norwegen Munition für ihren Feldzug gegen die NATO zu liefern.

Am 10. Oktober 1968 wird ein Ausspruch des Generals Lemnitzer an die Norweger bekannt anläßlich der Kommandierung von Admiral Guggenberger an meiner Stelle nach Oslo: »Ich schicke Ihnen hiermit einen Admiral, der nur britische Schiffe versenkt hat.«

In diese Zeit fiel die Namensgebung für die drei Raketenzerstörer der Bundesmarine. Zur Debatte standen folgende Namen, symbolisch für die drei Teilstreitkräfte; »Admiral Lütjens« für die Marine, »Oberst Mölders« für die Luftwaffe und »Generaloberst von Fritsch« für das Heer.

Um den Namen Lütjens hatte es schon einige Aufregung in der Presse gegeben, weil er den Loyalitätsfunkspruch an den Führer geschickt hatte, bevor die *Bismarck* sank. Dem gläubigen Katholiken Mölders wurden seine zwölf Abschüsse während des Bürgerkriegs in Spanien verziehen. Fritsch geriet in das Kreuzfeuer kontroverser Meinungen. Die einen sahen in ihm den vom Nationalsozialismus unabhängigen Führer des Heeres, eine herausragende Persönlichkeit, einen tadelsfreien Charakter, der mit vorbildlicher Haltung gegen die üblen Verleumdungen ankämpfte, die sein Gegner Himmler gegen ihn ausgestreut hatte, der dann im Polenfeldzug vor Warschau als Chef seines Regimentes den Tod suchte und fand. Auf der anderen Seite standen die nachweislich beleidigenden Äußerungen, die er (nicht in der Öffentlichkeit allerdings) über den Reichspräsidenten Ebert und die Sozialdemokraten gemacht hatte, sowie der Interpretation bedürftige politische Äußerungen in einem bekannt gewordenen Privatbrief von Ende 1938, die schon in der Nürnberger Anklageschrift im »Hauptkriegsverbrecher«-Prozeß 1945 eine Rolle gespielt hatten.

Seine persönliche Integrität, seine Führungsqualitäten wurden von keiner Seite angezweifelt.

Bei einer NATO-Sitzung in Paris kam der CINCENT (Commander in Chief Central Europe), General Graf Kielmannsegg, der mit Generaloberst Frhrn v. Fritsch entfernt verwandt war, auf mich zu und sagte mit erhobener Stimme: »Daß auch Sie an dem Verleumdungsfeldzug gegen von Fritsch teilnehmen, hätte ich von Ihnen nicht erwartet.« Sagte es, drehte sich um und verschwand.

Zum Generalinspekteur, der in unserer Nähe stand und Zeuge dieses Vorfalles geworden war, gewandt, fragte ich: »Ist das der neue Stil, wie in unserem Offizierscorps Meinungsverschiedenheiten ausgetragen werden?« Er zuckte mit den Achseln. Ich daraufhin: »Wußten Sie, daß von Fritsch am 30. Januar 1937 das Goldene Parteiabzeichen annahm zu einem Zeitpunkt, als der damalige Verkehrs- und Postminister von Eltz-Rübenach es ablehnte und die Konsequenzen einer Demission auf sich nahm?« Der Generalinspekteur verneinte.

Der in der Sache falsche und in der Form ungewöhnliche Vorwurf von General Graf Kielmannsegg war mir um so unverständlicher, als er selbst in dem von ihm herausgegebenen Buch »Der Fritschprozeß« darauf hinweist, daß nicht erwiesen sei, welche Rolle Fritsch 1934 bei der Beseitigung der Generale v. Schleicher und v. Bredow gespielt habe, und daß zumindest die Möglichkeit bleibe, ihm vorzuwerfen, daß er den politischen Mord an zwei Generalen hingenommen habe.

Bekannt war die Reaktion Fritschs auf die Frage Papens, warum die Wehrmacht als einziger noch vorhandener Ordnungsfaktor nicht eingreife. Fritsch erwiderte, er könne nur handeln, wenn er einen Befehl von Feldmarschall v. Hindenburg erhielte. Um einen Offizier der Wehrmacht als traditionsprägendes Vorbild der Bundeswehr im Jahre 1968 vorzuschlagen, durfte man den Traditionserlaß aus dem Jahre 1965 nicht übersehen, in dem es hieß:

»Der Soldat, der sich, als unpolitischer Soldat einer falschen Tradition folgend, auf das militärische Handwerk beschränkt, versäumt einen wesentlichen Teil seiner beschworenen Dienstpflicht als Soldat in einer Demokratie.«

Schwerer wogen die bereits obenerwähnten diskriminierenden Äußerungen Fritschs, die bereits in der Öffentlichkeit diskutiert wurden und nach denen er den Sozialdemokraten und Reichspräsidenten, der doch auch sein oberster Befehlshaber war, Friedrich Ebert, als einen großen Schweinehund bezeichnet und zur Begründung dieser Beschimpfung geschrieben hatte: ». . . denn letzten Endes sind Ebert, Pazifisten, Juden, Demokraten, Schwarz-Rot-Gold und Franzosen alle das gleiche: nämlich die Leute, die die Vernichtung Deutschlands wollen«.

Es gehörte keine große Phantasie dazu, vorauszusagen, daß, wenn ein Zerstörer nach Fritsch benannt worden wäre, es im Ausland großes Kopfschütteln und im Innern Protest gegeben hätte. In der von seinem Gegner Himmler in übelster Form inszenierten Homosexuellen-Affäre ließ er sich in einer für uns heute unbegreiflichen Weise demütigen, anstatt den Gemeinheiten entschlossen entgegenzutreten. Er hat später selbst seine devote Haltung gegenüber Hitler bedauert.

Aus all diesen Gründen schlug die Marine dem Minister den Namen Rommel vor. Rommel war ein im In- und Ausland wegen seiner ebenso erfolgreichen wie ritterlichen Kriegsführung hochgeachteter Offizier, der in der letzten Phase des Krieges sich dem Widerstand nicht versagte und –

wie bekannt – durch Hitler gezwungen wurde, sich das Leben zu nehmen.

Solche Auseinandersetzungen, die stets eine mehr oder weniger quälende Traditionsdiskussion auslösten – so unwichtig sie sich heute ausnehmen mögen –, verdeutlichen die anhaltenden inneren Schwierigkeiten, die die Bundeswehr damals, personell in der Nachfolge der Wehrmacht stehend, zu überwinden hatte.

Aber auch mit ihrer Stellung nach außen und überhaupt im Staatsgefüge sowie im allgemeinen Bewußtsein stand es ein Dutzend Jahre nach ihrer Aufstellung nicht zum Besten. Oft mußte ich an Johannessons Worte vom »notwendigen Übel« denken, das natürlich auf das Selbstverständnis der Streitkräfte zurückwirkte.

Die militärische Führung tat sich in meinen Augen gelegentlich schwer, eine eindeutige Position zu beziehen und ein klares Profil nach außen zu zeigen.

Ein Beispiel dafür ist der Verlauf der Kommandeurtagung der Bundeswehr in Kassel im Mai 1968.

Diese Tagung erhielt dadurch ein besonderes Gepräge, daß eine Gruppe von Demonstranten, etwa hundert Schüler und Studenten aus Frankfurt, die Eingänge der Stadthalle, in der die Kommandeurtagung stattfand, belagerte, lautstark die damals üblichen Slogans skandierte, wie »Bundeswehr – Notstandsheer« usw. Ein Passieren der Barriere war nur möglich unter diffamierenden Umständen.

Um vor den etwa 200 versammelten Generalen und Admiralen Vorträge halten zu können, mußten der Staatssekretär im Auswärtigen Amt, Rolf Lahr, und der Bundesminister für Forschung und Entwicklung, Stoltenberg, mit Hubschraubern in einen Innenhof eingeflogen werden.

Trotzdem stellte der Generalinspekteur fest, daß ein Schwund der Autorität nicht vorhanden sei.

Ich hatte erwartet, und mit mir eine Reihe von anderen Offizieren, daß das Land beziehungsweise die Stadt aufgefordert würden, durch Polizeieinsatz die Eingänge freizuhalten oder, falls dem nicht entsprochen würde, die Tagung demonstrativ abzubrechen.

Man fürchtete jedoch, daß eine Polizeiaktion von der Presse groß aufgemacht würde, was unseres Erachtens der Bundeswehr nicht geschadet hätte. Ist es nicht Verpflichtung der staatlichen Gewalt, die Würde des Menschen zu achten und zu schützen, Artikel I des Grundgesetzes zufolge?

Der CDU-Abgeordnete Hans Dichgans schrieb an Minister Schröder und gab mir Kenntnis von seinem Brief, in dem es hieß:

»... man fühlt sich an das caudinische Joch erinnert. Wenn ich an den ständigen Schwund von Staatsautorität und Staatsbewußtsein denke, höre ich so etwas mit allergrößter Sorge ...«

Gegen Ende meiner Zeit als Stellvertreter des Inspekteurs der Marine ereignete sich das, was als »Fall Grashey« weithin bekannt wurde.

Generalmajor Grashey, Stellvertreter des Inspekteurs des Heeres, hatte im März 1969 in einer Rede an der Führungsakademie vor Generalstabsoffizieren scharfe Kritik an der Inneren Führung und am Wehrbeauftragten geübt, und zwar nicht nur an einzelnen Fehlentwicklungen, sondern grundsätzlich.

Der Generalinspekteur berief daraufhin eine Besprechung ein, an der der Inspekteur des Heeres, Generalleutnant Schnez, der Inspekteur der Luftwaffe, Generalleutnant Steinhoff, und ich als Vertreter des Inspekteurs der Marine teilnahmen. General de Maizière eröffnete das Gespräch mit einem kurzen Abriß des Geschehens und versuchte die Angelegenheit herunterzuspielen.

Er sprach von »Entgleisung« und davon, daß der Minister eine großzügige Stellungnahme beabsichtige.

Die Stellungnahme von Schnez lag in der gleichen Linie. Grashey sei ein intelligenter Offizier, der frei gesprochen habe und sich kaum Zeit zur Vorbereitung seiner Rede genommen hätte.

Für Steinhoff und mich ging es bei der Rede von Grashey um mehr als einen falschen Zungenschlag. Eine Stellungnahme der militärischen Führung durfte nicht den Eindruck eines Solidarisierungsprozesses hervorrufen. Die Rede wurde bereits in der Öffentlichkeit kontrovers erörtert. Eine klare Stellungnahme war notwendig, damit nicht bereits vorhandenes Mißtrauen gegen die »Generalität« unter den Bürgern, insbesondere bei der Opposition, genährt würde, die unter schwierigen Geburtswehen die Bundeswehr mitgeschaffen und nicht unkritisch mitgetragen hatte.

Meine Stellungnahme ging dahin, daß die Grundsätze der Inneren Führung im Rahmen vorgegebener Verfassungsnormen aufgestellt waren. Das schloß eine dynamische Anpassung an den Zeitgeist nicht aus. Das Führungskonzept konnte aber nicht eine Frage der persönlichen Interpretation des einzelnen sein. Die Bundeswehr als Teil der Exekutive sei der Parlamentskontrolle unterworfen, die auch über die Einhaltung der Prinzipien der Inneren Führung wacht. Eine Hauptaufgabe der Inneren Führung sei es, die Bundeswehr in die moderne Industriegesellschaft zu integrieren. Das Gelingen dieses Prozesses entscheide mit über die Glaubwürdigkeit der Strategie der Abschreckung.

Auch Steinhoff forderte eine klare Stellungnahme. Wir müßten aufhören, mit der Lüge zu leben, die aus der Diskrepanz zwischen propagiertem Anspruch und der Wirklichkeit abzulesen sei. Grashey sei doch nur die Spitze eines Eisberges.

Ich habe die Kontroverse um die Kommandeurtagung in Kassel und die unterschiedlichen Reaktionen auf die Rede des Generals Grashey aus den Ereignissen auf der Hardthöhe herausgegriffen, um zu zeigen, daß die oberste militärische Führung – vielleicht bedingt durch ihre größere Nähe zur politischen Leitung – in ihrem Verhältnis zur Öffentlichkeit eine Vorsicht und Zurückhaltung übte, die wir für falsch hielten. Wir glaubten, mehr für die Bundeswehr tun zu können, wenn wir Profil zeigten, sowohl wenn wir angegriffen wurden als auch bei der Reaktion auf eigene Fehler.

Da ich den Inspekteur der Marine, Vizeadmiral Jeschonnek, des öfteren zu vertreten hatte, kam ich verschiedentlich in nahe Verbindung mit General de Maizière. Aus den skizzierten Kontroversen auf einen Autoritätsschwund seines Amtes zu schließen wäre falsch. De Maizière war zweifellos für die Exekutive in der Zeit des immer noch vorhandenen Mißtrauens gegen die »bewaffnete Macht im Staate« der geeignete Mann an der Spitze des militärischen Apparates, der ständig in einem schwierigen Gewässer von Abhängigkeiten und Rücksichtnahmen navigieren mußte. Er war ein Steuermann, der mit hoher Intelligenz und großer Erfahrung die Untiefen ausmanövrierte, immer den Primat der Politik betonend. Seine Ausstrahlung auf die Truppe zu messen an den wenigen Besuchen bei der kleinen und ihm letztlich fremden Marine würde ihm nicht gerecht. In Stil und Form war er vorbildlich. Ich habe weder aus seiner Gedankenführung noch aus seinen Formulierungen jemals Unsicherheit herausgehört, obwohl er doch manchen Balanceakt in einer Zeit großer Wandlungen im Selbstverständnis des Soldaten und seiner Stellung in Staat und Gesellschaft durchzustehen hatte. Daß er seinen Lieblingsplan, die Spitzengliederung der Bundeswehr nach seinen Vorstellungen zu verändern, nicht durchsetzen konnte, hat ihn stärker getroffen, als er zugab. (Victor Hugo: »Sieger sein ist wenig, groß bleiben alles.«)

De Maizière wollte eine den Teilstreitkräften übergeordnete Stellung des Generalinspekteurs mit Weisungsrecht. Heer, Luftwaffe und Marine neigten zu der amerikanischen »Joint Chief of Staff«-Lösung, in der der Generalinspekteur und die Inspekteure mehr oder weniger gleichberechtigte Partner waren und der Generalinspekteur die Rolle des »Primus inter pares« innehatte.

Wichtig für uns war, daß die Inspekteure truppendienstliche Vorgesetzte in ihrer Teilstreitkraft wurden.

Außerdem war für uns entscheidend, daß der »Entstehungsgang Schiff« von der Marine begleitet wurde und nicht ausschließlich in der Verantwortung der Rüstungsabteilung im Ministerium und des Bundesamtes für Wehrtechnik und Beschaffung in Koblenz lag.

Gingen wir in den Vorstellungen zur Neuordnung des Rüstungsbereichs mit dem Führungsstab der Streitkräfte (Fü S) überein, so hatten wir in der Frage der Spitzengliederung unterschiedliche Auffassungen.

In den Sitzungen der Stellvertreter hatten wir unsere Auffassungen stets vorher abgestimmt. Auch mit dem Inspekteur der Luftwaffe hatte ich einen engen Kontakt. Wir vertraten die gleichen Auffassungen. Als ich die Bundeswehr 1969 verließ, sagte er mir: »Ihr Einspruch zur Neugliederung von Fü S hat Sie wohl Kopf und Kragen gekostet.«

Eine Englandreise hatte mir 1967 die Möglichkeit gegeben, eingehend mit der englischen militärischen Führung in Berührung zu kommen. Ihr Selbstverständnis, ihre innere Sicherheit erschienen mir beispielhaft. Die dort gesammelten Eindrücke bestätigten, daß wir es im Kriege mit einem hochqualifizierten Gegner zu tun gehabt hatten. Nun saßen wir gemeinsam in freundschaftlicher Distanz im Boot der NATO.

Anlaß für diese Reise war die Einladung zum Atlantic/Channel Symposium 1967 sowie eine Einladung des Supreme Allied Commander Atlantic und Allied Commander-in-Chief Channel in das Lancaster House, St. James, London, am 4. Oktober.

Lunch in der Painted Hall, einem alten, ehrwürdigen Gebäude palladianischer Architektur, fand im Beisein und unter Leitung von Prinz Philip, dem Herzog von Edinburgh, statt.

Für mich war der Aufenthalt in England in jeder Beziehung ein unvergeßliches Erlebnis, eine Folge von interessanten Ereignissen:

In Greenwich erlebte ich die Tradition einer Welt- und Seemacht.

Selbst die Patina dieser Größe, so, wie sie heute auf uns wirkt, ist noch hinreißend. Sie hat diese Menschen geprägt mit ihrem Selbstbewußtsein einerseits, ihrer Fähigkeit zum Understatement andererseits. Ich habe einige ihrer hervorragenden Vertreter kennengelernt und bin um einige wertvolle menschliche Erfahrungen reicher zurückgekehrt.

Eine Fülle von künstlerischen und historischen Erlebnissen reihte sich dazu:

National Museum Windsor, Eton, Winchester, Romsay Abbey usw., das alles unter der kundigen Führung von Kapitän zur See Kray, dem deutschen Marineattaché in London.

6. August 1969:
Minister Schröder hat »Entscheidung« auf Sylt getroffen, daß ich am 1. 10. durch Admiral Kühnle abgelöst werde und bis Ende des Jahres zur besonderen Verfügung stehe.

Ich halte meine Linie weiterhin, breche keine Brücke ab, unterdrücke meine eigenen Emotionen und nehme diesen Abgang einschließlich Verleihung des Großen Bundesverdienstkreuzes nach außen gelassen hin.

Bei der offiziellen Verabschiedung durch den Staatssekretär brachte ich folgendes zum Ausdruck:

1. Hinnahme der getroffenen Entscheidung, mich nicht nach Norwegen zu schicken, weil außenpolitisch richtig.

2. Ich betrachte mich als Opfer von politischen Ressentiments im Ausland. Jede andere Streitkraft hätte das im eigenen Bereich kompensiert. Es wird bei SACEUR mit Inter-

esse registriert werden, daß der Offizier, den man für unabkömmlich in der Marine erklärte, nun abgeschoben wird.

Der Staatssekretär antwortete: »Die Marine ist Ihnen zu großem Dank verpflichtet, das habe ich Ihnen schon im Zusammenhang mit Oslo gesagt. Sie haben viel für die Bundeswehr getan, aber die Konstellation war schlecht für Sie. Fällt Ihnen der Abgang schwer?«

Meine Antwort:

»Bewegungen, Änderungen, so schmerzlich sie sind, sind das wahre Leben.«

Der Staatssekretär: »Die Marine wird unter einem Verteidigungsminister Schmidt heftig zu kämpfen haben.«

Meine Antwort. »Wir sind gewohnt zu kämpfen.«

Staatssekretär: »Das erinnert mich an ein Wort McArthurs, als er, auf den Philippinen von den Japanern mit seinen Truppen eingekesselt, nach Washington zitiert wurde, setzte er das Flaggensignal »I shall return«, und er kehrte zurück.« Warum sagte er das? Rechnete er etwa auch mit meiner Rückkehr?

Selbstkritisch muß ich über meine vier Jahre Tätigkeit im Ministerium sagen, daß sicherlich manches unzulänglich war. Ich war mir andererseits darüber klar, daß jeder nur mit seinen Pfunden wuchern kann. Man könnte auch sagen, daß meine Tätigkeit einen für mich befriedigenden Abschluß gefunden hatte, denn für den größten Teil der seit Jahren betriebenen Modernisierung hatten wir grünes Licht bekommen, das Instrumentarium für eine effektive Realisierung und Durchführung des Programms war besser geworden.

Jeder fängt seine Aufgabe mit einem Fundus an Erfahrungen, mit Elan und Impulsen an. Die Möglichkeiten und Begrenzungen stehen jedoch in einer ziemlich festen Relation. Um nur zwei Begrenzungen zu nennen: Die Kleinheit der Teilstreitkraft Marine, die Struktur des Ministeriums.

Ich hatte es als eine meiner Aufgaben gesehen, die Eigenständigkeit der Teilstreitkraft Marine zu bewahren und gegen manche Angriffe zu verteidigen. Das hatte mich in ein Spannungsverhältnis zum Führungsstab der Streitkräfte gebracht und war letzten Endes vermutlich die Ursache dafür, daß ich frühzeitig in den einstweiligen Ruhestand versetzt wurde.

Noch einmal schien sich die Situation zu ändern, als mich der neue Verteidigungsminister Helmut Schmidt am 5. November 1969 zu sich kommen ließ und mich fragte, ob ich bereit wäre, in einem neu einzurichtenden Planungsstab mitzuarbeiten.

In einem langen Gespräch mit Dr. Sommer (Die Zeit), der das Planungsteam leitete und als dessen Stellvertreter ich arbeiten sollte, konnte ich ihm einen am vorhandenen System der Bundeswehrplanung orientierten Entwurf (Erlaß vom September 1969) vorlegen.

Sommer und ich waren darin einig, dem Minister mit Hilfe dieser Gruppe Alternativen zu der Planung von Fü S zu liefern und ihn auf diese Weise wirklich zum Herrn des Planungsgeschehens zu machen. Der Planungsgruppe sollten andere mit Planung und Studien beauftragte Stellen zuarbeiten, wie die ZOR (Zentrale Operations und Research), die Operation und Researchgruppen beim IABG (Industrie, Anlagen- und Betriebsgesellschaft), Dornier und dem Battelle-Institut und der Stab für Studien und Übungen der Bundeswehr (Bensberg).

Ob die Absicht des Ministers, mich in diese Planungsgruppe hineinzunehmen, durch meine alten Kontrahenten im Ministerium vereitelt wurde oder ob der Minister in der Tat keine angemessene Planstelle für mich fand, bleibt offen. Schwerer wog für mich sein Argument, daß ich in eine schwierige Lage käme, wenn ich als sein »Planungsmann« Positionen vertreten müßte, die im Gegensatz stünden zu dem von mir drei Jahre lang vor Parlament und Ausschüssen vertretenen Konzept der Marine. Er meinte damals, daß für ihn das MRCA- (Multi Role Combat Aircraft) und auch das Fregattenprojekt fraglich seien.

Die endgültige Absage des Ministers wurde verpackt in eine feierliche Verabschiedung durch ihn im Beisein von Staatssekretär Berkhan und Generalleutnant Dr. Stangl, dem Leiter der Personalabteilung. Dieses harmonische Zusammensein bei einem Glas Sekt gab mir noch einmal Gelegenheit, eine Lanze für die Marinekonzeption, für die Modernisierung zu brechen.

Ich hatte den Eindruck, daß ich damit der Marine einen letzten Dienst erwiesen hatte.

Am 31. Dezember 1969 verließ ich die Bundesmarine nach einer Dienstzeit von elf Jahren. Ich war 55 Jahre alt.

Der Marine habe ich viel zu verdanken.

Ich hatte das Privileg, bereits als junger Offizier Verantwortung zu tragen und konnte im Einsatz mit einer Handvoll Männer bis an die Grenze des Risikos und manches Mal darüber hinausgehen. Mit mir fuhren Männer, denen ich noch heute kameradschaftlich verbunden bin.

Die Erwartung, in einem Kreis von Offizieren arbeiten zu können, abseits von Intrigen und Konkurrenzdenken, hatte mich nach einer ebenso faszinierenden wie aufreibenden Tätigkeit im freien Beruf wieder zurück zur Marine gebracht. Auch wenn sich nicht alle Erwartungen erfüllten – ohne die Jahre in der Bundesmarine wäre ich zweifellos menschlich ärmer.

Politisch öffnete sich mir in dieser Zeit eine andere Dimension.

Die Verbindung mit der größten Marine, meine Kontakte mit amerikanischen Seeoffizieren im Pentagon, bei SACLANT (Supreme Allied Commander Atlantic) in Norfolk hatten mir klargemacht, daß Deutschland in den Jahren von 1949 bis 1955 einen entscheidenden Schritt getan hatte. Es war Partner der großen Seemächte geworden. Noch unter den Auswirkungen seiner größten Niederlage leidend, in einer Phase, die politischer Nichtexistenz nahekam, in seiner Substanz zerrissen, geographisch getrennt, erreichte

Deutschland auf ganz anderem Wege das, was Wilhelm II. vergeblich versucht hatte, nämlich mit Hilfe einer starken Flotte in den »Club der Weltmächte« (Salewski) aufgenommen zu werden. Der Kaiser, der nichts unterließ, um dem Volk die Bedeutung der See und der Seemacht zu verdeutlichen, scheiterte ebenso wie nach ihm Hitler bei dem Versuch, dem maritimen Faktor in der deutschen Politik Geltung zu verschaffen. Hitlers Ziel, sich mit der Seemacht England zu arrangieren (Flottenvertrag Juni 1935), um die Weltherrschaft aufzuteilen unter den angloamerikanischen Seemächten und der kontinentalen europäischen Macht Deutschland, war bereits im Ansatz verfehlt.

Durch das Bündnis mit den Seemächten in der NATO hat unsere wirtschaftliche Abhängigkeit von der See und die ihr entsprechende Dimension der Sicherheit eine politische Antwort gefunden.

Die Abhängigkeit der rohstoffarmen, aber hochindustrialisierten Wirtschaft der Bundesrepublik von der See hat eine in unserer Geschichte beispiellose, existentielle Bedeutung erlangt. Die Hälfte aller Einfuhren, bei Erdöl und wichtigen Erzen bis zu 100 %, kommt über See. Es bleibt eine Aufgabe der Gegenwart und der Zukunft, der Gesellschaft, dem deutschen Bürger diese Bindungen deutlich zu machen. Die Bindung an den Westen, an die Seemächte, sollte eine zentrale Position deutscher Politik bleiben.

Industrieberater

1. Januar 1970 bis 2. Juli 1984

Ich bin in meinem Leben immer wieder in die Lage des Seefahrers gekommen, der alles bewohnte Land hinter sich ließ in der Hoffnung, jenseits der Meere wieder Land zu finden.

Für mich war die Tätigkeit eines Industrieberaters neu. Meine Vorstellung darüber war etwa folgende:

Die Bundesrepublik Deutschland ist ein hochtechnisiertes und damit sehr sensibles Gebilde. Falsche Schritte und Experimente auf wirtschaftlichem Gebiet können schwer korrigierbare Schäden hervorrufen. Deshalb muß die Wirtschaft, die letzten Endes für den Wohlstand dieses Staates die Grundlage schafft, in ständigem Kontakt mit der Regierung stehen.

Da die Zentren der Wirtschaft außerhalb Bonns liegen, können ihre führenden Köpfe nur zu Stippvisiten nach Bonn kommen. Die Teilnahme an so exklusiven Zirkeln wie der »Kanzlerrunde« oder dem »Rüstungswirtschaftlichen Kreis« ist zu selten und zu kurz, um einen wirksamen Gedankenaustausch zustande kommen zu lassen. Die Mitarbeit von Vertretern der Wirtschaft in Politik, Verbänden und der Exekutive ist daher wichtig. Voraussetzung ist, daß in der Sache kompetente Vertreter nach Bonn entsandt werden. In diesem Sinne habe ich meine Aufgabe aufgefaßt, angefangen und durchgeführt.

Bereits als stellvertretender Inspekteur der Marine hatte ich die deutschen Werften im Bereich des Kriegsschiffbaus bei ihren Exportaufträgen unterstützt, und zwar bei der Ausbildung fremder Besatzungen und mit Hilfe der Abteilung Rüstung bei der Güteprüfung, um dadurch die Vorteile anderer Nationen bei der Akquisition auszugleichen. Diese unterstützten ihre Werften auf höchster politischer Ebene. Der französische Verteidigungsminister, der italienische Marinechef, zum Beispiel, halfen ihren Werften durch persönliches Erscheinen beim Auftraggeber. Englische Kriegsschiffe fuhren als schwimmende Ausstellungen für Waffen und Elektronik in der Welt herum.

Außerdem war die Marine daran interessiert, die zeitlichen Lücken, die bei dem geringen Eigenbedarf von deutschen Kriegsschiffen und dementsprechend nur sporadischen Werftaufträgen entstanden, mit Hilfe von Exportaufträgen zu füllen. Nur so konnte eine kontinuierliche Beschäftigung der Fachkapazitäten auf den Werften sichergestellt und ihre Abwanderung verhindert werden.

Kampf gegen den Rüstungsexport ist immer ein Anliegen von Leuten gewesen, die mit besonderem humanem Pathos ausgestattet sind und dafür ein beredtes Engagement entwickelt haben.

Die Werft HDW bewegte sich im Rahmen der von der Bundesregierung beschlossenen Exportrestriktionen. Das bedeutete:

- keine Lieferung in Spannungsgebiete, auch nicht als Folge oder »Ergänzung« eines bereits bestehenden Rüstungsengagements, wie es bei einer langfristigen Kooperation gegeben wäre,
- Zurückstellung merkantiler Gesichtspunkte in der militärpolitischen Szenerie in Absprache mit den anderen Industrienationen in Übereinstimmung mit der sogenannten »Carter Initiative«.

Ich konnte daher die bereits bei der Marine gehandhabte Unterstützung deutscher Werften ohne Bedenken nunmehr als Berater fortsetzen.

Selbst in einer Perspektive gesichert erscheinenden Friedens und entspannter politischer Beziehungen ist jeder Staat angewiesen auf Streitkräfte, um Bedrohungen begegnen zu können. Streitkräfte sind ein Attribut der Souveränität, auf deren Erhaltung jeder Staat bedacht sein muß.

Als »Kapital« brachte ich für die Werft ein:
- gute Verbindung zur Marine, zur Rüstungsabteilung im Bundesverteidigungsministerium und zum Bundesamt für Wehrtechnik und Beschaffung in Koblenz,
- Erfahrungen im Umgang und Bekanntschaft mit den Mitgliedern des Verteidigungs- und Haushaltsausschusses vom Parlament,
- Kenntnis der Verfahrens- und Entscheidungslinie im Wirtschaftsministerium, Finanzministerium und Auswärtigen Amt, im Bundeskanzleramt sowie persönliche Verbindung dorthin,
- gute Kontakte zu den wichtigen Botschaften,
- freundschaftliche Verbindungen zu anderen Marinen,
- Beherrschen der englischen Sprache, die Verhandlungssprache in allen Marinen der Welt ist.

Meine Unterstützung der Werft bei der Akquisition im Ausland führte mich von Süd- und Nordamerika über den Iran nach Indien, Ostasien und Australien.

Entscheidend war die Qualität unseres Produktes. Wir konnten das technisch bessere Boot anbieten. Wir hatten das effektivere Waffensystem, wir hatten eine lange Tradition im U-Boot-Bau, unsere Werft verfügte noch über erfahrene U-Boot-Bauer aus dem Zweiten Weltkrieg. Es bestand eine Kontinuität in der Konstruktion, im Bau sowie in taktischen und logistischen Kenntnissen.

Die Firma Ferrostaal, mit der wir in der Akquisition und Finanzierung eng zusammenarbeiteten, verfügte über ein weltweites Netz von Niederlassungen, das auch die Interessen von HDW auffing. Die vielseitigen Erfahrungen der für diese Firma tätigen Mitarbeiter kamen uns auch gelegentlich dort zugute, wo uns Detailkenntnisse fehlten.

Die Akquisition im Vorderen Orient bewegte sich wegen der bekannten Spannungen zwischen Israel und den arabischen Staaten in einer besonders sensiblen Atmosphäre, in der intime Kenntnis der Lebensgewohnheiten hochgestellter Verhandlungspartner wichtig war. Eines Tages kündigte der Minister eines arabischen Landes seinen Besuch in der Bundesrepublik und in unserer Werft an. Wir erhielten ein Telex folgenden Inhaltes: »... bevorzugtes getränk des ministers ist eine mischung von ⅔ cola, ⅓ chivasregal. als sittsamer muslim wird er nie danach verlangen, aber er erwartet, dass ihm diese art cola verschnitt vorgesetzt wird, auf zimmer und als aperitif.

bevorzugte zigarre: davidoff nr. 1.

neben tennis schätzt besucher über alle massen aufenthalt in nachtclubs, möglichst unerkannt, unter angenehmsten, entspannungsfördernden rahmenbedingungen, auch für seine engsten vertrauten ...«

Obwohl wir alle Wünsche erfüllten, kam es nicht zu einem Auftrag.

Die politischen »Rahmenbedingungen« waren stärker.

1971 bekam ich über die Westdeutsche Landesbank Kontakt mit der Architekten-Ingenieurgruppe INTEGRAL. Damit konnte ich dem immer gehegten Wunsch nähertreten, auch wieder in der Architektur aktiv zu werden.

INTEGRAL war eine international tätige, unabhängige Planungs- und Beratungsgesellschaft mit Hauptsitz in Mettmann, Niederlassungen in Hamburg und München sowie Tochtergesellschaften in Belgien, Spanien und dem Libanon.

Das Leistungsangebot reichte von der Grundlagenplanung bis zum schlüsselfertigen Projekt aus einer Hand. 350 Mitarbeiter erarbeiteten 1970 einen Honorarumsatz von etwa 18 Millionen Mark. Auftraggeber waren zu etwa 75 % die private Wirtschaft, zu 25 % die öffentliche Hand.

Die Schwerpunkte meiner Beratertätigkeit waren, Kontakte zur Industrie und zu den Behörden zu schaffen und die Führung des Unternehmens zu beraten, insbesondere im Personalbereich.

Um die zweite Aufgabe durchführen zu können, wurde ich Mitglied des Beirates. In dieser Eigenschaft nahm ich an den monatlichen Geschäftsführerversammlungen teil und bekam so Einblick in die allgemeine Geschäftslage und die Geschäftsentwicklung, in den jeweiligen Finanz- und Liquiditätsstand.

Im Jahre 1974 übernahm ich die Leitung des Verwaltungsrats der Tochterfirma in Barcelona/Spanien. Die Hauptprojekte zu dieser Zeit waren die Ford-Werke in Valencia und das Observatorium auf dem Calar Alto in der Nähe von Almeria, eine Cooperation zwischen der Max-Planck-Gesellschaft und der spanischen Regierung.

Dieses Projekt des Deutsch-Spanischen Astronomiezentrums hat mich besonders fasziniert. Der Ort Calar Alto wurde wegen seiner hervorragenden Beobachtungsmöglichkeiten während des ganzen Jahres ausgewählt. Seine Vorzüge sind: 200 klare Nächte im Jahr, keine Lichtverschmutzung, ausgeglichene Temperaturverteilung in der Atmosphäre, Höhe 2200 Meter, sowie praktisch staubfreie und trockene Luft. Die wissenschaftliche Leitung des Projekts hatte Professor Elsäßer, der Leiter der Astronomischen Abteilung des Max-Planck-Instituts. Der Geldgeber war die Bundesrepublik Deutschland. Spanien stellte das Territorium und die Infrastruktur.

Das Projekt genoß große Publizität in Spanien, insbesondere nachdem der erste Erfolg mit dem bereits stehenden 1,23-Meter-Teleskop, die Entdeckung einer neuen Galaxie, mit dem Arbeitstitel »Calar Alto« bezeichnet wurde. Diese Entdekkung wurde möglich durch ein an das Teleskop angeschlossenes Infrarotgerät, das in einer Werkstatt des Instituts in Heidelberg hergestellt worden war. Das Infrarotlicht wird von den kosmischen Molekül- und Staubmassen in weitaus geringerem Umfang absorbiert, so daß man durch sie hindurch gewissermaßen in die Sterngeburtsstätten der Milchstraßensysteme hineinschauen kann.

Das Infrarotlicht wird mit Hilfe einer speziellen optoelektronischen Technik übersetzt und zugleich so verstärkt, daß man es fotografisch aufnehmen kann. Die weitere Planung des Gesamtprojektes sah vor:

einen 1,2-Meter-Schmidtspiegel, der fehlerfreie Fotos großer Himmelsausschnitte macht,

ein 2,2-Meter-Teleskop und ein 3,5-Meter-Teleskop.

Die planerischen Probleme dieses Projektes lagen in der Zusammenarbeit mit einem spanischen Architektenteam, das nicht mit einem ausreichenden zeichnerischen Vorlauf arbeitete und nicht detailliert genug zeichnete.

Andererseits kamen wir in Verzug durch einen wilden Streik der Mitarbeiter in unserem Büro Barcelona. Ihn beizulegen war schwierig, weil die demokratischen Institutionen nach dem Ende der franquistischen Ära noch nicht gesetzeskonform und reibungslos arbeiteten. Die starke kommunistische Gewerkschaft hatte ihren Fuß in der Tür. Ein Mitarbeiter, der arbeitswillig war, wurde zusammengeschlagen.

Obwohl Zeugen dieses Vorfalles aussagebereit waren, gelang es vor dem unter gewerkschaftlichem Druck stehenden Arbeitsgericht nicht, die Unruhestifter herauszusetzen. Wir waren schließlich gezwungen, uns von drei Rädelsführern freizukaufen. Das bedeutete dreimal Zahlung von sechs Monatsgehältern.

Die Probleme auf der Baustelle lagen in der von deutschen Arbeitern unterschiedlichen Mentalität andalusischer Arbeiter, die zum Beispiel keine Überstunden machten, wenn diese wegen der außergewöhnlichen klimatischen Situation dringend notwendig waren. Konstruktiv lagen die Schwierigkeiten im Einhalten der geforderten geringen Toleranzen.

Um eine Vorstellung von den Dimensionen der 3,5-Meter-Teleskopkuppel zu geben: Sie hat einen Durchmesser von 30 Metern, eine Höhe von 38 Metern, das sind in etwa die Dimensionen der Kuppel von St. Peter in Rom.

Einige Daten zu dem 3,5-Meter-Spiegel: Hersteller des Rohlings: Jenaer Glaswerke Schott in Mainz. Material: Glaskeramik »Zerodur«, Herstellungsdauer: vier Jahre, Gewicht 14 Tonnen.

26 Tonnen Schmelze mit einer Temperatur von 1600 °Celsius flossen in die Gußform. Die Kühlung dauerte 146 Tage. Eine erste Bearbeitung, bei der die äußeren Partien abgesägt wurden, sowie Qualitätskontrollen beanspruchten vier Monate. Die Keramisierung ist der eigentliche kritische Prozeß.

Dabei wird durch nochmalige Erwärmung auf 800° und anschließend gesteuerte Kühlung ein Teil des amorphen Glasmaterials in den kristallinen Zustand überführt. Dauer 254 Tage. Durch diesen Prozeß wird der Temperaturkoeffizient praktisch auf Null gebracht, das bedeutet, daß man bei langer Belichtungszeit fehlerfreie Bilder bekommen kann, selbst wenn im Laufe der Nacht in der Beobachtungskuppel erhebliche Temperaturveränderungen eintreten.

Die bisherigen Meßergebnisse durch das sogenannte optische Fenster reichen etwa bis in eine Entfernung von zweieinhalb Milliarden Lichtjahren. Man hofft, mit diesem Spiegel Sterne und Galaxien beobachten zu können, die eine weit größere Entfernung zur Erde haben, die uns Nachrichten übermitteln von einer Aktualität, die nach Berechnung der Geologen mit jenen Ereignissen auf unserem Stern zusammenfallen, als die Erdkruste erstarrte.

Diese kaum vorstellbaren Raum-Zeit-Koordinaten in Relation zu unserer Vorstellungswelt gebracht, bedeuten:

Der Mensch ist seit etwa 600 000 v. Chr. nachweisbar. Die eigentliche Geschichte des Menschen beginnt ungefähr 60 000 v. Chr. mit dem sogenannten Aurignacien. Etwa 13 000 v. Chr., im Magdalénien, wurden die herrlichen Höhlenmalereien von Altamira in Spanien und Lascaux in Frankreich geschaffen.

Die Bibel erzählt von dem sechstägigen Schöpfungsakt. Am letzten Tag schuf Gott den Menschen. Ordnen wir die

Zahlen der Wissenschaft in die biblische Vorstellungswelt ein, so ergibt sich, daß die Geschichte der Menschheit in diesem Maßstab den Bruchteil einer Sekunde ausmacht.

Aber diese Sekunde des Schöpfungstages ist angefüllt mit Schönheit und Wagnis. Sie spiegeln den unerhörten Akt menschlichen Ergreifens der auf der Welt wirksamen Kräfte. Sie bedeuten Gestaltung und Selbstdarstellung, die allein durch den menschlichen Geist möglich waren.

Um wieviel ärmer wäre die Welt, wenn es Wort, Tat und Glauben, wenn es Kunstwerke, Gesellschaft, Staat und Recht nicht gäbe, ein großartiges Mosaik, von den schöpferischen Kräften des Menschen zusammengesetzt.

Man ist geneigt, sein Leben rückschauend zu raffen und bestimmten Leitmotiven zuzuordnen.

Noch heute klingt mir im Ohr ein Spruch, der in der Zeitschrift der bündischen Jugend »Pflug und Speer« stand und der meiner Haltung damals entsprach:

»Den Krämern lasst ihr Gold,
Den Ruhm den Schlächtern,
Bekennet Euch zu den Verächtern,
Die schwertlos ringen um den Hohen Preis.«

Es war die Zeit des frühen Aufbegehrens gegen eine Welt der Nützlichkeit, des Opportunismus, gegen eine Welt der gesicherten Existenzen, Ämter und Würden.

Dann kam die Zeit, in der man sich der eigenen Kraft bewußt wurde und diese in den Dienst einer Sache stellte, von der man glaubte, sie würde die politische Landschaft und die Gesellschaft verändern.

Ein Wort des Fliegers Udet stand dafür:

»Das Schicksal hat es jedem von uns in die Hand gegeben, ob wir Krämer sein wollen oder Soldaten, ob wir das Leben genießen wollen oder unser Glück für nichts achten vor der Idee, die die kleine Barke unseres Daseins in den ewigen Strom der Geschichte hinausträgt.«

Nach dem Sturz des Ikarus lernte man es, von den eigenen Beständen auszugehen und nicht von Parolen.

Es bleibt der Mensch, sein von Veranlagung, Erziehung und Erkenntnis begrenzter Kreis, den er abschreiten kann und ausfüllen soll – für das »bonum commune«, wie ich es verstehe und wie sich mir der Begriff in den Jahrzehnten meines bewußten Lebens, als Soldat in zwei Marinen, aber auch als Architekt ausgeformt hat.

Die Gleichsetzung des »bonum commune« mit Freiheit, Gleichheit, Brüderlichkeit mit dem Ziel einer Endgesellschaft der völlig Freien und Gleichen erscheint mir zu einfach.

Das Postulat der Gleichheit ist seit der Französischen Revolution von den Intellektuellen wie von den Massen gleichermaßen in den Vordergrund gerückt und hat den Raum der Freiheit eingeengt.

Große Entwürfe erstickten in alltäglichen Banalitäten, in der vorherrschenden Sorge um die Sorglosigkeit. Die Bequemlichkeit, die Sicherheit von der Wiege bis zum Grabe geben dem Individuum wenig Anreiz, die in ihm schlummernden Kräfte auszuschöpfen.

Die Erzeugung unlimitierter, immer neuer materieller Bedürfnisse erscheint mir als Perversion des Gemeinnutzes.

Das »Wirtschaftswunder«, der Stolz auf unsere technisch-wissenschaftlichen Leistungen, das quantitative Denken und die Befriedigung, soviel Anerkennung und Reichtum erworben zu haben, haben unseren Sinn für die Qualität, für echte Gemeinschafts- und Kulturgüter geschwächt. Die Mehrheit unserer Gesellschaft möchte diesen Zustand bewahren und den Pakt mit dem Teufel verewigen, »Verweile doch, du bist so schön.«

Schließlich – ist das »bonum commune« in unserem demokratischen Rechtsstaat verwirklicht?

Schon Tocqueville hatte in einer großen Vision die nicht zu kontrollierende Macht der Parteien, der Konzerne, der Parlamente und der Verwaltung beschworen. Die Medien von heute kannte er noch nicht. Ich sehe die Gefahren der sich versteinernden Organisationsformen eines verwalteten Staates. Demonstrationen, Bürgerinitiativen gibt es im Übermaß. Jedoch fehlt es an Anstrengungen, um den Fortbestand der Grundwerte unserer Gesellschaft zu sichern.

Es ist notwendig, das Leben in Spannung zu halten, damit sich freie Charaktere entwickeln können, die in bewußter Hingabe an die in jedem demokratischen Gemeinwesen verkörperte Staatsethik ihre Pflicht sehen.

Wir müssen weg von den lauten politischen Worthülsen und Ideologien. Es gilt, Oasen zu bilden in der Wüste der Parolen, kritisch zu sein gegenüber dem Trugbild der gesicherten Existenzen. Wir brauchen Menschen, die voller Verantwortung die Gefahrenzonen sehen und präzise markieren, die das Fahrwasser ausbojen, das das Schiff der kommenden Generation fahren muß.

Ein Sinnbild für die Lotsenfunktion der Menschen ist mir dieses Erlebnis:

Während einer Auslandsreise an Bord von »U 46«, 1938, die in die Häfen Melilla, Ceuta und Lissabon führte, charterte ich in Lissabon für den wachfreien Teil der Besatzung einen Omnibus und fuhr mit ihr ins Land hinein. Es war ein heißer Tag. Nach der Besichtigung von kunsthistorischen Stätten suchten wir Kühlung beim Baden in einer einsamen Bucht am Atlantik.

Wir waren kaum im Wasser, als uns eine ablandige Strömung erfaßte und unaufhaltsam ins Meer hinaustrieb. Einige wurden von Verzweiflung und Panik ergriffen, begannen zu schreien, andere waren von der Furcht wie gelähmt. Es war eine unangenehme Situation, weil kein menschliches Wesen in der Nähe war, das uns hätte helfen können. Ich versuchte, die Angst abzustreifen, und zwang mich fast wie ein Unbeteiligter, mit einer gewissen Distanzierung die Lage zu erfassen. Dabei fiel mir auf, daß leichte Gegenstände, die auf dem Wasser schwammen, nicht nach draußen gezogen wurden, sondern im Gegenteil in die Bucht hineintrieben. Da kam mir der Gedanke, daß, wenn man versucht, den Körper so weit oben wie möglich zu halten, man vielleicht auch wie diese oben treibenden leichten Gegenstände an Land zurückschwimmen konnte.

Ich rief meine Erkenntnisse einigen beherzten Unteroffizieren zu, und nun versuchten wir gemeinsam auf die Männer einzuwirken und sie dazu zu bringen, in einer Art Oberflächenschwimmen an Land zurückzukommen. Erschöpft, aber gerettet fanden wir uns alle an Land wieder.

Ich glaube, daß diese erlebte Geschichte ein Modell sein kann für das, was ich über Engagement und Distanzierung sagen möchte.

Unsere Zeit steht im Zeichen apokalyptischer Visionen, ausgelöst durch die Ausbeutung und Zerstörung der Natur und durch die Entfesselung prometheischer Kräfte. Wir befinden uns heute in einer Situation, wo die Gefahren, die uns aus dem gesellschaftlichen Raum entgegenkommen, und die Unsicherheit, mit der wir auf die Fülle der nicht mehr einzuordnenden Informationen reagieren, so groß sind, daß wir mit einem hohen Maß an Affekten, Wunsch- und Furchtdenken reagieren, auch mit Irrationalität. Viele Menschen sind nicht mehr in der Lage, der Erfassung von Sachzusammenhängen den Vorrang zu geben und sich in kritischen Situationen, die eine kühle Analyse erfordern, frei von Emotionen zu halten.

Wir sollten es lernen, uns von unseren Emotionen zu distanzieren wie die Schwimmer in der Atlantikbucht, die damit die Gefahren, die ihnen drohten, unter Kontrolle brachten.

Ich bin mir darüber im klaren, daß Appelle an die Vernunft immer Gefahr laufen, als intellektuelle Blässe abgetan zu werden, zwar ex cathedra, im Seminar, gut zu hören, aber in der rauhen Wirklichkeit Rufe in der Wüste sind.

Der Mensch ist – nach der wissenschaftlichen Bewältigung einiger der bedrohlichsten Naturgefahren – die größte Gefahrenzone der Menschheit. »Der Schrecklichste der Schrecken, das ist der Mensch in seinem Wahn.« (Schiller)

Es erscheint mir daher notwendig, sich nicht durch den Kampf der von starken Interessen und Affekten bestimmten Glaubensbekenntnisse beirren zu lassen, sondern als Spezialist für die Orientierung in der menschlichen Gesellschaft realistische Modelle auszuarbeiten, um solchem Wahn begegnen zu können.

Die bürgerkriegsähnlichen Krawalle, gewalttätige »Demonstrationen« in vielen deutschen Großstädten, auch in anderen Ländern, die Rückkehr zu religiösen Fanatismen im Iran, in Irland, im Libanon, von Rassenkämpfen auf dem Territorium der Sowjetunion sind Warnzeichen.

Eine scharfe Analyse der Gefahr ist die Voraussetzung für eine Vermeidung der Katastrophe, mit den Worten von Generaloberst Beck:

»Nichts wäre gefährlicher, als sprunghaften, nicht zu Ende gedachten Eingebungen nachzugehen, mögen sie sich noch so klug oder genial ausnehmen; oder auf Wunschgedanken aufzubauen, mögen sie noch so heiß gehegt werden. Wir brauchen Offiziere, die den Weg logischer Schlußfolgerungen in geistiger Selbstzucht systematisch bis zu Ende gehen, deren Charakter und Nerven stark genug sind, das zu tun, was der Verstand diktiert.«

Meine Tagebücher liegen vor mir, die Erinnerungen bestürmen mich.

Was wäre mein Leben ohne diese Erinnerungen?

Ich rieche noch den Duft der blühenden Wiesen am Rande des Dorfes, in dem wir lebten, spüre noch den Sand, auf dem wir barfuß liefen.

Ich sehe mich der aufgehenden Sonne entgegenschwimmen im See, an dem die bündische Jugend ihre Zelte aufgeschlagen hatte.

Neben den Männern stehe ich auf der Brücke meines Bootes, die Männer im Ölzeug, wie verwachsen mit dem Doppelglas.

Ich sehe den Tiefenmesser im getauchten Boot unter der Einwirkung detonierender Wasserbomben auf unter 240 Meter fallen, und ich sehe den Widerschein der Notbeleuchtung auf den bleichen Gesichtern der Männer, die gebannt den Zeiger beobachten, dessen Bewegung Leben oder Tod bedeutet.

Ich sehe die Gesichter der Kommilitonen auf der Universität, der Kunst und Kultur geöffnet, die amerikanischen Offiziere vor den Bildschirmen im Strategic Air Command, ständig auf Wache für die Freiheit der westlichen Welt.

Vor meinen Augen tummeln sich Bettler, Diebe, Agenten, eine Vielfalt von Erlebnissen, darunter auch solche, die meine Börse erleichterten.

Es ist eine Gabe Gottes, sich an Dinge zu erinnern, die bedeutungslos scheinen und doch wegen ihrer Farbigkeit, wegen eines gewichtigen Wortes, einer großartigen Tat, wegen eines weiterführenden Gedankens haftengeblieben sind.

An Angst und Mut, an Verlogenheit und Wahrheit, an all das erinnerte ich mich, als ich dieses Buch niederschrieb.

Es war kein Stachel des Nichterlebten, der verpaßten Gelegenheiten in mir.

Ich habe auch nicht gezögert, mich selbst immer wieder in Frage zu stellen. Bei allem, was ich tat, habe ich mich nicht beirren lassen, bin weitergegangen.

Als es einmal in die Irre ging, habe ich dafür bezahlt.

Und noch etwas:

Ich wollte mir von niemandem einreden lassen, ich müßte schreiben. Und dann tat ich es doch. Man findet einen Grund, und wenn es der ist, den Enkeln über eine Periode unserer Geschichte zu berichten, die nur wir kennen, weil wir sie miterlitten und mitgestaltet haben.

Sie liegt wie ein Schatten auf uns bis an das Ende unserer Tage.

Aber sie soll und darf unsere Kinder und Enkel nicht mehr belasten.

Es blieb eine große Unsicherheit, wie man das Plädoyer für die Wahrheit verständlich machen konnte. Wie zu verdeutlichen war, daß nicht nur kluge und dumme Gedanken, nicht nur getane und unterlassene Taten, nicht nur gutes und schlechtes Gewissen, sondern die ganze Existenz dieses Leben geformt hatte – und wie sehr man sich davor hüten mußte, große Worte zu gebrauchen. Auf diesem Boden der Erinnerungen stehend, sehe ich vorausblickend eine Entwicklung, die uns vor Entscheidungen stellt, aus denen es kein Entweichen gibt, keine innere und äußere Emigration.

Es wird eine andere Ordnung der Dinge kommen – die alte hat sich überlebt. Aber wir werden das neue Haus nur bauen können auf den alten Fundamenten, mit Menschen, die in geistiger Zucht ihren Kreis abschreiten.

Ohne Illusionen – jedoch nicht nihilistisch, tapfer – jedoch nicht militant, in diesem Sinne:

»und heisst dann: schweigen und walten,
wissend, dass sie zerfällt,
dennoch die Schwerter halten
vor die Stunde der Welt.« (Gottfried Benn)

Personenregister